Gracias,
Billy Graham

Un tributo a la vida y
ministerio de Billy Graham

Gracias,

Billy Graham

Un tributo a la vida y
ministerio de Billy Graham

Compilado por los nietos de Billy Graham
Jerushah Armfield, Aram and Boz Tchividjian

Prefacio por Michael Reagan

inspiración para la vida

CASA PROMESA

Una división de Barbour Publishing, Inc.

Impreso ISBN 978-1-62836-685-3

Ediciones eBook:
Edición Adobe Digital (.epub) 978-1-63058-017-9
Edición Kindle y MobiPocket (.prc) 978-1-63058-018-6

Título en inglés: *Thank You, Billy Graham*
Publicado por Barbour Publishing, Inc

Desarrollo editorial: *Semantics, Inc.* P.O. Box 290186, Nashville, TN 37229.
semantics01@comcast.net

Publicado por Casa Promesa, P. O. Box 719, Uhrichsville, Ohio 44683,
www.casapromesa.com.

*Nuestra misión consiste en publicar y distribuir productos edificantes que ofrecen un
valor excepcional y el aliento bíblico a las masas.*

 Member of the
Evangelical Christian
Publishers Association

Impreso en Estados Unidos de América

Contenido

Prefacio por Michael Reagan

Como hijo de Ronald Reagan, he disfrutado de una perspectiva única sobre el ministerio de Billy Graham.

La gente le llama "el pastor de América", y con un buen motivo. Hemos tenido presidentes, incluido mi padre, que sabían que podían levantar el teléfono, en cualquier momento del día o de la noche, y Billy Graham oraría por ellos. Y él no sólo oraba con los presidentes y por ellos; si Billy Graham no hubiera estado intercediendo regularmente por toda nuestra nación, ¿dónde estaría Estados Unidos en la actualidad?

He tenido el privilegio de conocer al Dr. Graham y a su familia desde que mi padre era gobernador de California. Y en dos de las cruzadas de Billy Graham en California es donde experimenté momentos que nunca olvidaré.

En 1985, durante una cruzada de diez días en Anaheim, vi a Billy Graham predicar a un estadio lleno. Yo me había alejado de la iglesia años antes, pero recientemente había sido atraído de nuevo por la influencia de mi esposa y del ministerio del pastor Jack Hayford, de The Church on the Way. El mensaje de Billy esa noche fue tan poderoso y conmovedor, ¡que casi me sentí mal por haber aceptado a Cristo solamente unas semanas antes!

Casi veinte años después, en 2004, La Asociación Evangelística Billy Graham *me* pidió que hablase durante su cruzada en Los Ángeles. Mi primer pensamiento fue que su equipo había llamado al Reagan equivocado; pero si Billy Graham te pide que des tu testimonio, en realidad es como un mensaje de parte de Dios. Con una sincera oración pidiendo la ayuda del

Espíritu Santo, relaté al inmenso Rose Bowl mi propia historia de la gracia y el perdón de Dios.

"Mientras escuchan al Dr. Graham esta noche", dije en mi conclusión, "quiero que piensen en nuestro Señor y Salvador Jesucristo. Él está a la puerta de su vida con los brazos abiertos, esperando para darles un abrazo".

Al alejarme de la plataforma, me encontré de cara con Billy Graham, que me dio un apretón de manos y dijo: "Michael, ¡deberías haberte quedado ahí para seguir hablando!". Me sentí muy agradecido de oír esas palabras de boca de un hombre que ha logrado tanto en su larga vida de servicio a Dios.

Ahora, en este libro, todos tenemos la oportunidad de decir: "Gracias, Billy Graham". Millones de personas le han oído predicar el evangelio, y muchas de ellas han escrito mensajes de gratitud en el sitio web ThankYouBilly.com. En las páginas siguientes, leerá usted historias reales de personas que están agradecidas de que el Dr. Graham les ayudase a encontrar a Jesús… inspirase su caminar cristiano… tocase las vidas de sus seres queridos… y estableciera tal ejemplo de honestidad e integridad.

Billy siempre nos decía: "Dios te ama". Gracias, Billy Graham, por comunicar fielmente ese mensaje tan sencillo y a la vez increíblemente poderoso. Billy, ¡le amamos!

MICHAEL REAGAN
Autor de *Twice Adopted* y *The New Reagan Revolution: How Ronald Reagan's Principles Can Restore America's Greatness*

Introducción

Por tanto tiempo como podemos recordar, personas de todos los ámbitos de la vida se han acercado a nosotros para decir que llegaron a conocer a Jesucristo mediante el trabajo y el ministerio de Billy Graham. Más allá de todas las visitas a la Casa Blanca, las fotografías de portadas de revistas, las cruzadas en todo el mundo, libros, películas y apariciones en televisión, el verdadero testimonio de su vida son las masas de personas comunes cuyas vidas han sido transformadas por Dios mediante un hombre común al que nosotros siempre hemos conocido sencillamente como "Papá Bill".

Como nietos, hemos sido bendecidos con pasar más tiempo con Papá Bill que la mayoría de personas que han llegado a conocer y a amar a Billy Graham durante sus más de setenta años de ministerio público. Después de que las cámaras hayan sido apagadas y las multitudes hayan regresado a sus casas, él es nuestro abuelo. Le conocemos como un hombre que simplemente ama a la gente, que se siente tan cómodo conversando con un taxista o un conductor de autobús como con un presidente, un director general o una estrella de cine. Y podemos decir sinceramente que nunca importó lo que él era o lo que estuviera haciendo, pues Papá Bill siempre tenía tiempo para nosotros. Nos consideramos muy bendecidos.

Papá Bill no sólo ha sido una bendición para nosotros; qué gozo saber que él ha bendecido e inspirado a un número incontable de personas, en sus propios momentos, lugares y maneras. Papá Bill ha influenciado literalmente a millones de individuos en todo el mundo desde que entró por primera vez en el ministerio hace muchos años. Con cada vida cambiada viene una historia que vale la pena compartir; historias de quienes se sentaron en los estadios, le vieron por televisión, le escucharon en la radio, leyeron sus muchos libros, o disfrutaron de un encuentro personal de algún tipo.

La propia historia de Papá Bill es mejor relatada por las personas a quienes Dios tocó mediante su vida. En el sitio web ThankYouBilly.com, cientos de personas han compartido historias de esperanza, perdón, gozo, redención y la sublime gracia de Dios. Son historias de cómo Dios escogió a un muchacho de granja común de Carolina del Norte para un propósito extraordinario. Ya sea que se dirijan a él como Rev. Graham, Dr. Graham, Sr. Graham, hermano Graham, o simplemente Billy, estos preciosos individuos comparten todos ellos el gozo de haber conocido a Jesús mediante la predicación de Papá Bill.

Estas historias cubren muchos años, varias décadas en realidad, del ministerio de nuestro abuelo. Provienen de muchos estados y de varios países. Describen a personas de todas las edades, desde niños hasta ancianos, que fueron impactados por el sencillo y a la vez profundo mensaje del evangelio comunicado por Papá Bill. Las historias han sido ligeramente editadas para una mejor lectura, pero mantienen la voz de cada contribuidor y el crudo poder de sus experiencias de fe. Se han eliminado los apellidos para proteger la intimidad de quienes contribuyeron, y no todos los que respondieron en el sitio web dieron su nombre. Pero cada testimonio que está a punto de leer provino de alguien cuya vida fue tocada por Papá Bill.

Al compilar este poderoso libro, cada uno de nosotros se encontró alentado a examinar su propia fe. Es nuestra esperanza que a medida que usted lea estas sorprendentes historias del amor de Dios, sea también alentado a examinar su propia fe y su entendimiento del evangelio y el indescriptible amor de Jesús.

Mediante las decenas de testimonios que siguen, será usted alentado por la repetida afirmación de que Dios es el Dios de todo consuelo y fortaleza. Más importante aún, oramos para que este libro le recuerde la verdad más hermosa que Papá Bill con tanta frecuencia decía a estadios repletos de personas: "¡Dios te ama!".

Estamos muy agradecidos a Dios por Papá Bill, y el increíble amor e inmenso poder del Dios que nos presentó a este hombre a nosotros y al mundo.

JERUSHAH ARMFIELD
BOZ TCHIVIDJIAN
ARAM TCHIVIDJIAN

Gracias, Billy Graham...
por inspirar mi caminar cristiano

SIEMPRE AHÍ

Escuché por primera vez a Billy Graham cuando él estaba predicando en una cruzada en la radio. Sentí la presencia de Dios a través del mensaje, y me situé bajo la influencia de la predicación de Billy a partir de esa noche. Como joven que era, quería ser un predicador como Billy; mi hermana pensó que lo sería. Bien, nunca me convertí en un Billy Graham, pero llegué a ser ministro ordenado y ahora estoy terminando mi carrera como capellán de la Administración de Veteranos.

Mi tributo a Billy Graham es que él ha sido una constante en mi vida. Le oí predicar muchas veces en la radio, y he visto muchas de sus cruzadas en televisión. Parece como si Billy Graham siempre hubiera estado ahí a mi lado, ya fuera viéndole en televisión, escuchándole en la radio o leyendo un artículo en la revista *Decisión*. Nunca oí hablar a Billy Graham sin ser inspirado o desafiado a caminar más cerca de Dios. La presencia del Espíritu Santo en los sermones de Billy siempre me ha levantado, y me ha animado en mi caminar diario con Dios. El sencillo mensaje del evangelio que él predica es muy claro y convincente.

Una vez llegué a conocerle personalmente. Mientras estaba en la cruzada en Jackson, Mississippi, él visitó el Seminario Teológico Reformado, donde yo asistía en ese tiempo. Todo nuestro cuerpo estudiantil fue invitado a escucharle hablar al clero local en Jackson. George Beverly Shea cantó, y Billy predicó un mensaje para animarnos a los pastores y a los futuros pastores. Tras el sermón, tuve el privilegio de estrechar su mano. Para mí, se parecía más a Cristo que cualquier otra persona que haya conocido jamás.

No sé lo que hubiera sido de no haber tenido el toque de Billy Graham en mi vida a través de su ministerio. Realmente pienso que Dios le dio a la Iglesia como el "Evangelista del Mundo". Quizá haya otros evangelistas, pero nunca habrá uno de la estatura de Billy Graham. Gracias, Billy, por predicar, enseñar y vivir fielmente la Palabra de Dios en su vida.

—Ron

DEDICADO PARA EL MINISTERIO

Mi director de jóvenes llevó a un autobús de adolescentes a su cruzada en Los Angeles Coliseum en 1963. Yo tenía trece años y quería conocer más profundamente a Dios. Recuerdo que nos sentamos en una sección alta, y había un largo recorrido hasta abajo, pero estaba decidida a hacer una declaración pública de mi deseo de seguir por completo a Jesús.

Fui criada en un hogar cristiano, pero sabía que tenía que tomar una decisión personal por mí misma. Mi madre había deseado cantar en su coro, pero estaba junto a la cama de mi padre en el hospital. La semana que terminó su cruzada, mi padre murió de un derrame cerebral. Aunque fue una tragedia perder a mi padre terrenal, su cruzada me recordó que mi Padre celestial ahora vendría para estar a mi lado.

Pasé a comenzar un club de *Youth for Christ* (Jóvenes para Cristo) en mi instituto público, trabajé en la mesa de libros de InterVarsity Christian Fellowship en mi universidad secular, enseñé en una escuela cristiana en los barrios pobres del centro, me gradué del seminario, me ordené en el ministerio y serví como capellán en un hospital.

En noviembre de 2005 tuve el privilegio de servir como consejera ministerial en su cruzada en Rose Bowl en Pasadena. Cerca del final de la semana, un chico joven de cabello rubio y delgado ("Roman") se sentó a mi lado. Supe que era de Rusia y que llevaba solamente un año en el país. Él había visto los anuncios de la cruzada en una tienda y había acudido solo. Nunca había oído hablar de Billy Graham, pero sintió curiosidad por asistir a una reunión religiosa pública tan grande. Dijo que nunca había aceptado el credo ateo que le enseñaron en Rusia, sino que creía que había un Dios viviente. Se había infiltrado en las catedrales para intentar experimentar a Dios. Roman aceptó a Cristo esa noche en la cruzada, y le alegró recibir la Biblia en CD-ROM. Yo no podía hacer otra cosa que pensar que algún día llevará de regreso a Rusia su fe.

—*Debbie*

ENCONTRÉ PROPÓSITO

Siendo un joven inquieto de catorce años, sin entendimiento de Dios y sin conciencia de Jesús, no veía propósito en mi vida. Entonces mi hermana me invitó a ver una película gratis, la cual resultó ser *Oil Town USA*. Recuerdo muy poco de la trama y nada acerca de los hechos sobre Jesús, pero recuerdo que esas personas claramente tenían un propósito, y parecían estar conectadas con Jesús. Pocas semanas después fui a la cruzada Harringay, ¡y descubrí que este Jesús era real e importante! Ahora, más de cincuenta años después, veintisiete como ministro ordenado, doy gracias a Billy Graham por mostrarme el propósito de mi vida: ¡servir a Jesús!

Salvación en South Florida

En la primavera de 1985, mi madre y yo fuimos a su cruzada. Yo pasé al frente, y mi madre dijo que aceptó a Jesús en su asiento. (Ella era una persona muy privada y en ese tiempo tenía cáncer.) Cuando murió en enero de 1986, fue bonito saber que la volvería a ver en el cielo. Sus últimas palabras para mí (en alemán) fueron: "Hasta que nos volvamos a ver".

Después de eso, mis hijos aceptaron a Jesús, y el año pasado creo que mi papá aceptó a Jesús antes de morir. *¡Gracias por guiarnos a Cristo!*

Será hermoso tener a toda la familia reunida en el cielo. Se los presentaré cuando estemos todos allí, para darle las gracias.

Que las bendiciones de Dios estén sobre usted, su familia y todas las personas que se sacrificaron para que mi familia y yo fuéramos salvos mediante Jesucristo.

Oración

Durante mi estancia en el Instituto Bíblico Moody (1954-1957), Billy Graham vino a hablar al cuerpo estudiantil. La clase que tuve antes del servicio terminó pronto para que pudiéramos conseguir unos buenos asientos. Yo estaba en la tercera fila, en la sección central del auditorio Torrey-Gray. Había estado antes en sus cruzadas en el norte de Nueva York, creo que en Siracusa y Rochester, pero esa era la primera vez que realmente podría verle.

Lo que más me impresionó fue que habló de la importancia de la oración para su ministerio, y la humildad que mostraba mientras nos hablaba.

También escuché a George Beverly Shea esa noche en Moody. Cantó "Cuán grande es Él", que por ese entonces aún era bastante nueva.

Gracias a los dos por el ánimo que han sido para mi vida.

SIERVO HUMILDE DE DIOS

Parece como si Billy Graham siempre hubiera estado con nosotros. Es porque ha hablado la Palabra de Dios con humildad y poder, y ha llevado el evangelio de Dios y la verdad eterna dondequiera que ha predicado a todos aquellos que quisieran escuchar.

Mi familia y yo vimos a Billy Graham dos veces a mitad de la década de 1990 en Louisville e Indianapolis, y pasamos al frente en ambas ocasiones para dedicar nuestras vidas a Jesús. Billy siempre dio el mismo mensaje de gracia salvadora: que Dios nos ama a todos "tal como somos", y que podemos encontrar salvación ¡mediante la fe en Jesucristo!

Gracias, Billy y Ruth, y a todos aquellos relacionados con este hombre maravilloso, por sus muchos, muchos años de servicio dedicado a Dios y a la proclamación de sus gloriosas Buenas Nuevas, ¡por todo el mundo!

¡TODO COMENZÓ CON USTED!

Sr. Graham, cuando supe que vendría a Cleveland a nuestro "antiguo" estadio, le pregunté a mi amiga Mary si quería asistir conmigo, y accedió. En ese entonces, mi divorcio había hecho todo el recorrido, queriendo decir con esto que el hombre por el cual dejé a mi esposo me había abandonado por otra mujer. Sorpresa, sorpresa. Bien, yo, yo estaba devastada. Cuando usted hizo el llamado, pasé al frente. En ese entonces, también bebía mucho y tomaba medicamentos para aliviar el dolor, y porque pensaba que me gustaba. Usted me bendijo mucho, y me derretí en lágrimas.

Me gustaría decirle que viví felizmente a partir de ese momento. Desgraciadamente, Satanás está vivo y coleando, y vivía en mi cerebro. Así que aunque retomé mi Biblia después de muchos años de no leerla, estaba justificando mi bebida porque lo que bebía era vino, y yo decía que el primer milagro de Jesús fue convertir agua en vino. También encontré el pasaje acerca de disfrutar de "toda planta verde como alimento" (y estoy segura de que sabe lo que hice con eso.) Así que estuve bebiendo y drogándome durante otros nueve años.

Pero el 8 de marzo de 2003 fui al centro de tratamiento de Glenbeigh, y desde entonces he estado sobria. Después me cambié a mi nueva iglesia, una pequeña iglesia bautista preciosa donde me bauticé el 26 de diciembre de 2003. Actualmente sigo siendo un miembro muy feliz de la misma. Billy, ¡todo comenzó con usted! Gracias, ¡y que Dios le bendiga!

—*Linda*

CADA VEZ

Cada vez que Billy Graham tenía una cruzada en televisión, me sentía atraída a verla. Sabía que oiría la Palabra de Dios pura y no adulterada, y que gracias a ello se produciría algún cambio en mí.

Él era puro, era conciso, era claro, era fresco y hablaba con franqueza desde el púlpito. Y como sabe, la gente acudía en masas para aceptar a Cristo… Él siempre estará en los corazones del pueblo de Dios.

Gracias, Billy Graham, por "Tal y como soy". Descanse ahora, porque ha servido bien a su Señor y al pueblo de Dios.

—*Karen*

OBREROS DEL CENTRO DE LLAMADAS

Pude trabajar en un centro de llamadas para el ministerio de televisión de Billy Graham. Esa experiencia fue verdaderamente una bendición y una maravilla. Poder ayudar a guiar al Señor a las personas que llamaban, o tan sólo escucharles y orar por ellos, fue una oportunidad asombrosa.

A veces era algo imponente, tener esa responsabilidad; pero es algo que me alegro de haber hecho, y siempre lo atesoraré. Gracias, Billy.

—TJ

FUEGO EN SUS OJOS

A mitad de la década de 1960, cuando yo tenía aproximadamente veinte años, usted vino a la Universidad de Houston. Yo quería ver de qué se trataba todo ese alboroto, así que fui a su discurso. Desde mi asiento, situado a un tercio del salón, pude ver sus ojos, y parecía como si hubiera fuego en ellos. Era una mirada muy penetrante. Nunca olvidaré eso. Me siento muy afortunada de haber podido verle en persona una vez. Años después, entendí y acepté la salvación. Hoy día disfruto de sus cruzadas, independientemente del año que indiquen. Gracias, Dr. Graham, por enseñarnos cómo se hace.

—Mary Margaret

EL ESPÍRITU SANTO Y LOS ADOLESCENTES

Mi esposa y yo nos sentamos en la sección de más arriba del Carrier Dome en Siracusa cuando Billy hizo su cruzada allí en la década de 1980. Estábamos entre un mar de adolescentes. Cientos de iglesias locales e iglesias de muchos kilómetros de distancia estaban allí representadas, pero el denominador común era que todos eran adolescentes. Bien, usted sabe cómo pueden llegar a ser los adolescentes... hablando mucho, pasándose notas y todo eso. Cuando Billy comenzó a predicar, mi esposa y yo estábamos un tanto distraídos a causa de la conmoción... cuando de repente, como a la mitad del sermón, un silencio cayó a nuestro alrededor. Fui testigo del poder del Espíritu Santo como nunca antes lo había visto. Lágrimas... muchas lágrimas... por todo nuestro alrededor había adolescentes llorando y llorando. Entonces, justo antes de la invitación, muchas más lágrimas... y parecía que decenas de adolescentes comenzaban a levantarse y a bajar acudiendo a la invitación antes de que se hiciera.

Cientos dejaron sus asientos para pasar al frente a recibir a Cristo esa noche. Tuvo un tremendo impacto en mi esposa y en mí. Esa fue la única vez que vimos a Billy en persona, pero ahora veo las cruzadas desde un punto de vista totalmente distinto. Yo estuve en medio del poder de Dios, y le vi moverse. Gracias, Billy, ¡por ser fiel a su llamado!

ENTIENDO LA BIBLIA MUCHO MEJOR

Querido Billy, ¡muchas gracias por ser obediente a Dios! Acepté a Jesús como mi Salvador cuando tenía nueve años, fue bautizada y después tomé varios de sus cursos por correspondencia. Después de casarme, recibí la Biblia *Living Bible* que usted publicó. Significó mucho para mí poder entender la Biblia mucho mejor. Leo y releo esa Biblia. Me ayudó a crecer más en el Señor. Bendiciones para usted, gracias, ¡y que Dios le bendiga!

—*Mim*

AMSTERDAM 2000

Tuve el privilegio de ser invitado a asistir a la conferencia Amsterdam 2000 en Holanda. Los mensajes fueron clave para renovar un espíritu evangelista dentro de mí. Cuando habló la hija de Billy, el Señor habló a mi corazón y me inspiró a comenzar un ministerio en línea para guiar a personas a Cristo. No sabía nada del Internet, pero Dios me envió a una señora cuyo trabajo es crear páginas web para iglesias y organizaciones religiosas. Rhonda se ofreció para crear una página web para mi ministerio, His Love Extended Ministries Internacional [Ministerios internacionales su extenso amor]. Rehusó cobrarme, ¡y lo ofreció como un regalo de amor para el ministerio! A lo largo de los años, a medida que Dios me ha ido enseñando los fundamentos, los mensajes y los desafíos de Amsterdam 2000 siempre resaltan el celo con el que administro este ministerio. Varios (que yo sepa) han crecido espiritualmente, ¡y otros han sido salvados! A Dios sea la gloria. Sólo la eternidad revelará todo lo que el Señor ha hecho con este ministerio. ¡Gracias a usted, a Franklin y a su hija, Billy! ¡Dios le bendiga, hermano!

Ahora conozco a Jesucristo personalmente

Me crié en una familia cristiana y asistía a una iglesia y escuela dominical anglicana tradicional. Aprendí acerca de Jesucristo, y cuando tenía veintiséis años, tomé la decisión se convertirme en un miembro confirmado de mi iglesia local. Cuando me invitaron a participar en consejería en la cruzada de Ipswich de Billy Graham, asistí a las sesiones de enseñanza y aún atesoro los materiales, que me dieron una enseñanza sólida que no tenía en mi iglesia.

Cuando llegó el gran día, fue una de las ocasiones más inspiradoras y asombrosas a las que jamás tuve el privilegio de asistir. Recuerdo claramente muchas de las palabras de Billy Graham, y mediante su inspiración y enseñanza llegué a conocer a mi Señor y Salvador Jesucristo personalmente. Mi corazón está lleno de gratitud y admiración por el increíble trabajo que Billy Graham ha desarrollado por todo el mundo mediante la capacitación del Espíritu Santo.

Aumentar la fe

Crecí viendo las cruzadas de Billy Graham y siempre he recibido mucho de ellas. También recuerdo las películas que produjo Billy Graham a finales de la década de 1960, y los mensajes tan maravillosos que venían con ellas. Me encantaría tener copias de ellas ahora. Me crié como bautista del sur, pero me alejé de la iglesia durante un tiempo durante los primeros años de mi vida matrimonial. Pero incluso durante ese tiempo, seguí viendo sus cruzadas, y Dios siempre me hablaba y me rogaba que regresara a Él.

Gracias a usted y a los maravillosos mensajes inspirados por Dios, lo hice. Muchas gracias por su inspiración, y por la inspiración de aquellos que han estado junto a usted durante todo este tiempo. Siempre he sentido que Billy Graham es un hombre a cuyos ojos puedo mirar y ver verdaderamente el rostro de Dios. Dios brilla a través de usted, Billy, como ningún otro. Gracias a Dios por su vida y la de su esposa, por Cliff Barrows, y por todos aquellos que han hecho que sus cruzadas sean lo que son: una verdadera inspiración para todos nosotros. Dios les bendiga a todos.

—Nancy

Gracias, Billy Graham...
por su legado espiritual

~

DIOS LE CAMBIÓ

Mi madre murió el 12 de mayo de 2007, poco antes de su noventa cumpleaños. Fue un día de celebración para sus seis hijos, porque sabíamos que había ido a la presencia del Señor. Unos diez años antes, ella había compartido conmigo su decisión de seguir a Cristo, basándose en una de las cruzadas televisivas de Billy. Ella dijo: "Hice la oración del pecador, e invité a Cristo a entrar en mi corazón...".

Gracias, Billy, por presentar el evangelio de tal manera que en la intimidad de su propio hogar, mi madre pudo tomar esa decisión. Dios le cambió. ¡Gloria a Él!

DELANTE DEL TELEVISOR

En 1973, a los veinticinco años de edad, me hice cargo del pastorado de una iglesia en Panama City, Florida. Inmediatamente conocí a "Lottie y Earl", una pareja de ancianos que eran el deleite de la iglesia. La primera vez que hablé con Earl, él me dijo que había acudido a la fe en Cristo, a los sesenta y cinco años, al ver un programa especial de televisión de Billy Graham. Me mostró el punto exacto en su sala donde había orado para recibir a Jesús cuando Billy dirigió la oración.

Durante los cuatro años siguientes, escuché a Earl relatar la historia muchas veces. Cada vez que la contaba, lo hacía con la misma convicción y entusiasmo de la primera vez. Earl era de gran aliento para mí como joven pastor. Cuando yo tenía un día difícil, iba a ver a Earl, sabiendo que en algún momento en la conversación volvería a hablarme de ver a Billy Graham en televisión y cómo había cambiado su vida para siempre. Él decía que cuando llegase al cielo, quería ver a Jesús y a Billy Graham.

A LO LARGO DE CUATRO GENERACIONES

Escuché por primera vez de Billy Graham de mi abuelo, que se sentaba al lado de la radio y escuchaba a Billy siempre que estaba en antena. Cuando las cruzadas se televisaron, mi madre solía verlas, y me llevó a la cruzada de Filadelfia para escuchar al Sr. Graham. Aquellos eran los años en que Dios me estaba llamando a Él mismo. Acepté a Cristo a la edad de once años. Mis hijos se criaron con las cruzadas televisivas, y todos han aceptado a Cristo. Dios utilizó a Billy Graham a lo largo de cuatro generaciones de nuestra familia. Yo nunca me pierdo *Larry King Show* u otro programa donde le hagan una entrevista. No puedo imaginarme un mundo sin él. Estoy muy agradecida a Dios de que haya puesto a Billy Graham aquí durante el tiempo de mi vida. Estoy muy contenta de poder expresar mi amor y mi gratitud.

—*Mary Jane*

LO QUE BILLY COMPARTIÓ HA SIDO
TRANSMITIDO A OTROS

Entregué mi vida a Jesús en una cruzada de Billy Graham cuando tenía diez años. Como pastor principal durante los últimos veinticuatro años, he tenido el privilegio de ver también a muchos acudir a Cristo, tanto aquí en Estados Unidos como en todo el mundo. Lo que Billy compartió conmigo ha sido transmitido a otros; Jesús salva.

Mi madre

Asistí a la primera cruzada de Billy Graham en Sidney en el área de consejería. También canté en el coro. Llevé a mi mamá una noche, y ella entregó su vida al Señor allí, y siguió sirviéndole hasta que partió con el Señor en 1975. También, mi hermana mayor y su esposo entregaron sus vidas a Cristo durante aquella cruzada. Yo hice el compromiso de llegar a ser misionero. Eso no sucedió hasta 1996, cuando fui a vivir a una comunidad aborigen, donde muchos acudieron al Señor. Sigo trabajando con ellos desde mi lugar aquí en Tennat Creek. Gracias, Dr. Graham.

Había una vez

Mi madre era una inmigrante de Puerto Rico. Vivíamos en el Harlem español, en Manhattan. Mi madre tenía cinco hijas y un hijo, y como no trabajaba fuera de casa, veía la televisión todo el día mientras sus hijos estaban en la escuela.

Como yo era la más pequeña de las hijas, era demasiado joven para asistir a la escuela. Un día, recuerdo ver a mi madre arrodillada delante del televisor con sus manos levantadas a la vez que repetía la oración del pecador… El nombre del predicador era Billy Graham.

Como adulta, he tenido el privilegio de servir a Dios en el voluntariado y cantando con el coro durante la cruzada de Billy Graham en Queens, Nueva York. Qué privilegio y qué bendición servir a Dios y a Billy Graham, el hombre responsable de la salvación de mi madre.

—Ana

EL EFECTO DOMINÓ

Mis padres y mi tío llevaron a nuestro grupo de jóvenes a la cruzada en la ciudad de Nueva York en 1959. Cuando entramos, yo pude sentir la presencia del Señor. Todos pasamos al frente. (¡Yo quedé decepcionada de que Billy no me aconsejara a mí! Ja, ja.)

Mi hermana gemela y yo llegamos a involucrarnos en la guardería en InterVarsity Christian Fellowship. Ahora, ¡las dos tenemos hijos que son predicadores! Entre nosotras tenemos nueve hijos, y todos confían en el Señor. Y el efecto dominó continúa. Gracias, Billy (y Ruth) por su fiel ejemplo a lo largo de los años. ¡Dios les bendiga abundantemente!

DESDE RUSIA A LA FE EN JESÚS

Mis padres escaparon de Rusia por separado con sus familias a Irán en la década de 1930, y más adelante se conocieron y se casaron en Teherán. Emigraron a E.U. al final de la Segunda Guerra Mundial. Mi madre era creyente, pero mi padre no lo era, y éramos miembros de la iglesia rusa Molokan. Pero Dios tenía su mano sobre mi padre.

Mi madre y mi abuela materna estaban orando por la salvación de mi padre. En 1963, cuando yo estaba en octavo grado, Billy Graham acudió al Coliseo de Los Ángeles para realizar una cruzada. Yo acudí cada noche con mi padre. Una de las noches, mi papá se levantó de su asiento e hizo el largo recorrido hasta el campo para reconocer el llamado de Dios sobre su vida. Aquel fue un día glorioso. Ese mismo año, fui llamada por Dios en un campamento. La decisión de mi padre desencadenó una serie de acontecimientos que cambiaron las vidas de nuestra familia para siempre. Lo más grande fue que mi padre decidió bautizarse, y esa decisión hizo que su familia le aislara y fuéramos expulsados de la iglesia Molokan. Hoy día, a los ochenta y cuatro años, mi padre sigue sirviendo al Señor activamente.

Cuando tenían unos 70 años, mis padres regresaron a Rusia y comenzaron un grupo de estudio de la Biblia, y después una iglesia, en el pueblo donde siguen viviendo algunos de sus familiares. Mi padre bautizó a muchos, y Dios le utilizó para llevar la esperanza y la salvación de Dios a ese pequeño pueblo. Billy Graham y sus cruzadas ocupan un lugar especial en los corazones de mi familia. Damos gracias a Dios por la fidelidad de Billy y el modo en que siempre incorpora a Cristo a cualquier conversación que tiene con gente de la prensa. ¡Gracias, Billy, por su amor por Dios y las buenas nuevas del evangelio de Cristo!

MI ABUELA "TUVO NOTICIAS DE BILLY"

Nuestra familia siempre ha visto las cruzadas en televisión a lo largo de los años, y se ha beneficiado mucho de ellas. Mi única abuela, que ahora está en el cielo, tenía en gran estima al Sr. Graham. Ella estaba en su lista de correo, y nos decía con gran alegría que "tuvo noticias de Billy". Ella no recibía el correo como si fuera solamente una organización sin ánimo de lucro que envía una carta; recibía las cartas como si estuvieran personalmente preparadas para ella. Le gustaban mucho. Fue viuda durante muchos años, pero le encantaba enviar donativos. Con frecuencia enviaba algunos dólares en efectivo, hasta que su hija se dio cuenta de ello. (Entonces ella llenaba los cheques.) Mi abuela vivió hasta los ochenta y nueve años. Leía la Biblia entera cada año. Gracias, Sr. Graham, por bendecirla a ella y a toda nuestra familia.

Tan sólo quiero mostrar mi agradecimiento

Ni siquiera tengo aún los dieciocho años, pero me conmueve mucho el modo en que el Sr. Graham ha tocado a tantas personas. Aunque no le he conocido, desearía poder haber conocido a alguien tan brillante y a la vez tan humilde. Tan sólo quiero darle las gracias por hacer tantas cosas positivas en este mundo. Usted verdaderamente ha puesto un pedazo de cielo sobre la tierra.

Acompañada por mi suegra

Estoy muy agradecida de que Billy Graham estuviera realizando una cruzada en Filadelfia durante la época en que mi suegra estaba de visita desde Charleston. Ella era una poderosa mujer de Dios, y la cruzada fue el punto álgido de su visita. Fue maravilloso. Ver a todas las personas siendo salvadas y entregando sus vidas al Señor Jesús casi no se escuchaba en aquella época. Que el Señor aumente su grandeza y le consuele en todos los aspectos.

Billy, papá y yo

Cuando era una niña, cada vez que un programa de Billy Graham se pasaba por televisión… se veía en nuestra casa. Mi papá era un gran seguidor de las cruzadas de Billy Graham. Le encantaba escuchar cantar a George Beverly Shea. Hasta donde yo sé, no se perdió ni una retransmisión.

Algunos de mis mejores recuerdos de mi papá son compartidos viendo a Billy Graham. Desgraciadamente, mi papá ha fallecido, pero él inculcó valores cristianos en mí que atesoro y vivo según ellos hasta el día de hoy. Ahora mi esposo y yo vemos las retransmisiones siempre que podemos. (¡El otro día vimos una que originalmente se retransmitió aproximadamente un año antes de que yo naciera!)

Debido a grandes cristianos como usted y mi papá, actualmente soy ministro ordenado y comparto la Palabra de Dios y el amor de Jesús dondequiera que voy. Billy, quiero darle las gracias por ayudar a dar forma a mi vida. Es usted verdaderamente un gran líder cristiano… Siempre sentía la presencia del Señor cuando usted estaba en la sala de nuestra casa.

¡USTED ES UNA INSPIRACIÓN PARA NOSOTROS, BILLY GRAHAM!

Gracias, Billy Graham, por su fidelidad en la predicación del evangelio de Jesucristo de tal manera que *todos* podamos entender. Ha sido usted una bendición en mi vida desde su cruzada en 1949 en Los Ángeles.

En 1949, yo era estudiante de primer año en BIOLA (campus en la 6th y Hope Street.) Estaba buscando un empleo después de las horas lectivas y fui enviada a su oficina cerca de la escuela. (Hasta ese momento, nunca había oído acerca de usted.) Qué gozo fue tener un pequeño papel para ayudar a doblar cartas y llenar sobres para enviarlos al correo. Como resultado de ello, pude asistir a algunas de sus reuniones en Los Ángeles. Fue usted una verdadera bendición en mi vida, y le doy las gracias.

Ahora, cincuenta y ocho años después, mi esposo durante cincuenta y cinco años y yo disfrutamos de sus programas de televisión grabados de muchas de sus cruzadas. ¡Ambos estamos agradecidos por su ministerio!

—*Lora Mae*

UN VÍNCULO DIRECTO

Fui salvo de un estilo de vida muy turbulento. En 1968 mi padre murió en un tiroteo mientras intentaba robar un banco.

Yo tenía solamente dieciséis años en ese momento. El mayor de cuatro muchachos, los conduje a todos ellos al consumo de drogas y al delito. En 1981 me hice amigo de una familia cristiana que me condujo al Señor.

¿Y cuál es la conexión con Billy Graham? Bien, Mike, el amigo que me condujo a Cristo (y que ahora está con el Señor), me dijo que en 1957, en el Madison Square Garden, él se arrodilló en el suelo bajo los bancos y confió en Cristo mientras Billy estaba aún haciendo la invitación a pasar al frente. Por tanto, ¡gracias, Billy! Siento que el que yo haya acudido a Cristo tiene un vínculo directo con usted y con el ministerio que Dios le ha confiado. Solamente puedo imaginar a cuántas personas ha influenciado usted directamente o indirectamente como resultado de su ministerio.

ALIENTO PARA EUROPA DEL ESTE

¡Saludos desde Rumanía! Es maravilloso recordar el tiempo en que nuestro querido hermano Billy Graham predicó en nuestro país durante la época del profundo y oscuro comunismo. Yo estaba en la infancia en ese momento, pero recuerdo lo mucho que significó para mi padre, que era pastor bautista y tenía muchos problemas con los comunistas a causa de su fe. Esa cruzada fue una experiencia renovadora y edificante para todos nosotros. Siempre recordaremos aquel momento con corazones agradecidos. Le amamos y le bendecimos, hermano Billy Graham, en el nombre de Jesús.

—Iren

UNA PIEDRA LANZADA A UN CHARCO

Yo nunca asistí a una cruzada, pero mirando atrás a mi vida veo que otros que conocieron las buenas nuevas por medio de

Billy han causado regularmente un impacto en mi vida y mi fe. Una piedra lanzada a un charco produce ondas. Las ondas producidas desde Billy Graham se extenderán mucho más allá de su vida y llegarán a la eternidad. Gracias, Billy. Espero con ilusión el final de mi tiempo en la tierra como un niño espera la Navidad.

UNA NIÑITA ENFERMA

Yo tenía diez años. Mi querida abuela murió el año antes, y mi mamá seguía estando terriblemente triste. Comenzó a escuchar programas cristianos en nuestra vieja radio, y en 1950 entregó su corazón al Señor. Vivíamos en una casa muy pequeña, y la radio podía oírse fácilmente desde mi cuarto. Era el 14 de febrero de 1950, y yo estaba enferma. La radio estaba encendida y mamá estaba escuchando a un nuevo predicador del que todo el mundo hablaba: Billy Graham. Yo también escuché, y a pesar de mi fiebre y mi angustia, el Señor tocó mi corazón y le entregué mi vida.

Han pasado cincuenta y ocho años, y sigo amando al Señor. Perdí a mi esposo y a mi padre. Mi madre sigue enseñando una clase de estudio bíblico todos los martes, con noventa y tres años de edad. Crié a dos hermosas hijas, y ambas aceptaron al Señor a temprana edad. Una de ellas está casada con un maravilloso pastor, mi otra hija y su esposo aman al Señor y uno de sus trabajos es en una estación de radio cristiana. Le doy gracias a Dios por Billy Graham y su inflexible mensaje.

EL MUNDO AÚN NECESITA UN "BILLY GRAHAM"

Mis padres llegaron a Estados Unidos en 1951, inmigrantes ucranianos desde Alemania. Debido a que el cupo en Estados Unidos estaba completo, nos retrasaron la inmigración durante dos años, período durante el cual mis padres se convirtieron en cristianos. Cuando yo me convertí en cristiana a los trece años de edad, mis padres comenzaron a escuchar *The Hour of Decision* (La hora de la decisión) en la radio. Cuando oímos que Billy Graham iba a realizar una cruzada en Chicago, todos nos emocionamos. Yo me apunté para consejería y para cantar en el coro. Parecía que estaba en el cielo. Obtuve mi primera formación en la Biblia en las reuniones de consejería. También conocí a una mujer piadosa que fue mi mentora después de que terminó la cruzada de Billy Graham en Mc-Cormick Place. Mi hermano pasó adelante en la cruzada, y con eso se completó toda nuestra familia.

Años después, me casé y tuve tres hijos. Mi familia se mudó a Tampa, Florida. En la década de 1990 Billy Graham nos "siguió" hasta Tampa y realizó una cruzada. Yo volví a cantar en el coro, y llevé conmigo a una persona no creyente. Le hice sentarse conmigo en el coro, y le dije que ella tenía que mover los labios aunque no se supiera las canciones, porque las cámaras le enfocarían en cualquier momento mientras el programa se grababa y se emitía. Fue muy difícil para ella, pero no tuvo elección. Yo le dije que iría a hacer espeleología con ella si acudía a la cruzada. A ella le gustaba su estilo de vida pecaminoso, pero cuando Billy Graham habló, recibió convicción y entregó su corazón a Jesús.

A medida que fui madurando, mis amigos, mi familia y yo hablábamos sobre el método de predicación que utilizaba Billy Graham. Todos estábamos de acuerdo en que era muy sencillo y no adulterado; sin embargo, dejaba a las personas asombradas… Era sencillo para los incrédulos entender la verdad, y convincente para los que eran salvos a fin de crecer más en Cristo… El mundo aún necesita a un "Billy Graham".

EN TERRENO SÓLIDO

Billy, mi padre, que nació en Puerto Rico y tuvo una educación de segundo grado, comenzó como ujier en la cruzada de 1950 en el Bronx. Él siempre se refería a usted como el predicador más fiel que había escuchado jamás. Sus mensajes significaban mucho para él, y transmitió sus experiencias a sus cuatro hijos. Actualmente, mi esposo y yo hacemos lo mismo con nuestros hijos, y le damos gracias a Dios por la obediencia de usted y su pasión por Dios… Creemos que estamos en un terreno sólido debido a su obediencia para sacrificarse a usted mismo y ayudar a familias en todo el mundo. ¡Billy, le queremos!

"VAYAMOS A OÍR LO QUE ESTE YANQUI TIENE QUE DECIR"

Fue justamente después de la Segunda Guerra Mundial cuando Billy vino a Inglaterra para realizar una cruzada. Mi papá dijo: "Vayamos a oír lo que este yanqui tiene que decir". Bueno, le oyeron, y oír es creer, de modo que mi padre y mi madre se entregaron al Señor. Papá fue trasladado a las minas de carbón durante la guerra; pero cuando la guerra terminó se puso a trabajar en una fábrica de maquinaria. Poco después de aquello, mi papá y mi mamá se fueron a vivir a Estados Unidos y se establecieron en Pennsylvania. Papá sintió que el Señor le llamaba a ser pastor, y lo hizo… sirviendo al Señor durante treinta y cinco años hasta que el Señor le llamó a su presencia. Tanto papá como mamá se han ido ya, pero mediante sus conversaciones mi abuelo y mi abuela fueron salvos, mi hermana, su esposo y sus tres hijos, mi hermano, su esposa y sus cuatro hijos (y mi hermano trabaja con Wycliffe Bible Translators y ha servido en el campo misionero durante treinta años), mi esposa y yo y tres hijos… y podría continuar. Todas esas generaciones tocadas por el amor del Señor debido a ese yanqui que escuchó la voz de Dios.

El único programa de televisión que ella quería ver

Mi abuela, nacida en 1883, fue la mejor cristiana que conocí jamás. El *único* programa de televisión que ella quería ver era cuando Billy Graham hablaba. Ella era tan fuerte y valiente como él a la hora de hablar a todo el mundo de la necesidad de entregar su vida a Jesús. Gracias a Dios por esas valientes personas que vivieron mediante el ejemplo. Mi abuela no vio la mayor parte de los frutos de sus esfuerzos, pero nunca se rindió, y la mayoría de su familia está sirviendo al Señor ahora. La familia Graham es querida, y es la familia más respetada en Estados Unidos.

Un estándar y un faro

Querido Sr. Graham, gracias por su fidelidad durante todos estos años. Está usted en mis oraciones regularmente. Su ministerio ha sido una constante integral entretejida en la vida de mi familia. Varias de mis tías abuelas, tíos abuelos, bisabuelos y abuelos fueron salvos y/o participaron en una de sus cruzadas. En cuanto a mí, su ministerio ha proporcionado enseñanza, guía y algunas veces corrección. Le doy gracias a Dios porque usted respondió al llamado durante todos esos años; pero lo más importante es que usted ha vivido una vida por encima de todo reproche que ha servido como un estándar y un faro para esta poderosa nación nuestra. ¡Dios le bendiga abundantemente en los próximos años!

Usted era su héroe

Mis abuelos le veían fielmente en televisión cuando yo era pequeña. Yo seguí con la tradición, y cuando mi hijo tenía cuatro años, usted era su héroe. Se ponía de pie fuera y predicaba a los niños en nuestro barrio, diciéndoles: "Deben nacer de nuevo si quieren ir al cielo para estar con Jesús". Actualmente, él es un poderoso hombre de Dios y sigue predicando las buenas nuevas.

Estamos muy agradecidos de que nuestros hijos crecieran con un poderoso hombre de Dios (usted, Billy) como su inspiración. Gracias, Billy, por haber sido una parte de cuatro generaciones de nuestra familia. Mi padre, que nunca iba a la iglesia, lloró mientras veía una de sus cruzadas solamente días antes de morir repentinamente. Con frecuencia me pregunto si hizo un compromiso con Cristo aquel día. Que Dios le bendiga y le guarde para siempre en la palma de su mano.

Billy Graham y el chocolate Hershey

Mi padre se hizo predicador en 1966, cuando yo tenía siete años. Nos mudamos a Wyoming desde Nampa, Idaho, donde mi papá había asistido a Northwest Nazarene College. La iglesia, en un buen día, tenía aproximadamente una asistencia de veinticinco personas. Nosotros estábamos allí cada vez que se abrían las puertas.

Tuvimos un televisor en 1968, y aunque no lo veíamos mucho, siempre que Billy Graham estaba hablando teníamos que verlo. Entonces, en cuanto el servicio terminaba teníamos que irnos a la cama.

A mi mamá solían gustarle las tabletas de chocolate Hershey, y ella compraba las tabletas grandes, de tamaño familiar, y nos daba a cada uno de nosotros un par de cuadritos de chocolate mientras veíamos a Billy Graham. Éramos cinco hijos y todos nos poníamos en fila delante del televisor. Mamá siempre nos decía que ella fue a ver a Billy Graham cuando él fue a Iowa a finales de la década de 1940 o principios de 1950.

A mí no me gustaba cuando sabía que Billy Graham estaba en la televisión, pues eso significaba que tendríamos que quedarnos sentados durante horas. Ahora, al mirar atrás, es un gran recuerdo de lo que hacíamos como familia. También fue un cambio de ritmo de escuchar a mi papá el predicador, porque la mayoría de las veces nuestra familia formaba la mitad de su audiencia. Gracias, Billy Graham, por todos los años, recuerdos y la verdad que usted nos ha dado.

Todos dejábamos lo que estuviéramos haciendo

Me crié en el sur de Georgia en una gran granja con cinco hermanos y una mamá y papá cristianos. Íbamos a la iglesia bautista. Tuvimos nuestro primer televisor cuando yo tenía unos nueve años. Antes de eso, sin embargo, yo oía a mi papá poner una estación de radio góspel de Ohio en su mesilla en la noche.

Cuando el Rev. Billy Graham aparecía en televisión, todos dejábamos lo que estuviéramos haciendo y veíamos a todas las personas a las que él predicaba. Había muchas personas allí, y sus palabras eran tan interesantes que yo no podía alejarme del televisor. Me encantaba: desde las canciones del principio hasta la invitación del final. ¡Y me encantaba ver a todas aquellas personas que se entregaban a Dios! ¡Yo siempre me acercaba más al televisor y tenía ganas de estar también allí! También oraba en mi corazón para que Dios escuchara mis oraciones.

He mantenido esa fe toda mi vida, y el próximo mes cumpliré sesenta y cuatro años. Siento agradecimiento para siempre por este hombre que Dios escogió para predicar su santa Palabra en tantas naciones. Si pudiera conocer a alguien, sería él.

¡FELIZ CUMPLEAÑOS Y GRACIAS, HERMANO GRAHAM!

Querido hermano Graham, mi abuela me presentó su ministerio (mediante la televisión) cuando yo tenía diez años. Mi hermano y yo fuimos a vivir con nuestros abuelos durante un breve período, y recuerdo ver todas sus cruzadas en televisión con mi abuela. Pronto llegué a quererle tanto como le quería ella. ¡Tenía *muchas* ganas de poder ir a una de sus cruzadas de avivamiento en persona!

Mis hijos fueron invitados a ir con nuestros queridos vecinos y su iglesia a una de sus cruzadas en Fresno, California, en el año 2000. Yo lancé al viento los buenos modales y me invité también. No quería que mis hijos se perdieran una oportunidad tan maravillosa, ¡y yo TENÍA MUCHAS GANAS de verle! Bien, desde luego, mis amigos respondieron a mi petición con un inmediato: "¡Claro!", y me fue concedida una de las experiencias más maravillosas de toda mi vida.

Apenas podía distinguir sus rasgos... pero estaba bien. Conozco de memoria su rostro. Siempre he aprovechado cada oportunidad de ver una reposición de una de sus cruzadas en televisión. Usted es un querido hombre de Dios, respetado por muchos, y sé que nos conoceremos algún día cara a cara en el cielo.

UNA FAMILIA CAMBIADA

Era lunes en la noche bajo un cielo estrellado: 13 de julio de 1964. Billy Graham subió a la plataforma y fue electrizante.

En nuestros catorce años de vida (somos trillizas), fue la mayor multitud, el mayor evento, del que habíamos sido parte jamás. Toda nuestra familia estaba allí: nuestros padres, nosotras tres, nuestra hermana pequeña y otros dos hermanos más pequeños. Asistíamos a la iglesia, a una bastante liberal, de modo que nunca habíamos escuchado el plan de salvación antes de que el Dr. Graham subiera a la plataforma. Aquella noche, él dejó claro, incluso para nuestro joven entendimiento, que necesitábamos un Salvador.

No recuerdo el texto que utilizó el Dr. Graham, pero lo que sí sé es que cuando comenzó "Tal como soy", nosotras tres y nuestro hermano de doce años pasamos al frente. Miro atrás a aquella noche y me doy cuenta de que yo no entendía por completo todo lo que tuvo lugar. Y aun así, casi cincuenta años después, permanece mi asombro por las verdades que aprendí aquella noche. Me sorprende la complejidad de un plan que ofrece perdón debido a la muerte y la resurrección de Jesús, pero también la simplicidad de un plan que dice: "todo aquel que invoque el nombre del Señor será salvo". Repito que no recuerdo lo que dijo el consejero, pero lo que sí recuerdo es que más adelante aquella noche mientras regresábamos a casa, levanté mi vista al cielo desde la ventanilla del auto, sabiendo, *sabiendo*, que si algo sucediera, yo iría al cielo. Sigo aún sorprendida por eso.

Hoy día, todos nuestros hermanos, nuestros hijos y nuestros nietos que son lo bastante mayores para tomar una decisión por Cristo, han hecho eso. En nuestra familia tenemos pastores, misioneros a tiempo completo y a tiempo parcial, maestros de escuela dominical y de la Biblia, consejeros y ganadores de almas. Aquella noche tomamos la mejor decisión que cualquiera de nosotros podría haber tomado. No sólo fueron cambiados individuos, sino también el legado de toda una familia, la dirección de generaciones. Gracias, Dr. Graham, por ser fiel el día 13 de julio de 1964 en compartir el plan de salvación. Aquella noche, nuestros nombres fueron escritos en el libro de la vida del Cordero, y estamos eternamente agradecidas.

—*Kris, Karen y Kathie*

ÉL LEYÓ LA REVISTA *DECISIÓN* DE PASTA A PASTA

Llegué a conocer a Jesucristo como mi Señor y Salvador en 1966 a la edad de veintiocho años. Fue la decisión más importante que tomé jamás en mi vida. Comencé a asistir a una iglesia centrada en Cristo, llevando conmigo a mis dos hijitas. Mi esposo no estaba interesado y no iba con nosotros.

Yo tenía un deseo muy fuerte de compartir a Jesús con mi padre, que vivía casi a dos mil millas de distancia, al otro lado de Estados Unidos. Él no era un hombre religioso, y era alcohólico. Mi madre y él estaban divorciados. Decidí enviarle una suscripción a la revista *Decisión*, esperando que la leyera y supiera sobre la gracia salvadora de mi precioso Señor.

Cuando asistí al funeral de mi padre cuatro años después, su esposa (se había vuelto a casar) me dijo que cuando llegaba la revista *Decisión* cada mes, él la leía de tapa a tapa. Eso fue lo único que me dijo.

Unas semanas después, sentada en la iglesia una mañana del domingo durante el servicio de adoración, sentí que el Espíritu Santo hablaba a mi corazón, revelándome que mi padre estaba con Él en el cielo y que volvería a verle algún día. Estoy muy agradecida a Dios por haber hablado a mi padre mediante su Espíritu Santo. Eso emocionó mi corazón. La revista *Decisión* tuvo mucho que ver en eso.

BILLY Y "BIG MAMA"

Mi abuelo (Big Papa) murió en 1963, dejando a una viuda sufriente y perdida. Big Mama no sabía conducir y nunca había rellenado un cheque ni comprado provisiones. Ella fue una novia niña a los quince años y viuda a los sesenta y nueve. Yo era una de las nietas menores, y como tal pude dedicar más tiempo a mi Big Mama. Durante los siguientes trece años, nos unimos como familiares, amigas y cristianas.

Debido a que Big Mama no conducía, su asistencia a la iglesia era esporádica; pero ella fue la primera persona que conocí que leyó la Biblia desde Génesis hasta Apocalipsis como si fuese una novela. Y logró esa meta varias veces en su vida. Y cada vez, literalmente CADA VEZ, que había una cruzada de Billy Graham en televisión, nos sentábamos y la veíamos. En aquellos tiempos, las cruzadas podrían verse cada noche durante dos semanas. ¡No importaba! Nosotros las veíamos.

Big Mama decía: "Vaya, ese Dr. Graham de verdad sabe predicar", y "Y sí que conoce la Biblia".

En aquellos años formativos de mi vida, aprendí más sobre mi caminar cristiano de mi Big Mama y del Dr. Graham que ninguna otra persona. Durante el resto de mis días atesoraré aquellas tardes escuchando con Big Mama las cruzadas de Billy Graham. ¡Gracias!

LANZAR TORTUGAS

En 1952 mi madre se divorció de su primer esposo, un alcohólico, jugador y mujeriego. En Shreveport, Louisiana, en 1952 el divorcio era raro y socialmente inaceptable, pero mi madre tomó a su hija de un año, siguió ella sola y pasó a ser una mamá soltera trabajadora. En 1953 se casó con mi padre, quien resultó que también era alcohólico y jugador. Yo nací en 1954.

En 1955 mamá aceptó a Cristo en su corazón en una cruzada de Billy Graham, y su vida tomó una notable nueva dirección. Sus pecados fueron perdonados y ella encontró nueva vida. El cambio en su vida fue tan dramático que, un año después, mi padre aceptó a Cristo en su vida. A medida que la fe en Cristo de ellos creció durante los siguientes diez años, mi padre sintió el llamado a ser pastor.

A pesar de las dificultades económicas y problemas de salud a lo largo de toda su vida, mamá tenía un gozo y una luz que siempre brillaban con fuerza. La marca de su vida era ofrecer gracia a todo el mundo. Ella no juzgaba a nadie, y trataba a los desconocidos como amigos de toda la vida. Invitaba a nuestra casa a soldados destinados en una base del ejército cercana para el día de Acción de Gracias, porque no tenían dónde ir. Cuando mujeres adúlteras eran expulsadas de sus hogares por sus esposos, mamá las llevaba a nuestra casa y les daba refugio. Un desconocido que mamá trajo a casa robó su anillo de bodas de diamantes de la repisa de la ventana de la cocina, donde ella lo ponía cuando lavaba los platos. Después de haberle dado el desayuno a aquel desconocido, haber lavado los platos que él había ensuciado y haber cambiado las sábanas que había utilizado, él le pagó robándole su anillo. Después se despidieron, para no volver a verse. Incluso perder su único anillo preciado no cambió la conducta de mamá hacia los desconocidos. Ella nunca permitió que nadie le robase su gozo y su compromiso a ser semejante a Cristo.

Mamá falleció en 2003 a los setenta y cuatro años de edad. Más que ninguna otra persona, mi mamá era el ser humano más semejante a Cristo que yo haya conocido jamás; ¡y ella fue descendencia espiritual de Billy Graham!

Cuando pienso en el impacto que Billy Graham tuvo en mi mamá, recuerdo al muchacho que intentaba rescatar a cientos de tortugas marinas que habían quedado en la playa después de una tormenta. Se formó una gigantesca montaña de arena y las tortugas no podían llegar de regreso al agua; se estaban muriendo debido al calor y la exposición al sol. Una a una, el muchacho agarraba una tortuga y la llevaba hasta el borde del agua, cruzando cientos de metros de arena, y allí la soltaba. Se acercó un hombre y le dijo: "Hijo, ¿qué haces?". Después de que el muchacho le explicase la tarea, el hombre dijo: "Bueno, hijo, estás desperdiciando tu tiempo. No vas a poder salvar a todas esas tortugas, y realmente no importa". El muchacho respondió: "Bueno, señor, si esta tortuga fuese usted, apuesto a que sí importaría".

Imagino que hubo veces en que la enorme tarea que el reverendo Graham aceptó debido al llamado de Dios parecía imposible… que él no podía alcanzar a todo aquel que necesitaba las buenas nuevas de la salvación por medio de Jesucristo. Quiero que Billy Graham sepa que alcanzó a mi mamá… y eso importó.

Gracias, Billy Graham...
por su toque personal en mi vida

~

LAS PALABRAS NO PUEDEN
DESCRIBIR A BILLY GRAHAM

Permítame escribir estas palabras en forma de carta personal a un hombre que, en la mayor parte de mi vida, ha ocupado un lugar único en mi corazón. Mientras humildemente intento compartir a qué se debe eso, creo que muchos lo entenderán.

Nací en las montañas de Suiza y fui criado por unos padres maravillosos que me dieron no sólo su amor sino también más de lo que cualquiera necesitaba en amor, dirección, educación y comodidades de todo tipo. Ellos trabajaron muy duro y sacrificialmente por muchos años.

Nos llevaban a la iglesia y nos enseñaron a orar. A veces leíamos la Biblia. Dios estaba ahí, pero no de manera cercana o personal. Cuando llegué al principio de mi adolescencia tenía inquietud en mi corazón, sin saber por qué. Yo tenía todo lo que el mundo pudiera ofrecer, y aun así no tenía paz, no tenía contentamiento ni tampoco gozo. Gradualmente, me di cuenta de que mi necesidad era una necesidad espiritual. No tenía dónde ir para encontrar respuestas; ni siquiera sabía qué preguntas hacer. En lo profundo de mi ser sabía que ni mis padres ni mis maestros de la escuela dominical tenían las respuestas, ni tampoco nadie en la iglesia. Al menos, si las tenían, no parecían ser capaces de comunicármelas.

Con un sentimiento de tranquila desesperación, busqué respuestas por mí mismo, pero nunca parecía llegar a tener la verdad en mi mano: siempre parecía escaparse entre mis dedos, dejándome frustrado y desalentado. No había nadie que ayudase, nadie a quién acudir; pero de alguna manera desconocida para mí, Dios había oído mi clamor. Él había preparado un camino y envió un mensajero para alcanzarme.

Haerig, la palabra armenia para "padre", usted fue esa persona. Usted escribió un libro, dijo que de rodillas, titulado *Paz con Dios.* Mi padre un día nos reunió en la sala de nuestra casa en las playas del lago Geneva e intentó hablarnos de un cambio radical que se había producido en su vida y en su relación con Dios. Yo no llegaba a entender lo que él intentaba decirnos. Pregunté: "Siempre nos hablaste sobre Dios. ¿Qué es diferente?". Su respuesta me asombró: "Estaba buscando, pero ahora he hallado".

"¿Cómo?".

"Leí este libro, recién traducido al francés, titulado *Paz con Dios*".

"¿Puedo tomarlo prestado, papá?", dije yo.

Haerig, esa fue la primera vez que usted me habló, mediante su libro. Usted me dio las palabras que apagarían para siempre la sed de mi alma. Usted me dijo cómo nacer de nuevo, según las Escrituras.

Aquella noche, un muchacho de quince años se arrodilló al lado de su cama, a solas con Dios, e invitó a su Salvador, Jesucristo, a que perdonase sus pecados y viviese para siempre en su corazón. La paz finalmente llenó mi alma. Gracias, Billy Graham.

Varios años después, nuestra relación se volvió más importante y más íntima. Usted y Ruth me honraron al aceptar mi petición de la mano de su hija en matrimonio. Y siguieron muchos años de felices recuerdos a medida que usted llegó a ser un amigo con un corazón de padre para mí. Su compromiso genuino con Cristo, su fidelidad a su llamado a proclamar el evangelio y su amor y bondad por la persona más humilde, al igual que por los poderosos de este mundo, me inspiraron una y otra vez. Usted vivió su fe, lo viesen las personas o no. Como su hijo Franklin dijo una vez: "No había dos personas distintas, una en casa y otra en público". Yo he sido testigo de eso durante más de cuarenta años, y nunca lo olvidaré.

Gracias, Billy Graham. Usted ha sido un padre para mí, el abuelo de mis hijos, y un amigo que es, y será para siempre, más cercano que un hermano. Sobre todo, usted me ha presentado a nuestro Dios y me ha mostrado lo que significa honrarle y caminar con Él.

Le amo y le doy las gracias.

—*Dr. Stephan Tchividjian (1939–2010),* padre de siete de
los nietos de Billy Graham

MI RECUERDO DE BILL Y RUTH

Yo fui estilista del Rev. Graham durante once años en Asheville, y tengo el mayor de los respetos no sólo por su dedicación espiritual a su trabajo, sino también por su carácter personal. Era muy especial que llegase para una cita, porque siempre compartía maravillosas historias de su vida y su familia. Como Ruth también fue cliente durante muchos años, tuve el privilegio de que algunas veces acudieran juntos para sus citas de peluquería. Era maravilloso verlos relacionarse mutuamente, e incluso después de muchas décadas de matrimonio, la chispa del amor seguía viva en sus miradas.

El acontecimiento que más me impresionó fue la época en que Jim Bakker fue apartado de PTL. Hubo mucha conmoción en las noticias el día en que Bakker fue apartado… culpa y acusación estaban por todas partes, especialmente por parte de algunos otros evangelistas. Esa misma tarde, el Dr. Graham acudió para cortarse el cabello, y desde luego que el escándalo Bakker era el tema del día en el salón. Yo tenía bastante interés en escuchar la perspectiva del Dr. Graham sobre todos aquellos horribles rumores. Él me miró y me dijo: "De lo único que culpo a Jim y Tammy es de no haberse rodeado de las personas correctas. Cuando las personas viven sus vidas en el ojo público, es imperativo que sepan manejarse adecuadamente y tengan un equipo de personas creíble y competente. Es ahí donde ellos se equivocaron". Aquello causó una gran impresión en mí, por su entendimiento y compasión por lo que los Bakker estaban experimentando. Obtuve un respeto y admiración aún mayores por el Dr. Graham aquel día, y entendí que él ciertamente era un gran hombre enviado por Dios.

Tuve la bendición de llegar a conocer incluso mejor a Ruth. Era un gozo poder verla cada semana durante once años, porque no era solamente una cliente, sino también una querida y amorosa amiga para mí. Ella llegó para su cita el día en que una de mis amigas desapareció misteriosamente, y se esperaba que hubiera habido juego sucio. Ya que las autoridades no tenían absolutamente ninguna pista ni información para proseguir, temíamos que pronto terminase como un caso pendiente. Cuando Ruth vio mi desesperación por la desaparición de Jaymie, agarró el teléfono y habló con un agente al que conocía en el FBI. Cuatro días después, apareció el cuerpo de Jaymie y el asesino fue capturado. Siempre daré el mérito a Ruth por haber sido el catalizador para resolver el caso y ahorrar a la familia y los amigos de Jaymie años de no saber lo que le había sucedido. Por medio de Ruth, también conocí a Bunny, Anne, Gigi y muchos de los nietos. Siento un gran privilegio por haber conocido a Ruth. Ella era una señora destacada, amorosa y misericordiosa. Sabía que el Dr. Graham tenía razón cuando dijo que habría una gran fanfarria en el cielo cuando ella entrase por las puertas de perlas. También sé que cuando llegue el momento y él se acerque a las puertas del cielo, Ruth estará allí para saludarle con su cálida y hermosa sonrisa y sus brazos abiertos. Entonces, ellos una vez más tendrán esa amorosa chispa y resplandor en su mirada.

RECUERDOS CON MIS BISABUELOS

Desde que puedo recordar, los nombres Billy y Ruth Graham han significado algo para mí. Dios me ha bendecido abundantemente al ser una de sus muchos bisnietos. Estoy muy agradecida de haber llegado a conocerlos. Tengo muchos recuerdos de la montaña en su casa. Siempre disfruto al oír historias sobre él y Ruth. ¡Realmente me encantan las de ella! Ella era, y sigue siendo, uno de mis ejemplos a seguir. Yo la quería mucho, y estoy muy feliz de que esté con Cristo y esté sana. También estoy muy triste, pero Dios me bendijo al conocerla durante doce maravillosos años. Aunque apenas recuerdo cuando ella podía caminar, siempre recordaré las veces que pasé con ella. Un día estábamos en su casa en la montaña y ella dijo que podíamos agarrar uno de los muchos ratones de peluche que había en los lados de la escalera que había cerca de su cuarto, y desde luego que lo agarramos. Cuando llegue a ser madre y esposa, quiero ser como Ruth. También he tenido muchas visitas estupendas con Billy (o, como le llamamos, papá Bill.) Recientemente, le visitamos en Jacksonville. Me encantó esa vez porque no había nadie allí excepto nuestra familia, y tuvimos una visita estupenda. También me encanta visitarle en la montaña. Por tanto tiempo como puedo recordar, ¡su refrigerador ha estado siempre lleno de helado! Así que cuando cualquiera de los bisnietos va allí, siempre terminamos yéndonos llenos de helado. Las personas más famosas que uno conoce son distintas a la persona común, pero cuando uno pasa tiempo con mi bisabuelo, siente que está con un amigo, y no con alguien que es un evangelista conocido en todo el mundo. Amo a Billy Graham como mi bisabuelo, y soy muy bendecida de haberle conocido.

—*Hannah*

Papá Bill

A mitad de septiembre de 1949, un joven procedente de una granja lechera tituló lo que sería caracterizado como el mayor movimiento religioso del siglo XX. Este hombre tenía su manera de conectar con las personas. Durante más de 60 años, ha predicado el evangelio a más de 210 millones de personas en seis continentes distintos, en ochenta y cinco países, y en los cincuenta estados de Estados Unidos; más que ningún otro hombre o mujer en la historia. Había algo diferente en él. Es un hombre que se ha mantenido humilde, delante de Dios y delante de los hombres. Sus motivos siempre han sido correctos ante Dios; nunca han sido egoístas.

Como dijo en una ocasión el Dr. Charles T. Cook: "Parecería ser el propósito de Dios escoger a un hombre… divinamente dotado y capacitado para interpretar a su propia generación sus necesidades más profundas, y declarar el remedio". Él ha aconsejado y ha llegado a ser mentor de cada presidente estadounidense desde Harry Truman. Su verdadera fe en Jesucristo es lo que le ha mantenido humilde.

Este hombre es conocido para el mundo como el Rev. Billy Graham, pero para mí él es papá Bill. Mi madre es la hija mayor de Billy y Ruth Graham, y yo soy el pequeño de siete y el nieto número dieciséis de Billy y Ruth. Lo más admirable que me viene a la mente es, en primer lugar, la humildad de mi abuelo. Él verdaderamente cree que es un predicador rural normal y corriente. Me ha dicho en muchas ocasiones: "Yo no soy un gran predicador, y sabes que no afirmo serlo. He oído estupendas predicaciones muchas veces, y desearía dar una de ellas. Yo sólo soy un predicador común que comunica el evangelio de la mejor manera que sabe".

Mi abuelo ha logrado más de lo que la mayoría de nosotros haremos en toda la vida, y él cree seriamente que es tan sólo un predicador común. El versículo de la Biblia que siempre viene a mi mente cuando pienso en papá Bill es Tito 3:2: "a no hablar mal de nadie, sino a buscar la paz y ser respetuosos, demostrando plena humildad en su trato con todo el mundo". Es casi como si él leyese ese versículo y lo puso en práctica con todo su corazón.

Puedo recordar una vez en que mi abuelo estaba en South Florida para una reunión de la junta y se estaba sintiendo solo. Así que sacó su agenda telefónica negra y comenzó a buscar amigos que vivieran en esa zona. Encontró a una joven pareja y decidió llamarles para invitarles a cenar en el hotel. Nunca olvidaré lo que él dijo cuando llamó, pues fue verdaderamente increíble. Dijo: "¿Hola? ¿Cómo están? Soy Billy, Billy Graham. ¿Me recuerdan?". Yo no podía creer que un hombre que ha sido situado en el número seis en las revistas *Time* y *Life* como el hombre más respetado del siglo XX estuviera llamando a una pareja a la que no había visto en algún tiempo y pensara sinceramente que ellos podrían haberse olvidado de quién era él. Papá Bill me ha recordado de qué se trata verdaderamente el viaje de la vida.

Papá Bill ha impactado más mi vida al mostrarme lo que significa ser verdaderamente humilde, no tomarme a mí mismo demasiado en serio, y recordar siempre que soy la criatura creada por el Creador. De ninguna manera estoy satisfecho donde quiero estar espiritualmente, pero no creo que haya jamás un momento donde estemos donde deberíamos estar espiritualmente hablando; siempre tendremos que acercarnos más al Señor a fin de tener una relación con Él. Por tanto, quiero darte gracias, papá Bill, por ser el abuelo más amoroso y maravilloso que cualquiera pudiera haber deseado. Te quiero con todo mi corazón, y siempre estoy orando por ti.

—*Antony Tchividjian*

Su nieto favorito

Cuando pienso en Billy Graham, pienso en todas las fotografías que he visto a lo largo de los años. Su alta estatura, su profunda voz y la pasión que fluye por su rostro y sus manos. Él ha conocido a muchos dignatarios, presidentes, celebridades, pasando por todos hasta los pobres de entre los pobres. Él los trata igual a todos, con bondad, ternura y amor. Ha predicado a millones y ha guiado a millones a Cristo. Él ha escogido practicar lo que predica, y lo ha hecho a la perfección. Billy Graham es verdaderamente un hombre de Dios.

Este es el hombre público, pero yo he tenido el privilegio de conocer a Billy Graham como papá Bill toda mi vida. He podido tener esa rara vislumbre de un hombre en privado. Le he visto amar tiernamente a mi abuela. Él ha enseñado a todos sus hijos y nietos cómo un hombre debería amar a su esposa. Cada noche antes de irse a la cama, papá Bill convoca a todos los visitantes en el salón para tener un tiempo devocional. Lee la Biblia y después ora. Esto me ha enseñado la importancia de los tiempos devocionales con la familia. Incluso en casa, él se ilumina cuando lee la Palabra de Dios. Nunca olvidaré que me llamaba su nieto favorito. Después de todos mis valles en la vida, estaba muy contento de que él me viese con favor. (Para mi desilusión, más adelante descubrí que él les dice a todos los nietos que son sus favoritos.) Mi recuerdo favorito es cuando él salía a pasear y yo iba con él. Este sabio hombre a veces quería hablar, y otras veces caminábamos en silencio, agarrados de la mano. Aprendí más sobre él en los silencios.

A medida que le veo envejecer, me doy cuenta de lo frágil que él es. Finalmente tiene que admitir que no puede hacer las cosas que solía hacer, y eso me hace amarle incluso más. Por tanto, a mi papá Bill: te amo y te admiro más de lo que puedes saber. Sólo puedo esperar tener una fracción de la fe que tú tienes.

—*Windsor Bauders*

El tributo de un nieto

Después de saludarlos, Pablo les relató detalladamente lo que Dios había hecho entre los gentiles por medio de su ministerio (Hechos 21:19).

Desde que puedo recordar, he llamado a mis abuelos papá Bill y TaiTai. A pesar de su fama y notoriedad en todo este mundo, ellos son en primer lugar y sobre todo, mis abuelos, y estoy muy agradecido por eso. Mis primeros recuerdos de mis abuelos son de pasar veranos y vacaciones con ellos en Montreat, Carolina del Norte, viajar a varias cruzadas por todo el país, sus visitas a nuestra casa en el sur de Florida, y comer en el restaurante favorito de papá Bill… ¡Morrison´s Cafeteria! Durante nuestras visitas a Montreat, TaiTai invitaba a cada hermano a hacer turnos para dormir en la cabaña de madera que está cerca de la cumbre de un hermoso monte situado en las montañas Blue Ridge al oeste de Carolina del Norte. Durante esos días, TaiTai me consentía, y me daba tanto helado y refrescos como yo pudiera consumir, ¡y me permitía irme a dormir a la hora que yo quisiera! Cada noche, antes de que mis abuelos se fueran a la cama, nos reuníamos en la zona de la cocina y nos arrodillábamos y orábamos juntos. Aquellas noches con todos nosotros de rodillas orando a nuestro Padre celestial están grabadas para siempre en mi memoria. Qué bendición.

Cuando fui creciendo, supe que papá Bill y yo compartimos un interés común… ¡el mundo de la política! Hemos mantenido muchas conversaciones interesantes sobre política durante los años. Lo que siempre me fascina es que él es amigo de muchos de los sujetos de nuestras conversaciones. Otra cosa que siempre ha destacado para mí es que, aunque a papá Bill le gusta hablar de política, nunca se vuelve "político", y siempre es respetuoso, independientemente de la afiliación política.

Nunca olvidaré cuando él me invitó a la toma de posesión de Reagan en 1980. ¡Yo tenía sólo doce años! Poco después de llegar a nuestro hotel en Washington, observé por la ventana de mi habitación que un gran número de limusinas habían llegado a la parte trasera del hotel. Al investigar, supe que el presidente electo Ronald Reagan acababa de llegar para dar un discurso. Inmediatamente convencí al asistente de mi abuelo para que fuese conmigo hasta donde estaban estacionadas las limusinas, para poder ver al Sr. Reagan cuando saliera del hotel. Nunca olvidaré el momento en que Reagan salió y el asistente de mi abuelo me presentó, y le informó de que yo era uno de los nietos de Billy Graham. En cuanto se mencionó el nombre de mi abuelo, vi una sonrisa en el rostro de Reagan, y él comenzó a decirme lo mucho que quería y admiraba a Billy Graham. Al ser un niño de doce años, ¡quedé muy impresionado de que el próximo presidente de Estados Unidos conociera y amara a mi papá Bill!

A lo largo de los años siguientes viajé con mi abuelo a otros eventos políticos, como las tomas de posesión de 1984 y 1988. Un incidente que nunca olvidaré, y que siempre ha sido de aliento para mí, sucedió durante la Convención Nacional Republicana de 1988 en Nueva Orleáns. Una noche, un amigo y yo estábamos buscando poder tomar prestado un auto para poder conducir por la ciudad. Siendo estudiante universitario de primer año, con veinte años de edad, sencillamente estaba interesado en salir por la ciudad y divertirme. Tristemente, Dios no era una prioridad en mi vida en ese tiempo.

El asistente de mi abuelo había rentado un auto cuando llegamos, y decidí ir la habitación del hotel de papá Bill para ver si nos permitía tomar prestado el auto. Llegamos a su hotel alrededor de la 9:00 de la noche. Tenga en mente que fue en medio de una gran convención y Billy Graham podría haber asistido a cualquier número de reuniones sociales políticas… probablemente él podría haber escogido a cuáles asistir. Así que quedé un poco sorprendido cuando él abrió la puerta de su habitación en pijama. Cuando entramos en la habitación, observé su Biblia abierta sobre su cama. En ese momento,

Dios dio convicción a mi corazón de manera importante. Allí estaba Billy Graham, "el predicador de América", en Nueva Orleáns durante una convención política a la que asistían muchas personas influyentes y famosas, y escogió pasar la noche… sentado en la habitación de su hotel leyendo la Escritura a la vez que pasaba tiempo con su Padre celestial. Me fui de su habitación aquella noche impactado para siempre, ¡y sin las llaves del auto!

Quizá la mayor característica que destaca en mi mente sobre mis abuelos es su increíble humildad, ungidos con ella por nuestro Señor. El apóstol Pablo escribe: "En cuanto a mí, jamás se me ocurra jactarme de otra cosa sino de la cruz de nuestro Señor Jesucristo, por quien el mundo ha sido crucificado para mí, y yo para el mundo" (Gálatas 6:14). Este versículo me ha dado un significado muy práctico cuando pienso en papá Bill y TaiTai. Yo he estado en la habitación cuando mi abuelo ha llamado y ha hablado con el presidente de Estados Unidos, y después se ha levantado para sacar la mesa de la cocina para la asistenta, que regularmente era invitada a cenar con ellos. Este es sólo un pequeño ejemplo de muchos. He descubierto que mis abuelos estaban igualmente interesados y emocionados al mantener conversaciones con "personas comunes", como taxistas, asistentas, camareros, etc., como al mantenerlas con presidentes, reinas y papas. Lo único en lo cual "se jactan" papá Bill y TaiTai es en el evangelio de Cristo, y que sea comunicado a todas las personas igualmente, tanto en palabras como en acciones.

En muchos aspectos, papá Bill y TaiTai han sido "las manos y los pies de Cristo" en mi vida, ¡por lo cual doy a Dios la gloria! Aunque el mundo conoce y ama a Billy y Ruth Graham, Dios misericordiosamente me ha permitido conocer a Billy y

Ruth Graham como papá Bill y TaiTai. Quizá la mayor bendición es que no hay absolutamente ninguna diferencia entre la vida pública de Billy y Ruth Graham y las vidas privadas de papá Bill y TaiTai. La autenticidad del evangelio vivido en las vidas de mis abuelos ha sido un buen ejemplo que nuestro amoroso Padre celestial me ha dado.

Hay muchos otros benditos recuerdos que no puedo compartir, debido al limitado espacio. Recuerdos de mi esposa y yo pasando fines de semana en Montreat con papá Bill y TaiTai mientras yo estaba en la facultad de Derecho, recuerdos de mis muchas visitas en la tarde con papá Bill cuando él visita la Clínica Mayo en Jacksonville, recuerdos de mis preciosos hijos pasando tiempos con sus bisabuelos durante sus vacaciones de verano. Alabo a Dios por otorgarme tales recuerdos, y espero muchos más con papá Bill y TaiTai.

—*Basyle "Boz" Tchividjian (nieto)*

Todo se trata del evangelio y de Jesús

Conocí a Billy y Ruth hace unos quince años, cuando comencé a salir con su nieta Jerushah, que es la hija menor de su hija Gigi (la mayor de los hermanos). Yo estaba muy nervioso por conocerlos. *¿Qué debía decir o no decir?*, me preguntaba. *¿Qué debía ponerme? ¿Debía darles un abrazo, un apretón de manos, inclinarme en humilde sumisión?* Sinceramente pensé en todas esas opciones, y otras. Él era el mayor evangelista que el mundo haya visto jamás. Pensaba para mí: *¿Resplandecerá su cara como la de Moisés?*

Al conocerlos, entendí que el reverendo Billy Graham y la radiante mujer Ruth, que estaba tras él mientras él declaraba fielmente: "Ven tal como eres, ven y recibe a Jesús...", parecían estar haciéndome la misma invitación a mí. Me trataron como uno de ellos, con un "hola". Eran unos abuelos sencillos, amables, amorosos y muy considerados de la muchacha que capturó mi corazón. Lo que a ellos les importaba era mi corazón, y no mi ropa o mis palabras muy pensadas. Desde ese día en adelante, he aprendido más sobre Dios, la vida y el amor de Billy y Ruth que de nadie o de ningún libro.

Papá Bill me ha mostrado humildad como yo nunca había soñado o imaginado. Es como si él nunca intentase ser humilde. Él no es un producto de "tres pasos hacia la humildad" o de una frase bien practicada que dice: "Oh, gloria a Dios que fue Él y no yo". Él sinceramente no parece entender por qué alguien le daría las gracias *a él*, que es el mensajero. Se siente incómodo cuando yo comparto los elogios, amor y admiración por él con que han hablado otras personas. Ha parecido confundido, y varias veces ha respondido: "¿Por qué querrían darme las gracias?". He aprendido a no preguntar más: "¿Lo dice en serio?"; él lo dice de verdad.

Es como si él realmente conoce y experimenta a Dios haciendo la obra por medio de él, y entiende que la herramienta no tiene lugar para jactarse mientras esté en la mano del Hacedor.

Él me ha enseñado que Jesús es la verdad más importante que yo nunca aprenderé y proclamaré. Él nunca se ha desviado de ese reto; cada vez que me siento y hablo con él sobre el ministerio. Cada vez que le veo, me dice: "Hola, Chris, ¿cómo va la iglesia?". Yo respondo con detalles por los que estoy emocionado, y él responde cada vez, siempre: "Todo se trata del evangelio y de Jesús". Él tiene razón, y no permite que detalles, números o ideas para programas estén al lado del lugar de Jesús, y nunca me deja que tampoco yo lo permita. Jesús es siempre la parte más importante de nuestra conversación.

Por último, y quizá igualmente importante, él me ha enseñado a valorar a mi esposa. Él no me ha dado consejos, como ha hecho con la predicación, la escritura o el liderazgo. Esas perspectivas habladas son cosas que yo he agradecido inmensamente. Su amor por Ruth se ha mostrado claramente cada vez que los he visto juntos, que le he oído hablar de ella, y que le he observado y le he escuchado extrañarla cuando han estado separados. Su anhelo por Jesús parece tener como rival más cercano sólo su amor por Ruth. Qué hermoso cuadro me ha dado él de lo que significa amar a una mujer todos los días que estemos aquí. Verle amar a Ruth me ha enseñado a amar a Jerushah.

Él me ha dado el mejor cuadro que he visto de lo que es amar a Dios y amar a los demás. Gracias, Jesús, por enseñarme a amarte y a amar a los demás mediante la vida y el amor de Billy y Ruth Graham.

Gracias, papá Bill
Chris Armfield

Gracias, Billy Graham...
por la vez en que le conocí en persona

~~~~~~~~~~

EL DÍA QUE CONOCÍ A BILLY GRAHAM

En 1987 estaba en mi primer año de servicio como pastor de jóvenes en la iglesia Calvary Baptist en Burbank, California. Ese era un puesto interesante, porque en aquel momento, Calvary Baptist era una iglesia que no tenía jóvenes. Por tanto, nuestro "grupo de jóvenes" estaba formado por adolescentes que no asistían a la iglesia provenientes de los barrios, y ninguno de ellos había profesado a Cristo.

Recibí una llamada de una mujer de World Wide Pictures (de Billy Graham), hablándome sobre una proyección de su nueva película: *Caught*. Harían la proyección en los Estudios Universal, y ella quería saber si yo llevaría a mi grupo de jóvenes a la película. Me dijo que querían especialmente tener las reacciones de no cristianos a la película, y me pidió que animase a mis jóvenes cristianos a invitar a sus amigos no cristianos. Yo le dije que realmente no tenía a ningún cristiano en mi grupo de jóvenes, pero les pediría que de todos modos invitasen a sus amigos.

La noche de la proyección fue muy divertida. Mi amigo Martin y yo llevamos a ocho adolescentes del barrio a la proyección. Otros grupos de jóvenes de iglesias llegaban en autobús, muy bien vestidos para la ocasión, entrando tranquilamente y educadamente en grupos al cine. Nuestros muchachos estaban por todo el lugar. Eran ruidosos y ofensivos, iban vestidos de la calle, causando desórden aquí y allá, investigando emocionadamente las instalaciones de los Estudios Universal. Destacábamos y dábamos la nota en una elegante galería.

Después de finalmente reunirlos a todos (y hacer que apagasen sus cigarrillos), nos hicimos camino hasta el cine. Era un cine de primera clase, con sillones de grandes respaldos que se reclinaban. Nuestros muchachos naturalmente se pusieron en la primera fila del cine, donde se sentaron orgullosamente en el centro a plena vista de todo el mundo. Uno de ellos me preguntó donde había una fuente de agua. En lugar de dejarle ir, ya que los teníamos finalmente a todos juntos y sentados, le dije que iría a comprobarlo. Me dirigí a un hombre que estaba al fondo del cine y que parecía un oficial para preguntarle sobre la fuente. Resultó que era Bill Brown, el presidente de World Wide Pictures en aquel entonces.

Él me preguntó mi nombre y dijo: "Hay alguien a quien me gustaría que conociera". Entonces dio unos golpecitos en el hombro a un hombre que estaba de pie y de espaldas a nosotros, y dijo: "Billy, me gustaría que conocieras a Ray".

"Billy" se giró, y efectivamente, era Billy Graham. Yo no tenía idea de que él fuese a estar allí aquella noche, y me agarró totalmente fuera de guardia. Creo que me las arreglé para decir algo brillante como: "Hola. Me alegro de conocerle. Le he oído hablar".

Billy me dio un apretón de manos, me sonrió, y con brillo en sus ojos asintió hacia la parte frontal del cine. "¿Son esos sus muchachos?".

Yo miré al frente del cine, donde Martin hacía todo lo que podía por contener a ocho muchachos exubernates, que se mecían hacia delante y hacia atrás en sus asientos reclinables tan rápidamente como podían. Se parecían a ocho palancas gigantes en alguna máquina que giraba sin control. Yo dije:

"Perdón", y regresé rápidamente al frente del cine donde finalmente pude conseguir que los muchachos se calmasen a tiempo para la película.

Y esa fue la primera y única vez que conocí en persona a Billy Graham. Tuve la impresión de que él se alegró de que hubiese llevado a mi descontrolado "grupo de jóvenes" a la proyección, y cuando él pasó al frente después de la película para hablar, les sonrió a todos ellos. Desde luego, ellos estaban totalmente emocionados por poder ver a ese hombre que sólo habían visto en televisión estar delante de ellos hablando de Cristo. En general, fue una gran noche, y definitivamente, estupenda para el pastor de jóvenes.

DE UN ESTUDIANTE DE MONTREAT

Yo era estudiante en la Universidad Montreat-Anderson a principios de la década de 1980. Tengo muy buenos recuerdos de Billy Graham cuando asistía de vez en cuando a la iglesia Montreat y dirigía la oración o tan sólo era parte de la congregación. En una ocasión, los padres de mi amiga habían conducido desde Arden para ir a la iglesia con ella en Montreat, y resultó que Billy Graham se sentó cerca de ellos en la congregación. Ellos se sorprendieron de que el Dr. Graham les saludase como si él fuera cualquier otro adorador. Su humildad es un mérito para el nombre de nuestro Salvador.

También recuerdo que Ruth Graham llegó para hacer un estudio bíblico con nosotros en el vestíbulo de la residencia de muchachas. También recuerdo ir a la Asociación Billy Graham para ver una película ocasionalmente. Los Graham eran hospitalarios con los estudiantes. ¡Gracias por ser auténticos en su fe!

INSPIRACIÓN PARA JÓVENES PASTORES... EN 1951

En 1951 mi esposo, el Rev. Eddie King, y yo servíamos en la iglesia Asheville St. Baptist en Morganton, Carolina del Norte. En abril de ese año, una cruzada simultánea se realizaba en iglesias de la zona. Dos jóvenes, Jim Blackwell y J. W. Magee, que se habían rendido al ministerio de la predicación bajo nuestro ministerio en Mississippi, llegaron para predicar. Un día, recorrimos puntos de interés en las montañas. Llegamos cerca de Montreat y señalamos su hogar. Alguien sugirió que pasásemos por allí para ver si usted estaba en casa. Lo hicimos, y allí estaba usted. Amablemente nos recibió en una breve visita. A medida que hemos visto a Dios obrar en su vida, aquella visita ha sido una inspiración durante toda la vida para nosotros. Regresamos a Morganton para ver a Dios obrar mediante aquellos dos jóvenes predicadores para llevar a muchos a Cristo. La cruzada programada para una semana duró en cambio tres semanas. Aquellos tres pastores sirvieron al Señor fielmente por muchos años. Comparto su dolor por la partida de su querida esposa, Ruth, pues yo estoy aprendiendo a vivir sin mi Eddie, que partió para estar con el Señor en marzo de 2006. Gracias por su hospitalidad, amistad, amor e interés por aquellos a quienes ha conocido en este maravilloso viaje con nuestro Señor y Salvador Jesucristo.

CÓMO NOS AFECTÓ LA AEBG

Quiero darle las gracias por su ministerio y por cómo tocó usted nuestras vidas. Durante la década de 1960, cuando Wayne y yo estábamos al final de nuestra adolescencia, fuimos ambos escogidos para trabajar para usted en el departamento de correo saliente, donde enviábamos 3,5 millones de revistas *Decisión* cada mes. Yo trabajaba como secretaria para los hombres que dirigían el departamento. Para resumir la historia, Wayne y yo nos conocimos y trabajamos juntos en la AEBG en Minneapolis, nos comprometimos y más adelante nos casamos.

Durante el tiempo que trabajamos en la AEBG, tuvimos algunos momentos maravillosos que crearon *estupendos* recuerdos, como las fiestas de Navidad a las que George Beverly Shea venía y cantaba. Otra ocasión fue una tarde de domingo cuando la AEBG organizó un té para empleados, y usted estuvo allí.

Pasé un rato maravilloso sentada y hablando con usted como lo haría con un miembro de mi familia. Eso impresionó mucho a mi papá, pues él nació el mismo año que usted y siempre decía: "Billy y yo cumplimos cuarenta, cincuenta, sesenta, etc.". Ese es un gran recuerdo, pues mi papá partió para estar con el Señor hace dos años este mes.

Tan sólo quiero darle las gracias por el ministerio donde Wayne y yo nos conocimos y nos casamos hace treinta y siete años. El trabajo que hice en la AEBG me preparó para otros trabajos que he tenido desde entonces.

EL MILAGRO DE TAYLOR

Mi historia se remonta a cuando mi esposo Tim y yo intentábamos tener un hijo. Teníamos problemas de infertilidad y habíamos luchado durante ocho años, hasta que Dios nos bendijo con un bebé varón. Cuando nuestro hijo, Taylor, nació, tuvo problemas médicos. Su esófago no estaba unido a su estómago. Si comía o bebía algo, podía aspirarlo hasta sus pulmones. Nos enviaron al hospital Children en Minneapolis, donde tenían que operarle. Mi esposo y yo teníamos mucho miedo, y seguíamos preguntando a Dios por qué nos había tomado ocho años tener un hijo para que después todo fuese tan mal.

Taylor pasó por la cirugía y todo fue bien. Entonces, una mañana, tuvo un coágulo en su riñón por haber tenido el catéter allí por mucho tiempo. Su cuerpo comenzó a cerrarse, y no estábamos seguros de que sobreviviera. Recuerdo clamar a Dios y preguntar: "¿Por qué?". Estábamos en el hospital en todo momento. Las enfermeras y la trabajadora social nos dijeron que realmente necesitábamos salir del hospital para tomar un respiro. Decidimos ir a dar un paseo por el lago Calhoun. Íbamos caminando y hablando, y realmente no nos fijábamos en nadie que pasaba. Entonces Billy Graham pasó por allí. Estaba de incógnito y llevaba una gorra de béisbol, pero en cuanto pasamos por su lado, mi esposo y yo nos miramos y dijimos: "Era Billy Graham". Fue como si Dios nos hablase al mismo tiempo, diciéndonos que era él.

Nos dimos la vuelta y corrimos emocionadamente hacia el guardaespaldas de Billy. Le pedimos si podíamos conocer a Billy. Él estuvo de acuerdo, y nos aproximamos a Billy. Él fue todo un caballero. Se quitó la gorra y nos saludó. Compartimos con Billy que le habíamos visto en una cruzada en Fargo, Dakota del Norte. Le dimos las gracias por su increíble trabajo para el Señor, y compartimos con él sobre nuestro hijo. Él escribió una nota a Taylor deseándole su mejoría, y la firmó. Nos dio un abrazo a cada uno de nosotros y nos despedimos.

Después de ese punto, fue como si las cosas cambiasen para Taylor. Lo bonito es que, el día antes de aquello, Tim había dicho que si había alguien a quien pudiera conocer antes de morir, quería conocer a Billy Graham. Dios obra de maneras misteriosas. Tim consiguió su deseo. Ambos sentimos mucha paz después de hablar con Billy. Regresamos al hospital y lo compartimos con todos. Les dijimos a las enfermeras y los familiares: "Apuesto a que no pueden adivinar a quién acabamos de encontrarnos". Todos ellos dijeron que a Kirby Puckett. Nosotros dijimos: "No, piensen más grande que eso". Cuando les dijimos que fue Billy Graham, no podían creerlo.

Hemos compartido esta historia durante los últimos catorce años, y sigue tocando mucho a las personas. Todos tienen un gran respeto por Billy Graham. Nuestro hijo está muy bien; uno nunca pensaría que alguna vez tuvo algún problema. Dios restauró su salud. Dios nos dio esperanza al enviar a Billy Graham a nuestro camino un soleado día en agosto de 1993. Billy estuvo en la portada de la revista *Time* en noviembre de 1993. Tenemos esa revista enmarcada con la nota que él escribió a Taylor colgada en la pared de su cuarto como un constante recordatorio del modo en que Dios obra de maneras maravillosas y misteriosas.

—Tim, Gwen y Taylor

YO CONOCÍ A BILLY GRAHAM

Estoy muy agradecida a Dios por la oportunidad de conocer al reverendo Billy Graham en persona. Acababa de terminar enfermería, era esposa y madre de dos hijos, y tenía un nuevo trabajo en el hospital Mercy en San Diego. Mi amiga y yo estábamos en un receso para el almuerzo en nuestra formación de orientación, y acabábamos de salir del elevador cuando… ¡allí estaba él! Ninguna pose o guardias de seguridad con él, tan sólo un caballero y el Rev. Graham con un andador. Yo estaba tan contenta que extendí mi brazo, le di un fuerte apretón de manos y le pregunté: "¿Qué está haciendo en San Diego?", como si eso fuese de mi incumbencia. Él respondió amablemente que estaba visitando a un amigo.

Siempre he pensado en el encuentro tan increíble que tuve aquel día con el Rev. Graham. Él fue siempre una gran influencia en mi vida. Me crié en El Paso, Texas, en un hogar de habla hispana, y sin embargo eso no evitó que mi abuela o mi madre viesen a Billy Graham y las cruzadas en televisión. Creo que la canción "Tal como soy" estará para siempre grabada en mí. ¡Recuerdo muchas veces en que lloraba de alegría al ver a todas aquellas personas pasar al frente para aceptar a Cristo como su Señor y Salvador!

Desde entonces, con la ayuda de Dios, he seguido dondequiera que Él me ha enviado. Ahora vivo en Tucson, Arizona, y soy miembro de una iglesia con una increíble pasión por la obra misionera, alcanzando a los perdidos en la ventana 10/40. Este verano estaré dirigiendo a un equipo de médicos y enfermeras a Tailandia. La primera vez que lidero, pero mi tercera vez en un viaje misionero. Dios ha revolucionado por completo mi vida desde que salí de mi zona de comodidad y seguí su dirección para compartir el corazón de Él con su creación.

Pienso que lo que yo he experimentado en estos tres últimos años es lo que el Rev. Graham ha experimentado durante toda su carrera en el ministerio. ¡Caminar mano a mano con Dios! Qué honor y privilegio.

Gracias, Rev. Graham, por permitir que Dios le use para impactar a millones, incluyéndome a mí. Gracias por tomarse el tiempo para darme un apretón de manos y saludarme. Me regocijo al saber que algún día estaremos en el cielo, hablando de lo que el Padre hizo, está haciendo y seguirá haciendo.

—*Mary*

Mi encuentro con Billy

Estoy segura de que Billy Graham no recuerda mi encuentro con él, pero fue uno de los momentos más especiales de mi vida, y nunca lo olvidaré. No cruzamos palabras entre nosotros, pero el recuerdo de su sencilla bondad aún me sigue provocando lágrimas.

Yo me crié viendo las cruzadas en televisión. Mi parte favorita del programa era la invitación a aceptar a Jesús. Cuando el coro comenzaba a cantar "Tal como soy", algo saltaba en mi espíritu. Aunque yo era pequeña en aquella época, sé ahora que era el Espíritu Santo que avivaba mi corazón.

Cuando crecí, me rebelé y di la espalda a Dios, pero siempre que estaba recorriendo los canales de televisión y veía que ponían una de las cruzadas de Billy Graham, no podía cambiar de canal; tenía que verlo.

En 1998, cuando Billy Graham vino a Rochester, Nueva York, yo tenía invitados de fuera de la ciudad y no pude asistir a la cruzada; pero Dios hizo algo maravilloso. Mis invitados y yo decidimos ir a cenar a Red Lobster. Cuando entrábamos, mi hija de un año se cayó en la entrada del restaurante. Un alto y distinguido caballero se inclinó, la levantó, puso su mano sobre su cabeza y me sonrió. ¡Era Billy Graham! Me quedé sin habla, e incluso hoy podría golpearme a mí misma por no haber hablado con él y haberle dicho lo mucho que significó para mí tan sólo haberle visto. Su sencillo y a la vez elocuente mensaje de que Jesús murió por mis pecados, que me amaba y que quería salvarme del infierno no cayó en oídos sordos.

Con frecuencia le digo a mi hija, que ya tiene veintiún años, que es bendita porque fue tocada por Billy Graham. Ella dice: "Mamá, ¿cuántas veces vas a contar esa historia?". Yo le digo: "La contaré hasta que Jesús venga y le vea cara a cara, y entonces iré a buscar a Billy y le diré todas las cosas que no pude preguntarle por la sorpresa la primera vez que le vi".

RECOMPENSA

Mi padre fue pionero de la educación en la Convención Bautista del Sur. Pasamos muchos veranos en Ridgecrest, como familia, mientras él dirigía conferencias. Durante el verano de 1963 invitaron a mi padre a Montreat para visitar al Dr. Graham (y mi madre y yo podíamos conocerle.) Mi padre declinó la invitación porque tenía una conferencia que dirigir. Con diez años, yo me molesté bastante con mi padre. Un año después, el Dr. Graham habló en la Convención Bautista del Sur en Atlantic City, y estuvimos allí. Después del discurso del Dr. Graham, mi padre me llevó hasta el frente para que le conociera. Mi padre le dijo que era la recompensa por haberse perdido la cena del año anterior. Todos nos reímos. Al haber crecido en mi casa, conocía a muchos de los gigantes de la fe. Eran amigos de mi padre, y ellos me conocían por mi nombre. El Dr. Graham fue muy amable y humilde. Doy gracias a Dios porque nuestros caminos se cruzaron.

ENTRE LA GRANDEZA

He sido inspirada por Billy Graham durante muchos años. Le oí por primera vez predicar en televisión a finales de la década de1980 cuando vivía en Carolina del Norte. Yo era esposa de militar que vivía muy lejos de la familia y me sentía muy sola. Escuchar predicar a Billy me aseguraba que todo iría bien y que había un plan específico para mi vida. Rara vez me perdía una cruzada en televisión.

Más adelante nos trasladamos a Florida, donde asistí a la cruzada en Tampa Bay a finales de la década de 1990. Se realizó en el estadio de fútbol totalmente nuevo. No sólo estaba ocupado cada asiento en el lugar, sino que también había mucha gente hasta el estacionamiento, donde los fieles pudieron verla en una gran pantalla.

Quizá la mayor emoción fue cuando conocí a Billy Graham en persona. Oí mediante un amigo que iba a quedarse en Marco Island, para terminar su libro *Just As I Am* (*Tal como soy*).

Yo fui a trabajar al día siguiente y le dije a mi jefe: "Tengo una oportunidad que se presenta una vez en la vida de conocer a alguien que ha influenciado mi vida de modo importante. Tengo que ir. No puedo trabajar hoy. Voy a conocer a Billy Graham".

Creí que había un plan en que yo le conociera. Dios me presentó una oportunidad aquel día y yo la aproveché. Le encontré, y no es sorprendente que él tomase tiempo para hablarme personalmente. Aunque fue breve, no pude evitar pensar cuando él se alejaba: *Estoy entre la grandeza.*

MIS ORACIONES RESPONDIDAS EN UN AVIÓN...

Yo fui asistente de vuelo durante muchos años. Por lo general, en mi camino hacia el aeropuerto pasaba tiempo orando. Una mañana, el Espíritu Santo me dirigió a orar: "De todas las personas en todo el mundo, Señor, ¿podrías por favor poner a Billy Graham en mi vuelo?". Ese mes yo trabajaba en un vuelo que iba a Atlanta y después a Los Ángeles. Tres semanas después de esa petición, Dios respondió mi oración. ¡No hay nada imposible para Dios! El Sr. Graham abordó el vuelo en Atlanta, ¡y su asiento estaba justamente donde yo tenía asignado trabajar! Gracias, Señor Jesús. Billy Graham fue muy educado, amable, y todo un caballero. Fue un honor servirle. Él era un hombre humilde y muy precioso. Nunca he olvidado aquel día. Muchas veces desde entonces he orado por Billy Graham. Él tocó mi corazón. Le doy gracias a Dios por aquella cita divina.

DIOS Y EL ESPECTÁCULO

Hace muchos años, en Washington, tuve el privilegio de conocer al Dr. Graham, y le dije que mi esposo quería entrar en el mundo del espectáculo y cantar. Le pregunté si él creía que un cristiano podría mantenerse fiel al Señor allí, y él me dijo que podría ser posible, pero tenía que ser voluntad de Dios. También me dijo que oraría por mí y que me encontrase con él en el mismo lugar al día siguiente. Cuando acudí a encontrarle, le vi llegar por el pasillo, y les dijo a los muchos reporteros que esperasen; tenía que hablar conmigo personalmente. Lo primero que me dijo fue: "Oré por usted anoche". Nunca olvidaré eso. Él tenía mucha razón en su consejo; mi esposo entró en el mundo del espectáculo y fue por su camino. Gracias por orar por mí.

GRACIAS POR ESTRECHAR MI MANO

Conocí a Billy Graham cuando era adolescente y él estaba comenzando sus cruzadas. Cuando llegó a Pittsburgh, mis amigas y yo fuimos invitadas a cantar una noche en su coro. Cuando comenzó la cruzada, nos reunimos en Hunt Armory, que era un lugar bastante pequeño. Cuando transcurrieron las dos semanas, nos estábamos reuniendo en Forbes Field porque las multitudes habían llegado a ser muy grandes para estar en Armory. Observe que dije *nos*. Después de oír a Billy tan sólo una noche al comienzo de la cruzada, mis amigas y yo *tuvimos* que regresar; no sólo para cantar en el coro, sino también para escucharle. Su mensaje fue muy breve, amoroso y conciso. Y creo que este hombre comenzó a cambiar mi vida para mejor. No que yo haya seguido siempre las enseñanzas de Dios, lejos de eso, pero he seguido a Billy Graham y su ministerio desde entonces. La persona que soy actualmente, y sé que soy hija de Dios, se lo debo a Billy Graham. Gracias por estrechar mi mano en 1952 en Hunt Armory en Pittsburgh. Gracias también por ser una influencia tan maravillosa en mi vida desde entonces.

EJEMPLO A SEGUIR Y MENTOR

Yo era estudiante en una escuela bíblica preparándose para el ministerio en Carolina del Norte. Una tarde de domingo en 1954, oí el nombre de Billy Graham por primera vez mientras viajaba en mi auto para visitar a mi madre en el hospital. Sintonicé el programa *The Hour of Decision* (La hora de la decisión.) Quedé fascinado con su maravillosa voz y su poderoso mensaje, tanto que he seguido su ministerio desde entonces.

Asistí a mi primera cruzada de Billy Graham en Richmond, Virginia, como joven pastor. Su ministerio me ha influenciado profundamente, tanto que pasé de ser tan sólo un creyente profesante a ser un cristiano comprometido. Aprendí la diferencia entre permitir que Cristo sea *dominante* en lugar de estar meramente *latente* en mi vida. Si alguna vez he tenido un ejemplo a seguir y mentor que influenciase mi vida y mi ministerio por encima de todo lo demás, es el evangelista Billy Graham.

Más adelante, me invitaron a comenzar un avivamiento en Hawai el día en que Billy concluyó su cruzada allí. La mayor parte de la cruzada se realizó en Honolulu, pero Billy fue a la isla de Kauai para hablar en el último servicio donde uno de sus evangelistas asociados había estado ministrando.

Después del sermón que dio Billy, tuve la oportunidad de conocerle y poder compartir unos minutos. Lo considero uno de los encuentros más emocionantes con un compañero ministro en mis cincuenta y seis años de servicio a nuestro Señor.

Amo a Billy Graham por su fidelidad al mensaje central de la fe cristiana, por su honestidad, integridad y la virtud de la humildad. Sólo desearía poder volver a tener cuarenta años y continuar lo que él ha estado haciendo durante más de medio siglo.

"BILLY, ¿PUEDE DARME SU AUTÓGRAFO?"

Tengo dos historias especiales de Billy Graham, separadas por veinticinco años.

Yo tenía doce años cuando Billy llegó a Pittsburgh en 1952. Mi madre, una fiel oyente del programa *The Hour of Decision*, convenció a nuestra pequeña iglesia para que fletara un autobús para asistir a una de las reuniones. Al crecer en un hogar cristiano, yo era consciente de Billy Graham, e incluso en aquella época él era cierto tipo de icono para los creyentes.

Llegamos temprano y encontramos nuestros asientos, y yo observé que Billy y el equipo estaban comprobando el estadio desde dentro. Cuando Billy y el equipo se fueron, pasaron por el pasillo justamente debajo de nosotros. Con emoción, pedí permiso a mi mamá para ir y ver si podía conseguir el autógrafo de Billy. Ella consintió, y salté la valla antes de darme cuenta de que ellos ya estaban en el túnel dirigiéndose por debajo de las gradas. Los seguí y llamé a Billy desde bastante distancia con mi joven voz: "Billy, ¿puede darme su autógrafo?". Él se giró inmediatamente y se dirigió hacia mí, nos encontramos a medio camino, y muy humildemente me dio lo que yo quería. En ese momento se podría haber pensado que acababa de conseguir un autógrafo de Mickey Mantle.

Sólo años después, después de ver a este maravilloso siervo del Señor ascender hasta la prominencia, me di cuenta de lo extraño que fue aquel pequeño encuentro: que una persona de su estatura tomase tiempo para una niña e incluso le hiciese feliz aquel día, y mucho menos darle a esa niña algo a lo que aferrarse durante toda la vida. Ahora entiendo cómo se sentía y actuaba Cristo cuando "los más pequeños de éstos" acudían a Él.

La segunda historia ocurrió en una cruzada en Nashville a mitad de los años setenta. Siendo ya adulta, tenía conmigo a mi familia. Había predicción de tormentas, y bastante grandes. Cuando ocupamos nuestros asientos, estaban comenzando a rugir nubes desde el oeste, y había previsión de tornados. Cuanto más oscuro se ponía el cielo, más preocupación había entre todos.

Justamente cuando pensábamos que tendríamos que irnos, Billy salió a la plataforma y levantó sus manos, parecido a como debió haberlo hecho Moisés cuando Dios separó el mar Rojo. Billy comenzó a orar, pidiendo un milagro inmediato. Para la agradable sorpresa de todos, las nubes se abrieron, y la mitad fue hacia el norte y la otra mitad hacia el sur. El estadio permaneció seco aquel día, y es bueno, porque ese fue el día en que mi hija pequeña aceptó al Señor. Las noticias más adelante indicaron que se habían producido graves daños en el camino de las tormentas.

Por tanto, no son grandes historias de presidentes y reyes, pero para mí fue algo para demostrar que Billy era el pastor y el amigo de todos.

Fiesta de Acción de Gracias

Mientras enseñaba en Coral Springs Christian Academy, tuve al nieto de Billy Graham, Antony, en mi clase de segundo grado. Qué experiencia tan agradable trabajar con él y llegar a conocer a su mamá y su papá. En noviembre de aquel año tuvimos una fiesta de Acción de Gracias, y el Rev. Graham y su señora acudieron a nuestra fiesta y pude conocerlos en persona. Fue toda una emoción. Muy humilde y amable en persona.

He seguido al Rev. Graham (y a su hijo Franklin) en los medios y en sus libros. Él ha sido una gran bendición para muchas personas en todo el mundo.

El momento culminante de la carrera de mi papá en Capitol Hill

Mi padre se jubiló en 1995 de la Policía del Capitolio de E.U. en Washington, DC. Él era asistente jefe de todo el departamento, protegiendo a presidentes, miembros del Congreso y su personal, el edificio del Capitolio, y a los turistas que visitaban desde todo el planeta diariamente.

Papá es un hombre humilde, y la integridad y la disciplina son dos de las características de su vida. Hacía sentirse importante a todo aquel que conocía, fuese importante o desconocido. Mis padres me llevaron en persona múltiples veces para ver predicar a Billy Graham.

Mi padre tuvo el placer de conocer a reyes terrenales, primeros ministros, celebridades de Hollywood y campeones de la Super Bowl, y protegió a *siete* presidentes estadounidenses. Pero cuando le preguntaron en su jubilación quién fue el hombre más memorable e influyente al que conoció mientras trabajaba en Washington, papá dijo sin ninguna duda: "Las dos veces en que tuve un encuentro con el Dr. Billy Graham".

En una ocasión, el Rev. Graham estaba en una sala en el Capitolio, preparándose para hacer la oración en la toma de posesión. Papá tenía una fotografía de su casa de la niñez, que ahora está en los terrenos de la Biblioteca Billy Graham en Charlotte. La fotografía se había tomado veinte años antes, y papá la encontró y preguntó al Dr. Graham si la firmaría. Uno de sus ayudantes dijo educadamente: "El Dr. Graham ya no firman muchos autógrafos". Pero a pesar de tener la enfermedad de Parkinson, Billy Graham tomó la fotografía de papá y puso su nombre en ella con una sonrisa.

La otra ocasión fue después del último discurso sobre el Estado de la Unión del presidente George H.W. Bush. Aquella tarde, el Rev. Graham fue en el auto con el presidente hasta el Capitolio. Mi papá dio un apretón de manos al presidente y recibió la agradable sorpresa de ver a Billy Graham justamente detrás de él. Papá dio un apretón de manos al Dr. Graham, y el evangelista dijo: "Dios le bendiga". Más adelante, papá recordaba que acababa de dar la mano a "la persona más poderosa del mundo" (presidente Bush), pero cuando le dio la mano al Dr. Graham, fue como si un rayo atravesase todo su cuerpo. Papá me enseñó hace veinte años que el poder político es temporal, pero el poder de Dios es eterno.

Gracias, Billy Graham. Después de diecisiete años trabajando para el Congreso, me alejé por la fe para seguir el llamado de Dios y sus pasos. Actualmente soy también un evangelista. Usted ha inspirado a millones, y le doy las gracias por inspirar a mi familia. Bien hecho, buen siervo y fiel.

MI ESPOSO Y YO TRABAJAMOS PARA BILLY GRAHAM

Estoy muy agradecida por haber tenido la oportunidad de trabajar para la Asociación Evangelística Billy Graham. Qué bendición trabajar para un ministerio tan honorable y un hombre de tal integridad.

Tuve el privilegio de conocerle, Dr. Graham, en el picnic anual de la AEBG. Usted fue muy agradable y genuinamente amigable. Qué hombre de Dios, que amaba al Señor con todo su corazón, a la Palabra de Dios y a las personas en todo el mundo. El ministerio al que Dios le llamó… qué tremenda responsabilidad, pero Dios escogió al hombre correcto, en el momento correcto, para completar la tarea que Él tenía para usted.

Gracias, Billy Graham...
por el día en que fui salvo

~

Gracia y amor

En el verano de 1965, mi primo nos pidió a mi esposo Bill y a mí que fuésemos a una cruzada de Billy Graham en State Fairgrounds en St. Paul, Minnesota. Fuimos, y Bill y yo pasamos adelante y recibimos a Cristo como nuestro Salvador cuando se hizo la invitación. Fue una experiencia maravillosa. También recibimos el estudio bíblico. Años después, mi primo me dijo que había estado orando por nosotros y que sabía que pasaríamos al frente aquella noche. Le damos gracias al Señor por su maravillosa gracia y amor.

—*Marian y Bill*

Salvo a los doce años de edad

A los doce años, nuevo en esta tierra de libertad y aún aprendiendo a hablar inglés, me metí en problemas con la policía en Cleveland, Ohio. Yo estaba por ahí con algunos amigos de mi misma edad, cuando la policía local se acercó a nosotros y nos llevó a casa. Después de que la policía explicase a mis padres lo que había sucedido, ellos decidieron enviarme a Nueva Jersey para pasar ese verano con mi hermano mayor. Su esposa había llegado a conocer al Señor, y ella me habló de Jesús. El lunes, día 23 de agosto de 1976, mientras veía una cruzada de Billy Graham en un pequeño televisor en blanco y negro, acepté a Cristo. Durante el llamado al altar me arrodillé y recibí a Jesús como mi Salvador. Cuando me levanté, mi cuñada me preguntó: "¿Cómo te sientes?". Yo respondí: "Como si me hubieran quitado un gran peso de mis espaldas". Desde entonces he estado sirviendo al Señor, y actualmente soy pastor principal de una iglesia en Pennsylvania.

MI HIJO ESTABA CON SOPORTE VITAL

Mi nombre es Patricia y soy de Carolina del Norte. Puedo recordar, cuando era niña, que mis padres hacían comentarios sobre Billy Graham y le escuchaban en televisión. Yo siempre confié en mis padres, y sabía que Billy Graham hablaba la verdad. Cuando George Beverly Shea cantaba, mi padre siempre se derrumbaba y lloraba.

En el verano de 1997 tuve la oportunidad de ir a escuchar a Billy Graham hablar en Charlotte. Llevé a mi esposo y mis tres hijos, junto con la novia de mi hijo mayor, que estaba embarazada de su hijo. Ella tenía catorce años y mi hijo diecisiete. Mi esperanza en la cruzada era que abriera los ojos de aquellos dos muchachos. Yo fui muy tocada al escuchar el mensaje. Desgraciadamente, cuando regresamos a casa mi hijo mayor siguió con su vida de fiestas e intentando no aceptar responsabilidad por su hijo aún no nacido.

Dos meses después, tras el nacimiento de mi nieta, dispararon a mi hijo en la cabeza. Llegó el sheriff para darme la noticia de que mi hijo estaba con soporte vital y yo tenía que ir al hospital. Cuando llegué, me dijeron que no iba a lograrlo, y preguntaron si yo quería donar sus órganos.

Mientras esperaba los documentos, una enfermera salió de la UCI preguntando por la madre de mi hijo. Cuando yo dije. "Estoy aquí", ella me miró y me dijo: "Está preguntando por usted".

Cuando entré en la UCI, mi hijo me preguntó dónde estaba, y le expliqué que había habido un terrible accidente y estaba en el hospital. Él sabía cuál era su nombre, su edad, etc. El médico me dijo que no podía explicar lo que había sucedido, pero que era un milagro. Entonces el médico me dijo que mi hijo no volvería a caminar; pero lo hizo, y regresó a casa después de cuatro semanas... caminando.

Más adelante descubrí lo que había sucedido para causar el incidente. Mi hijo había ido a la casa de una amiga que estaba embarazada. Ella vivía con sus padres y con su novio. Mi hijo había estado bebiendo; fue hacia la ventana y golpeó sobre ella, y para su sorpresa, el novio salió fuera y comenzó a protestar contra él. Mi hijo se fue y regresó poco después para tirar una piedra a la ventana. No estoy segura de si la lanzó, pero el padre salió de la casa con una pistola. Mi hijo ya estaba fuera de su propiedad, pero el hombre también estaba bebido y disparó a mi hijo por encima de su ojo derecho. La bala rebotó en el interior de su cráneo y salió por la nuca. Llamaron a la ambulancia y dijeron que había perdido gran parte de su cerebro.

El abogado del distrito acudió para hablar conmigo, y yo batallaba con el hecho de que si mi hijo no hubiera estado en la propiedad de aquel hombre, no habría recibido un disparo. Yo estaba muy molesta por mi hijo y el hombre que le disparó, quien estaba ahora en la cárcel. La familia de ese hombre y yo íbamos a la misma iglesia.

Finalmente escribí a la Asociación Evangelística Billy Graham y les relaté mi historia, preguntando qué debería hacer: que le procesaran, sabiendo que probablemente iría a la cárcel, o desestimar los cargos porque los dos estaban equivocados. Yo sabía que si mi hijo no hubiera hecho aquella estupidez, el tiroteo nunca se habría producido.

Una semana después recibí una respuesta. Me sentí muy tocada y agradecida. Doy las gracias a la AEBG por tomarse el tiempo de responderme. Aquello me dio un gran alivio. Gracias de todo corazón.

Aquí está el resultado: después de que mi hijo llegase a casa y entendiese que casi le habían arrebatado la vida y que Dios le había salvado, fue y desestimó los cargos. También se reunió con el hombre y se pidieron perdón mutuamente. Mi hijo dijo que tenía que seguir adelante con su vida e intentar ser una mejor persona y establecer un ejemplo mejor para los demás.

LA CAMPAÑA DE BILLY GRAHAM EN LOS MEDIOS AYUDÓ A GUIARME A CRISTO

Yo me crié en una familia católica en el Medio Oeste. Mis padres eran buenas personas y practicaban su fe seriamente. Aunque no diría que yo estaba buscando en aquella época, recuerdo ver la cruzada de 1957 en Nueva York en la televisión cuando era joven. Sentía curiosidad, y ciertamente presté atención a lo que se decía. No recuerdo mucho, excepto que cuando él hizo la invitación a hacer un compromiso, me pregunté qué significaba eso exactamente.

Años después, habiendo pasado por muchos de los desafíos de la vida, estaba buscando e iba sin rumbo, jugueteando con el ocultismo y el pensamiento de la Nueva Era. Para entonces vivía en Los Ángeles y trabajaba en los medios de comunicación. Un compañero de trabajo cristiano me regaló una Biblia y me invitó a un desayuno en un hotel de Los Ángeles, donde estaría hablando Billy Graham. El diablo no quería que yo asistiera, porque nos quedamos atrapados en un atasco de tráfico, y cuando llegamos al hotel, encontramos los dos últimos asientos al fondo de la sala. Mi amigo me preguntó si yo había nacido de nuevo, y yo dije: "Claro". No era cierto, pero él y otros estaban orando por mí.

Unos años después, me enamoré de una graduada del Instituto Bíblico Moody. Ella me preguntó acerca de mi fe, y le dije que había nacido de nuevo. No podía engañarla, sin embargo, así que para impresionarla compre y leí el libro de Billy Graham *Cómo nacer de nuevo*. Hoy día, finalmente confiando en Cristo, sé que el ministerio de Billy Graham desempeñó una parte importante. Trabajo en los medios y me maravillo de cómo diferentes medios desempeñaron su papel para llevarme a la verdad. Dios utilizó la AEBG de manera poderosa. Doy gracias a Dios por Billy Graham y su visión, y oro para que las abundantes bendiciones de Dios estén sobre él, su ministerio y su familia.

VERDADES QUE PUDE COMPRENDER FÁCILMENTE

Provengo de un hogar culturalmente cristiano en Madrás, India. En mi infancia, mi asistencia a la iglesia era regular, pero no encontraba significado alguno en asistir a la iglesia. Solamente iba porque mis padres me llevaban con ellos. Sin embargo, a principios de mi adolescencia desarrollé un interés en Jesús. Decidí leer *Cómo nacer de nuevo*, del Dr. Graham, que mi padre había comprado. Fue la primera vez que quedé expuesto a la verdad acerca de Dios, Jesús y yo mismo. El Dr. Graham presentaba esas verdades de tal manera que incluso una persona de quince años podía entenderlas fácilmente. El evangelio quedó claro para mí, y también el hecho de que yo no era cristiano tan sólo porque estuviera en un hogar religioso. Dios utilizó Juan 1:12, que el Dr. Graham citaba, para hacerme entender el hecho de que yo necesitaba recibir a Cristo como Salvador. Tranquilamente me puse de rodillas e hice la oración del pecador que estaba al final del libro. Inmediatamente supe que algo me había sucedido. Dios me había adoptado en su familia.

La vida me trató bastante mal, incluso después de aquel episodio transformador. El espacio no me permite contarlo todo, pero tengo que confesar que reaccioné de maneras poco piadosas a veces; pero Dios ha sido fiel para restaurarme a la comunión con Él mismo una y otra vez.

Estoy muy agradecido al Dr. Graham no sólo por guiarme a Jesucristo, sino también por ser un ejemplo a seguir para mí desde que Dios me salvó. Su humildad, integridad y fidelidad son más atractivas para mí que sus grandes logros. Su compasión por las personas y su amor por la apreciada Sra. Ruth Graham y sus hijos, son tan atractivos para mí que quiero imitarle. Él sería la tercera persona con la que me encontraría (y abrazaría) en el cielo, después de mi Salvador y mi madre. Repito: mi sincera gratitud al Dr. Graham por conducirme a "el camino, la verdad y la vida".

DIOS ES MUY BUENO

La cruzada se mostró en una pantalla inmensa en nuestra pista de hielo local. Cuando Billy Graham hizo la invitación a seguir a Jesús, no pude quedarme en mi asiento. Yo había ido a la iglesia toda mi vida, pero nunca me habían hablado de Jesús de esa manera. La experiencia ha cambiado toda mi vida y la vida de mi familia. Gloria a Dios por Billy y Ruth Graham.

En 2006 fui a Carolina del Norte como parte del grupo Scotland Connection. Fuimos bendecidos de que se nos permitiera visitar y recorrer las oficinas centrales de Billy Graham. El Dr. Graham nos envió un mensaje, que su hermana nos leyó. Sentí que esa experiencia era muy especial a la vista de haber sido salvado mediante su ministerio.

BUSCANDO

Desgraciadamente, yo era demasiado joven para saber nada sobre Billy Graham cuando él hacía sus cruzadas. Cuando llegué a los veinte años fue cuando le oí hablar en televisión. Pensé que era un poderoso conferencista y que había una calidez en él que era consoladora. Recuerdo algo que él dijo y que me tuvo pensando durante diez o quince años. Él dijo que sabía que si muriera, estaba seguro de que iría al cielo; no debido a lo que él hubiera hecho, sino debido a lo que Cristo hizo por nosotros. Yo pensé: *¿Cómo puede estar tan seguro?* Yo no tenía seguridad de ir al cielo; sin embargo, también creía en Cristo. Así que puse esa idea en un segundo plano en mi mente durante muchos años.

Mi papá enfermó en 1999 y tuvo un derrame cerebral debido a muchos años de abuso de alcohol. Aunque fue un alcohólico en recuperación durante veinticinco años, batallaba de vez en cuando y a veces recaía en la bebida. Como resultado del derrame, estuvo en coma durante cuatro meses, y después murió.

Eso realmente me hizo preguntarme cuál era el plan de Dios para nuestras vidas. Me parecía que tan sólo estábamos aquí para "vivir una buena vida" y después morir. ¿Cuál era el propósito de eso sí teníamos que batallar toda nuestra vida con problemas o adicciones? Leí el libro *Dejados Atrás*, que me hizo preguntarme si yo realmente iría al cielo o sería dejado atrás durante la tribulación. Pensé: *¿Cómo puedo vivir una vida agradable a Dios de modo que tenga la garantía de ir al cielo?*

Me hice la pregunta: "¿A quién conozco que lleve una vida agradable a Dios?", y el Sr. Graham fue la única persona que vino a mi mente. Él era el único evangelista del que uno no había oído nada cuestionable. También recordé lo que él dijo acerca de ir al cielo, y también yo quería estar seguro. Pensé que si leía algo sobre él, podría descubrir de dónde provenía, y entonces sabría lo que debería hacer.

Leí la autobiografía del Sr. Graham, *Tal como soy*. Me sorprendió el modo en que él permitió a Dios tener control de cada aspecto de su vida. Él abrió mis ojos a muchas cosas, pero principalmente a que yo necesitaba buscar a Dios y permitirle obrar en mi vida. También leí *Paz con Dios, El Espíritu Santo* y *Facing Death and the Life After*, del Sr. Graham. Finalmente entregué mi vida a Cristo en marzo de 2002, y ahora sé con seguridad que algún día estaré en el cielo por la eternidad con Cristo.

¡Ha crecido el bebé!

¿Cómo me convertí en cristiana? Bueno, con frecuencia digo: "¡Soy un bebé de Billy Graham!". Acababa de comenzar mi carrera en enfermería en 1996 y empezaba a preguntarme si cumpliría los requisitos. Una vieja amiga de la escuela me invitó a ir con ella a Earl´s Court para escuchar a Billy Graham. Yo no había estado antes en un evento así, así que estuve de acuerdo en ir.

Cuando era muy pequeña, puedo recordar una experiencia de algo o alguien mayor que yo. Cuando crecí, me sentí atraída a descubrir a Dios, e incluso había preguntado a mis padres, que no asistían a la iglesia, si podía ir a la iglesia. Más adelante canté en el coro y ayudé en la escuela dominical, pero no conocía a un Dios personal.

Earl´s Court en 1996 se convirtió en un punto de inflexión en mi vida cuando pasé adelante para aceptar a Jesús como Salvador personal. No tengo idea de lo que Billy Graham predicó; lo único que sé es que el Espíritu Santo me dio convicción de mi necesidad de Jesús. Gracias, Billy, por ser obediente al llamado de Dios a venir a Gran Bretaña.

¿Y desde entonces? Después de Earl´s Court me dieron referencias de una iglesia que creía en la Biblia y estaba cerca del hospital donde yo estudiaba. Tuve una estupenda base de la Palabra de Dios, y después de calificarme como enfermera y partera, me trasladé a mi actual iglesia, donde el Espíritu Santo me está utilizando ahora en el ministerio de la oración.

Billy, esta "bebé" suya no "nació muerta", sino que sigue creciendo en Cristo. ¡Gracias!

¡GRACIAS A DIOS SOY SALVO!

Yo tenía dieciséis años cuando asistí a la cruzada con mis primos. Fue lo mejor que jamás me sucedió. A pesar de todas las malas decisiones que he tomado, hasta aquí esa es la mejor. Por favor, expresen mi amor al hermano Billy, porque él es una inspiración para todos nosotros. Le amamos y le necesitamos. ¡Paz sea con todos ustedes!

BÚSQUEDA DE CANALES

Estaba cambiando de canales en el televisor para ver lo que había. Le oí hablando y decidí escuchar. Me crié en una iglesia luterana, pero no había escuchado nada sobre la gracia salvadora de nuestro Señor y Salvador Jesucristo. Me arrodillé delante del televisor y entregué mi corazón a Jesús. Solicité sus lecciones que estaban disponibles en aquel momento. He estado en una de sus cruzadas y le he visto en televisión a lo largo de los años. También leí la revista *Decisión* por muchos años. Le doy gracias por llevarme al Señor; le amo a Él más de lo que podría expresar nunca. Repito: le doy gracias a usted, Billy, por su fidelidad al Señor.

¡BUEN TRABAJO, BUEN SIERVO Y FIEL!

No estoy segura del año exacto, pero nunca olvidaré la vez en que Billy Graham permitió que el Señor le utilizara y llegara a mi corazón. Me pidieron que ayudase a una amiga voluntaria en una cruzada de Billy Graham a vender refrescos en los stands del estadio en Orlando, Florida. Yo accedí, sin saber que Dios había planeado todo ese evento para mí (y estoy segura de que para muchos otros.) Mientras vendíamos refrescos, escuché el mensaje que dio el Rev. Graham y fui tocada por encima de todo control. Lo siguiente que supe es que estaba en medio del campo pidiendo a Jesucristo que entrase a mi corazón. ¡Y ciertamente Él lo hizo!

Aunque no rendí toda mi vida a Él en aquel momento, Él fue fiel para permanecer en mí, y el Espíritu Santo siguió tocando amorosamente mi corazón. Experimenté algunas épocas muy difíciles, incluyendo dos divorcios, antes de que el Señor me recordara amablemente que lo único que necesitaba estaba en Él y con Él, tal como el Rev. Graham me había dicho tantos años antes. Me encontré a mí misma en la iglesia aquel domingo, ¡y entregué por completo y totalmente toda mi alma, mente y cuerpo a Jesús! Aparte de la noche en que el Rev. Graham me permitió recibir a Jesús en mi corazón, ¡ese fue el mejor día de mi vida! Desde aquel momento, el Señor me ha bendecido más allá de toda imaginación. Me ha llevado a un esposo maravilloso y temeroso de Dios. Mi hogar y mi familia están sirviendo al Señor.

A veces, servir es difícil, y a veces sería más fácil permitir que otros alcancen a los perdidos. Sin embargo, con frecuencia recuerdo que un fiel siervo con el nombre de Rev. Billy Graham tocó mi corazón y fue utilizado para salvarme de toda una eternidad en el infierno, y me permitió caminar en toda la gloria que Dios ha planeado para mí. Cómo no podría yo seguir adelante y hacer todo lo posible por tocar al menos a una persona tal como el Rev. Graham ha tocado a millones.

Gracias, Rev. Graham, por ser un siervo fiel, por entregar tanto de usted mismo y de su familia para alcanzar a almas perdidas. Su recompensa ciertamente será su entrada en el cielo y ser saludado por el Señor con: "Bien hecho, buen siervo y fiel", ¡que bien se merece usted!

¡SALVACIÓN!

Yo tenía sólo doce o trece años cuando canté en el coro el año en que la cruzada llegó a Birmingham, Alabama. Mi madre me había llevado a la iglesia fielmente todos los domingos, y me encantaba la escuela dominical; sin embargo, ¡no se me había ocurrido que la salvación fuese algo que yo tenía que pedir! Me encantaba cantar, y disfruté al estar en el coro de la cruzada. Cuando el hermano Graham predicó aquella noche, pasé al frente e hice la oración del pecador. El ministerio me envió algunos materiales después de eso para ayudarme a lo largo del camino.

¡Siempre sentiré agradecimiento a mi Padre celestial por la obediencia del Dr. Billy Graham! Mi salvación ha perdurado durante todos mis altibajos. Sigo recordando el gozo de mi salvación cuando era una muchacha. ¡Vaya! Dios me había hablado, y me encantaba ser capaz de sentirle a mi lado. Aún siento el maravilloso "conocimiento" de que Dios está siempre conmigo. ¡Gracias!

POR EL SENDERO DEL SERRÍN

Yo era una joven adolescente y estaba en un campamento de la iglesia en el lago Winona, Indiana. Había allí un tabernáculo de Billy Sunday, y predicaba un nuevo evangelista. Fuimos a verle, y yo fui salva aquella noche. Fueron necesarios muchos años para que yo supiera que tenía que crecer y ser una cristiana adulta, pero por la gracia de Dios lo hice. Años después, volvimos a ver otra vez a Billy Graham en Columbus, Ohio, pero olvidé la fecha. Gracias, Billy, por ser la persona que es usted. Dice mucho cuando nadie puede echarle encima ninguna "suciedad". Sé que usted tuvo estrictas pautas para usted mismo y para su equipo de adoración. Alabamos a Dios por eso. A propósito, mi esposo también fue salvo: en la cruzada de Columbus.

—*Linda*

USTED RESPONDIÓ CUANDO YO ESTABA PREPARADA

Mi historia es breve y dulce. Veía de vez en cuando sus programas especiales en televisión. No había ninguna cruzada cerca de mi ciudad natal. Una noche, sentí que usted me estaba mirando a través de la cámara, y nerviosamente llamé al número de teléfono que aparecía en pantalla para aceptar a Jesucristo como mi Salvador personal y arrepentirme de mis pecados, para nacer de nuevo. El operador fue amigable y me dirigió en oración, tal como usted dijo. Recibí la literatura por correo poco después. Soy salva porque el Espíritu Santo estuvo obrando en mí aquella noche, y yo estuve abierta a sus palabras de salvación y perdón. Usted me respondió cuando yo estaba preparada y dispuesta a agarrar el teléfono. ¡Gracias, Señor! Oro para que muchas, muchas personas sigan acudiendo a Jesús antes de que sea demasiado tarde.

—*Carol*

MI VIAJE ESPIRITUAL

Gracias, Dr. Graham, por predicar fielmente la verdad de Dios durante décadas. Le vi en la televisión cuando era pequeño. Mis padres me llevaban a la escuela dominical y a la iglesia regularmente cuando era niño y adolescente. Hice la confirmación cuando era adolescente y me convertí en miembro de mi iglesia local. En 1966 entré en las Fuerzas Aéreas estadounidenses. Mis padres me regalaron una pequeña Biblia para que me la llevase cuando me fuera de casa. Una noche de domingo, en el otoño de 1967, estaba solo en las barracas en la base Sheppard Air Force en Wichita Falls, Texas, y comencé a leer mi Biblia. No avancé mucho en Génesis antes de dejar de leer, porque "no estaba sacando nada de ello". Entonces encendí la radio y estaba sintonizando las estaciones, y escuché una voz que reconocí como la de Billy Graham, así que me quedé escuchando. A medida que el Dr. Graham hablaba del libro de Mateo, hizo un comentario diciendo que tan sólo porque una persona vaya a la iglesia y sea miembro de una iglesia, eso no significa que Jesús automáticamente le recibirá en el cielo. Aquellas palabras tuvieron mucho peso sobre mí, y al término del programa de radio me arrodillé junto a mi cama a la vez que el Dr. Graham oraba y hacía la invitación. Fue aquella noche cuando Jesús entró en mi corazón como mi Señor y Salvador, y algún día Él me recibirá en su cielo. ¡Gloria a Dios! Seguí adelante en mi vida y recibí mi ordenación en el ministerio pastoral, y sigo sirviendo a nuestro Señor en una pequeña iglesia en Ohio. ¡Gracias, Dr. Graham, por ser una parte importante de mi viaje espiritual!

—Ron

DEBIDO A SU FIDELIDAD

Debido a su fidelidad, encontré a Jesucristo en 1986, viendo una cruzada en televisión. Había sentido curiosidad y había asistido a la iglesia en la infancia; pero cuando llegué a la adolescencia, tomé mi propio camino que condujo al alcohol, las drogas y un matrimonio abusivo que remató del todo mi vida. No me importaba si vivía o moría. Las drogas y el alcohol eran una manera de manejar la vida.

Me involucré con alguien a quien conocí en un bar y tuvimos una relación de dos años que terminó cuando me quedé embarazada. Era una madre soltera, trabajando en bares y consumiendo drogas para seguir adelante, hasta que una noche, por curiosidad, comencé a ver su cruzada en televisión. Al final, recuerdo que usted pidió a las personas que aceptaran a Jesús como su Salvador, y justamente allí incliné mi cabeza y pedí a Jesús que viniera a mi vida. Sentí la presencia de Dios en aquella habitación esa noche y llamé a mi cuñada para hacerle saber que había sido salva. Su pregunta fue: "¿Salva de qué?". Del infierno, le expliqué. Recibí a Jesús como mi Salvador viendo a Billy Graham. Eso fue hace veinte años, y ha habido altibajos durante ese período, pero siempre he sabido que, a pesar de todo, Dios estaba conmigo.

Gracias, Billy Graham, por su fidelidad a Dios. A causa de usted fui salva de las llamas del infierno, y un día espero poder decirle en persona lo que ha significado usted para mí.

DOS VECES BENDITA

Billy Graham vino a nuestra ciudad cuando yo era una niña. Pasé adelante en la cruzada, que se realizó en el estadio Radcliff en Fresno, California. Después de años de errores y de apartarme del Señor, me encontré experimentando un triste divorcio. Afortunadamente, Billy Graham regresó otra vez a Fresno. Habían pasado más de treinta años, y yo pasé al frente de nuevo, prometiendo al Señor que esta vez Él sería el centro de mi vida. He sido llena con el Espíritu Santo, y mi caminar con Cristo ha sido una experiencia de aprendizaje diaria. Siento que finalmente estoy en casa. Gracias, Billy, por ser el mensajero de Él durante todos estos años. Dios le bendiga.

"¿Y QUÉ DE MÍ?"

Mis hijos y yo estábamos viendo a Billy Graham en televisión cuando estábamos en Washington DC. Al final, cuando Billy Graham hacía el llamado al altar y apareció el número de teléfono en la pantalla para que las personas llamaran, mi hijo mayor (que tenía seis años) me preguntó: "Mamá, ¿vas a llamar?". Yo le dije que ya era salva, y él dijo: "¿Y qué de mí?". Le dije que hay que entender lo que aceptar a Cristo significa antes de entregarle la vida. Él respondió: "Estoy preparado". Por tanto, le conduje al Señor después de ver a Billy Graham. Mi hijo ahora sirve en la Marina estadounidense, y estoy muy orgullosa de él. Doy gracias al Señor por usted, hermano Graham, por todo su maravilloso trabajo en todo el mundo. También, volví a dedicar mi vida en una de sus cruzadas aquí en Atlanta. Que las bendiciones del Señor sigan estando con usted y con su familia.

Gracias, Billy Graham...
por alcanzarme con sus libros

⁓

GRACIAS

Tan sólo quiero darle las gracias por las ofertas de libros que tiene. Sus libros han sido una bendición en mi vida. Mis finanzas nunca me habrían permitido comprarlos, pero el hecho de que usted los enviase gratuitamente se agradece mucho. Cada libro me ha ayudado en una situación u otra en mi caminar con el Señor. Gracias por tener una mente dirigida al Reino. Todo lo que usted hace es verdaderamente una bendición. Creo que sin duda alguna escuchará: "Bien hecho, buen siervo y fiel".

"COMPRA ESE LIBRO"

Me ha encantado leer desde la niñez, así que era adecuado que mis dificultades para criar a tres niños pequeños prácticamente sola me llevasen a una librería cristiana, hace veintiocho años, por recomendación de un médico. Yo había evitado tales lugares en el pasado, pero queriendo seguir por completo la "receta" del médico, fui tal como me sugirió. El libro cristiano sobre consejería que el doctor me recomendó estaba allí, pero más importante fue una mesa de exhibición que vi cuando entré por la puerta. El libro tenía una tapa negra y decía en grandes letras rojas: "Cómo nacer de nuevo".

Yo pensé: *Vaya, eso es lo que yo necesito*. Pasé al lado de la exhibición y agarré mi lectura asignada, pero cuando volví a pasar por la mesa al salir, sentí una tremenda presión en mi mente y en mi cuerpo: *Compra ese libro*.

Pensé en mi mente: *Siento demasiada vergüenza para comprar ese libro*. Muy mal. No había manera en que pudiera salir de aquella tienda sin ese libro. Finalmente lo agarré e intenté sonreír con la joven que estaba en la caja. Recuerdo el modo en que ella me miró, como diciendo: "Es para usted". Pero ella sonrió dulcemente durante todo el tiempo, y yo me fui.

El libro se quedó metido en un cajón en casa, pero dos días después, con la presión interior otra vez allí, agarré el libro, me subí al auto, encontré un estupendo estacionamiento privado y leí de pasta a pasta *Cómo nacer de nuevo*.

Después de seguir los pasos en el capítulo final (aunque no estaba segura de aquello sobre el "pecado"), Jesús entró en mi corazón. No parecía importarle que yo no lo "entendiera" por completo. Sin embargo, mi copa estaba rebosando… lágrimas de gozo, amor y gratitud se derramaron. Y entonces Jesús me habló: *"Vete a casa y haz la mejor tarea que puedas"*.

No podía esperar para regresar a la casa. Cuando se abrió la puerta, mis hijos de dos, cuatro y cinco años llegaron corriendo a mis brazos, y yo apenas podía creer los tres regalos que tenía entre mis brazos. Ya no me sentía abrumada por la responsabilidad. Me sentía abrumada de gratitud más allá de toda medida. Absolutamente puro gozo. Mis hijos siempre habían sido maravillosos, nada de los terribles dos años, ningún problema de disciplina, tan sólo amorosos; pero el manejar todo el mantenimiento me hacía estar muy cansada. Su papá no se implicaba, pero nada de eso importaba ya. Yo iba flotando, y todo el viaje cambió.

Mis hijos tienen ahora unos treinta y tantos años. Siguen siendo tan maravillosos. No puedo imaginarme haberlos criado sin Jesús. Durante aquellos años de crecimiento, escribí a Billy para darle las gracias. Él respondió y dijo lo mucho que había significado para él esa nota, porque no se había estado sintiendo muy bien últimamente. ¿Puede imaginarlo?

Ahora estoy casada con un maravilloso hombre nacido de nuevo, que es también otro de los regalos de Dios. Él ciertamente conoce la historia de Billy Graham, al igual que todos mis hijos. Le debo mi vida a Jesús y a Billy Graham, a quien Jesús utilizó para cambiar mi vida. Sr. Graham, gracias, gracias, gracias. Estaré por siempre agradecida.

—*Nancy*

El secreto de la felicidad

En 1969 o 1970, a la edad de trece o catorce años, leí un libro escrito por Billy Graham. Cuando leí ese libro, llegué a conocer a Cristo. La presencia de Dios era muy real, y supe sin ninguna duda que Él era todo lo que decía que era. Desgraciadamente, en años posteriores tomé un camino muy equivocado, metiéndome en el mundo homosexual, y me identifiqué a mí misma como lesbiana durante casi veintidós años, hasta abril del año 2000.

Cuando estuvo claro para mí que esa vida sencillamente no funcionaba, acudí de nuevo a un libro escrito por Billy Graham, *El secreto de la felicidad*; con cierto escepticismo, pero necesitando respuestas y alivio para mi dolor. Me senté para leer este libro y la presencia del Señor fue de nuevo tan fuerte que supe que había regresado a Él. Fui llena del amor de Cristo aquella noche, y volví a dedicar mi vida a Él. Ahora he caminado fuera de una vida como lesbiana y he permanecido libre de alcohol durante más de siete años, y libre de tabaco durante más de cuatro años. Le debo mucho a Billy Graham por su fidelidad para escribir y decir las palabras que Dios le dio. ¡Dios bendiga a Billy Graham y a toda su familia!

YO ERA UNA CRISTIANA SÓLO DE DOMINGOS

El año era 1985 y yo tenía veintiséis años de edad. Tenía un esposo, dos hijos y una bonita casa; pero me faltaba algo. Me crié como católica y no entendía lo que significaba una "relación personal" con Cristo. Alguien me regaló el libro *Paz con Dios*. La pregunta que el Sr. Graham planteaba en su libro era: "Si usted muriera hoy, ¿iría al cielo?". Yo no lo sabía con seguridad. Había sido una cristiana sólo de domingos por muchos años. Hice la oración del pecador que está al final del libro, acepté a Cristo en mi vida y le puse en el trono de mi corazón. Inmediatamente, ¡mi vida comenzó a cambiar para mejor! Gloria a Dios, y gracias a usted, Sr. Graham, por ese libro. Verdaderamente tengo paz con Dios.

TOCADO POR SUS LIBROS

Soy un hombre discapacitado de cuarenta y cuatro años de edad, y he sido cristiano de este 1996 cuando fui a un encuentro de Promise Keepers en Kansas City. Debido a que estaba discapacitado, no trabajaba y no recibía aún ningún tipo de Seguro Social ni ninguna pensión por discapacidad, cuando me convertí en cristiano me resultaba muy difícil conseguir cosas para leer y poder crecer.

Encontré la página web de Billy Graham y los clásicos de Billy Graham en TBN. Fueron estupendos para mí, ya que no fui criado en una atmósfera cristiana y no había visto en absoluto el Sr. Graham cuando era niño. No sólo seguí creciendo debido a los clásicos, sino que también recibí correos gratuitos de su organización, e incluso les envié una carta pidiendo algunos de sus anteriores libros gratuitamente (y ustedes me enviaron realmente tres o cuatro.)

Junto con el Dr. Kennedy, sus ministerios realmente me han ayudado a seguir creciendo cuando no podía asistir a la iglesia, y quiero darle las gracias por eso. En el pasado, leía mis libros cristianos de vez en cuando, pero ahora tengo una verdadera sed de ellos, y estoy muy contento de haber formado mi biblioteca. Muchas gracias por su ayuda. Realmente quería ir a ver al doctor Graham en una de sus últimas cruzadas cuando estuvo en Kansas City, pero no pude porque sentía dolor, y eso realmente me desanimó. Principalmente, ¡tan sólo quiero darle muchas gracias!

—*William*

INSPIRADA PARA ALCANZAR A OTROS

Apreciado Sr. Graham, estaba leyendo su libro, *Tal como soy*, y fui tan conmovida por él que me apunté para ayudar con las cruzadas Harvest este año. Qué bendición fue. Usted me inspira a alcanzar a otros para que ellos puedan conocer al Señor del modo en que yo le conozco. Verdaderamente amo al Señor nuestro Dios con todo mi corazón y mi alma. Muchas gracias por todo su buen trabajo.

ERA UNA NOCHE OSCURA

Me había estado sintiendo triste durante un tiempo. Tenía graves problemas económicos, y tan sólo me sentía sola, muy sola. Estaba al límite de mí misma, y la oración ya no me ayudaba. Me sentía abandonada por Dios. Aquella noche, había una cruzada de Billy Graham en televisión, y llamé a la línea de oración. Una muchacha me respondió y habló conmigo por mucho tiempo. En medio de mis lágrimas, la mantuve al teléfono durante cuarenta minutos. Después me sentí mejor, pero nada cambió. Entonces comencé a recibir libros y panfletos por correo, y los leí con un corazón abierto. Poco después, conseguí el trabajo por el que estaba orando, y gané un viaje increíble, lo cual levantó mi ánimo y me hizo sentir la presencia de Dios otra vez en mi vida. Aún no he salido de los problemas económicos, y me sigo sintiendo sola, pero ya no estoy paralizada por eso. He renovado mi fe en Dios, y Él me ayuda cada día. Cuando llegue la próxima primavera, con la ayuda del Señor, estaré en el camino hacia la recuperación económica.

ALCANZADA MEDIANTE UNO DE LOS LIBROS DEL DR. GRAHAM

Apreciado Dr. Billy Graham, mientras leía su libro, *World Aflame*, recibí al Señor Jesucristo como mi Salvador. Sucedió en el verano después de mi graduación de secundaria, en medio de los preparativos para irme de casa y asistir a la universidad. Temores a los retos desconocidos y las tentaciones con las que me vería en ese ambiente, lejos de casa, me situaron en el camino para resolver mis dudas y recelos acerca de mi fe que había tenido por mucho tiempo, y principalmente no había expresado.

Dr. Graham, mientras veía sus programas y escuchaba sus emisiones de radio en mis años de crecimiento, recibí convicción sobre mi falta de conexión con Dios. Pero como me había unido a nuestra pequeña iglesia rural en un momento en que otros compañeros de clase de diez años de edad también lo hicieron, sentía recelo a "destacar" ahora como una cristiana falsa. Tampoco tenía la confianza de que el pastor o nadie en la iglesia entendieran mi dilema o cómo tratarlo. Por tanto, sufría cuando escuchaba las estrofas de "Tal como soy" durante sus programas. Esa agonía en silencio duró hasta aquella tarde de verano en mi cuarto mientras leía su libro.

Encontré el libro de modo providencial. Mientras iba en el auto de un supervisor del trabajo, vi las palabras *Asociación Evangelística Billy Graham* en la etiqueta del correo de un paquete que estaba en el asiento entre nosotros. Mientras lo tocaba con curiosidad, mi supervisor sugirió: "¿Te gustaría tomar prestado ese libro?". Al ser una lectora voraz, enseguida acepté. ¡Y fue un libro enviado por Dios!

Siempre me había preguntado por qué tuve el privilegio de haber nacido en la región del Cinturón de la Biblia en Estados Unidos, y haber escuchado el evangelio toda mi vida. Otras religiones del mundo ofrecían también un camino a Dios. En su libro, usted escribió que el fundador de la religión del mundo, Buda, por ejemplo, en su lecho de muerte indicó a sus seguidores que seguía buscando la verdad. Usted reiteró las palabras de Jesús: "Yo soy el camino, la verdad y la vida. Nadie viene al padre sino por mí". Yo había conocido ese versículo desde la niñez; pero en ese momento, el poder de esas palabras me impactaron tanto que me vi impulsada a clamar a Dios con sincera desesperación acerca de mi condición perdida. Ya no más: "Si no soy salva, sálvame", que había pronunciado en silencio a veces cuando escuchaba dirección sobre recibir la salvación.

Allí en mi cuarto, Cristo tuvo un encuentro conmigo revelándose a sí mismo como mi amoroso y amable Salvador, poniendo fin a mi angustia y dándome inmediatamente su paz. Lo mejor de todo es que no se desvaneció; en cambio, mi seguridad aumentó.

Gracias, Billy Graham, por su entrega al Señor. Usted me señaló hacia Jesucristo mediante eficaces métodos de comunicación y fiel ministerio. Y gracias a quienes apoyaron a la AEBG mediante donativos económicos, trabajo voluntario y oración.

—Elizabeth

¡GRACIAS, BILLY!

Asistí por primera vez a una de sus cruzadas en la ciudad de Nueva York en 1957 o 1958. Eso en cierto modo estableció el tono para mí, pues siempre leía su artículo "Fe" en el periódico, que responde preguntas de personas acerca de muchas situaciones difíciles que les están molestando. Sus explicaciones utilizando pasajes de la Biblia como base son tan honestas, sinceras, hacen pensar y están llenas de la sabiduría de Salomón, que deben de estar ayudando a personas en todo el mundo. Desde 2002, cuando salió su devocional *Esperanza para cada día*, considero el día incompleto si no lo he leído.

—Ron

INSPIRADO POR LA AUTOBIOGRAFÍA DE BILLY GRAHAM

Apreciado Billy Graham, gracias por amar a Dios y permitirnos ver eso a todos nosotros. Su dedicación a Dios ha tenido un gran impacto en mí mediante su autobiografía. La leí junto con mi Biblia cada día y después comencé a ver sus cruzadas que se emiten las noches de los sábados aquí en Nueva Jersey. Su devoción y su ministerio me han ayudado a reafirmar mi interés en servir a Dios mediante el ministerio. Comencé a predicar cuando tenía catorce años, y gané muchas almas para Dios, pero dejé el ministerio cuando tenía veinticuatro. Ahora tengo cuarenta y tres, y su piadosa influencia me ha ayudado a regresar a Dios con un fervor y devoción que son verdaderamente fenomenales; el Señor también ha abierto puertas para un regreso al ministerio.

Gracias por amar a Dios y ayudarnos a todos nosotros con su clara y concisa presentación del evangelio. Usted pudo haber hecho muchas otras cosas en la vida, pero decidió obedecer a Dios, y el fruto de su obediencia llenará el cielo de multitud de almas agradecidas.

—*Jay*

EL AMOR ME SALVÓ

Un día en el año 2002, estaba despierta en mi cama bien avanzada la noche. Estaba viendo la televisión, y Billy Graham salió predicando sobre Jesús. Me sentí tan conmovida por lo que dijo que tomé una decisión en ese momento de aceptar a Jesús como mi Señor y Salvador, aunque estaba tan hecha un lío como cualquier persona pueda estarlo. Había tenido un problema con las drogas de vez en cuando desde que tenía trece años de edad; ahora tengo cuarenta y tres. El hermano Billy ofreció un libro gratuitamente, titulado *Paz con Dios*. Fui impulsada a pedir el libro, y lo hice. Justamente entonces, sentí como si Dios hubiera comenzado una buena obra en mí, y Él es capaz de terminarla. Comencé a ver un canal de televisión cristiana, y aprendí más acerca de mi Señor y sobre cómo debo vivir. Comencé a leer el Nuevo Testamento, y Dios empezó a moverse en mi vida. Ahora Dios se sigue moviendo en mi vida, y cada día que paso tiempo con el Señor es mi privilegio. Le doy a Él alabanza y gloria, porque hoy soy verdaderamente libre. Hoy doy gracias al Señor por Billy y Ruth Graham, por llevarme al Señor. El amor me salvó.

—*Donna*

MI RESPUESTA

Cuando tenía quince años, una amiga me regaló una caja de libros que enseguida dejé apartada en lo alto de mi armario. Unos años después, estaba buscando un cambio en mi vida; encontré en esa caja un libro de Billy Graham titulado *Mi respuesta*. Yo estaba buscando una respuesta, así que comencé a leer las cartas que personas habían escrito a Billy Graham y sus respuestas. En la página cincuenta y siete, leí sobre un adolescente que, como yo, quería cambiar. Me tomé en serio el consejo de Billy Graham acerca de leer el Evangelio de Juan y un capítulo de Proverbios cada día. No pasó mucho tiempo antes de que me arrodillase y orase para recibir la salvación. Hace más de treinta años, mi vida fue cambiada para siempre.

EL VIAJE

Mi nombre es Becky, y me gustaría decir lo mucho que amo al Sr. Graham. Él me salvó de darle la espalda a Jesús.

Fue aproximadamente hace dos años, cuando estaba atravesando un grave período de depresión. Lo único que hacía era llorar y orar para que Dios me llevase con Él. Estuve a un paso del suicidio. Entonces, el Señor hizo un milagro. Fui al hospital porque me dolía un hombro, después de una caída en el hielo, y descubrieron que tenía una rotura en el cuello, el mismo tipo de rotura que tuvo Christopher Reed. Me dijeron que había tenido esa rotura durante algún tiempo, y que estaba casi sana por completo. Se mantenía unida por un ligamento; un estornudo podría haberme matado. Me dijeron claramente que no había razón médica alguna para que yo estuviese viva... pero lo estoy. La noche antes de la cirugía, mientras estaba firmando documentos para la custodia de mis hijos, decidí que sí quería vivir y ser una mejor persona. Dios me tenía aquí por algo, y yo no quería decepcionarle. La cirugía fue un éxito, y regresé a casa para recuperarme.

Fue entonces cuando mi empresa me dijo que no iban a mantener mi puesto de trabajo mientras me recuperaba. No podía reclamar discapacidad, desempleo o beneficios sociales, sólo tenía 600 dólares al mes para vivir, y las facturas seguían llegando. Añadido a eso estaba una factura del hospital astronómica, porque yo no tenía seguro. Estaba agradecida a Dios por salvarme la vida, pero quizá las cosas que yo había hecho en el pasado eran demasiado. No sentía que yo valiera la pena. ¿Por qué me salvó Él?

Estaba un día en Walmart (para conseguir las pastillas que no podía permitirme), y resultó que estaba en la sección de libros mientras esperaba. Allí encontré un libro titulado *El viaje*, por Billy Graham. Yo siempre había sabido quién era Billy Graham, pero nunca le había prestado mucha atención. El libro me captó. Lo agarré, sabiendo que no podía permitírmelo, lo abrí y leí un pasaje. El Sr. Graham me decía que sin importar lo que yo hubiera hecho o quién fuese, Dios me amaba y quería ser parte de mi vida, que Él quería estar en este viaje conmigo. Lloré mientras lo leía, y estoy llorando ahora al recordarlo. Compré el libro y lo leí en dos días. Fue como si él lo hubiera escrito precisamente para mí. Todo lo que él decía era mi vida. Me reí y lloré, y en ese momento entregué mi vida a Cristo.

Ahora consigo cualquier cosa que tenga que ver con el Sr. Graham. Veo sus cruzadas en TBN y le doy absolutamente todo el mérito por hacerme ver que incluso cuando los tiempos son difíciles, Dios me ama y *nunca* se irá de mi lado. Sigo estando hasta el cuello de deudas, pero el Señor me dirigió a un nuevo empleo, y las personas ven el cambio en mí. Siempre le doy el primer mérito a Dios por salvarme, pero Él también me puso delante de ese libro y me condujo a una de mis personas favoritas en el mundo. Yo no sería cristiana hoy si no fuese por el Sr. Graham. Estoy leyendo *El viaje* por cuarta vez. Lo leo siempre que me desaliento, y he regalado ejemplares a otras personas para ayudarles a encontrar las respuestas que necesitan. Es con mucha diferencia el mejor libro, al lado de la Biblia (¡la cual también leo!) que leeré jamás. Tan sólo quiero decir que la canción: "Gracias, Billy Graham" lo dice todo. Gracias, Sr. Graham, ¡por salvar mi vida eterna! ¡Espero con ilusión darle un *inmenso* abrazo en el cielo! ¡Le quiero!

Una carrera criminal salvada del hoyo

Yo seguí una carrera criminal durante diecinueve de mis veintinueve años. Drogadicto, ladrón y traficante de drogas. En la Navidad de 2006 me encontraba en el mismo agujero (una celda de aislamiento) donde había estado dos años antes de eso, de regreso a la misma prisión por los mismos delitos sin sentido (tráfico de drogas). De nuevo otra vez en soledad, quería morir, pero sabía que no podía suicidarme, así que comencé a orar y a leer *Paz con Dios* del gran Dr. Graham. Yo había sabido sobre Dios e incluso creía que Cristo era su Hijo, pero nunca había conocido el evangelio ni sabía sobre tener una relación con Él. El día de Navidad, me arrodillé y le entregué mi vida, y nunca he vuelto a ser el mismo. Después de aquello, he visto cada cruzada en televisión que el Dr. Graham y su ministerio han retransmitido, y he leído muchos de sus libros. Amo a Billy Graham y su ministerio; ¡ellos cambiaron mi vida!

El hombre que esperó

Los escritos de Billy han sido con frecuencia fundamentales en mi desarrollo como cristiano. Recuerdo libros como *El*

Espíritu Santo, World Aflame y *Approaching Hoofbeats*. Siempre quería ver las emisiones a lo largo del año por diversos medios, que presentaban interesantes testimonios de celebridades. Los sermones de Billy eran breves, ilustrativos, actuales, sinceros y convincentes. Siempre el caballero con su mensaje, él concluía, cruzaba sus brazos, y les decía a las personas que esperaría a que respondieran. Esa misma tranquilidad y cortesía fue siempre el estilo de Jesús. Los momentos de espera para mí estaban siempre llenos de asombro y respeto.

—Doug

Gracias, Billy Graham...
por alcanzarme con sus películas

~

Time to Run

Uno pensaría que porque yo era una muchacha que iba a la escuela dominical, conocería a Jesús. Yo sabía *sobre* Jesús como una persona en la historia, pero no tenía idea de que Él quería ser mi Salvador y tener una relación conmigo. Yo estaba perdida.

Gracias, Billy Graham, ¡por venir a nuestra ciudad en modo de película! El año era 1973, y en la iglesia había tickets disponibles para ver *Time to Run*. Yo no sabía lo que veríamos, pero llevé a muchas personas que buscaban.

La familia en la película experimentaba conflictos en sus relaciones. Yo podía ciertamente identificarme con eso. Había una joven en la película que conocía y amaba a Jesús, y yo quería lo que ella tenía. Mi corazón estaba abierto a su predicación aquella noche. Hubo un llamado a pasar al frente del cine. Mi corazón latía con fuerza: *¿Debía ir? ¿Qué pensaría mi cuñada si me levantaba e iba?* ¡Bueno, de todos modos iría!

Cuando llegué al frente en el cine, ¡mi cuñada también estaba allí! Había personas allí para orar con nosotros y darnos literatura. Bien avanzada aquella noche, leí el librito que mostraba que Dios es santo y yo soy pecadora, y estoy separada de Dios por mi pecado. Pero Jesús, en la cruz, cerró la brecha y abrió el camino para que yo acudiera a un Dios santo. Oré y confié en Jesús para que limpiase mi pecado, ¡y Él lo hizo! Todo el peso de ese pecado fue quitado de mis hombros, y tuve una increíble paz. ¡Gloria a Dios! El canto de mi corazón era: "Más cerca, atráeme más cerca, precioso Señor", y eso es precisamente lo que Jesús hizo y sigue haciendo en mi vida.

Gracias también, Billy, por enviar su libro *Paz con Dios*. Yo tenía muchas preguntas, y fue sorprendente el modo en que Dios trajo libros y personas y estudios bíblicos para ayudarme. Sé que Dios le envió en modo de película a Reading, Pennsylvania, en 1973, porque yo necesitaba desesperadamente recibir a Jesús como mi Salvador. Menos de cinco años después, mi esposo también recibió a Jesús como su Salvador. Él dice en su testimonio que vio y supo que yo no era la misma. El Espíritu Santo estaba obrando en mi interior. ¡Gloria a Dios! El regalo de la vida continúa. Gracias, Billy Graham, por ser fiel al llamado de Dios. ¡Dios le bendiga!

ÉL ES REAL

Durante treinta y dos años, yo estaba en el mundo *y* era de él. Siempre pensé que era un buen tipo porque no era tan malo como otros. Mis padres me llevaron a una pequeña iglesia metodista unida durante mis años escolares, pero nunca realmente oí las buenas nuevas del evangelio. Estaba atrapado en el pecado, pero no lo sabía. Disfrutaba de la vida, pero no era feliz en mi interior. Siempre estaba buscando ese empleo que hiciera que todo estuviera bien. Nunca sucedió.

Varias veces, vi la cruzada de Billy Graham en televisión. Billy, usted siempre tenía sentido para mí, y Dios me hablaba por medio de usted. En 1973, a mi papá le diagnosticaron cáncer de pulmón, y eso me dejó deprimido. Durante su enfermedad, mi esposa Pat y yo fuimos al cine Shea's Cinema West a ver la película *Time to Run*. Su predicación en la película me llevó a pasar al frente aquella noche con mi esposa para recibir a Jesús en mi corazón. Hicimos la oración del pecador; y, ¡bam!, algo sucedió en mi interior. Nunca he vuelto a ser el mismo desde entonces.

Gracias, Billy, por ser un ejemplo a seguir y un humilde siervo de nuestro Señor Jesucristo. ¡Su dedicación es toda una inspiración y un soplo de aire fresco! Espero con ilusión verle en el Reino, junto a su hermosa esposa, Ruth. Siga adelante; ¡lo mejor está aún por llegar!

—*Jerry*

BILLY GRAHAM ESTÁ EN TODAS PARTES

Mi primer recuerdo de Billy Graham fue a principios de los años setenta. Mis padres habían prohibido ir al cine a sus cinco hijos, y sin embargo una noche nuestra familia entró al cine para ver una película titulada *Time to Run.* ¡Yo quedé boquiabierto de que Billy Grahan pudiera usar este medio para la gloria de Dios!

Dios usó de nuevo World Wide Pictures en mi vida a los catorce años de edad, cuando decidí apartar de mi vida a Dios y las creencias de mis padres. Estaba visitando a un amigo en Nueva Jersey, y él me llevó a ver *El Pródigo,* sobre un hombre rebelde cuyo hermano intenta hacerle regresar a la iglesia mediante el amor. Fue una película muy poderosa para un consumidor de drogas de catorce años que era más inteligente. Cuando finalmente volví a dedicar mi vida a Cristo en 1985, a los diecisiete años de edad, decidí entrar en un ministerio cristiano de radio cerca de Detroit. Pude honrar al pastor Graham con un tributo de dos horas de radio en su setenta cumpleaños. El programa presentó a George Beverly Shea, Cliff Barrows, Chuck Swindoll, Harold Lindsell, Gigi y Franklin Graham,

John Pollack, Ernie Harwell (la voz de los Detroit Tigers) y muchos, muchos otros... dando honra a quien honra merece.

Ahora trabajo para ABC Radio en Detroit. Hace tan sólo unos años, oí que Billy Graham acudiría al museo del Presidente Ford en Grand Rapids. Mi esposa y yo condujimos hasta allí, y en la conferencia de prensa me puse en pie y pregunté: "Dr. Graham, ¿cómo ha sido capaz de aferrarse a su integridad como teleevangelista?". Él respondió: "¡No sabía que estuviera tan sólo aferrándome!".

Sé que suena cursi, pero una de las razones por la cual he mantenido mi fe en Cristo todos estos años se debe a la coherencia de Billy Graham; él me ha dado un ejemplo de que puede hacerse, que se puede vivir la vida sobre la que uno habla a los demás. El Dr. Graham nunca estuvo políticamente motivado ni económicamente motivado. Siempre estuvo motivado por el *corazón*.

¡JESÚS SALVA!

Mis padres nacieron en Puerto Rico y se mudaron a la ciudad de Nueva York cuando eran jóvenes, donde se casaron y tuvieron cuatro hijas. Ambos provenían de circunstancias muy pobres y tuvieron vidas muy, muy difíciles, especialmente durante la Depresión.

Mi padre era alcohólico y abusador, y tenía un temperamento muy violento. Cuando estaba enojado, o era provocado por alguna razón, golpeaba a su esposa y golpeaba a sus hijas. Hería o dañaba cualquier cosa que estuviera en su camino. Yo era la más pequeña de las hijas, así que tenía no sólo a una persona abusando de mí, sino a cinco. Recibía abusos verbales y físicos de mi padre, mi madre y tres hermanas, aunque no tanto de las mayores. Siempre que alguien tenía una pelea, yo me llevaba lo peor. Una de mis hermanas era tres años mayor que yo, y ella abusaba de mí cada día, incluso más que mis padres.

Pero yo era mucho más especial que eso. Cuando nací, y cuando tenía sólo unas semanas, me llevaron a un orfanato. No estoy segura de si tenían intención de darme para mi bien. Sin embargo, con un año de edad, en mi cumpleaños, me llevaron a casa desde el orfanato. La historia es que cuando yo nací, mi padre había abusado tanto de mi madre que ella estaba muy enferma y era incapaz de cuidarme. Aunque mis hermanas eran desde tres hasta once años mayores que yo, me enviaron al orfanato. Ninguna de esas cosas hablaba bien de mí en cuanto a la familia. Yo no sólo tenía que soportar el abuso de mi padre (él comenzó a golpearme cuando yo aún estaba en la cuna, aparentemente porque algunos de los modales que había aprendido en el orfanato no le gustaban), sino que también tenía que soportar el abuso de mis hermanas, porque yo había hecho enfermar a mi madre o por el mero hecho de haber nacido. Por suerte para mí, ¡decidieron llevarme a casa desde el orfanato después de un año!

Vivíamos en un edificio de apartamentos de cinco pisos, y yo era la niña de los recados para cada miembro de mi familia. Subía y bajaba los cinco pisos para ir a buscar leche, pan, revistas, cosméticos, el periódico, los cigarrillos… Si lo vendían a un niño, yo tenía que correr a comprarlo. Muchas veces cada día, subía y bajaba corriendo los cinco pisos de escaleras. Hay muchas más cosas en esta historia, pero para el propósito de este testimonio, baste con decir que yo tenía un corazón quebrantado que llevar ante el Señor. Había sido criada por un padre que llamaba a sus hijas con todo nombre malvado en que uno podría pensar, independientemente de la edad o la condición. Él nos llamaba a todas prostitutas, basura, malas, estúpidas, inútiles, o cualquier otra cosa que viniera a su mente. Cualquier cosa malvada en que él pudiera pensar en el momento, salía por su boca. Nos amenazaba todo el tiempo; fue una manera horrible de crecer.

Entonces, cuando tenía unos siete años, mi cuñado abusó de mí sexualmente. No le hablé a nadie sobre aquello. Es extraño vivir en un ambiente donde el único ejemplo que uno tiene es de engaño, mentira, abuso, alcoholismo, adulterio, y otras cosas, ¡pero todos te dicen que seas buena! ¿Cómo puedes ser buena cuando tienes a tu alrededor un ejemplo completamente malvado? No es posible. Pero mientras yo intentaba ser buena, ¡era mala! ¡Muy mala! Aunque no sabía cuál era la respuesta, quería conocer a Dios, quería agradar a Dios. Pero estaba en una espiral fuera de control. Me odiaba a mí misma y odiaba todo lo que me rodeaba. Sencillamente no sabía cómo ponerle fin.

Intenté suicidarme muchas veces. Había perdido toda esperanza. No tenía deseo alguno de vivir, pero después de haber tenido dos hijos propios, no pude encontrar una salida fácil.

Yo era uno de los cientos de miles de personas que sintonizaban las cruzadas de Billy Graham en televisión en 1975 y 1976 para aprender sobre el amor de Dios.

Puedo recordar que a veces las veía con mi esposo y mis dos hijos. Si había alguien presente conmigo, entonces yo no respondía al llamado. Finalmente, un día estaba yo sola durante un momento, y rápidamente me arrodillé para repetir la oración de salvación con Billy. No entendía las cosas espirituales, así que creí que nada sucedió; sin embargo, ahora sé que sí sucedió, pero yo no era plenamente consciente de esas cosas en aquel momento.

En 1976 llegó a nuestra zona una película de Billy Graham, y yo fui al cine con mi familia. Tenía grandes expectativas en aquella época. Después de la película, probablemente ministros de la iglesia local se dirigieron a la audiencia. Yo nunca antes en toda mi vida había oído un llamado al altar. En realidad no sabía que eso era lo que vi que hacía en las cruzadas. Les pedí a todos en mi familia que pasaran adelante conmigo, pues me daba vergüenza ir yo sola. Mi esposo y mis hijos se negaron a pasar. Mi esposo dijo: "Si sientes que deberías ir, ¡ve! No necesitas que vayamos contigo".

Bien, eso me dio el último empujón que necesitaba, y pasé adelante. El orador nos pidió que nos pusiéramos cara al telón. Mi corazón latía con mucha fuerza, y se me había subido la sangre a la cabeza. Fue tan intenso para mí, que no pude escuchar al orador. El orador pidió a la audiencia que saliera del cine y esperase fuera a los que habían respondido al llamado al altar. Bueno, qué locura… cuando vi salir a todos, yo también salí. Me sentía muy tonta. Pensé: *¿Por qué nos pidieron que pasáramos adelante si nadie iba a hablar con nosotros?*

Yo no entendí que no querían que se fueran quienes habían respondido, sino sólo el resto de la audiencia. Cuando salí y encontré a mi familia, mi esposo dijo: "¿Qué estás haciendo aquí? Se supone que debes estar dentro. El ministro iba a hablar con todos ustedes".

De camino a casa pensé: *¡Vaya! ¡Ahí se acabó! Perdí mi única oportunidad de acercarme a Dios. ¡Voy a ir al infierno!*

No entendía la gracia de Dios o la misericordia de Dios. Gracias a Dios que Él se había acercado a mí y nunca me dejó ir. Gracias a Dios que he estado caminando con nuestro maravilloso Dios desde entonces.

Como resultado de que yo acudiese a Cristo, ¡toda mi familia y muchos amigos y conocidos en mi comunidad se volvieron al Señor!

Gracias, Billy, por su compromiso, por su sufrimiento, por su entrega, por su familia, por sus lágrimas, por su aguante, por sus oraciones, por toda su familia, por su energía, por su amor de Dios, por su ministerio, por su querida esposa que ahora está con el Señor, ¡por todo lo que ustedes son y han sido en las manos de Dios!

Primer paso en el viaje Querido Billy, cuando tenía cuatro o cinco años de edad, fui a ver una película. No recuerdo de qué era o por qué el evangelio fue presentado en el cine, pero tomé una decisión después de verla. Quería decir que yo creía en Jesús, y quería que Él entrase en mi corazón; después, recuerdo recibir unos libritos ilustrados en el correo que me ayudaron a conocer más sobre Jesús. Ahora, treinta años después, quiero darle las gracias por presentarme al Señor. Le pertenezco a Él, y no puedo imaginar mi vida sin fe. Gracias por levantar a Jesús, Aquel que atrae a todas las personas a sí mismo.

¡GRACIAS POR LAS PELÍCULAS!

Yo sabía sobre las cruzadas, pero nunca pude asistir a una. Fui a ver una película con amigos durante mi primer año de universidad en 1973. Creo que se titulaba *Run for Your Life*. Yo estaba rindiendo mi corazón a Dios, pero no entendía lo suficiente para pasar adelante. Quería quedarme y hablar con personas, pero mis amigos no querían. Aún no "entendía" el evangelio, pero mi nombre estaba en una lista, y tres años después recibí entradas para *El refugio secreto*. Lloré durante la mayor parte de la película y me fui a casa preguntando a cada cristiano que conocía si tenía fe como Betsy Ten Boom.

Aun así, seguía sin entender, pues mi intelecto se interponía. Finalmente, en una conversación con un consejero cristiano, él llamó a Jesús su Dueño. Todo encajó en su lugar para mí y me entregué, cuerpo y alma, a Jesús. Más adelante, la película *Joni* tuvo un profundo impacto en mi vida. Estoy feliz de decir que ahora me encanta escuchar sermones y leer libros, pero sus películas fueron el puente que llegó hasta donde yo estaba. ¡Muchas gracias!

EL VACÍO CON FORMA DE DIOS

Billy Graham, citando a S. Agustín, frecuentemente se refiere a "un vacío con forma de Dios" en el corazón humano. Por tanto tiempo como puedo recordar, yo había experimentado ese vacío de dos formas. Una era una intensa necesidad de tener seguridad. Al ser nieto de misioneros bautistas del sur en Cuba, yo me había criado en un hogar con una atmósfera cristiana, pero donde Dios era reconocido sólo ocasionalmente. Desde temprana edad fui plenamente consciente de que el Señor deseaba una relación personal. Mi problema era la cuestión de la verdad. Al mirar atrás ahora desde la perspectiva de un adulto, creo que puedo decir que, a la edad de once años, yo estaba desesperadamente ansioso por estar seguro de que cualquier cosa a la que llegase a dedicar mi vida, reflejase la verdad o realidad central, y no algún fragmento que tuviera que descartar y después volver a comenzar.

Mi otra experiencia del vacío con forma de Dios es lo que C. S. Lewis describe como "una nostalgia por un lugar donde nunca hemos estado". Él lo llama su "gozo", aunque es más parecido a tristeza, porque es un anhelo de algo que nos falta. Para mí, esa tristeza era tan intensa que llegaba a ser positivamente dolorosa. Una característica paradójica del gozo es que su única satisfacción en esta vida es sentirlo con mayor intensidad. Yo lo comparo a una fotografía que un soldado toma de su familia y se lleva con él a su lugar de destino. La fotografía carece de la sustancia de su familia y provoca nostalgia, pero es un tipo de dolor que él quiere sentir. Esa parece ser la función del vacío con forma de Dios en mi vida. En virtud de su parecido con lo que me faltaba en la vida, sugería la dirección donde ir para llenar ese vacío.

Como sucedió con Lewis, la búsqueda por llenar ese vacío se convirtió en el tema central de mi vida. Fuera de la escuela, escogía cada libro que leía basándome en cómo volvía a despertar ese anhelo. Para mí, era evocado con más fuerza por el mito, la fantasía y la ciencia ficción. Irónicamente, nunca conocí a ninguna otra persona que expresara ese anhelo, y durante muchos años sospeché que yo pudiera ser el único que tenía ese sentimiento. Fui adulto antes de darme cuenta de que este es un anhelo universal.

Mi familia era parte de una buena iglesia bautista del sur, y yo escuchaba un sermón evangelístico cada domingo en la mañana y en la noche. A los once años de edad, estaba bajo una fuerte convicción; sin embargo, mi decisión de acudir a Cristo se retrasó por varios años después de que resultara ofendido por el intento de mi pastor de forzar a los niños de mi edad no comprometidos a que se "unieran a la iglesia". Yo finalmente respondí a un llamado a la salvación a los trece años de edad. Horas después de mi decisión, descubrí que el gozo del anhelo había sido sustituido por lo que Pablo denomina "el gozo del Señor", un sentimiento de contentamiento interior, y un sentimiento de estar en la presencia de una persona. Como he dicho, yo había conocido los hechos básicos de la Escritura desde una temprana edad, pero ahora esas verdades adoptaban el peso de la realidad. Mi vacío con forma de Dios había sido llenado. El gozo en el sentido de Lewis sigue siendo importante para mí, pero ahora sirve como evidencia interior de la existencia de Dios.

Uno pensaría que después de todo eso yo podía relajarme y conformarme a una rutina satisfactoria de edificar una vida cristiana, pero pronto me encontré con obstáculos. En ese momento, los ministerios de Billy Graham desempeñaron un papel crucial. Unos seis meses después de mi conversión, comencé a hacer preguntas sobre problemas que nunca fueron abordados de manera explícita en la vida de mi iglesia. El ministerio del púlpito estaba tan dedicado al evangelismo que cada sermón, inclusive en Navidad y Semana Santa, estaba enfocado en ganar al par de visitantes no convertidos que podrían haberse colado en la parte trasera, en lugar de disciplinar a los cientos de creyentes comprometidos que se sentaban en los bancos. También era culpa mía, porque yo no comencé a estudiar la Biblia; había conocido la mayoría de las historias desde niño, pero en realidad nunca había leído el Antiguo Testamento o las Epístolas como libros completos. Aunque había llegado a estar activo en los diversos ministerios para jóvenes en la iglesia, aproximadamente un año después de mi conversión, el brillo de mi experiencia se estaba desvaneciendo y estaba perdiendo el sentimiento de la presencia del Señor. Comencé a estar tibio en mi devoción.

En ese momento clave, fui salvado en mi descenso en picada mediante una invitación a ir a ver la película de Billy Graham *The Restless Ones.* Esta película satisfizo varias de mis necesidades de una vez. Me dio una vislumbre de lo que había de ser la vida cristiana; no un recuerdo estático de una experiencia de conversión en el pasado, sino una historia continuada de crecimiento de un grado de gloria al siguiente. La banda sonora de Ralph Carmichael también me introdujo a mi continuado pasatiempo de lo que ahora conocemos como música cristiana contemporánea. Aquello me condujo a aprender guitarra, lo cual durante los últimos cuarenta años ha abierto la puerta para más oportunidades de ministerio de las que puedo recordar. La película también me forzó a darme cuenta de que necesitaba aprender la Biblia sistemáticamente a fin de crecer. Finalmente, este interés me condujo a obtener un título en educación cristiana en el seminario y una licenciatura en humanidades, centrándome en la difusión del cristianismo mediante expresiones culturales.

Durante mis años de adolescencia, necesitaba un ejemplo de un maduro hombre cristiano de humildad, integridad y estatura. Leía y releía la biografía autorizada del Sr. Graham, por John Pollack. Los populares libros de apologética del Sr. Graham fueron también muy importantes para mi crecimiento durante aquellos años.

Una bendición por la que he orado muchas veces es una oportunidad de expresar mi gratitud al Sr. Graham en persona. Aunque parece improbable que tenga la oportunidad de hacerlo cara a cara a este lado del cielo, estoy agradecido por esta oportunidad de relatar mi historia y decir: "Gracias, Billy Graham, por su fidelidad y su papel en tantas influencias importantes en mi vida".

—*Robert*

FOR PETE´S SAKE

Nací y me crié en Gadsden, Alabama, y apenas puedo recordar una mañana de domingo o noche del domingo en que nuestra familia no estuviese adorando en nuestra iglesia local en el centro de la ciudad. Mis hermanos mayores estaban muy involucrados en las actividades de jóvenes de la iglesia, y yo seguí sus pasos. Coro, Boy Scouts, baloncesto en la iglesia, escuela bíblica de vacaciones y retiros de fines de semana a lo largo del año... dígalo, y yo lo hacía. Tuve estupenda formación en clases de discipulado y escuela dominical. Era feliz; tenía estupendos amigos; me mantenía fuera de los problemas; vivía una "buena vida".

Pero de entre todos los lugares, fue en un cine donde cambié esa "buena vida" cuando crecía en Gadsden por una vida mejor en Jesucristo. Una tarde de domingo en diciembre de 1968, en el cine Pitman en el centro de Gadsden, nuestro grupo de jóvenes fue a ver una película titulada *For Pete´s Sake*, producida por la Asociación Evangelística Billy Graham. Yo tenía trece años en esa época.

Supongo que a veces hay que "salir" de las paredes de la iglesia para apreciar plenamente aquello a lo que uno ha sido expuesto en el "interior" de la iglesia. De una manera que sólo Dios pudo haber orquestado, después de ver *For Pete´s Sake* acepté a Jesucristo como mi Señor y Salvador. Aunque yo había recibido enseñanzas bíblicas desde la niñez, por alguna razón nunca realmente había tomado una decisión pública por Cristo.

Por tanto, aunque nunca asistí a una cruzada de Billy Graham en persona, mediante la magia de las películas pude escuchar y responder a una invitación de Billy Graham. Como recordatorio físico y eterno de aquel día, sigo guardando mi entrada de esa película. Aquel día, en la parte posterior de la entrada escribí: "el domingo, día 8 de diciembre de 1968, al ver esta película acepté a Cristo en mi corazón".

En 2002 me pidieron que compartiera mi testimonio en mi iglesia, el cual desde luego incluyó la historia de *For Pete's Sake*. Unas semanas después, llegó un paquete en el correo. Para mi sorpresa, uno de mis amigos en la iglesia había encontrado una copia en VHS de *For Pete's Sake* en una tienda que estaba en liquidación, y pensó que yo querría tenerla. Aquella noche, mientras veía otra vez *For Pete's Sake*, me remonté a aquel día hacía unos treinta y cinco años cuando vi la película por primera vez, y debido a la invitación de Billy Graham, acepté a Cristo en mi corazón. A pesar del hecho de que me había criado en la iglesia, Dios utilizó a Billy Graham y World Wide Pictures para salvar un alma perdida. ¡Gracias, Billy!

SALVA EN UN CINE

Cuando tenía diecisiete años, experimenté un período muy traumático en mi vida. Mis padres me llevaron a ver la película *The Restless Ones*, ¡y me quedé pegada al asiento! Cuando la película terminó, el Rev. Billy Graham nos presentó al Señor y nos dirigió en la oración del pecador. Yo sentí inmediatamente que una pesada carga era quitada de mi corazón, y recayó sobre mí una inexplicable y abrumadora paz. También estaba tan llena de un inmenso gozo que me hizo gritar a todos (literalmente) ¡que me sentía ESTUPENDA! Seguía diciéndoles a mis padres que no podía creer lo bien y feliz que me sentía. No me había sentido así de bien desde que nací, aunque fui criada en un hogar cristiano.

No he mirado atrás desde entonces, y ahora sirvo al Señor como ministro de música para mi iglesia, y en la consejería para jóvenes; y en lo que más me gusta: como escudera para mi hija, que es pastora de jóvenes en nuestra iglesia. Amo a Jesús, y siempre he querido la oportunidad de hacer saber a Billy lo mucho que le amo por haberme guiado a mi Señor y Salvador. Sigo viendo sus viejas campañas; me encantan y me siguen ministrando. Muchas gracias por esta preciosa oportunidad de expresar mi gratitud al siervo de Dios, y a un hombre a quien aprecio mucho. Que Dios siga bendiciéndole, y a todos ustedes, a medida que siguen haciendo la obra de Dios. Me gustaría poder hablar yo misma a Billy, pero sé que él se siente un poco débil y no puede hacerlo ahora. Pero hablaré con él cuando le vea en el cielo, y entonces podré darle un abrazo y darle las gracias en persona, ¡aunque sé que habrá una larga fila de otros santos que tengan el mismo sentimiento!

—Liz

TWO A PENNY

Recibí la salvación cuando tenía diez años de edad después de ver la película de Billy Graham *Two a Penny* en un cine en Marion, Illinois. No puedo recordar la fecha exacta, pero puedo señalar al verano de 1968. Aunque tuve mis problemas y luchas a lo largo de los años, y me sentí lejos de Dios durante muchos años debido a albergar un espíritu de falta de perdón hacia ciertas personas, Dios estuvo conmigo. En 1989 tuve el honor de cantar en el coro durante la cruzada de Billy Graham. Más recientemente compré el video de *Two a Penny* y lo vi siendo adulto. El mensaje de salvación es sencillo y claro, y sentí de nuevo la seguridad de que realmente lo había entendido en la niñez. Hace un año y medio, comencé a participar en un programa cristiano de recuperación en mi iglesia. Me ha ayudado a lo largo de mi camino hacia la sanidad espiritual;

¡Dios ha sostenido mi mano en cada paso del camino! Gracias, Billy Graham, por ser obediente al llamado de Dios para su vida. Espero con ilusión encontrarle en el cielo para poder darle un apretón de manos y agradecerle personalmente.

NUESTRO FUNDAMENTO

En 1973 yo era una cristiana muy inmadura y confusa. Agarré un ejemplar del libro de Billy Graham *Paz con Dios*, y me dio la confianza de saber en mi corazón que era salva y que iría al cielo cuando muriera. Explicaba claramente los fundamentos acerca de Dios y de ser un cristiano. Me dio un firme fundamento sobre el cual edificar.

En 1975 vivíamos en Idaho con nuestros cuatro hijos. Mi esposo y yo nos prestamos voluntarios para ser consejeros en la proyección de una película de Billy Graham. Nuestro hijo de ocho años estaba entre la audiencia, y cuando se hizo la invitación, él se acercó a uno de los otros consejeros y entregó su corazón al Señor. Estábamos emocionados.

Hoy día puedo decir con confianza que mis seis hijos adultos han aceptado a Jesucristo como su Señor y Salvador, y podemos tener la paz y el gozo de saber que estaremos juntos en la eternidad.

OIL TOWN USA

Querido Sr. Graham, nací en una amorosa familia cristiana el 24 de mayo de 1946 en Binghamton, Nueva York. Mi papá acababa de regresar del extranjero al haber sido reclutado por la Marina estadounidense. Cuando tenía ocho años de edad, nuestra familia asistió a una película de la Asociación Billy Graham titulada *Oil Town USA*. Red Harper era el personaje principal, y aunque no recuerdo muchos detalles de la película, sí sé que cuando se hizo la invitación yo recibí a Cristo como mi Salvador.

Billy Graham ha tenido una importante influencia en mi vida desde aquella película. He visto numerosas cruzadas en televisión, asistí a una en St. Paul, Minnesota, y leí muchos libros y artículos que describían la vida de Billy y relataban sus historias. Mi hermano era profesor en la Universidad Wheaton, y dos de nuestros hijos son graduados de esa escuela. Por tanto, hemos tenido varias oportunidades de recorrer el centro Billy Graham y aprender más sobre su vida.

Quiero dar las gracias a Billy y Ruth Graham y a sus familias por los sacrificios que todos ustedes hicieron debido a este llamado al ministerio. Su firme fidelidad a nuestro Señor, y su influencia en mi viaje cristiano, son profundamente y divinamente agradecidos por todos. Bendiciones a todos ustedes.

—*Mel*

MI TESTIMONIO

En febrero de 1953 mis padres nos llevaron a sus seis hijos al auditorio de la escuela Bowling Green High School para ver o bien *Oil Town USA* o *Mr. Texas.* Yo tenía ocho años. Nunca antes había escuchado una presentación del evangelio, aunque asistíamos a la iglesia regularmente. A la conclusión de la película, se hizo una invitación a todos aquellos que quisieran recibir a Jesucristo como su Salvador, para que pasaran al frente. Cuando mi hermano mayor se puso de pie y recorrió el pasillo, yo le seguí de cerca. Recuerdo que un hombre oró conmigo y me dio un Evangelio de Juan de color rojo. Recuerdo salir de aquel edificio con mis pies apenas tocando el piso. No sabía lo que había sucedido, pero sabía que algo bueno había comenzado en mi vida.

En la secundaria participé en grupos de Youth For Christ (Juventud para Cristo), con frecuencia dirigiéndolos. Sabía que Dios me estaba llamando a alguna forma de ministerio. Los cuatro años de universidad confirmaron este llamado. En FWBC conocí a mi futura esposa. Nos graduados en 1967 y comenzamos nuestros treinta y ocho años de ministerio pastoral en la iglesia Missionary Church el día después de nuestra boda, el 5 de agosto de 1967.

Mi vida y ministerio han sido grandemente enriquecidos por la revista *Christianity Today*, en la que Billy Graham participaba en el comienzo. Hemos alentado a nuestra congregación a participar en cruzadas y ver las emisiones en televisión. La popularidad de esas emisiones me ha dado muchas puertas abiertas para compartir mi fe y explicar el evangelio a personas que he conocido a lo largo de los años. Quiero dar las gracias al Sr. Graham y a nuestro Señor por el largo y fiel testimonio que él ha dado. Su ejemplo me ha alentado muchas veces.

—John

Gracias, Billy Graham...
por establecer tan buen ejemplo

Un hombre de integridad

Tengo el más profundo respeto por Billy, pues él es un hombre que no ha tenido ningún "incidente" en su vida. Gracias, Billy, por establecer un ejemplo que nos muestra que es posible vivir una vida de integridad.

Gracias por ser un ejemplo
para los no cristianos

Gracias, Billy, por ser un ejemplo para todos nosotros que alguna vez hemos ministrado en E.U. durante los últimos sesenta años. Usted ha ministrando a presidentes, pero se ha mantenido fuera de la política. Usted y Ruth fueron honestos con respecto a su matrimonio, y sin embargo, nunca estuvieron implicados en un escándalo. Usted señaló a los evangélicos hacia el alcance, hacia ayudar a los pobres, hacia el amor y hacia un mensaje que se puede escuchar. Usted unió a iglesias en sus cruzadas que se negaban a hablarse mutuamente. Ha sido usted una potente fuerza para Dios, y a la vez se ha mantenido humilde, amable y manso. Para aquellos de nosotros que nunca le hemos conocido o ni siquiera hemos asistido a más de un par de sus cruzadas, sigue siendo usted lo mejor y lo más brillante de la iglesia evangélica. Alguien hacia quien podríamos señalar a nuestros amigos no cristianos. Gracias,

Billy, por ser usted, y por todos los sacrificios que hizo para poder ser aquel en quien se convirtió.

—*Steve*

EL LLAMADO

Querido Dr. Graham, le he observado durante los años después de convertirme en cristiano a los veintiséis años de edad. Me gustaría darle las gracias por ser un hombre de integridad. Usted ha sido un hombre de ejemplo al hacer lo que Dios le ha llamado a hacer y no ir más allá de eso. Gracias por llevar el manto de la humildad bien puesto y ser el estupendo ejemplo que todos nosotros como seres humanos deberíamos mostrar.

—*Rosalie*

UN EJEMPLO SEMEJANTE A CRISTO

Yo nunca he asistido a una de sus cruzadas, ni tampoco llegué a conocer a mi Salvador mediante una de sus cruzadas. Le escribo esta carta para decirle lo que ha significado para mí debido al modo en que usted ha vivido su vida y debido a su honestidad.

Con tantos escándalos dentro del ministerio, localmente y en televisión, usted siempre ha permanecido en integridad. Ha conseguido mantener una imagen impecable, lo cual a su vez ha establecido un ejemplo semejante a Cristo para el mundo de los no creyentes. Eso ha sido de mucho aliento para mí. He tropezado muchas veces; sin embargo, pienso en ello y apuesto a que usted también ha tropezado, pero ha vivido una vida de servicio con mucha perseverancia. En este tiempo y época, eso no es una tarea fácil de vivir, un día tras otro.

Cuando miro su vida y el modo en que usted ha vivido, servido y continuado, siento respeto. Sé que usted ha tenido sus propios problemas, como he leído en sus libros, pero eso no evitó que usted siguiera adelante en la obra del Señor. Muchas veces las personas permiten que los obstáculos, sean grandes o pequeños, eviten que hagan lo que Dios nos ha llamado a hacer a todos. Sin embargo, cuando miro su vida, usted ha establecido un ejemplo en el que nadie podría igualarse sin la ayuda de nuestro Señor. Le admiro, le respeto y le amo por todo lo que usted se esfuerza por ser y es. Sé que su vida se está acercando a estar con el Señor, y ese será un día emocionante para usted. Sé por la lectura de la Escritura que sus recompensas serán grandes. Pero en cuanto a usted, sé que su mayor recompensa será ver a nuestro Salvador. Realmente quiero decirles: gracias, Billy y Ruth. Gracias, Sra. Graham, por ser una esposa piadosa para su esposo y apoyarle en todos estos años. Que sé que no ha sido fácil ser la esposa de un ministro, pero le aplaudo por el modo en que usted lo ha hecho. Muchas gracias por la obediencia de los dos al llamado del Señor para sus vidas.

Gracias por su vida de compromiso

Llegué a conocer al Señor debido a la fidelidad de mis padres, que eran misioneros en India, al compartir el amor de Dios y su Palabra. Cuando era joven, pude asistir a la cruzada de Nueva York mientras estábamos en casa el período de descanso. Yo tenía solamente nueve años en aquel momento, y lo recuerdo. Pero más importante que eso, su vida ha sido un desafío para mí a ser fiel en el ministerio. Agradezco mucho el modo en que usted ha sido fiel a su palabra y ha vivido una vida de integridad. Es usted uno de los pocos en el ministerio a gran escala que ha tenido éxito a la hora de soportar las tentaciones en las que muchos han caído, como sexo, dinero o poder. Mi exesposo también apreciaba esto, pues había llegado casi a desilusionarse por los muchos que habían caído presa de las fuerzas de Satanás para derribar sus ministerios. Por tanto, principalmente quiero darle las gracias por su vida de compromiso al Señor y a su dirección, y el ejemplo que ha sido para muchos de nosotros.

Su ejemplar "caminar en Cristo"

Cuando tenía dieciocho años, decidí que quería entregar mi vida a Cristo; pero en mi diecinueve cumpleaños, había decidido que ser cristiano era demasiado difícil, y yo estaba bastante asustado. En cierto modo me aparté de ello, pero seguía teniendo peso en mi corazón.

Cuando Billy Graham llegó a Baltimore en 2006, yo ni siquiera sabía quién era él. Tan sólo sabía que junto con él iban los Newsboys e Israel Houghton. Antes de ir al Camden Yards Stadium, leí sobre Billy Graham, y quedé más que impresionado. Leí que a temprana edad, él dedicó y entregó su vida para Cristo. Me dije para mí: "Este hombre ha estado siguiendo a Cristo desde siempre", y decidí que yo quería hacer lo mismo. Su "caminar en Cristo" me hizo querer tener mi propio caminar en Cristo. Cuando leí el modo en que él quiso proteger la reputación de su ministerio estableciendo la norma de que sus empleados varones no se relacionasen a solas con mujeres, pensé que era radical, pero demostró lo serio que él era en cuanto a su caminar. Ahora, con tantos escándalos en iglesias, siempre digo: "Deberían haber utilizado el método de Billy".

El ejemplo de Billy Graham me hizo querer un verdadero caminar con Cristo, y abrió mis ojos al hecho de que ser cristiano no es tan malo después de todo. Gracias, Billy Graham, por ser un hermano en Cristo ejemplar.

GRAN IMPACTO

Cuando tenía nueve años, acepté a Cristo mientras veía a Billy Graham en televisión. Mamá dijo que, después de eso, yo tiraba del abrigo del pastor hasta que él estuvo de acuerdo en que yo fuese bautizado. Solicité y recibí el paquete para nuevos creyentes, y también recibí revistas *Decisión*. Todo ello me ayudó en mi crecimiento cristiano. Tuve el privilegio de cantar con el coro en la cruzada que se realizó en Whiteville, Carolina del Norte, en la década de 1990. Billy Graham, usted y su equipo han sido un ejemplo y una luz, señalando a muchos hacia un maravilloso y amoroso Salvador. Ahora, casi cuarenta años después de ver la cruzada en televisión, amo a Dios y me esfuerzo por servirle y ser también un ejemplo. Gracias, Billy, familia y plantilla de personal.

UN EJEMPLO

Él nos enseñó a vivir una vida constante y coherente. A defender la Palabra de Dios a pesar de todo. Su mensaje fue siempre el mismo: salvación por la fe mediante la gracia. Él me enseñó que si quiero estar firme en Cristo, el camino no será fácil, pero al final recibiré una bendición. Él fue un rebelde para Dios. ¡Gracias, Billy Graham!

UN HOMBRE CONFORME AL CORAZÓN DE DIOS

Tan sólo quería decir la inspiración que ha sido Billy Graham. Desde temprana edad, yo era escéptico en cuanto a que alguien que estaba en la televisión predicando a tantas personas pudiera ir tras algo más que el dinero y el reconocimiento.

También me aburría cuando era más joven y aún no tenía una relación personal con Jesús, ni tampoco conocía realmente lo que era la salvación. Cuando acepté a Jesús como mi Salvador personal a los dieciocho años de edad, continué siguiendo la carrera de Billy Graham y sus programas de evangelismo televisados. Cuantos más seguía, más me daba cuenta de que él era un verdadero hombre de Dios, un creyente puro, y alguien que enseñaba solamente de la Palabra de Dios y nos enseñaba del amor de Él y nuestra necesidad de salvación.

Supe que el salario de Billy Graham no provenía en absoluto de aquellas apariciones, y que él era en realidad un hombre bastante sencillo con un poderoso mensaje. Él ha aguantado el escrutinio, y ha llevado una vida que ha enfocado la Luz del Mundo en Dios y no en sí mismo. Solamente puedo imaginar la corona de gloria que Dios tiene para él y el lugar especial en el cielo que será su recompensa. Gracias, Sr. Graham, por sus años de servicio y dedicación a nuestro Señor, y por las muchas vidas que usted ha tocado en Su nombre. Dios les bendiga a usted y a su familia.

NADIE DICE NUNCA NADA MALO DE USTED

Tan sólo quería darle las gracias por todo el trabajo que ha hecho alrededor del mundo. He asistido a dos de sus cruzadas en Montreal, Canadá, y fui consejero en ambas ocasiones. Me sorprendía al ver cuántas personas pasaban adelante aquellas noches. Lo que más me impresiona es que cuando se menciona su nombre, nadie dice nunca nada malo acerca de usted. Incluso si quienes hablan de usted no son creyentes, la afirmación normalmente es la siguiente: "No tengo nada malo que decir sobre él, mientras que algunos de los otros…". Sé que usted es un hombre de humildad y un profundo amor por nuestro Señor Jesucristo. Sepa que ha sido utilizado por Dios de manera poderosa. Gracias, Sr. Graham, por su obediencia, carácter y ejemplo piadoso. Nos ayuda a saber que también nosotros podemos ser las personas que Dios quiere que seamos, incluso en medio de pruebas y tribulaciones.

USTED VIVIÓ LA VIDA CRISTIANA

Querido Billy, usted ha sido un nombre familiar desde que yo era niño. Todo el mundo le quiere. Gracias por compartir su vida, su amor, sus libros, su sentido del humor, y sobre todo el evangelio, que ha salvado a millones de personas en todo el planeta.

Nunca he oído una palabra negativa sobre usted. Solamente oigo lo agradecido que todo el mundo está por saber que hay un verdadero hombre de Dios que compartió su tiempo con nosotros predicando la salvación de Dios. Usted nunca hizo concesiones ni vaciló, sino que vivió la vida cristiana. Un verdadero hombre de Dios y un ejemplo para todos los hombres de lo que deberían ser y cómo deberían vivir. Nuestro Señor dirá un día: "Bien hecho, buen siervo y fiel". Le conocemos por sus videos, reuniones en carpas, programas de televisión y reuniones. Desgraciadamente, nunca le hemos conocido en persona; pero cuando todos lleguemos al cielo, ¡qué celebración será esa!

Mi difunta madre tenía todos sus libros, de modo que ahora yo los disfruto; son unos maravillosos recuerdos. Usted tiene un maravilloso legado en su familia, todos ellos sirviendo a Dios; una gran bendición. Que Dios siga bendiciéndole y guardando su salud. Recuerde que su nombre es conocido en todo el mundo, y es muy respetado por todos. Incluso quienes aún siguen perdidos reconocen el nombre de Billy Graham como un verdadero hombre de Dios, y saben quién es usted. Su reputación nunca ha cambiado. Es usted muy querido y respetado. Gracias, Billy.

USTED ME HA INSPIRADO

Nunca he conocido personalmente a Billy Graham, y nunca he estado en una de sus grandes cruzadas. Pero le he visto a él y a su familia a lo largo de los años en televisión, guiando a miles a Jesucristo. Personalmente les doy las gracias, Billy y Ruth Graham, porque han mantenido la fe y han sido personas de impecable integridad a lo largo de todos estos años de ministerio. Ustedes no han esquilmado al rebaño de Dios pidiendo grandes ofrendas para comprar mansiones y aviones. Siempre han rendido cuentas a otros hombres y mujeres cristianos de integridad. Nunca han sido hallados infieles el uno hacia el otro o al llamado evangélico de Dios. Su mensaje ha sido de pureza y la simplicidad del evangelio. Me han inspirado y ayudado a permanecer en la carrera hacia la gloria. Ahora predico un mensaje evangélico en la cárcel del condado aquí en Georgia. He tenido el privilegio de guiar a muchas mujeres a Jesucristo. Usted es una parte de lo que yo hago debido a su ejemplo de fidelidad y perseverancia a lo largo de los años. Dios le bendiga. ¡Con amor, en Jesucristo nuestro Señor!

UN LEGADO CONTINUADO

Apreciado reverendo Graham, realmente quiero transmitirle mi sincera gratitud por toda su vida de trabajo en el reino de Dios. Tengo cuarenta y cuatro años y mi vida había sido tocada por usted mediante mi padre, quien entregó su vida a Jesús en una de sus cruzadas en Adelaida cuando tenía unos diecisiete años. Mediante aquello, me he convertido en discípulo, y también lo han hecho mis hijos. Su impacto resonará a lo largo de la eternidad. Gracias por su dedicación y perseverancia. Qué vida tan maravillosamente próspera y bendecida lleva usted. Es un brillante ejemplo y una luz en el camino de la verdad. Dios le bendiga, Rev. Billy Graham, y a toda su familia, al igual que ciertamente ha bendecido usted a la mía.

PERMANECER EN CURSO

A mitad de la década de 1970, asistí a la celebración del veinticinco aniversario del ministerio de Billy. Además de la cruzada en el Hollywood Bowl, asistí a una cena especial y escuché la visión de Billy para el siguiente siglo. Fui movido, y me inspiró a buscar lo que Dios tenía preparado para mí como nuevo cristiano. Ahora, más de treinta años después, acredito al mensaje de Billy como la inspiración para permanecer en curso con mis estudios empresariales y mi trabajo en la industria de la publicación cristiana. Qué bendición ha sido haber estado trabajando precisamente donde Dios planeó. Y tengo que dar las gracias a Billy por señalarme en la dirección correcta. Dios le bendiga, Billy, y gracias por permanecer en su curso.

AGRADECIDA POR SU EJEMPLO

Mi esposo fue salvo en una de sus cruzadas en Nueva York cuando era joven. Eso debió de haber sido en torno al año 1958. Me conoció a mí y me condujo al Señor unos años después, cuando estábamos en mitad de la adolescencia. Ahora hemos estado casados casi cuarenta años. Si no hubiera sido por el fundamento que Dios puso en nuestras vidas mediante su ministerio, tengo serias dudas de que hubiéramos sabido cómo servirle como pareja casada. Estamos siempre agradecidos a usted y a Ruth por el ejemplo que han establecido para nosotros como esposo y esposa, y como padres. Y no sólo para nosotros, sino también para millones en todo el mundo. ¡Dios los bendiga! ¡Gracias, Billy!

UN ESTÁNDAR DE EXCELENCIA

Billy Graham ha establecido un estándar de excelencia para las cruzadas evangelísticas. Él me ha enseñado que predicar un mensaje evangelístico es solamente el principio. Si los nuevos convertidos han de crecer en Cristo, deben ser recibidos en la comunión cristiana y discipulados por iglesias que crean en la Biblia. Eso significa que el evangelista debe desarrollar una relación y tener la cooperación de ministerios locales. Sigo utilizando el manual de entrenamiento de discipulado que recibí cuando fui supervisor de consejería en una cruzada de Graham. Billy siempre se interesó por el crecimiento y la vida de los nuevos convertidos incluso después de que la cruzada hubiese terminado hacía mucho tiempo. Gracias, Billy.

¡GRACIAS, BILLY!

Acabo de terminar de ver uno de sus programas de 1985. ¡Los mensajes de las cruzadas entonces son igualmente significativos en el mundo de hoy! No he tenido la oportunidad de verle o escucharle en persona, pero me habría encantado tenerla. Intento ver tantas cruzadas del pasado como puedo encontrar en mi canal local por cable. Los mensajes son siempre muy útiles en mi vida. Como resultado, he pedido y he recibido muchos libros de la AEBH, por lo cual siempre estaré agradecido. Los leo con frecuencia y después se los presto a otros para que los disfruten. Usted ha llevado una vida increíble, y millones en todo el mundo han sido salvos debido a los sacrificios que usted ha hecho con su tiempo, talentos y recursos. Dios le ha levantado para ser un poderoso vocero en nuestro tiempo. Es usted el único ministro de Dios que nunca me ha decepcionado. Muchos otros han terminado demostrando llevar vidas poco espirituales (incluso en mi propia iglesia), pero usted es una verdadera excepción. Gracias por su mensaje... siga proclamándolo, porque el mundo necesita desesperadamente a nuestro Salvador. Muchas gracias por su ministerio y su ejemplo. ¡Usted, Ruth y toda su familia han sido toda una inspiración! Gracias, Billy. Usted ha cambiado mi vida con su ministerio.

PASAR EL BASTÓN DE MANDO

Qué viaje tan increíble ha realizado. Recuerdo que cuando era pequeño veía algunas de sus cruzadas en televisión. Conocía su nombre, pero realmente no entendía el modo en que su trabajo me afectaría. Ahora veo que usted fue un instrumento de Dios para difundir el evangelio, y un ejemplo para los jóvenes cristianos sobre cómo impactar la cultura. Le doy gracias en nombre de mi generación por ser obediente al llamamiento de Dios al ministerio y por pasar el bastón de mando.

—*Leo*

LA PERSPECTIVA DE UN PASTOR

Tuve el privilegio de servir como pastor y supervisor en consejería en la cruzada de 1987 en Denver, que fue la primera vez en que vi en persona al Dr. Graham. La primera noche, el estar en el campo cerca de la plataforma donde el Dr. Graham estaba dando instrucciones a quienes habían respondido a la invitación, fue uno de los momentos más inspiradores de mi vida. Vi a cientos y cientos de personas a mi alrededor, muchas de ellas llorando, mientras entregaban sus corazones a Cristo. Dr. Graham, gracias por su sencilla obediencia al llamado de

Cristo: su vida ha sido, y sigue siendo, una inspiración para mí personalmente y para el llamado en mi vida, que ahora me lleva a África para formar a pastores africanos.

UN EJEMPLO DEL AMOR Y EL PERDÓN DE DIOS

Dr. Graham, gracias por ser un siervo de Dios inmutable, constante y humilde, y un ejemplo del amor y el perdón de Dios en un mundo vacío de ellos. Mi familia volvió a dedicar sus vidas a Cristo en su cruzada en Seattle en la década de 1980, y lo más memorable siempre para mí es que tuve el honor de cantar en el coro.

Con frecuencia veo sus cruzadas en televisión por el simple consuelo que producen, al saber que usted siempre estuvo ahí con el mismo mensaje inquebrantable para todos nosotros. La tierra es un lugar mucho mejor debido a usted, y la población del cielo mayor que nunca.

Gracias por todo. No puedo esperar a verle en el cielo y hablar con usted.

DIOS ME LLAMÓ MEDIANTE LA RADIO

Mi historia del modo en que el ministerio de Billy Graham afectó a mi vida es sencilla. Acudí al Señor durante 1967, a la edad de quince años, mientras escuchaba las emisiones semanales de radio de la Asociación Evangelística Billy Graham. Varios años antes de eso, nuestra familia, que vivía en Calgary, Alberta, en ese tiempo, se había apartado de la iglesia después de la muerte de mi hermano pequeño (una extendida condición médica que probó las creencias de mis padres por encima de su fe en aquel tiempo.) Dios definitivamente tenía su mano sobre mi vida, ya que el Espíritu Santo más adelante me dio convicción y me llevó de regreso a Él. Fue providencial; yo había fabricado una radio de cristal con un kit, y la escuchaba las noches de los domingos antes de irme a dormir. Dios me alcanzó mediante los programas de radio en aquel período, y recuerdo el ministerio de Billy Graham en particular como influyente para que yo llegase a ser cristiano. Desde entonces he sido un alegre colaborador. Billy Graham siempre me ha asombrado como un hombre de verdadera integridad, inflexible en su humildad, a pesar del alto perfil que Dios dio a su ministerio cristiano. Ha servido a Dios fielmente, y sacrificialmente, a lo largo de los años con un mensaje sencillo y coherente, y con formato de llamado al altar en sus cruzadas. Mi saludo al Dr. Graham y a su familia es de respeto y agradecimiento.

CÓMO HA DE VIVIR UN CRISTIANO

He visto a Billy Graham toda mi vida y he aprendido de él cómo ha de vivir un cristiano y cómo la persona debe amar a Dios y a la familia. Gracias por mostrarlo a las masas y dirigir mediante el ejemplo. ¡Gracias, Billy!

IMPACTO EN MI VIDA Y MINISTERIO

Doy gracias a Dios por el Dr. Billy Graham, por su interés en predicar el evangelio con simplicidad, autoridad y claridad. Leí sus mensajes en la revista *Decisión* y oí sus sermones mediante los programas de radio *The Hour of Decision* (La hora de la decisión), y más adelante mediante los medios electrónicos. Sus mensajes me motivaron a mantener mi ministerio evangelístico enfocado y sin diluir la teología o desviarme de presentar el evangelio con simplicidad y claridad. La vida y el ministerio del Dr. Graham me influenciaron a mí y a mi ministerio hasta el grado en que creo firmemente que la predicación de la cruz es poder de Dios para salvación. Su ministerio me enseñó a apelar a un veredicto siempre que predico el evangelio. Doy gracias a Dios por el impacto del Dr. Graham en mi vida y ministerio.

¡Gracias, Billy Gram-ham!

Cuando nuestra hija pequeña tenía solamente seis años, sabía quién era usted. Acababa de aprender a leer, y le llamaba "Billy Gram-ham". Muchas sonrisas y muchas millas después, usted sigue siendo Billy Gram-ham en nuestra familia.

Gracias por estar en la televisión a principios de la década de 1970, cuando me arrodillé, oré y esperé con expectativa su literatura, que incluía una Biblia. Al haber sido criado como católico, no tenía ni idea de cómo sería una Biblia, y (¿puedo decir esto?) ¡me sentí un poco decepcionado! Pero gracias a Dios, y gracias a usted por tener una mesa de la AEBH en una pequeña feria en Florida un par de años después. Lo único que recuerdo sobre aquella noche es comprar una hermosa Biblia de cuero negro. Sigo teniéndola treinta y cuatro años después: subrayada y rota, y sin ser negra y brillante, pero ha sido toda una vida.

Aunque usted no aceptará mucho crédito, también ha sido usted una "fuerte cuerda de esperanza" cuando parecía que todo el infierno estaba suelto y yo no sabía lo que creía o si podría aguantar. Muchas veces me acordaba de usted, produciendo un sentimiento de estabilidad y paz. Gracias por la cruzada de 1969 en el Madison Square Garden. (Vi la reposición esta noche, y su don de predicación *sigue siendo* alimento para ojos, oídos, corazón, alma y espíritu.)

Gracias por ser usted. Por favor, permítanos amarle. Aunque usted no parece pensar que merezca toda esta atención… confíe en que le hemos oído darle a Dios todo el mérito por todos estos años. Pero Sr. Graham, es usted una de las cosas más cercanas que tenemos a demostrar la realidad de este versículo:

"Cristo en vosotros, la esperanza de gloria". Gracias, Billy Gram-ham, por quedarse al margen cuando Dios se mostró fuerte por medio de usted, siendo el mejor ejemplo de Cristo caminando por esta tierra en esta generación.

BILLY GRAHAM ORA

Era una noche lluviosa y con niebla en Nashville, Tennessee, cuando dos obreros de jóvenes se dirigían a su hotel después de haber dirigido seminarios en una convención para jóvenes. Cuando pasaron por el edificio llamado El Partenón, que está sobre una colina con vistas a la ciudad, observaron a alguien que parecía ser un hombre sin techo sentado en los escalones de ese impresionante edificio. Su chubasquero lo llevaba subido, y su cabeza estaba entre sus brazos. Se veía tan patético que los dos jóvenes detuvieron su auto, subieron los escalones y le dijeron a aquella lamentable figura: "Caballero, no tiene que quedarse sentado aquí en la lluvia. Nos gustaría llevarle al hotel donde estamos y pagarle una habitación para que pueda dormir bien una noche".

El hombre levantó la vista, y cuando los jóvenes vieron su rostro reconocieron que era Billy Graham. Billy estaba realizando una cruzada en Nashville, y allí estaba a las 11:30 de la noche, sentado bajo la lluvia, orando por la ciudad. Billy dijo: "Gracias, pero quiero quedarme aquí un poco más, y realmente sí tengo un lugar donde quedarme esta noche. Gracias por su bondad", y regresó a la oración. Aquellos dos hombres bajaron los escalones, se subieron a su auto, y antes de alejarse de allí, uno le dijo al otro: "Así que de eso se trata él. Aquí pensábamos que él era tan sólo un gran predicador, pero su poder viene mediante la oración".

—*Tony Campolo*

Gracias, Billy Graham...
por sus clásicas cruzadas

~~~

Salvo en la línea de las cuarenta yardas

Acepté a Jesucristo como mi Salvador en el Estadio Alamo en junio de 1968. Lo recuerdo como si fuera ayer. Mis rodillas estaban en la línea de las cuarenta yardas cuando Cristo entró en mi corazón. Gracias, Billy, por compartir a Cristo conmigo. Usted ha marcado una diferencia en mi vida. Yo tenía diecisiete años en aquel momento. Ahora tengo cincuenta y seis y he estado trabajando en el servicio cristiano a tiempo completo durante veintiocho años. Seguir a Cristo fue la decisión más importante que tomé jamás. Jeremías 29:11 dice: "Porque yo sé muy bien los planes que tengo para ustedes —afirma el Señor—, a fin de darles un futuro y una esperanza". Dios le bendiga, Billy Graham, por tocar mi vida. A propósito, estaba viendo los clásicos de Billy Graham en televisión la otra noche y vi la cruzada en San Antonio. Fui bendecido al verme a mí mismo caminando hacia adelante durante la invitación y aceptar a Cristo.

Gracias, Billy Graham

Se realizó una cruzada en Miami Beach a finales de la década de 1960 o principios de los setenta. Toda nuestra familia asistió, y fue un gran privilegio y bendición para nosotros. Ahora tengo ochenta y siete años de edad, soy viuda y resido en una comunidad para jubilados. Ya no asisto a los servicios de la iglesia los domingos, pero en cambio grabo los programas de los clásicos de Billy Graham durante la semana y los veo las mañanas de los domingos. Eso me da la oportunidad de adorar junto con esos programas inspiradores, por los cuales estoy verdaderamente agradecida. ¡Gracias, Billy Graham!

CLÁSICOS DE BILLY

Soy madre de dos muchachos, de diez y siete años, y esposa de militar, de un soldado destinado en Afganistán. Actualmente vivo en Georgia y veo los canales TBN y CBN cada día. Estaba viendo una cruzada en blanco y negro (eso, allí, era fascinante) y vi a un joven y bien parecido Rev. Billy Graham. Siempre he disfrutado las veces en que he tenido destellos de su predicación.

Esta noche estaba cambiando de canales y encontré al Rev. Graham predicando a miles de personas de Florida que habían acudido a escucharle. Bien, me detuve y permití que mis oídos escucharan. Él habló de la verdadera conversión, de que muchos "cristianos" nunca se han convertido realmente.

Yo tenía trece años cuando entregué mi vida a Cristo en una pequeña iglesia en el Bronx. He vivido la vida "a mi manera", me casé con mi esposo a los veinte años, y después de que naciera nuestro primer hijo pasé a experimentar la vida militar. Tuve un buen tiempo "haciendo lo mío", lo cual con frecuencia implicaba el alejarme y salir de la iglesia hasta el siguiente destino. He hecho eso ahora durante diez años. Hoy, al ver la cruzada, me convertí realmente. No fue un fuerte quejido ni un cambio repentino. De hecho, no me sentí nada diferente, pero creo lo que el Rev. Graham dijo de que debo humillarme, confesar mis pecados (los cuales incluyen quebrantar todos los Diez Mandamientos), y aceptar a Cristo en mi corazón. Dios sabe que no es fácil para mí cambiar mis caminos; sin embargo, Él me ayudará dándome la fortaleza que necesito para decir no al pecado.

Bien, esta es mi gratitud… le amo… Dios le bendiga a usted y a su adorable familia.

TAN SÓLO OTRA NOCHE DE SÁBADO

En marzo de 2002 estaba sentado en mi sofá en Fort Lauderdale, una noche de sábado común. Mientras cambiaba de canales, me encontré con su clásico de Billy Graham en la televisión. Quedé fascinado por sus palabras, y usted capturó para siempre mi corazón. El Señor le utilizó como su canal aquella noche para cambiarme para siempre, y entregué mi vida a Cristo y entré en el Libro de la Vida del Cordero. Como resultado, fui bautizado en el golfo de México en octubre de 2003.

Ahora resido en Louisville, donde el Señor me ha puesto para ministrar a mi familia no salva y plantar semillas en sus corazones. A medida que ministro aquí en este lugar, estoy para siempre en deuda con usted. Dios esté con usted, y mi oración es que pueda asistir a su gran cosecha de avivamiento en noviembre de 2013. Gracias, Dr. Graham, por su fidelidad para extender el evangelio por todo el mundo. Lo más estupendo es que podré sentarme y mantener una conversación con usted en el Reino, donde estaremos reinando por la eternidad con nuestro gran Rey, el Señor Jesucristo. ¡Gloria sea a su santo nombre!

UNO DE MIS MEJORES RECUERDOS DE LA NIÑEZ

Uno de mis mejores recuerdos de la niñez fue cuando toda la familia se detenía y se reunían en torno al televisor (era entonces en blanco y negro) para escuchar a Billy Graham darnos la Palabra de Dios (me crié en la década de 1950.) A mis padres y a nuestra familia les encantaban los mensajes televisados... nos daban a todos un gran ánimo.

Mis padres y dos de mis hermanos ahora ya están con el Señor. En 1998 mi madre contrajo Alzheimer. Ese fue el mismo año en que perdí a mi papá, y también a uno de mis hermanos. Pero como siempre, el Dr. Graham tenía una palabra de esperanza y de ánimo para nosotros. Dios le usó de muchas maneras para ayudarnos a mantener nuestros ojos en Jesús. En nuestra zona, recibimos las cruzadas clásicas de Billy Graham. Qué palabras de esperanza y de aliento han sido, al igual que para hacer regresar aquellos buenos recuerdos de la niñez de cuando la familia estaba toda junta.

Gracias, doctor Graham, por su fidelidad en la predicación de la Palabra de Dios y por darnos esperanza cuando atravesamos algunos tiempos muy oscuros. A su familia quiero decir: gracias por compartir con nosotros a Billy. Él es verdaderamente el pastor de América. Gracias, Billy, por enseñarme cómo amar a Jesús. ¡Que Dios le bendiga siempre abundantemente!

—*Linda*

ANTES ESTABA PERDIDA, PERO AHORA SOY HALLADA...

He batallado con la depresión durante toda mi vida. Tuve padres que me decían que era una perdedora y una inútil a pesar de mis calificaciones casi perfectas y mi existencia exteriormente perfecta. Siempre he anhelado amor, amistad, aceptación, y tan sólo un sentimiento de que yo importaba en este mundo. Fui criada como católica y pasé por todos mis sacramentos, porque eso era lo que todos los otros niños en mi escuela hacían; pero cuando todos esos rituales terminaban, yo nunca asistía a la iglesia a no ser que fuese para una boda o un funeral. Nunca me enseñaron sobre Dios, su amor o la salvación, o nada de esa naturaleza, aparte del castigo que recibiría si "seguía siendo mala".

Me rebelé en la adolescencia, como hacen la mayoría de jóvenes, bebiendo, acudiendo a fiestas y cosas similares, vagando por este mundo y preguntándome por qué seguía estando aquí en la tierra si nadie me quería. Claro que tenía buenas calificaciones en la universidad, pero había atravesado un cáncer cuando tenía dieciocho años, me había escapado ese mismo año, y dos años después fui dada por muerta en los escalones del hospital con mis padres que me decían "ya te lo dije" recogiéndome. Era la hija pródiga a la que ellos no querían dar la bienvenida de regreso a casa con brazos abiertos, tan sólo con odio y condenación, y señalándola con el dedo. Finalmente, en medio de la noche en una ocasión, decidí que si nadie me quería, y si no había verdadero propósito para mí aquí aparte de el de ser utilizada, recibir abusos y que se aprovechasen de mí, entonces no quería tener parte alguna de este mundo, y pensaba que el infierno no podía ser mucho peor de lo que yo ya trataba diariamente al estar viva.

Con lágrimas en mis ojos y un sentimiento de completa desesperanza e inutilidad, que no importaba lo mucho que lo intentase, nunca llegaría a ser lo bastante buena para nadie, me levanté del sofá de mis padres para irme y tirarme desde un puente, sabiendo que nadie se daría cuenta de que me había ido. Cuando me levanté del sillón, tropecé con el control remoto y se encendió sintonizando el canal TBN, que retransmitía uno de los clásicos de Billy Graham. No puedo recordar concretamente cada palabra que Billy Graham estaba diciendo, pero sí recuerdo que dijo: "Dios te ama, tal como eres, en este momento". Y pensé para mí: *No, nadie me ama.* Y él seguía hablando de modo muy convincente sobre amor, esperanza y perdón, y pensé para mí: *Si este hombre puede renunciar a todo para decirles a todas esas personas este mensaje, entonces quizá Dios tenga también un propósito para mí.* Mientras veía a todas aquellas personas pasar al frente para aceptar a Cristo, mi corazón también pasó al frente con ellos. Al día siguiente, entré en una iglesia cristiana local, con una Biblia recién comprada de 5 dólares en mano, y dije que acababa de aceptar a Cristo. *¿Ahora qué?*

Aquello fue hace varios años, y ahora me estoy preparando para graduarme de la universidad. Estoy libre de cáncer y comprometida con un hombre maravilloso y piadoso. También soy maestra en una iglesia cristiana, donde trabajo con el ministerio de niños, y soy líder de Bound4LIFE New Jersey, una organización cristiana comprometida a adoptar una postura de intercesión para poner fin al aborto y llevar avivamiento a América. He encontrado gozo, paz, perdón, y sobre todo, un conocimiento de que *sí* importo en este mundo, y que Dios *sí* tiene un plan para mí, como su hija, y tiene un asiento preparado para mí en su Reino eterno. Gracias, Billy, por responder a su llamado de modo que todos nosotros alrededor del mundo pudiéramos llegar a oírlo y también responder a él. ¡Dios le bendiga siempre!

Gracias por los recuerdos; siga con ellos

Cuando comenzaba la Internet y mi pastor estaba muy enfermo, yo envié mensajes de correo electrónico a numerosos lugares para pedir oración. La AEBG fue uno de los pocos lugares que me respondieron para expresar oración, e incluso volvieron a escribirme más adelante para comprobar cómo iba el progreso de mi pastor. Y cuando él se fue al cielo, ellos enviaron otro mensaje aún expresando su compasión e interés. Eso significó mucho. Qué genuino y real es este ministerio. Nos encantan las cruzadas clásicas de Billy Graham que se retransmiten los sábados en la noche en TBN. Es una gran idea. Por favor, sigan con esa gran obra. Tienen ustedes una gran recompensa de seres queridos a los que nunca conocerán aquí en la tierra pero que les considerarán su familia en el cielo.

BILLY... USTED ME INSPIRÓ

He sido cristiano durante bastante tiempo. Tengo veintiún años de edad, y he estado escuchando y viendo las cruzadas clásicas de Billy Graham en la televisión. Mientras veía una de las cruzadas hace varios años, recibí convicción acerca de mi falta de esfuerzo para alcanzar a los perdidos para Jesucristo. Recibí convicción sobre el hecho de que tenía muchas oportunidades muy sencillas para compartir, y aun así no lo hacía. Sin embargo, en la televisión estaba un hombre llamado Billy Graham, de quien yo creía que si se le daba la oportunidad de proclamar el mensaje de Cristo a los millones de personas que veían por televisión, haría cualquier cosa. He visto que Billy estuvo dispuesto a hacer cualquier cosa para dar a conocer a Cristo a tantos de los millones de personas como fuese posible, incluso si le resultaba inconveniente en el momento.

Quiero elogiar a Billy por su servicio, y también decirle que Billy me ha inspirado a alcanzar a los perdidos para Jesucristo, al igual que Billy Sunday inspiró a un joven Billy Graham. Ahora comparto mi fe siempre que tengo la oportunidad. No sé si seguiré los pasos de Billy Graham, pero una cosa sí que sé, y es que quiero que toda mi vida de principio a fin esté dedicada a nada menos que a Jesucristo. Gracias, Billy, usted me ha inspirado mediante sus mensajes, ha puesto una sonrisa en mi cara y me ha alentado a hacer la voluntad de Dios siempre que pueda y donde pueda.

SIGO VIENDO LOS CLÁSICOS

Ahora soy un hombre adulto de cuarenta y cuatro años, y he estado involucrado con Billy Graham desde que era un niño. Mis padres nos hacían ver sus cruzadas en televisión, y también leíamos sus libros. Sigo viendo los clásicos, y también lo hace mi mamá. Es bueno ver los antiguos, ya que entiendo las cosas mejor ahora. Estoy contento y recuerdo mi caminar con el Señor, y los sermones y las canciones me han ayudado cada semana. ¡Gracias por sus amables palabras de aliento y por su amor! Que el buen Señor siga bendiciéndole en su trabajo.

LA DIFERENCIA DURADERA

Quiero darle las gracias por su ministerio para mi vida. Hace aproximadamente un año, comencé por primera vez a ver los clásicos de Billy Graham en TBN. Vi el primero, después el segundo, después el tercero, y comencé a llorar. Oré y le pedí a Dios que me perdonase por olvidarme del tremendo impacto que usted, Dr. Graham, ha tenido en mi vida. Desde que era una niña, he tenido un amor por Dios que ardía en mi corazón por la predicación que oía de usted, y por las cartas que recibía y el aliento que usted me enviaba para que fuese a la iglesia. Sé que el mensaje de Dios me alcanzó temprano en la vida, y estoy muy agradecida a usted, Dr. Graham, por su obediencia para predicar el evangelio.

Cuando ponen los clásicos de Billy Graham en televisión, siempre llamo a mi madre para ver si ella lo está viendo. Los programas siguen inspirándome, para mi sorpresa. Cuando los veo, Dios me habla mucho y recuerdo muchos de ellos como si fuese ayer. Su mensaje sobre seguir sinceramente a Dios cambió para siempre mi vida, y ese mensaje tiene un efecto continuo en mi vida hoy: en mis pensamientos, mis emociones y mi corazón, y en lo que digo y hago. Soy muy desafiada por él, y a medida que permanezco en oración, Dios dirige mi vida de las maneras más sorprendentes.

Gracias, Billy Graham...
por ayudarme a lidiar con la muerte

~

Eternamente agradecida

Fui salva por gracia y una fe como la de una niña en un campamento de la iglesia cuando tenía diez años. Realmente nunca entendí el significado de ser salva, o por qué Cristo llevó mis pecados a la cruz y murió la muerte física que era verdaderamente lo que yo merecía, pero creí. Anhelaba entender lo que predicaban los pastores.

Años más tarde, después de casarme y ser una joven mamá de tres niñas, me uní a un estudio bíblico detallado. Veía sus cruzadas y lloraba cuando la gente bajaba para confesar a Cristo. Sabía por experiencia que sus vidas no serían fáciles, pero que Dios siempre daría una salida, incluso cuando pareciera que no la había. Dr. Graham, gracias por ser la voz y el modelo a imitar viviente para mi esposo y para mí. Hemos pasado por muchas situaciones difíciles, imposibles, pero usted nunca cambió. Para mi esposo y para mí, ver a un cristiano que vivía lo que predicaba marcó una gran diferencia en nuestro viaje de decisiones. Su emoción e inagotable energía nos dio mucha fortaleza.

Cuando salió su libro *Tal como soy,* se lo regalé a mi esposo "porque sí", y escribí en el interior de la portada: "Querido Dave, ¡doy gracias a Dios cada día por ti! Espero que disfrutes la historia de la vida del Dr. Graham. El Señor le ha usado de forma poderosa, como sé que te está usando a ti. Salmo 91".

Una noche en el año 2003, Dave fue a la cocina a buscar un postre de helado de chocolate y vio la cruzada de Billy Graham que yo estaba viendo en la televisión. Su amigo de siempre Beverly Shea estaba cantando y Dave no se podía creer su asombrosa voz, todavía tan buena a su edad. A Dave le encantaba la música y especialmente el Sr. Shea. Después dijo en tono de broma: "¡Probablemente vivirá más que yo!".

Dave se fue a la sala de estar comiéndose su helado de chocolate y pensando en Billy Graham y Beverly Shea, y entonces, de repente, se fue al cielo. He encontrado consuelo al saber cuáles fueron sus últimos pensamientos antes de ver a Jesús, y que volveré a ver a mi Dave de nuevo algún día.

MI ABUELA ESTÁ EN EL CIELO GRACIAS A BILLY

Usted sabe que el Señor pone un deseo en su corazón y luego hace que se cumpla para glorificar a Dios. Hace un mes, mi abuela fue bendecida a los noventa y dos años al irse a casa. Yo estaba sentado viendo la puesta de sol en la playa, pensando en ella, en su vida, y en las cosas que uno hace cuando se entera de que alguien ha fallecido, y me regocijaba en mi corazón por Billy Graham. Ha de saber que mi abuela había sido expuesta a distintas creencias y aún estaba buscando la verdad cuando comenzó a ver una cruzada de Billy Graham. Estuvo tres años viendo cada cruzada que se televisaba antes de entregarse y pedir a Jesús que fuera su Salvador. Hace varios años, pude pasar algún tiempo ininterrumpido con ella. Fue durante ese periodo cuando quise saber si ella sabía lo que le esperaba cuando muriese. Ella compartió su historia conmigo y me gocé con ella.

Yo también tengo la bendición de saber que volveré a verla, lo cual ha marcado una gran diferencia en cómo lidio con su fallecimiento. Gracias, Billy Graham, por ser obediente a su llamado, por estar dispuesto a seguir la dirección de Dios para su vida, predicar la verdad y compartir a Jesús… Grande es su recompensa en el cielo, y sé que oirá decir a nuestro Padre: "Bien, buen siervo y fiel".

CAMINANDO CON MI ABUELO POR
LA SOMBRA DE MUERTE

En junio de 2006 mi abuela partió con el Señor después de que le diagnosticaran un melanoma con metástasis ósea. Ella dijo: "¿Qué tiene de malo tener ochenta y tres años e irse al cielo para estar con Jesús?". Fue un testimonio asombroso. Cuando murió, e incluso ahora, a mi abuelo le costó mucho. Llevaban casados sesenta y cuatro años. Eran amores desde la infancia, que crecieron en la misma calle y nunca tuvieron otras parejas. Una gracia maravillosa para mi abuelo fue su libro *The Journey: Living by Faith in a Uncertain World*. Estoy agradecida por el consuelo que recibió mediante la lectura de su libro. Los capítulos acerca de la enfermedad de Ruth fueron particularmente significativos para él. Gracias por poner sus experiencias en papel y compartir el amor y la paz de Dios con él durante ese terrible periodo. Le amo, y él ha sido un modelo del amor de Cristo para mí. Y es hermoso que él tenga alguien a quien admirar, incluso en las páginas de un libro. Que Dios le bendiga y le dé consuelo a usted también.

—*Melissa*

SU PRESENCIA

Mi querido esposo y yo, una madre joven de veinte años, perdimos a nuestro primogénito después de sólo ocho días. Estábamos totalmente desconcertados en cuanto a por qué teníamos que sufrir esa pérdida. No podía encontrar paz en las palabras de nadie. Estaba muy perdida, y pasaba mucho tiempo a solas. Un día estaba lloviendo, y sentí que mi bebé estaba en la lluvia. Me tiré al piso y le pedí a Dios que por favor me ayudara. Sentí la presencia de Dios en ese momento en mi corazón. Después comencé a ver una cruzada de Billy Graham en televisión. Siento que su enseñanza me guió en mi caminar cristiano.

He tenido una vida con muchas bendiciones, y también algunas pérdidas de seres queridos. Sin embargo, ahora sé que la vida es un viaje que todos emprendemos, y ser un cristiano es la respuesta a cómo damos testimonio de Dios. Gracias, Billy, por todos los mensajes que he oído durante los últimos cincuenta años. Aún veo las antiguas repeticiones y vivo esa era de nuevo, y veo que el mundo está más cerca de la llegada de nuestro Salvador. Gracias por el testimonio de su familia, y por su hijo Franklin por llevar el mensaje del amor de Dios.

MI SONYA

Fue el 21 de septiembre de 1980, un día como otro cualquiera aquí en Carolina del Norte, cuando oí unos fuertes golpes en la puerta trasera de la cocina. Mi vecina estaba pálida y agitada mientras me contaba de un accidente de automóvil en la calle donde yo vivía. Mi única hija, Sonya, de dieciséis años, murió en ese accidente. Fue el peor día de mi vida.

A lo largo de los años le he escuchado en televisión, he leído sus escritos y sentí un profundo respeto por usted, pero nunca le conocí como le conocería en los años siguientes. Usted me enseñó que estaba bien ser honesto con Dios. Que Él ya conoce mis pensamientos y sentimientos. Fue por sus enseñanzas como Jesucristo se convirtió en mi amigo personal.

He sido cristiana desde 1958, pero realmente no le conocí hasta que comencé ese viaje. Recuerdo pensar: *"¿Dónde estaba Dios cuando murió mi hija?* Y oí la respuesta: en el mismo lugar donde Él estaba cuando murió su Hijo. Mi fe fue probada una y otra vez mientras anhelaba oír sus sermones en televisión y sus escritos, incluyendo la revista *Decisión.* Meditaba en su mensaje de salvación y perdón. Tuve que perdonar a la persona que había provocado la muerte de mi hija, y no fue fácil. Durante ese tiempo, recibí la indemnización por defunción y quise diezmar el dinero. Le pedí a Dios que me diera sabiduría para saber dónde debía darlo. Él me habló en mi corazón, y nunca he lamentado diezmarlo a la Asociación Evangelística Billy Graham. Dios me ha bendecido ricamente sólo sabiendo que mi donativo se usó para promover el evangelio de Jesucristo por todo el mundo.

Sin usted y sin Jesucristo en mi vida, nunca hubiera sobrevivido. Todos saben lo mucho que le admiro. Durante los últimos cinco años he tenido un gran retrato de usted en mi refrigerador. Las tarjetas navideñas de usted, Ruth y su familia decoran mi refrigerador. Usted es como un familiar mío, porque me ha inspirado a sobrevivir a mucha soledad, y tiempos de bajón en mi vida. Usted es un reflejo del amor de Jesucristo. Ver su fotografía en mi refrigerador cada día me ha dado fuerza cuando estaba en mi momento más débil. Doy gracias a Dios por usted.

DIOS ES BUENO, MUY BUENO

Me llamo Ángela, y tengo treinta y dos años. Fui a una cruzada de Billy Graham en el Carrier Dome en Siracusa cuando tenía doce años. Dios usó a Billy Graham para salvarme, y después de ese día nunca volví a ser la misma. Había bloqueado mi pasado porque estaba lleno de abuso por parte de mis padres. Pero Dios usó a Billy Graham para tocarme y ayudarme a recordar las cosas a las que había sobrevivido por la gracia de Dios. Mi madre murió, y yo había estado orando y aferrada a mi fe de que sería sanada de un cáncer y viviría más tiempo, pero Dios tenía otros planes que Él desarrolla por alguna razón. Cuando mi madre murió, me enojé con Dios por un tiempo. Sin embargo, terminé leyendo un artículo que escribió Billy en el periódico, y Dios me ayudó a entender su muerte. Después de eso, comencé a asistir a la iglesia de nuevo, y estuve en paz con la muerte de mi madre. Billy es un hombre lleno del Espíritu de Dios, que ha tocado y cambiado mi vida. ¡Gracias, Billy Graham!

MI ESPOSO ESTÁ EN EL CIELO GRACIAS A UNA CRUZADA EN TELEVISIÓN DE BILLY GRAHAM

Mi primer esposo y yo estuvimos casados durante veinticinco años y cuatro meses antes de que falleciese de cáncer. Cuando nos casamos en 1965 yo era cristiana, pero mi esposo no. En 1968, cuando nuestro segundo hijo tenía seis semanas, vimos a Billy Graham en televisión, y estuvo varias noches seguidas. Al final, mi esposo se arrodilló en nuestra sala de estar y le entregó su corazón al Señor. Después se bautizó. Comenzó a servir al Señor todos los días sobre la tierra. Fue un líder en nuestra iglesia y daba estudios bíblicos en nuestra casa.

Unos días antes de partir con Jesús, vio a Jesús. Me preguntó si yo le había visto también, y dije que no. Mi esposo me dijo que mirase otra vez, pero yo seguía sin ver nada. Era cerca de la medianoche, y una amiga que se estaba quedando conmigo entró en la sala y quiso saber qué era lo que sucedía. Se lo conté, y luego ella dijo: "Yo entré aquí porque pensé que habían encendido la luz". Miré alrededor y la habitación estaba resplandeciente, y la cara de mi esposo iluminada. Él vio a Jesús, pero nosotras vimos la Luz. Murió pocos días después, pero nunca olvidaremos la presencia del Señor.

Mi esposo seguía diciendo que tenía que luchar y vencer el cáncer para cuidar de mí. Un par de días antes de morir, le dijo a nuestro hijo que quería saber cuándo era su quimio. Mi hijo dijo: "¿Dónde vas, papá?" . Cuando mi esposo respondió que iba a estar con el Señor, mi hijo preguntó: "¿Cómo te sientes con eso, papá?". Él le dijo que estaba feliz y que quería irse.

Poco después de ver al Señor, encontró paz en cuanto a mí, sabiendo que yo estaría bien. Como viuda con cuarenta años, vi a Dios hacer muchos milagros para mí. Sentí que mi esposo oraba por mí, incluso en su lecho de muerte. Entonces Dios me trajo a un Booz y me volví a casar. Dios me ha dado otro matrimonio increíble. Ahora llevo casada veintiún años con mi Booz.

Siempre estaré agradecida por el regalo de Dios de Billy Graham en nuestras vidas. Mi primer esposo está en el cielo gracias a que Billy predicó el evangelio en televisión en nuestra sala de estar, ¡y mi esposo fue salvo para la eternidad! ¡Gracias, reverendo Graham!

MI CUÑADA JUDY

Querido Billy, qué gran sorpresa y honor poder contarle mi historia. Sin embargo, mi historia no es realmente mía, sino que pertenece a la familia de mi esposo. Verá, mis suegros se hicieron cristianos unos años antes de que sus hijos lo fueran, y eran y siguen siendo guerreros de oración. Mi esposo y yo recibimos al Señor en enero de 1981. Las tres hermanas de mi esposo sabían que habíamos cambiado, pero no deseaban seguir nuestros pasos, quiero decir, hasta 1983. Verá, mi cuñada Judy estaba viendo una de sus cruzadas en televisión en diciembre de 1983. Teníamos un hijo de cinco meses en ese entonces, y Judy y su esposo tenían uno de un año. Mi esposo David y yo estábamos viendo también su cruzada, y colgando rosetas para el árbol de Navidad. Bien, sonó el teléfono y era Judy. Estaba llorando y abriendo su corazón con David. Acababa de aceptar al Señor mientras le veía a usted en televisión. A partir de ese día, nuestras vidas nunca fueron las mismas.

Judy vivía a unos quince quilómetros de nosotros, y cuando pasaba por nuestra casa, o tocaba el claxon o pasaba a vernos. La vimos más en ese mes de lo que le habíamos visto en mucho tiempo. Bueno, Judy cumplía años el 3 de enero, y tres días después de su cumpleaños, el 6 de enero, fue brutalmente asesinada en su casa. Fue un acontecimiento trágico, y nuestras vidas se vieron afectadas por esa noche espantosa. Pero hay buenas noticias. Nos queda el consuelo de saber que Judy está con el Señor, en parte por su ministerio.

Mediante la trágica muerte de Judy, las otras dos hermanas de David se entregaron también al Señor. Otros dos cuñados también lo hicieron, pero se han apartado desde entonces. Muchas personas oyeron el evangelio por este acontecimiento. Al asesino no le atraparon hasta octubre de 2006. El hombre está en prisión, y en el momento de escribir esto, aún estamos esperando el juicio. Se espera que el juicio comience después de los primeros días del año. Será un periodo duro, porque la mayoría de los familiares son testigos de ese día en 1983, pero será bueno terminar de una vez con esto. Gracias por sus años de fidelidad y su respuesta al llamado que Dios ha puesto en su vida. Nuestras vidas han cambiando para la eternidad, como estoy segura de que lo habrán sido también muchas otras. Bendiciones para usted y su familia.

—*Jackie*

MI HIJO ME ESTÁ ESPERANDO EN EL CIELO

Mi hijo Clayton tenía catorce años cuando estaba viendo una cruzada de Billy Graham en su cuarto. Después salió y nos dijo a mí y a su padre que acababa de aceptar a Cristo como su Señor y Salvador personal. Yo lloré, y le dije (como había hecho muchas veces) que aceptar a Jesús era la decisión más importante que jamás podría tomar en toda su vida. Poco me imaginaba yo que sólo tres años después partiría a su morada con el Señor. Verá, el 1 de enero de 1997, Clayton murió al protegerme de su padre. (Ambos murieron en el piso de mi habitación, una historia increíble.) Hoy día, aún sigo tan destrozada y abatida como lo estaba ese día, ya que perder a un hijo es lo peor que le puede pasar jamás a una madre. Lo único que me hace seguir adelante cada día es que descanso en la promesa de Dios de que un día Clayton y yo nos volveremos a ver, para no separarnos nunca más. ¡Gloria a Dios! Gracias, Jesús, por derramar tu preciosa sangre en el Calvario, para que los cristianos no tengan que decir "adiós", sino "hasta luego". Gracias, Billy Graham. A causa de su mensaje de esa noche, Clayton me está esperando en el cielo.

SE FUE EL TEMOR A LA MUERTE

Durante casi treinta y dos años de mi vida, tuve miedo a la muerte y a morir. Mi madre, una mujer muy moral y religiosa, me hizo asistir a la escuela dominical, así que conocía las populares historias de la Biblia. Desde mis primeros años, creía que había un Dios y que Jesucristo, su Hijo unigénito, había muerto en la cruz por los pecados de todo el mundo. Sin embargo, cuando oraba no tenía la sensación de que Dios realmente me escuchara. Y cuando leía la Biblia, entendía las palabras de sus páginas pero no las verdades espirituales que contenía. Así que durante mis años de crecimiento, y doce años después de casada, seguía buscando continuamente paz en mi mente y mi corazón.

En 1970 tenía un esposo maravilloso y era madre de cuatro hermosos hijos. Vivíamos en los suburbios de Washington DC, y tenía una "buena vida" llena de cosas que se supone que nos hacen felices. Sin embargo, estaba vacía y continuamente buscando la satisfacción en la vida y la seguridad de que terminaría en el cielo cuando muriese.

¡Y entonces apareció en escena para mí el Dr. Billy Graham! Como había hecho antes, vi uno de sus programas de televisión en agosto de 1970. En él, hizo la pregunta: "Si muriera esta noche, ¿sabe a ciencia cierta que iría al cielo?". Siguió diciendo que él tenía la total certeza de ir al cielo, y que cualquiera podía tenerla. *¿Cómo?* Durante los dos meses siguientes busqué diligentemente la respuesta. Finalmente, el 20 de octubre de 1970, después de haber escuchado un programa cristiano en la radio, entendí la verdad de repente. Yo era pecadora. Esto era algo que nunca antes había visto. Y cuando Jesús vertió su sangre inocente en la cruz, no fue sólo por "el mundo", ¡sino por mí! El predicador de la radio compartió que "a todos los que le recibieron, les dio el poder de ser hechos hijos (e hijas) de Dios". Así que, con la fe como de una niña, me arrodillé, confesé mis pecados e invité al Señor Jesucristo a entrar en mi vida. ¡Ese fue el comienzo de una nueva vida para mí!

La seguridad de mi salvación fue inmediata y nunca se ha ido. La conciencia de que Dios oye y contesta mis oraciones comenzó y nunca se ha marchado. ¡Y su Libro se convirtió en una carta de amor para mí! Desde ese momento, mi esposo ha sido salvo, y mis cinco hijos (tuvimos uno más en 1972), ¡y ahora tenemos veintiún nietos que son todos salvos también! Mi "religiosa" madre se salvó en su lecho de muerte en octubre de 2005, y mi papá tan sólo dos meses antes de su muerte en octubre de 1980. Para contar la historia de lo que sucedió después haría falta un libro, pero le doy gracias a usted y alabo a Dios, Dr. Graham, por su fiel predicación del evangelio de salvación del Señor Jesucristo. Una vez le conocí en persona años después en una cruzada, ¡y espero con ilusión volver a encontrarme con usted en el cielo nuevamente!

Gracias, Billy Graham...
por ayudarme en mi matrimonio

~

USTED SALVÓ EL MATRIMONIO DE MIS PADRES

Estoy contando esta historia por mi madre. Mi mamá y mi papá estaban pasando por un tiempo difícil. Mi papá le había sido infiel a mi mamá y se habían separado. Una noche, mi mamá estaba viendo un especial de Billy Graham en televisión. A mi mamá le encanta Billy Graham desde siempre. Sé que es su sueño ver a Billy Graham en persona. Bien, cuando se terminó el programa de televisión, mamá apagó la tele y se preparó para irse al cama. Al levantarse y prepararse para abandonar el salón, según dijo ella, el Sr. Graham apareció en la televisión y le dijo que no se rindiera, que siguiera ahí y aguantase. Su matrimonio iba a sobrevivir y todo saldría bien. Mamá regresó caminando al televisor para asegurarse de que lo había apagado, y así era. ¡Supo que ese mensaje era para ella! Confiaba en lo que el Sr. Graham le había dicho porque sabía que es un hombre poderoso de Dios. Eso fue hace probablemente cinco o seis años. Mi mamá y mi papá han arreglado las cosas desde entonces y están juntos de nuevo. No ha sido fácil; de hecho, ella ha tenido que crecer mucho en el Señor para perdonar a mi papá por lo que hizo y para estar con él. No sé lo que ocurrió con mi papá durante ese tiempo, pero él comenzó a ir a la iglesia con mamá, y sé que encontró a Dios durante ese tiempo. Quiero dar gracias a Dios por usar al Sr. Graham esa noche para hablarle a mi mamá, y también darle gracias a Dios porque mi papá encontrará su camino a la presencia de Dios. He oído que el Sr. Graham desea organizar una cruzada más. Oro para que Dios sea compasivo y misericordioso y provea una manera para que mi mamá vaya a esa cruzada para darle gracias al Sr. Graham y a Dios en persona. Gracias, Dr. Graham, ¡por salvar a mi mamá y a mi papá!

UNA NOCHE CAMBIÓ NUESTRAS VIDAS PARA SIEMPRE

Querido Billy, espero que no le importe que le llame Billy. Aunque nunca nos hemos conocido, siento como si usted fuera un gran amigo mío. A través de usted, Dios nos ofreció a mi esposo y a mí el regalo más precioso que jamás tendríamos, una posesión muy valiosa, nuestro querido Señor y Salvador, Jesucristo. Estaremos para siempre agradecidos con usted, Billy, por esa noche, cuando la oscuridad rodeaba nuestra alma.

En el invierno de 1979, mi esposo y yo estábamos en un proceso de divorcio. Éramos como dos barcos que vagan con el viento, saludándonos y gritándonos el uno al otro, pero nunca atracando para poder experimentar una relación íntima.

Tras servir diez años en la Marina de E.U., mi esposo decidió dejar el ejército y comenzar una nueva carrera como civil. Ambos nos apresuramos para encontrar trabajos a fin de poder pagar nuestras facturas, encontrar un hogar donde vivir y conseguir comida para nuestra familia. Tim se convirtió en un oficial de policía dedicado, trabajando en diferentes turnos, y yo trabajaba las horas que podía en Safeway como revisora/almacenadora.

Una noche, Tim tuvo una noche libre, mientras yo tenía un turno de cuatro horas en Safeway. En esta noche especial, ordenada por el Señor, Dios le escogió a usted, Billy Graham, para dar un mensaje que cambiaría nuestras vidas para siempre. Una noche que nunca olvidaremos, que hizo que los ángeles del cielo se regocijaran con este hombre, mi esposo, que se humilló delante de Dios frente a la televisión y lloró.

Billy, usted predicó un mensaje de salvación como siempre hace, de que Jesucristo es el único camino a la salvación, y Dios se acercó y tomó el corazón de mi esposo mediante esa pantalla de televisión. El mensaje atravesó el alma de Tim mientras escuchaba cada palabra que salía de su boca, explicando lo que Jesús había hecho por él: cómo sufrió, derramó su sangre y murió por él, un pecador.

Esa noche, Tim nació de nuevo. Fue un hombre totalmente nuevo. La carga desapareció de su corazón y se puso en pie, con su espalda erguida, sabiendo que Dios obraría en nuestro matrimonio. Al día siguiente, me dijo: "Dios me dijo que no irás a ningún sitio".

Yo le miré muy extrañada. Me preguntaba si estaría perdiendo la cabeza. Pasaron unos segundos mientras pensaba en lo que me había dicho. Le puse la mano con suavidad en su brazo y dije: "No estés tan seguro". Intenté ser amable. Ambos estábamos intentando tener cuidado de no herir los sentimientos del otro mientras viajábamos por ese camino agreste que conducía a vivir vidas separadas. No queríamos que nuestros hijos sufrieran más de lo necesario. Nuestra hija tenía sólo cuatro años y nuestro hijo tenía seis. Cuando discutíamos, era por nuestros hijos. Ambos los queríamos.

Un día, a Tim se le escapó un comentario que me tomó desprevenida. Dijo que era pecado divorciarse. Por alguna razón, eso realmente me molestó. Yo no tenía un trasfondo religioso, pero pertenecía a un club de lectura, había pedido una vez una Biblia y la guardaba en mi cajón. La saqué, y aunque fue difícil, encontré versículos que hablaban de que Dios aborrece el divorcio.

Tim me preguntó un día si estaría dispuesta a ir con él a la iglesia. Le dije que sí, sólo para mantener la paz. La primera vez que llevó a los niños a la escuela dominical regresó de inmediato. "Oye", dijo. "También tienen escuela dominical para adultos. ¿Quieres ir?".

Le puse a Tim una mirada de perplejidad. "¿Tienen escuela dominical para adultos?".

De nuevo, para mantener la paz, le dije que sí. Cuando llegamos, una amable pareja de ancianos nos tomó bajo sus alas.

El Espíritu Santo tocó mi corazón de manera muy suave, amable, pero persistente. No me soltaba. Me rondaba, me mostraba al Salvador y el corazón de nuestro Padre celestial, guiándome al camino de justicia.

Un domingo, estaban cantando una canción mientras el pastor daba la invitación: *El Salvador está esperando entrar en tu corazón, ¿por qué no le dejas entrar? No hay nada en este mundo que te lo impida, ¿por qué no le dejas entrar?*

Tim me dio un codazo mientras cantaban la canción. Estaba en el extremo del banco y él quería pasar al frente. Pensé que me estaba dando un codazo para que fuera con él. El temor se apoderó de mi corazón, y me aferré fuertemente al banco y no le dejaba pasar. De ninguna manera pasaría yo al frente. Tim dijo: "No, tú no, *yo*; quiero pasar al frente".

Yo suspiré de alivio e inmediatamente solté mis brazos, poniéndolos a un lado y permitiendo que él pasara al frente. Él siempre me bromea con que justo cuando la canción llegó a la línea de "No hay nada en este mundo que te lo impida", fue cuando yo le prohibía pasar. Aún nos reímos con eso.

Yo no estaba lista aún para hacer una declaración pública. Fue difícil para mí rendir mi vida al Señor. Me costaba mucho orar en voz alta y confesar mi pecado. Quería limpiar mi vida antes de aceptar a Jesús como mi Salvador y Señor. Sabía lo pecadora que era y pensaba que podría limpiar mi vida yo misma. Ahora me río de eso.

La pareja que ayudó a discipularnos me explicó que yo no tenía que limpiar mi vida. Me dijeron que tan sólo tenía que rendirla al Señor, confesar mis pecados y arrepentirme, y sería salva. Me dijeron que Dios nos toma tal como somos. Finalmente, reuní el valor necesario para hacer una oración en voz alta, y el domingo siguiente pasé al frente con el pastor. Lo único que pude hacer fue llorar. No podía decir ni una palabra. El pastor, muy amable y paciente, me preguntó todas las cosas necesarias que debería haber dicho. Entre sollozos y lágrimas, asentí con mi cabeza. Me uní a la congregación de los santos, fui parte de la familia de Dios, y los ángeles se gozaron en el cielo también por esta pecadora.

Billy, quiero darle muchas gracias. Que el Dios de Abraham, Isaac y Jacob le bendiga ricamente por los años que ha sido obediente a Él y a su Palabra. Debido a que usted respondió a su llamado, mi esposo y yo tenemos una nueva vida en Cristo, y un matrimonio restaurado. Salvados del dolor de perder a uno de los dos padres como resultado de un divorcio, nuestros hijos se evitaron mucho sufrimiento. Gracias, Billy, por servir a Dios con un corazón humilde y un espíritu dispuesto.

HUEVOS REVUELTOS

Después de divorciarme y volverme a casar con un incrédulo, sufrí la culpa del divorcio y de haberme unido en yugo desigual. Había pedido perdón, pero luchaba con el pecado.

Una noche, mientras veía una cruzada de Billy Graham, el Dr. Graham hizo un comentario acerca de los que se han divorciado y se han vuelto a casar. Dijo: "Usted no puede recomponer unos huevos revueltos, pero el Señor puede hacer una comida maravillosa con la que alimentar a muchos". Habló directo a mi corazón, y nunca volví a mirar atrás. Entender que Dios podía usarme me liberó de la culpa. Estaba decidida a convertirme en un ejemplo para mi esposo. Gracias, Dr. Graham, eso fue hace veintiséis años. Unos años después, mi esposo recibió la salvación, y hemos servido al Señor desde entonces.

AHORA TENGO UN FUTURO

Crecí en una familia de clase media. No éramos un hogar cristiano, pero teníamos buenos principios en muchas áreas de nuestras vidas. La niñez trajo algunas situaciones dolorosas, incluyendo algunos abusos (no de mis padres, sino de otros) y el final divorcio de mis padres. Siempre me sentí responsable de asegurarme de que todos estuvieran bien. Eso no es algo que una persona deba llevar sobre sus hombros, pero no supe eso hasta más adelante.

Para no extenderme, sentía mucha presión y no sabía dónde acudir con ella, así que comencé a beber a los dieciséis años. Era capaz de beber grandes cantidades de alcohol sin enfermarme nunca o tener resaca después. Eso era algo muy malo, porque bebí más veces de las que pueda recordar, y me puse en algunas situaciones muy vulnerables y malas. Tomé muy malas decisiones personales, y enseguida me quedé embarazada, a los diecinueve años, de un hijo de mi novio. Él no quería casarse al principio, así que tan sólo comenzamos a vivir juntos. (Terminamos casándonos cuando nació nuestra hija.)

Ser madre me hizo ver la vida de otra forma. Quería cambiar. Quería volver a ser la persona que solía ser antes... inocente. Pero pensaba que ya había hecho demasiadas cosas, en público, y que sencillamente no era posible. Incluso al ir a la iglesia me sentía avergonzada de cómo había vivido. Nada de ello parecía llegar a donde yo estaba, pero seguí asistiendo. Me quedé embarazada de nuestro segundo hijo en 1991. Una noche, mientras me ejercitaba en mi bicicleta estática, sintonicé una cruzada de Billy Graham. Normalmente hubiera cambiado de canal, pero ese día fue diferente. Siempre había pensado que eso era para "gente religiosa", pero ese día sentí curiosidad. Quizá oiría algo que me diera alguna esperanza. Sentía como si mi vida se hubiera terminado, en cuanto al éxito respecta, debido a las malas decisiones que había tomado.

Mientras veía y Billy comenzó a predicar, no podía creer lo que estaba oyendo: había esperanza para mí. Me sentía reticente incluso a creer que en verdad podía comenzar de nuevo. ¡Parecía demasiado bueno para ser cierto! Pero llamé a un consejero telefónico y le expliqué la situación de mi vida, y oraron conmigo. ¡No podía creer que Dios aún me aceptara! Ni tan siquiera recordaba haber escuchado acerca de "nacer de nuevo", ¡pero lo quería! Mi vida comenzó a cambiar esa noche. En resumen, tras unos años, mi esposo también recibió la salvación y Dios restauró nuestro matrimonio. Ahora tenemos tres hermosas hijas que conocen al Señor y están comenzando a servirle por ellas mismas. Dios se me ha revelado de muchas formas y estoy muy agradecida. ¡Nunca podría haber soñado con la vida que Él me ha dado!

Gracias, Billy Graham, por vivir una vida de integridad y guiar a personas sin esperanza al Dios que es más que suficiente ¡para que ellos puedan comenzar de nuevo!

Oí A DIOS HABLARME

Estaba pasando por un tiempo muy difícil en mi matrimonio. Mientras acostaba a mis cinco hijos una noche temprano, me preguntaba qué sería de nosotros. Encendí la televisión, y estaba Billy Graham. Le escuché, y cuando hizo la invitación para recibir a Cristo, oré con él. Realmente no supe que me hubiera sucedido algo, pero a la mañana siguiente, al despertarme, oí a Dios hablarme, diciéndome que volviera con mi esposo. Lo hice, y finalmente eso llevó a que él fuera salvo. Murió al año siguiente, ¡pero ahora sé dónde está! Como obró Dios conmigo y con mis hijos durante estos últimos treinta años, ¡es lo que hace nuestro gran Dios! Gracias, Billy, por su fidelidad a su llamado. Verdaderamente usted es el mensajero de Dios para los perdidos y los que no tienen esperanza de este mundo.

DE LAS TINIEBLAS A LA LUZ

Soy una americana que actualmente vive en el país de Croacia. Me gustaría compartir mi testimonio de cómo conocí a Jesucristo como mi Señor y Salvador mediante una transmisión de Billy Graham.

Era el otoño de 1973. Mi esposo y yo llevábamos casados catorce meses y estábamos orgullosos de ser padres de una preciosa bebé de siete meses. Sin embargo, nuestro matrimonio, nuestra familia, y nuestras vidas tenían un desbarajuste tremendo. Deseábamos un cambio en nuestro estilo de vida a lo hippie. Intentamos dejar de beber, de fumar marihuana, de consumir drogas ocasionalmente y de ir a fiestas, y queríamos tener un estilo de vida saludable para nuestra preciosa bebé. También estábamos haciendo meditación trascendental, con la esperanza de que eso nos directamente y me dijo: "Quizá eso es lo que necesitamos. Quizá necesitamos a Dios en nuestras vidas".

En cuanto dijo eso, supe que estaba en lo cierto. Aunque no acepté a Jesús esa noche, al día siguiente llamé a una amiga de mis años en la secundaria, que yo sabía que "iba a la iglesia y era religiosa". Ella inmediatamente vino a verme y me trajo el *Living New Testament* para regalármelo. Me sorprendió que ella supiera que yo quería hablar con ella de Dios. Me guió a hacer la oración del pecador y me dio la Biblia, animándome a leerla cada día. Inmediatamente sentí que una calidez y una paz descendían sobre mí.

Realmente no entendí lo que había ocurrido, pero supe que pedirle a Jesús que entrase en mi corazón era exactamente lo que necesitaba. Mi esposo llegó a casa del trabajo esa noche, ¡y se encontró con una mujer distinta! Le dije todo lo que había ocurrido. Me observó de cerca y hablamos acerca de Dios durante las siguientes tres semanas, y después él también le entregó su corazón al Señor. Durante los seis meses siguientes dejamos de consumir drogas, beber e ir de fiestas. Cuando llegó el cheque por correo de mi padre, ya había decidido no dejar a mi esposo y permitirle a Dios que construyera nuestro matrimonio como Él quería que fuera. Rendimos nuestro matrimonio al Señor, el cual Dios ha transformado totalmente durante los años. Eso fue hace treinta y cuatro años.

Dios ha sido muy fiel con nosotros. No hay forma de saber dónde estaríamos hoy mi esposo y yo de no ser por la retransmisión de la cruzada de Billy Graham esa noche en el otoño de 1973. Es gracias a la retransmisión de Billy Graham que mi esposo y yo estamos sirviendo al Señor hoy. Billy Graham siempre ha sido una inspiración tremenda para nosotros, y un desengancharra de las drogas, pero nada de lo que probamos funcionó. Aún había mucho estrés entre mi esposo y yo y un vacío enorme en mi corazón.

Aunque no tenía un trasfondo religioso y raras veces iba a la iglesia, recuerdo muchas veces arrodillarme en el baño de nuestra casa gritando: "¡Dios, ayúdame!", cuando la oscura depresión, ansiedad y desesperación me rodeaban. Recuerdo llamar a un sacerdote una vez y preguntarle si mi esposo y yo podíamos ir a verle y hablar acerca de nuestros problemas. Él dijo: "Por supuesto", pero había que pagar cierta cantidad. No teníamos dinero para pagar dicha cantidad, así que nunca fuimos a verle para que nos ayudase.

Era tan infeliz que finalmente llamé a mi padre, que vivía a más de mil kilómetros de distancia, y le dije que quería dejar a mi esposo. Él dijo que me mandaría un cheque por correo para que lo usara para comprar un billete de autobús para mí y para mi hija hasta donde él vivía, y que intentaría entender lo que yo quería hacer. No le conté a mi esposo la llamada telefónica a mi papá.

Mi esposo llegó a casa del trabajo esa noche e inmediatamente encendió la televisión. Billy Graham estaba hablando a una gran audiencia en algún lugar. Por lo general, si salía algo religioso en televisión, rápidamente cambiábamos de canal, ya que no teníamos interés alguno en ver predicadores en televisión. Sin embargo, esta vez fue diferente a medida que Billy Graham estaba contando la historia de un joven que tenía un estilo de vida muy parecido al que estábamos viviendo mi esposo y yo. Estaba perdido en un bosque y clamó a Dios pidiéndole ayuda. La historia inmediatamente captó la atención de mi esposo y la mía. Tras escuchar al reverendo Graham contar la historia, mi esposo apagó la televisión, me miró hombre a quien respetamos y admiramos profundamente por su integridad y estilo de vida. Gracias, reverendo Graham, por su fidelidad a Dios y por compartir las buenas nuevas de Jesucristo con nosotros. ¡Le amamos!

—Lynne

Gracias, Billy Graham...
por tocar mi vida en mi niñez

~

LE ENTREGUÉ MI VIDA A JESÚS

Tenía sólo siete años cuando Billy hizo su cruzada en el State Fair en Minnesota. Me crié en un hogar cristiano, pero no había tomado la decisión de seguir a Jesús hasta esa noche. Comenzaron tocando "Tal como soy" y comencé a caminar hacia la plataforma. Gracias, Billy Graham, por señalarme a Jesús como el Salvador de mi alma. Dios le bendiga.

HONOR

Querido reverendo Graham, al haber crecido en Minneapolis, oí su nombre muchas veces. Mis dulces y pequeñas abuela y tía bautistas eran unas mujeres cristianas maravillosas. Ambas apoyaban regularmente su ministerio, el cual estaba entonces situado en Minneapolis. No tenían mucho, pero lo que tenían lo daban para la obra del Señor.

Al criarme en la década de 1950, los televisores estaban empezando a formar parte de casi todos los hogares, pero no en casa de mi abuela. Pero cerca de 1960 aproximadamente, ella y mi tía decidieron que iban a comprar un televisor por una razón: para ver las cruzadas de Billy Graham.

Crecí en un hogar alcohólico, y eso me afectó a medida que me hacía mayor. Mi papá a menudo golpeaba y abusaba de mi madre y de nosotros sus hijos, y como resultado, tuve muchos problemas que tratar. No tengo muchos recuerdos felices de mi infancia, salvo aquellas veces que estaba con mi abuela. Pensaba en ella y en mi tía viéndole en su pequeño televisor en blanco y negro, y sonreía.

Mi abuela siempre oraba por su familia. Fue gracias a sus oraciones, y a usted, que le entregué mi vida a Jesús cuando tenía ocho años. Así que sólo quiero decirle gracias. Si no hubiera sido por mi abuela y tía bautistas y la devoción de ellas a su ministerio, no creo que habría oído jamás acerca de Jesús. No me imagino cómo hubiera resultado mi vida sin Él. Usted ha tocado muchas vidas, y sé que Dios tiene un lugar especial para usted. Su integridad y honor son dignos de admiración. Pocas personas en la historia han caminado con el Señor y han sido tan coherentes en todos los sentidos. Gracias por ser un hombre de honor.

—*Carol*

Él puso el temor de Dios en mí

Cuando era niño, era muy activo y muchas veces me metía en problemas y me encontraba a mí mismo siendo castigado en mi cuarto, privado de privilegios. No sabía que Dios estaba usando ese tiempo para formarme. Por lo general, terminaba leyendo la Biblia. Un verano en particular, durante uno de mis castigos, estaba la cruzada en televisión. Era algo natural para mí verlo, porque mi abuela nos había enseñado a ver las cruzadas. Así que comencé a verla por mí mismo. Yo tenía unos diez años, y algo acerca del mensaje era muy interesante. Él estaba hablando acerca de ir al infierno, y me di cuenta de que yo no quería ir allí. Recuerdo que lloré y que luego acepté al Señor cuando me ofreció el plan de salvación. Al día siguiente, se lo conté a uno de mis hermanos, y él mismo aceptó al Señor. Desde entonces, he estado creciendo en la gracia y el conocimiento de Jesús y del amor de Dios por nosotros a través de Él. Aún cometo errores, pero sé que si voy a 1 Juan 1:9 puedo confesar mis pecados a Dios y Él me perdonará, porque estoy cubierto por la sangre de Jesús. Ahora soy un ministro del evangelio y tengo un doctorado en trabajo social. Uno de mis mayores deseos es conocer al hombre que me condujo a Cristo, y darle gracias por entregar su vida para el propósito de Cristo. En su ministerio siguen brotando nuevas raíces. Que Dios le bendiga, porque hoy soy mejor gracias a que Dios le puso en mi vida cuando era un renacuajo.

MI PRIMER CAMINAR DE FE

En septiembre de 1957, cuando tenía ocho años, asistí a toda su cruzada en Louisville con mi iglesia. Durante esa semana, le entregué mi corazón al Señor Jesús. Recuerdo que en los siguientes meses su asociación me enviaba cartas de ánimo y que mi mamá estaba muy orgullosas de ellas. Las colocaba en el refrigerador y pensaba que venían directamente de *usted*.

Me he tambaleado muchas veces en el mundo laboral, intentando agradar a todos, pero ahora estoy muy contento de decir que tengo una relación maravillosa con mi precioso Señor, y que cada día es más preciosa. Estoy aprendiendo a decirle a mi Señor todos los días que "se haga cargo del día", como le he oído a usted decir a menudo. Una de las cosas más asombrosas de mis cincuenta años de caminar con el Señor es que Él nunca me ha soltado de su mano, a pesar de todo. ¡Es sorprendente *lo grande que es el Señor al que servimos!* Muchas gracias por todos sus años de ánimo, enseñanza y constancia para nuestro Señor.

Una semilla plantada

Me gustaría decir gracias a Billy Graham, un maravilloso maestro y un verdadero hombre piadoso. De niño, le veía en televisión. Sé que eso ayudó a que la semilla se implantase en mí. La compasión, naturaleza humilde y autoridad de Billy al hablar del amor de Dios fue una gran bendición para mí. A esa edad tan joven entendí que la salvación a través de Jesucristo era muy importante. Ahora, unos veinticinco años después, sé que ver los programas de televisión ayudó a plantar la semilla de la importancia de vivir mi vida para el Señor. Gracias, Billy, por todo lo que usted ha hecho.

Fe y confianza

Crecí en Logan Square, en los barrios pobres de Chicago. Cuando tenía unos ocho años, conocí al Señor. Recuerdo a Billy Graham trabajando con el Instituto Bíblico Moody en esos años. Recuerdo Youth For Christ (Juventud para Cristo.) Recuerdo pasar al frente en el servicio de la iglesia para aceptar a Jesús como mi Salvador. Fue mi "otro cumpleaños", y los cumpleaños eran muy especiales. Crecí en un hogar lleno de abuso y negligencia; sin embargo, a una edad muy joven aprendí acerca de Dios y de Jesús, supe que nunca estaría sola, que Dios prometió: "Nunca te dejaré ni te desampararé, estaré contigo hasta el fin del mundo". Esa promesa me sostuvo durante toda mi vida, y aún lo sigue haciendo.

Hoy día, he sido increíblemente bendecida, y oro para ser un ejemplo de una mamá, abuela y persona cristiana. Billy Graham verdaderamente me influenció desde una temprana edad y lo sigue haciendo hoy día. Gracias por los programas clásicos, verdaderamente un tiempo maravilloso para recordar esos momentos especiales con Billy y todos sus compañeros. Dios ha bendecido mucho mi vida. Me siento honrada.

—*Lyn*

Después de treinta y cinco años, gracias Billy

Recibí al Señor como mi Salvador a temprana edad y me bauticé cuando tenía nueve años. No es inusual, considerando que vengo de una larga lista de ministros del evangelio, desde hace muchas generaciones. Pero me aparté en busca de logros mundanos. A los treinta años, cuando finalmente tenía todo lo que creía que me haría feliz, me sentía vacío e insatisfecho. Cada domingo veía una cruzada de Billy Graham en la televisión, y cuando Billy hizo la invitación para pasar al frente y tocaban "Tal como soy", comencé a llorar y a sentir un gran remordimiento y anhelo en mi corazón. Había recibido a mi Salvador, pero nunca le había hecho el Señor de mi vida. Realmente comencé a entender el mensaje de Billy de darle a Él mi todo. Un domingo en la noche, en mi casa después de oír predicar a Billy, verdaderamente hice a Jesús el Señor de mi vida. Eso fue hace más de treinta y cinco años, y nunca he dejado de testificar del cambio que Billy Graham provocó en mi vida. Pero nunca le he dado gracias personalmente a este hombre. Mientras escuchaba a Graham, el nieto de Billy, en TBN, sentí muy fuertemente escribir y decir gracias, Billy Graham.

Mi futuro esposo

En la década de 1960 mi familia asistió a una cruzada de Billy Graham en el Miami Beach Convention Center. Fue una de las experiencias más maravillosas de mi vida. Siempre me han inspirado los mensajes de Billy Graham y cómo comparte del amor de Dios por nosotros. Aunque nos lo merecemos tan poco, se nos sigue ofreciendo gratuitamente. También, ¡que el poder de la oración está en Aquel que oye nuestras oraciones!

Después de más de treinta y cinco años de matrimonio, mi esposo y yo comenzamos a hablar un día de las cruzadas de Billy Graham. Le pregunté si había asistido con su familia. Le conté que creía que mi familia había ido al menos una o dos noches, y él dijo que, conociendo a su madre, ¡su familia seguro que fue todas las noches!

Comencé a pensar que, muchos años antes de conocer a mi esposo, Dios nos había puesto a los dos en la misma cruzada de Billy Graham a la vez, quizá incluso nos sentamos en la misma fila. Poco me imaginaba yo en ese momento que Dios me estaba preparando para ser una esposa piadosa y a mi esposo para ser un hombre piadoso para alguien en ese mismo centro de convenciones.

Después de treinta y cinco años de matrimonio fue cuando descubrimos que habíamos estado allí a la vez, y me di cuenta de lo asombroso que es el plan de Dios para nuestras vidas y cuántas más de esas experiencias conoceremos plenamente cuando lleguemos al cielo.

SIEMPRE QUISE IR A SU CRUZADA

Yo era una niña pequeña de la pequeña isla de Dominica en el Caribe. Solía escuchar su predicación en la radio; no teníamos televisión en ese entonces. Siempre le admiré mucho, y también su fe, y anhelaba poder asistir algún día al menos a una de sus cruzadas. Tuve la bendición de asistir a su última cruzada en Nueva York, (creo) que en 2005. Fui los tres días, y fue una gran bendición y un honor estar en su presencia. Doy gracias a Dios por alguien como usted que ha sido un siervo tan obediente. Oro para que la bendición y la sabiduría de Dios siempre estén con usted y su familia para siempre.

—*Verónica*

AHÍ MISMO EN NUESTROS ASIENTOS

En 1957 fui a la ciudad de Nueva York con mi madre, mi hermano y mi abuela. Mi abuela iba a ser operada de cáncer, y como mi tía vivía en Nueva York, tenía la certeza de que conocería a los mejores doctores. Mientras la abuela estaba en el hospital, asistimos a la cruzada de Billy Graham en junio de ese año. Yo tenía siete años, pero había oído a Billy Graham lo suficiente en la radio como para saber que era un hombre especial que predicaba la Palabra de Dios. Mi edad era tan corta en el Madison Square Garden como para no recordar mucho de su sermón, salvo que tenía que ver con el corazón, y que el mío necesitaba un arreglo. Mi hermano y yo quisimos pasar al frente cuando Billy Graham hizo la invitación, pero mi tía dijo que no teníamos tiempo para todo eso, que había demasiada gente, y que podríamos separarnos de ella y de mi madre entre tanta muchedumbre. Así que tuvimos que quedarnos allí sentados. Mi hermano y yo decidimos aceptar a Cristo como nuestro Salvador allí mismo en nuestros asientos. No importaba si estábamos más cerca o no de Billy Graham. Habíamos entendido su claro mensaje, incluso a nuestra corta edad, y nuestras vidas cambiaron para siempre. Gracias, Billy.

UN CORAZÓN QUEBRANTADO

Tenía sólo unos seis años cuando me hospitalizaron debido a una enfermedad mental. A los cinco años, había decidido que me quería morir. Recuerdo estar de pie en una cocina oscura con un cuchillo en mi corazón, pensando lo doloroso que sería pero lo rápido que terminaría. Mi joven mente parecía estar muy llena de una gran ira y dolor. Tenía una mamá encantadora, que había decidido abandonar a mi abusivo padre y luchar por cuidar de mí y de mi hermana pequeña ella sola. Imagino que la separación fue demasiado, o quizá mi pequeña mente no podía entender el abuso que había visto sufrir a mi madre. Así que ahí estaba yo sentado, solo, triste y deprimido en un lugar feo, insensible y cruel. Los doctores le dijeron a mi mamá que sería el mejor lugar para mí, teniendo en cuenta las circunstancias. Fue más de lo que ella podía soportar cuando yo confesé mi deseo de morir. Cuando una cruzada de Billy Graham se retransmitía, mi mamá, mi hermana y yo nos sentábamos frente al televisor y escuchábamos cada palabra. En una noche solitaria en el hospital, los otros niños habían pedido ver un programa en particular, uno muy popular durante ese tiempo. Pero en medio del cambio de canales, observé que Billy Graham estaba en la televisión. Le rogué a la enfermera que volviera a poner a Billy Graham. Los otros niños rogaron que no, pero yo me resistí a abandonar. Bien, esa noche vi a Billy Graham desde ese lugar frío y solitario. Él trajo el calor del Señor allí donde yo estaba, y a los seis años de edad le entregué mi vida al Señor. Lloré y lloré delante de esa televisión. Me dolía mi corazoncito, y cuanto más lloraba, más me consolaban las palabras que decía ese gran hombre. Mi vida cambió después de esa noche. Un par de días después, mi mamá me sacó del hospital y me llevó a casa. Nunca volví a pensar de nuevo en el suicidio. Billy Graham tocó mi vida ese mismo día. Sé que un día en el cielo cuando esté delante de mi Señor y Salvador, también estaré ante la presencia de un hombre piadoso, y entonces podré decir: "Gracias, Sr. Graham, por estar ahí para ayudar a salvar mi vida".

SUS CRUZADAS EN LA CIUDAD DE PANAMÁ

Cuando era una niña que crecía en la República de Panamá, mi padre siempre asistía a sus cruzadas. Crecí oyendo ciertas canciones que se tocaban durante sus cruzadas, como "Cuán grande es Él" y "Él vive, Él vive, Cristo Jesús vive hoy". Cada vez que oigo esas canciones recuerdo sus cruzadas en la ciudad de Panamá. Gracias, Billy Graham, por sus humildes caminos y su dedicación a extender el evangelio. Que el Señor continúe bendiciéndole abundantemente a usted y su ministerio.

LA RESPUESTA

Cuando tenía unos diez años, escribí una carta a la Asociación Billy Graham. Estaba perplejo con cierta historia del Nuevo Testamento, la cual me parecía espiritualmente incoherente, y escribí al Sr. Graham para preguntarle al respecto. Para mi sorpresa, me respondió. No menospreció mi confusión, ni mi edad, sino que en cambio me dio una respuesta meditada y seria a mi pregunta. Ahora tengo cuarenta años, y aún conservo esa carta. Gracias.

"NUNCA OÍ A BILLY GRAHAM DECIR ESO"

El programa televisado de la cruzada de Billy Graham era siempre especial para mamá y papá. A finales de la década de 1950, mi familia se reunía en la sala de estar para ver el programa en nuestro pequeño televisor en blanco y negro. Ese tiempo se consideraba tiempo de iglesia. Un tiempo de adoración. Y mis padres creían que debíamos comportarnos exactamente igual que si estuviéramos asistiendo a la cruzada en persona. Mamá decía que sería un sacrilegio pelar habas mientras Billy Graham nos decía lo que Dios le había dirigido a decirnos. Yo no tenía ningún problema con eso, pues el

Señor sabe que odiaba pelar habas. Si alguna vez me sentaba aunque fueran tres minutos en nuestra casa, mamá me ponía un gran puñado de habas en mi regazo. Una chica de campo como yo sabía que significaba dos cosas: calla y pela. Sólo había una manera posible en que mamá podría cambiar de opinión; y esa sería que el pastor Billy Graham se subiera al estrado del auditorio y dijera: "Buenas noches, damas y caballeros, estamos en directo desde California, y antes de anunciar a nuestro cantante invitado, me gustaría tomar un momento para decirles a todos los que nos están viendo por televisión que ahora es un gran momento para pelar esas habas. Así que mientras nuestro invitado viene y nos ministra con una canción, le insto a apilar sobre sí la mayor cantidad de habas que quepan en su regazo. Consiga un cubo viejo vacío para las cáscaras; no las esparza por toda la alfombra de linóleo, porque si no tendrá un espantoso lío que limpiar después. No se preocupe por esas yemas de sus dedos doloridas, ásperas y en carne viva que tendrá por pelar todas esas habas. Quizá yo no sepa lo que es pelar habas y tener los dedos rugosos y las uñas partidas, pero voy a estar compartiendo con ustedes esta noche acerca de alguien que sí lo sabe. Y además, el mensaje de esta noche es acerca de cómo no hacer nada y estar inactivo podría llevarle a pecar".

¡Gracias a Dios que nunca oí a Billy Graham decir eso! Era maravilloso tan sólo sentarse y relajarse y disfrutar mientras veía la televisión.

Siempre me gustaba y me emocionaba descubrir que tenían programada una retransmisión de Billy Graham. Pero mi tío Bob siempre se emocionaba más. El tío Bob, el hermano de mi padre y el único soltero, no tenía televisión, pero nunca se perdía una cruzada por televisión. Él nos amaba a todos nosotros, a Jesús y el ministerio de cruzadas de Billy Graham. "Pensé que veríamos todos juntos la cruzada esta noche", decía mientras abría la puerta de nuestra casa, preguntando si estábamos despiertos. Su llegada por la mañana temprano era de esperar si era el día de la cruzada. "Pensé en venir un poco más temprano, porque el tiempo siempre tiene una manera de escaparse de las manos y no quisiera nunca perderme ni un poquito del programa", decía. Sabía que los bizcochos caseros calientes de mamá y el café con el que nos obsequiaba eran otra razón por la que mi tío Bob se levantaba temprano y llegaba de visita antes que el sol.

Por la tarde noche, terminábamos nuestras tareas y nos dábamos un baño antes de que comenzara el programa. Mi hermano mayor le sugirió a mamá que "esperase a que terminase el programa para darnos el baño". Su sugerencia nunca era bien recibida por mamá. Ella le recordaba que siempre tomábamos un baño antes de ir a la iglesia, y esa noche no sería distinto. Mi hermano le dijo a mamá que no pasaría nada si esperaban, porque el pastor Billy Graham no le olería a través de la televisión. Mamá sacó la escoba y le fue dando golpes por toda la casa. Él se bañó, y fue la última vez que le volvió a sugerir algo así a mamá.

Finalmente, nos reunimos frente al televisor de la familia, el cual funcionaba solamente si el palo del cepillo mantenía apretado el botón de selección de canales. No se cruzaban los pies, no se limaban las uñas, no se masticaba chicle.

Escuchábamos mientras el pastor Billy Graham comentaba sobre el tiempo, decía que las nubes se estaban juntando y había una buena razón para esperar lluvia. Mi mente de quinto grado se distrajo cuando una chaqueta amarilla entró volando en la casa y zumbaba alrededor de mi cabeza, pero recuerdo al pastor Billy Graham hablando acerca de vivir una vida que fuera agradable al Señor. Reticentemente, me dije: "¡Vaya, ya la he liado!". Sin duda, me alegré mucho de no tener que hacer una lista de las veces que fallé y entregarlo como una tarea de la escuela. No me atrevía a ponerle voz a mis pensamientos por varias razones. Una, sabía que no era bueno interrumpir en medio de su sermón. (Mamá me hubiera perseguido con la escoba.) Dos, mamá, papá y Jesús ya sabían que tenía mis momentos "peligrosos". Tres, no quería que usted me oyera. Sabía que ese sería el momento milagroso en el que Jesús le pondría un zoom milagroso en sus oídos para escucharlo. Entonces quizá usted anunciaría en la televisión: "Interrumpo este mensaje para decir: 'Sylvia, dijiste una verdad como un templo cuando dijiste que la habías liado. ¡Debería darte vergüenza! Te digo ahora que dejes de quejarte por tener que pelar habas. No deberías quejarte por nada, tienes comida abundante que comer y alguien que la cocina".

La retransmisión terminó. Yo quería entrar en la televisión y decirle: "Escuche, mis manos no han estado ociosas durante los últimos once años; tan sólo vea estas uñas ásperas y rotas que tengo de pelar habas. En el verano, ¿por qué no sale en televisión por lo menos una vez a la semana?". Inmediatamente, mi corazón hablaba a mi cabeza y sabía que tenía que trabajar en mis momentos "peligrosos". Así que me dije: "Jesús le habla a Billy Graham más que a mí; o quizá él escucha a Jesús más que yo. Así que haré caso al consejo del pastor Billy Graham. Ya no me quejaré más". *No, señor*, pensaba, quejarme por tener que pelar habas ciertamente era algo que al Señor no le agradaba. Sabía que mi papá y mi mamá tenían que trabajar mucho en nuestro huerto para cultivar esas habas.

Tengo muchos recuerdos de ver su retransmisión delante del viejo televisor, y cómo creíamos en un pastor que creía en Dios.

El tío Bob tenía razón: el tiempo siempre tiene una manera de escaparse de las manos. Ya no tengo once años, y ahora compro las habas peladas en un paquete. Pero a veces me sigo quejando. Esas veces recuerdo las noches cuando usted nos ministraba mediante la Palabra de Dios. Así que le digo gracias. Y sé que mis padres están mirando desde el cielo y diciendo: "Sí, le damos gracias por ayudarnos a educar a Sylvia; el Señor sabe que necesitábamos toda la ayuda que pudiéramos conseguir".

BUEN SIERVO Y FIEL

Cuando era una niña de ocho años, recuerdo caminar por la acera hacia la cruzada de Billy Graham en Indianápolis en 1959, con el frío viento, con mis padres y mi hermana de seis años. Esa fue la primera vez en mi vida que vi una multitud de gente tan grande, y fue un poco abrumador. Como siempre ocurría en los ambientes de adoración, nos unimos en el canto de los himnos, inclinándonos para orar y escuchando la música especial y el testimonio. Verá, mi papá había entregado recientemente su vida al ministerio a tiempo completo y tenía planes de entrar en la universidad para prepararse. Tuve el privilegio de tener padres cristianos, así que estaba acostumbrado a asistir a los servicios de las iglesias. Pero cuando Billy Graham comenzó a hablar esa noche, fue como si me estuviera hablando directamente a mí, y las multitudes de personas desaparecieron de mi atención. Escuchaba cada palabra que hablaba Billy Graham y oía la Palabra de Dios hablando a mi corazón. Cuando llegó el momento de la invitación, yo quise afirmar mi decisión de aceptar a Jesús como el único Hijo de Dios y demostrar que ahora entendía todo el significado de Juan 3:16, pero la multitud de gente que respondía a la invitación era de nuevo intimidatoria, y no tuve tiempo de compartir todo ese proceso con mis padres. Sin embargo, la semilla quedó plantada. En casa, vi a mi madre de rodillas y le escuché orar por mí. Le conté a mi madre mi decisión. Mis padres hicieron los preparativos para que el pastor nos visitara y confirmara mi entendimiento de este importante paso. Tomé mi decisión pública en esa iglesia y fui bautizado el domingo de Semana Santa de 1960.

He seguido el ministerio de Billy Graham durante todos estos años hasta ahora, y he comparado la obediencia, el enfoque y los sacrificios de su familia con la mía. La esperanza para cada cristiano es oír estas palabras de boca de Dios: "Bien hecho, buen siervo y fiel". Mi corazón me dice que Billy Graham y Ruth Graham y familia han sido buenos siervos de Dios.

YA NO TENGO TEMOR

Querido Dr. Graham, gracias por ser un regalo tan grande para el cuerpo de Cristo durante todos estos años. Cuando era un niño, mi madre y yo le veíamos en televisión. Cuando usted hacía la invitación para que la gente pasase a recibir a Cristo, y decía: "Si usted muriese esta noche, ¿sabe dónde iría?", a mí me daba miedo. Pero hoy soy salvo, y cuando oigo ahora esas palabras, ya no tengo temor, sino que me emociono. Sus palabras pusieron un anhelo en mi corazón, incluso de niño, por conocer a Jesús. Gracias por su devoción a la obra del Señor. Que Dios continúe bendiciéndole y guardándole.

EL TERRENO DE JUEGO SE VEÍA MUY DIFERENTE

Siendo una niña que creció en una pequeña ciudad de Tennessee, recuerdo sentarme frente al televisor y ver un enorme estadio de fútbol lleno de gente. El terreno de juego se veía muy diferente esta vez. No había jugadores uniformados, ni animadoras, ni entrenadores, ni marcadores. Sin embargo, me sentí atraída a seguir viendo la actividad en este estadio con un mar de gente. Mis amigas estaban afuera jugando, pero yo no, pues ese juego era mucho más atractivo.

Me vi a mí misma escuchando unos cantos que cautivaron mi corazón. Siempre fui a la iglesia con mi mamá, pero el canto no era muy parecido al que yo escuchaba en ese partido. Comencé a cantar yo también, y de hecho me aprendí el himno "Tal como soy" mientras veía a Billy Graham en la televisión. Siempre podía aprender su enseñanza, y verdaderamente le doy gracias a Dios por su ministerio mundial.

El ministerio de Billy Graham marcó una diferencia en mi vida cuando era una niña. Ahora ya de adulta y casada y con dos hijos, sigo cantando las canciones de Sion. Sí, el terreno de juego me sigue pareciendo distinto. Los uniformes son túnicas de un coro, las animadoras son adoradores, los entrenadores son predicadores y maestros, ¡y Jesucristo lleva el marcador de todo lo que ocurre! Me encanta cantar, y cuando entre en el coro celestial, cantaré con alabanza "Tal como soy". Gracias, Billy Graham, por estar ahí cuando encendí la televisión en Tennessee.

—*Johnna*

GRACIAS POR CHARLOTTE

Descubrí por primera vez a Billy Graham cuando tenía seis años. Mis padres eran, y siguen siendo, cristianos devotos, y en 1996 mi familia fue a la cruzada de Billy en Charlotte, en el Bank of America Stadium. No recuerdo cómo conseguimos las entradas, pero teníamos asientos en una de las suites de lujo. No recuerdo mucho de la cruzada, pero esto sí lo recuerdo: era la primera vez que sentía al Espíritu moverse en mi vida. Gracias a la predicación de Billy y a una serie de acontecimientos guiados por el Espíritu, terminé entregándole mi vida a Cristo aproximadamente un año después. ¡Gracias, Billy!

DIOS USÓ LA TELEVISIÓN

A principios de la década de 1950 había muy pocas familias en Inglaterra que tenían un televisor, así que se puede imaginar la gran emoción que sentimos mi hermano, mi hermana y yo cuando mi padre compró un televisor en 1953. Recuerdo bien lo llena que estaba la sala de estar de amigos y vecinos para ver la coronación de la Reina Isabel en la pequeña pantalla de televisión de ocho pulgadas.

Billy Graham llegó a Inglaterra en 1954, y en esos días el servicio se retransmitió por completo por la BBC. (Tristemente, eso no se permitiría hoy día.) Mientras Billy predicaba el evangelio, el Señor en su misericordia y gracia soberanas abrió mi corazón a las buenas nuevas de que mis pecados podían ser lavados si yo creía en el Señor Jesucristo y le pedía que entrara en mi vida. Billy Graham entonces hizo el llamado a todas aquellas personas que quisieran ser cristianos para que pasaran al frente allí mismo. Yo no pude pasar, porque estaba en casa viéndolo en una pantalla de televisión. Sin embargo, ocurrió una cosa asombrosa mientras Billy hacía una oración para que el Señor Jesús entrara en los corazones y las vidas de los que estaban allí en Londres. Esa noche, el Señor entró en mi corazón y nunca me ha dejado. Sé que alabaré a Dios alrededor de su trono con todo el pueblo de Dios, incluyendo el querido Billy Graham. La santificación es un proceso de toda la vida. Una de las marcas de que una persona es verdaderamente salva es que el Señor salvará a esa persona, pero también impedirá que ese hombre, mujer, niño o niña se aparte. Así que digo: "Gracias, Billy, por hablarme de mi maravilloso Señor y Salvador el Señor Jesucristo".

—*Phillip*

PIEDRAS CONMEMORATIVAS

Es un gran privilegio compartir un precioso recuerdo de la primera cruzada de Billy Graham a la que fui siendo una niña en Jackson, Mississippi. Recuerdo la enorme multitud, la hermosa música y el fluir de personas desde todo el estadio, haciendo una profesión pública de fe. Eso se ha repetido una y otra vez en las cruzadas que he visto en televisión, y cada vez, en mi corazón, regreso a esa primera cruzada.

El mayor impacto, sin embargo, fue el poder de la Palabra hablada desde la voz de autoridad de Billy Graham. Fue en esa primera cruzada donde conocí el poder del Espíritu Santo, la majestad y santidad de Dios y sus planes para la salvación del mundo, y la disposición al sacrificio de Jesús en la cruz.

Hace varios años, cuando los World Changers llegaron a nuestra iglesia, había sólo una manera de describir ese servicio de alabanza de la mañana donde cientos de personas llegaron por todas las entradas al santuario después de que la membresía regular se hubiera sentado y la música hubiera comenzado. Me giré con mi vecino, y dije: "Esto me recuerda a la cruzada de Billy Graham". El poder del Espíritu Santo estaba allí.

Gracias por su obediencia y fidelidad al proclamar el amor de Dios y la salvación a través de la sangre que Jesús derramó. Su testimonio ha hecho que la Palabra cobre vida y sea creíble para mí y para otros muchos. Aún tengo el himnario *Singing Evangelism* compilado por Cliff Barrows, ¡con copyright de 1950!

—*Charlene*

USTED ALLANÓ EL CAMINO

Cuando tenía once años, mi iglesia fue a la cruzada de Billy Graham. Estaba emocionada, y nunca antes había estado en el estadio. Escuché con el mayor esmero posible al Sr. Graham. Cuando llegó el llamado al altar, mi papá me tomó de la mano y me preguntó si estaba lista para entregarle mi vida a Cristo. Supe en ese instante que era el momento. Recibí oración y ánimo, así como la guía de estudio. Estudié mucho, y cuando terminé el curso, mi pastor vino a mi casa y habló conmigo. Estuvo de acuerdo en que yo estaba lista, y dos semanas después me bauticé en el Señor.

Durante los años, me desvié y a veces cometí los mismos errores una vez tras otra. Quizá se me olvidaba que Cristo estaba ahí, especialmente después de perder a mi mamá cuando era aún adolescente. Cuando encontré mi camino de vuelta al Señor y sus promesas, me di cuenta de que aunque yo me había alejado de Él, Él nunca se había apartado de mi lado.

Cuando pienso en todos los errores que he cometido, y en Cristo reconduciéndome, le doy gracias y siempre recuerdo que Billy Graham me llevó a mi fe más fuerte que nunca. Él fue una bendición que llegó a mi vida, y oro para que sepa que hay muchas personas que le aman mucho a las cuales él nunca conoció. Que Dios le bendiga con toda su gloria, y él será un fuerte soldado en el ejército de Dios cuando llegue a casa.

—*Betty*

LÍDER MUNDIAL

Mi hija estaba en sexto grado en 2001, y su maestra le asignó un trabajo. Tenía que escribir acerca de cuatro líderes mundiales (vivos o muertos). Por supuesto, usted sabe que todos escriben sobre Osama bin Laden y el Papa Juan Pablo II. A ella no se le ocurría un cuarto líder sobre el que escribir. Yo le dije: "¿Por qué no Billy Graham? Es un líder espiritual". Ella escribió acerca de Billy Graham y terminó su trabajo, ¡y recibió un sobresaliente! Fue la única estudiante en su clase que usó a Billy Graham como un líder mundial. Dios le bendiga, Sr. Graham.

EL TEMOR DEL SR. GRAHAM AL ORGULLO

Creo que fue en 1949 cuando oí hablar al Sr. Graham en los campamentos de Maranatha Bible Conference. Recuerdo que él estaba de pie con el organista Howard Skinner, uno de los directores del campamento, hablando con él delante de una gran maceta de flores. El Sr. Graham llevaba una gorra de piel roja de promoción. Esa noche, habló en el tabernáculo, pero antes del servicio regresó donde yo estaba sentado y se dirigió a los pastores que estaban sentados detrás de mí. Siendo un niño de trece años, me interesó oír lo que tenía que decirles. Pidió a esos dos pastores que orasen por él, porque estaba siendo tentado por el orgullo. Eso me dejó ver un poco del precavido caminar de este hombre con Dios. Yo mismo después me hice pastor, y a menudo he recordado esas palabras de preocupación. Casualmente, el primer año que él habló en el tabernáculo, no estaba lleno; pero después de la cruzada de Los Ángeles, volvió a hablar y la gente estaba afuera de pie y sentada en automóviles. Gracias por un maravilloso ejemplo de un hombre de Dios y por algunos de los recuerdos más agradables.

—*Harold*

Recuerdos

Sólo quiero darle gracias, reverendo Graham, por su incuestionable fe y servicio a nuestro Señor Jesucristo. Toda la gloria para nuestro Padre Dios por dar a este mundo un seguidor tan dedicado, ¡y mensajero de las Buenas Nuevas de nuestro Salvador! Uno de los recuerdos más memorables de mi vida fue escuchar y ver al reverendo Graham en televisión, con mi madre y mi padre. Papá siempre sabía cuándo estaría el reverendo Graham en la televisión, así que todos los deberes, tareas y la cena se terminaban a tiempo para ver la cruzada. Era una ocasión especial para reunirnos y escuchar el mensaje. Mi padre era un hombre que amaba a Dios, que leía su Biblia en la mañana y en la noche, que enseñaba a sus hijos a confiar y amar a Jesús, y a ser honesto y buen trabajador. Mi padre ya partió con el Señor, hace ya veinticuatro años, y de las pocas veces que recuerdo ver llorar a mi padre era cuando leía su Biblia, hablaba con Jesús y escuchaba a Billy Graham. Esto me ha seguido toda mi vida, y hasta el día de hoy sigo viendo las retransmisiones en diferido de las cruzadas del Dr. Graham. Doy gracias a Dios por salvar mi alma mediante su Hijo unigénito, Jesús. También doy gracias a Dios por el reverendo Graham, que habló la verdad y guió a miles a Jesús.

Diez años de edad en 1962...
EL COMIENZO DE UN VIAJE

Estaba sentado delante de nuestra televisión una tarde de 1962. Recuerdo que acababa de llegar de la escuela (tenía sólo unos diez años), y al ser un niño muy sensible, acababa de tener un día difícil y necesitaba algo que me animase. No sabía lo que me encontraría al encender la televisión; lo único que sabía era que estaba solo y necesitaba animarme.

Resultó que estaban televisando una cruzada de Billy Graham, y me senté y escuché predicar a Billy Graham. De algún modo, por la gracia de Dios, el Espíritu Santo me habló al corazón y pensé para mí: *Parece distinto a los demás adultos. Parece amable y encantador.* Bien, cuando Billy Graham terminó de predicar e hizo la invitación para aceptar a Jesús como mi Salvador personal, recuerdo que pensé que quizá Jesús tenía el tipo de brillo en sus ojos que tenía el Rev. Graham. Pensé: *Si los cristianos se parecen a él, yo también quiero ser cristiano.* También recuerdo desear en secreto que Billy Graham fuese mi padre (además de mi padre verdadero.)

Básicamente era un niño muy tímido y solitario, pero una cosa sabía, y era que necesitaba a Jesús y amigos cristianos más que cualquier otra cosa en el mundo. Pero debido a una enfermedad mental aún sin diagnosticar, seguía luchando socialmente y tuve sólo unos pocos amigos cristianos cercanos durante toda la escuela y la secundaria. Cuando llegué a la edad universitaria, me encontré con muchos problemas mentalmente y emocionalmente, al empeorar mi condición y tener que tomar cada vez más medicación para aliviar el dolor en mi corazón y mi espíritu.

Finalmente, cuando tenía unos treinta y un años, leí un libro acerca de la sanidad emocional y *supe* que Dios tenía una respuesta para mí. Mi madre y yo nos inscribimos en una conferencia cristiana. Oí hablar a una mujer acerca de la oración por sanidad emocional, y me anoté para una oración por sanidad emocional en su casa. Para no alargarme, cuando terminé de hacer la oración y perdoné a todas las personas que me habían lastimado, todo mi mundo se puso patas arriba. Por primera vez desde que oí predicar a Billy Graham, comencé a tener la misma paz familiar que sobrepasa todo entendimiento de la que habla la Biblia, y le di gracias, y gracias, y gracias a Jesús por sanarme.

No me ha resultado fácil caminar con Dios desde entonces… el diablo está vivo y coleando… pero creo que finalmente he conseguido la victoria, y voy a estar muy cerca de Jesús durante el resto de mi vida. Gracias, Billy Graham, por mostrarme cómo se supone que deben ser los cristianos. ¡Gracias por guiarme a Jesús! ¡Dios le bendiga!

UN TESTIMONIO QUE UN NIÑO PUEDE ENTENDER

El Astrodome tenía pocos años y era la primera vez que yo entraba allí, pero lo que me ilusionó fue el mensaje tan sencillo de Billy Graham. Dijo que yo necesitaba a Jesús. Mi hermanito pasó al frente rápidamente, y yo fui tras él. Llegué a estar de pie muy cerca de la plataforma y miré hacia arriba a Billy Graham. Me sorprendió ver un brillo alrededor de su rostro. Se lo conté a mi madre, y ella dijo que también lo vio. He escuchado a Billy Graham muchas veces durante los años y quiero seguir oyéndole predicar. Él expone el evangelio de una manera tan sencilla que hasta un niño lo puede entender, y de una forma tan convincente que un adulto se siente atraído al Salvador. Gracias, Billy Graham, por vivir su vida como un testimonio delante de millones de personas, tanto jóvenes como ancianos.

DIOS BENDIGA A MI ABUELA Y A BILLY GRAHAM

Billy, crecí viéndole en televisión. Mi abuela insistía en verle cada vez que usted salía en televisión, desde 1960 hasta

1980, hasta su muerte en 1984. Nunca pudo asistir a una cruzada, pero yo sí. Asistí a una en Atlanta entre 1994 y 1996. Fui con un grupo de jóvenes como acompañante adulto de una pareja que estaba saliendo. Su mensaje y los grupos de rock cristianos que actuaron esa noche fueron increíbles para los jóvenes que asistían a esa cruzada, así como para los adultos. Usted ha tenido un impacto tremendo en mi vida a través de su predicación de la Palabra de Dios. Que Dios le bendiga y le guarde.

—Elizabeth

Querido Sr. Graham...

Es un honor poder enviarle una nota personal. He visto sus cruzadas en televisión desde que era un niño. Dios me bendijo con unos padres cristianos, y veíamos sus cruzadas y presentaciones de manera tan estricta como íbamos a nuestra iglesia. No me convertí hasta tarde en la vida, 1996 para ser exactos, en un ministerio de parada de camiones en Hebron, Ohio. Usted ha sido un gran testimonio para Jesucristo y ha sido de inspiración para mí. No me canso de oír sus sermones y de ver sus cruzadas. Cada una que oigo me hace salir con una nueva dedicación a vivir una vida cristiana. Ahora estoy parcialmente discapacitado por la vida tan dura que tuve antes de aceptar a Cristo, y también por un accidente reciente de camión. Pero el Señor ha sido bueno conmigo a pesar de mi vida. Sólo lamento dos cosas en la vida, y son no haber entregado mi vida a Jesús cuando era joven y no haber podido estrechar su mano. Dios le bendiga, Sr. Graham, por acercar un poco más el mundo a Dios y a Jesucristo.

—Pal

MAMÁ ME OBLIGÓ; AHORA ¡NADA ME DETIENE!

No recuerdo el año exacto, pero fue probablemente a finales de la década de 1950 o a comienzos de 1960. Me encontraba en mi cuarto cuando mi madre entró y me llevó con ella. Me dijo que había un hombre en la televisión que quería que escuchase. Ese hombre era Billy Graham. Escuché su mensaje, e incluso a una corta edad me di cuenta de que me faltaba algo en mi vida. Ese mismo año, más adelante, acepté a Jesús como mi Señor, y sentí entonces que tenía un llamado a ser predicador. Durante los siguientes años, les decía a todos con los que hablaba que iba a ser un predicador. Después, en noviembre de 1963, mi papá murió. De algún modo me enojé con Dios. Le había pedido que sanara a mi padre, y creía firmemente que Dios podía y sanaría a mi padre.

Cuando papá murió, ya no quise ser predicador. Seguí asistiendo a la iglesia y escuchando todas las cruzadas que televisaban de Billy Graham. Ya adulto, y siendo padre ya de dos hijos, aún sentía ese llamado a predicar. Ocasionalmente sustituía a pastores que estaban enfermos o de vacaciones. Después, en 1985, me enfermé con los mismos síntomas que dieron comienzo a la enfermedad de mi padre. Me diagnosticaron hepatitis. Me puse amarillo como una calabaza. Me volvieron a examinar y me dieron un informe médico muy malo. Esa noche, mientras yacía en la cama del hospital, me disculpé con Dios. Le dije que deseaba que retrocediera el tiempo y no haber contraído esa enfermedad. Sentía no haber predicado nunca con un corazón sincero.

A la mañana siguiente, mi doctor entró y me dijo que no entendía lo que había ocurrido, pero mi análisis de sangre de la noche anterior dio negativo al virus de la hepatitis. Recuperé mi color natural y volví a trabajar en pocos días. Pero no me olvidé de mi charla con Dios. Comencé a estudiar y a leer la Biblia, después fui al instituto bíblico y luego acepté un trabajo en una iglesia a tiempo completo. En septiembre de 2006 recibí mi doctorado en divinidades. Este pasado septiembre, mi esposa durante treinta y siete años y yo asistimos al entrenamiento de la BGEA en The Cove. Fueron los tres días más agradables que he conocido. Mi iglesia está creciendo, y Dios está bendiciendo, creo, porque un niño oyó un gran mensaje de parte de un gran hombre de Dios hace casi cincuenta años. Gracias, Billy.

¡GLORIA A DIOS!

El 19 de enero de 1948, en la iglesia Roseland Temple Baptist en Roseland (sur de Chicago), usted, Billy, era el orador invitado en el servicio de la noche. Yo acababa de cumplir siete años. Después esa misma tarde, solo en mi cuarto, me arrodillé junto a mi cama y recibí a Jesús en mi corazón, como usted me había invitado a hacer. Crecí en sabiduría y en estatura durante los siguientes años, teniendo la maravillosa bendición de un médico cristiano como mi maestro de escuela dominical durante un tiempo. Yo después comencé a enseñar en la escuela dominical durante mis años de secundaria.

Oberling College, fundada por Charles Finney, se había convertido en un bastión del liberalismo a finales de la década de 1950, coincidiendo con el tiempo de mis estudios allí. Mi fe fue retada, incluso sacudida, durante esos años, los cuales no fueron muy productivos para el Reino de Dios. Sin embargo, Dios incluso usó esos años.

Seguí estudiando en la escuela médica en Noarthwestern, en el centro de Chicago. La Sociedad Médica Cristiana (ahora Christian Medical and Dental Associations) fue usada poderosamente por Dios para que recobrara el juicio y regresara a Él. En 1965, el último año de escuela médica, realicé mi primer viaje corto de misiones… en Suazilandia, África, durante seis meses. Esa experiencia cambió mi corazón y la dirección de mi vida. Me quedó claro durante mi tiempo en el extranjero, y cada vez se ha ido aclarando más, que el hecho de que Dios me llevara a las misiones médicas es un movimiento de su Espíritu, el cual viene a mí casi a diario en mi caminar con Él. Aunque no estoy en trabajos de misiones médicas en el extranjero a tiempo completo, mi corazón sí lo está.

Dios me ha usado, y me bendijo, de formas muy notables. El objetivo de mi vida se alinea con el de los Navegantes: "Conocer a Cristo y darle a conocer". El lugar no importa. Ganar almas es mi pasión. El versículo de mi vida es Filipenses 3:10: "A fin de conocerle". Que sea yo fiel en su servicio, por el poder de su Espíritu.

Según me dirijo a las etapas finales de mi vida en este cuerpo, mi única oración es ¡que permanezca fiel al supremo llamamiento de Dios en Cristo Jesús! Soy un educador médico, después de haber aprendido durante los últimos trece años, en sesenta y cuatro naciones. No tengo ninguna intención de "jubilarme" de la obra del Reino. Quizá Dios seguirá bendiciendo mi ministerio entre los profesores médicos en todo el planeta. Mi enfoque en particular ha sido, y sigue siendo, China, donde he trabajado en más de una decena de centros médicos importantes, llevando educación y sanidad al cuerpo, al alma y al espíritu.

Billy, *todo* es de Dios. El gloriarse no tiene cabida. ¡Lo único que importa es gloriarse en Él! ¡Gracias, y gloria a Dios por traerle a mi vida hace casi sesenta años!

—*Doug*

¿DEMASIADO JOVEN?

Cuando usted vino a Boise, Idaho, hace años, asistí con un amigo y mi hija de dos años y medio. Mientras hacía fila, un anciano detrás de mí me preguntó si mi hija tenía tres años. Siguió diciéndome que los niños están más cerca de Dios a esa edad que a ninguna otra. Su comentario final me dejó perplejo: "Asisto a todas las cruzadas de Billy Graham". Al darme la vuelta para responder, ya no había nadie. ¿Podía haber sido un ángel enviado para prepararme para lo que estaba a punto de ocurrir?

Cuando usted invitó a la gente a aceptar al Señor como Salvador, mi hija se giró a mí y dijo: "Yo quiero aceptar a Jesús en mi corazón". Las personas que estaban cerca rápidamente se giraron y me miraron fijamente para ver lo que respondía. Mirando a la gran distancia desde las gradas donde estábamos sentados hasta el nivel del suelo, decidí que sería mejor orar con ella en privado, allí donde estábamos. Como ella no sabía nada del pecado, sólo pedí que Jesús viniera y fuera su mejor Amigo. Ella quedó satisfecha y regresamos a casa.

Mi hija nunca se ha apartado de ese momento clave en su vida. Aprendí a nunca menospreciar lo que Dios puede hacer en un niño pequeño, incluso en uno que aún no tenía los tres años. Gracias, Billy Graham, por toda una vida de ser fiel a la Palabra de Dios.

BILLY GRAHAM, ¡EL MAYOR PREDICADOR QUE JAMÁS HAYA EXISTIDO!

Recuerdo que durante mi infancia nunca nos perdíamos a Billy Graham en televisión. Mi mamá era una gran seguidora de Billy Graham. Y hasta el día de hoy, lo veo siempre que sale por televisión. Acabo de leer el libro *The Preacher and the Presidents.* Billy Graham tuvo una influencia tremenda en cada presidente y en nuestro país. Aprecio todo lo que ha hecho durante los años. Lo que más aprecio es que no tiene un espíritu de juicio como muchos predicadores que salen en televisión. Billy Graham le deja el juicio a Dios. Estoy orgulloso de que Billy Graham viviera y predicara en mi generación. Él es el ejemplo para todos los hombres y para todos los predicadores.

MI ABUELA Y BILLY GRAHAM

Cuando vivía en Alejandría, Louisiana, teníamos sólo un canal de televisión. Mi familia veía las cruzadas de Billy Graham en ese único canal. Me encantaba ver a mi abuela viendo a Billy Graham. Era un deleite verlo. Ella no podía leer la Biblia, pero esperaba ansiosa la siguiente retransmisión de Billy Graham. Yo la observaba cuando se sentaba al borde del sofá, acercándose lo más posible al televisor, para no perderse ni una palabra de las que estaba diciendo el Dr. Graham. Todo lo que oía decir al Dr. Graham, ella se lo decía después a sus nietos o a cualquiera que le escuchase. No dejaba pasar ni un sólo día sin hablar con el Señor. Ella era una fuerza amorosa y bondadosa en mi vida. Doy gracias al Dr. Graham por ministrar a mi abuela, que no podía leer pero que entendía perfectamente lo que usted tenía que decirnos a todos. Apreciamos mucho su ministerio.

Verle en televisión de niña quedará para siempre impreso en mi recuerdo. Su influencia fue grande en mi familia. Asistí a una cruzada en Baton Rouge, mucho después de esas retransmisiones en casa, y pasé al frente públicamente para anunciar mi caminar con el Señor. Ahora veo los Clásicos siempre que los retransmiten, y los buenos recuerdos de mi abuela vienen a visitarme. Ella murió a los 103 años. Dr. Billy Graham, muchas gracias por su sacrificio, duro trabajo y dedicación al Señor. ¡Vemos a Jesús en usted! ¡Que Dios le bendiga!

—*Vivian*

Gracias, Billy Graham...
por cómo explicaba el evangelio

~

NO HABÍA QUE SER UN CIENTÍFICO ESPACIAL

Gracias, pastor Graham, por predicar con esa sencillez que incluso un niño podía entender. Cada vez que veía una de sus retransmisiones, mi mente inmediatamente regresaba al tiempo en que usted enseñaba acerca del Padre, Hijo y Espíritu Santo. Usted hablaba de que son tres seres, pero todos en uno. ¿Quién se podía imaginar que usar tres vasos de plástico aclararía la unión del Padre, Hijo y Espíritu como uno? Pero eso es exactamente lo que me ocurrió a mí, porque lo explicaba con amor y con sencillez. No había que ser un científico espacial para entender la Palabra de Dios. Gracias de nuevo por caminar tras los pasos de Jesús y enseñar como Él enseñó.

—*Dena*

A OJOS DE UN NIÑO

Sentada en el piso de nuestro salón familiar viendo la televisión, escuchaba calladamente mientras el Rev. Billy Graham predicaba a miles de personas, hablándoles del amor de Dios. No sabía el impacto que tendría sobre mí ese momento para el resto de mi vida. Recuerdo que el Rev. Graham les decía a las personas: "Tienen que nacer de nuevo". A ojos de un niño, no entendía lo que quería decir con "nacer de nuevo", pero algo de eso me sonaba realmente bien. La idea de "nacer de nuevo" permaneció conmigo hasta la vida adulta. Ahora soy una santa del Dios Todopoderoso nacida de nuevo. Lavada en la sangre y llena del Espíritu Santo. A ojos de un niño, las palabras del Rev. Billy eran muy sencillas de entender; tan sencillas, de hecho, que incluso un niño las podía entender. Gracias, Rev. Graham.

—*Victoria*

Un viaje para encontrar a Jesús

Pensaba que estaba buscando algo real, algo además de mí mismo. Imagino que estaba buscando a Dios, aunque no lo decía con esas palabras.

En septiembre de 1971, el Rev. Billy Graham estaba predicando en una cruzada en Oakland, California. No sé cuándo se grabó la cruzada; tan sólo sé que estaba en la televisión esa semana en Alabama. Yo estaba muy, muy confundido y enojado por muchas cosas. Realmente estaba en un viaje de fe. Me había reunido con dos pastores bautistas para discutir cosas espirituales, y a la vez estaba enojado por algunas de sus respuestas, y la Biblia no tenía sentido para mí.

La noche del jueves, 9 de septiembre de 1971, mi mamá y mi papá quisieron ver la cruzada. Mencioné que no podía soportar oír más predicaciones de mis dos amigos cristianos, ni tan siquiera de Billy Graham. Pero esa noche de Oakland, Billy preguntó: "¿A dónde iría esta noche si muriese? ¿Al cielo o al infierno?". Yo no pude responder a esa pregunta en mi mente. Escuché por primera vez a Billy Graham mientras explicaba el evangelio y lo que significaba seguir a Jesucristo.

No dormí mucho esa noche. La voz de Billy resonaba en mi cerebro de esa forma tan clara que tiene de hablar. *¿A dónde iría?*, me perseguía la pregunta. Sabía que necesitaba tomar una decisión, pero me daba miedo y estaba confundido.

Al día siguiente, el 10 de septiembre, viernes, fui a trabajar y me dirigía a mi puesto de trabajo cuando vi a uno de mis amigos pastores bautistas. Le hablé acerca de la noche anterior y con lo que estaba luchando. Me dijo que almorzara con él, a solas los dos. Así que almorcé con él, y alrededor de las 11:10 de la mañana le pedí a Jesucristo que entrara en mi vida y me perdonara todos mis pecados. No puedo expresar la reacción física de mi cuerpo, pero sentí como si el peso del mundo se levantara de repente de mis hombros y me sentí bien, estupendo, gozoso.

Han pasado los años y he seguido adorando a Dios en Cristo. He asistido a muchas iglesias mediante avivamientos y oradores especiales. Comencé a enseñar en las clases de la escuela dominical, y luego me asignaron varios trabajos en la iglesia. Finalmente, me nombraron líder laico de mi iglesia. Esto fue en 1978, y Dios comenzó a hablarme acerca de entrar en el ministerio.

Abandoné la secundaria para trabajar en una planta en Birmingham. La Iglesia Metodista Unida pedía que los ministros fueran a la universidad y tuvieran un título de dos o cuatro años. Nadie de mi familia había ido jamás a la universidad. Sin embargo, el ministerio era algo que ardía en mi corazón, y era en lo único que podía pensar. ¿Debía dejar mi trabajo e ir a la universidad? Me costó mucho decidir qué hacer. Por ese entonces, era orador los domingos por la noche y trabajaba con mi pastor (que estaba pastoreando un grupo de tres iglesias, incluida la mía), el cuál me enseñó (y permitió) dirigir los servicios de adoración, orar y dirigir la alabanza. Como resultado, tenía más experiencia que muchos candidatos al ministerio del seminario.

Nunca se me olvida cómo y cuándo comencé mi viaje de fe. Compartí con otros lo que había experimentado y lo importante que fue tomar una decisión para recibir a Cristo como Salvador y Señor de nuestra vida. Había tenido más de doce citas distintas en esos años, y había tenido la gran oportunidad de compartir las buenas nuevas de Jesucristo. Había sido un viaje duro y largo, pero no estaba solo, porque sabía que estaba siguiendo al Gran Pastor de las ovejas y que Él me guiaría por los valles largos y difíciles. He cometido muchos errores y le he fallado de muchas maneras, pero Él nunca me ha fallado, porque me dio fortaleza y proveyó para todas mis necesidades.

Todavía recuerdo la voz de Billy Graham sonando claramente para recibir a Cristo y permitirle ser el Amo y Señor de nuestras vidas. Pienso que puedo decir que sin el mensaje de Billy Graham esa noche de septiembre, no estaría donde estoy como cristiano y como pastor. Gracias, hermano Billy, por su mensaje y su disposición a predicar el mensaje de salvación y fe en Jesucristo.

APRECIO

Esto no es una historia, sino una nota sincera de aprecio. Mi esposa Linda y yo hemos estado en el ministerio a tiempo completo entre las filas de bautistas independientes durante más de treinta y nueve años. Queríamos ofrecer una palabra de agradecimiento a Billy Graham por la clara predicación del sencillo evangelio de Jesucristo, el cual ofrece salvación por gracia mediante la fe sin obras de justicia por nuestra parte, ofrecida gratuitamente para todos los que acuden a Dios por Él.

Otra cosa que apreciamos y admiramos de Billy Graham es que, en estos años de ministerio, nunca se ha producido ningún escándalo que tenga que ver con él. Esto da mucho honor y gloria a nuestro Padre celestial y ayuda en gran manera a la causa del cristianismo. A Dios sea la gloria, ¡grandes cosas ha hecho el Señor!

—*Ben y Linda*

Un día inolvidable en Rumanía

Fue hace unos veintisiete años cuando el Sr. Graham visitó Rumanía. Para un país comunista en ese entonces, una visita así no era algo común. Yo vivía en Bucarest y Dios me concedió el privilegio de ser parte de una de sus cruzadas. Recuerdo estar en una de las iglesias pentecostales más grandes de Bucarest cuando el Sr. Graham habló. Tan sólo segundos antes de que él entrara (junto a pastores y sacerdotes de todas las denominaciones), el coro y la orquesta comenzaron a cantar, y muchas, muchas luces se encendieron en la iglesia. En ese momento, cuando el Dr. Graham subió al estrado, sentí como si se estuviera produciendo el rapto. Nunca olvidaré ese día, ese momento único en mi vida. Su sermón fue sencillo, con palabras nada complicadas, pero muy poderoso. Me siento honrado y bendecido por Dios de ser parte de ese maravilloso momento en la historia de nuestro país.

Tengo que escribirle

No le he podido conocer, pero siento como si *tuviera* que escribirle para darle las gracias, reverendo Graham. Dios me ha dado un corazón por los perdidos, y usted comparte este llamado conmigo. Su mensaje sencillo de salvación… que es el sencillo mensaje de salvación de Dios, ha ayudado a Dios a lograr mucho para su Reino. Usted ha tocado muchas vidas y me ha inspirado. Usted recuerda a las personas que la salvación es para todos. El amor de Dios nunca se acaba. Soy salvo desde que tenía ocho años. Ahora tengo treinta y uno. Fue un placer verle en Nashville en el año 2000. ¡Gracias a Dios por usted, reverendo Graham!

"DIOS ABORRECE EL PECADO"

Billy, hay algo en su manera de decir lo que dice. Hay algo especial en la mirada en su rostro. Hay algo muy especial en su manera de abordar los principios bíblicos.

Sé que siempre quiere que la alabanza, la gloria y la honra sean dadas a Dios. Usted siempre ha sido muy humilde, y parece que no le gusta mucho cuando las personas intentan elogiarle. Bueno, lo siento, pero tendrá que ser un poco tolerante conmigo.

Tengo sesenta y un años, y soy el menor de ocho hijos. Mi padre murió cuando yo tenía dos años, dejando a mi tímida madre al cuidado de todos nosotros. Con la ayuda de Dios, ella hizo un trabajo fantástico.

Recuerdo que todos veíamos a Billy Graham en televisión. Siempre tuve un agradable sentimiento en nuestra casa, como que todo iba a estar bien. Una vez, usted estaba dando un mensaje y se detuvo por un momento y simplemente dijo: "Dios aborrece el pecado". Eso me golpeó muy fuerte. Yo siempre había sabido eso, pero esas cuatro palabras me dieron convicción. Pensaba que era un tipo bastante bueno la mayor parte del tiempo. Imagino que así era. Cuando usted dijo: "Dios aborrece el pecado", pensé en las muchas cosas que había hecho de las que me avergonzaba. Le pedí a Dios que me perdonara y que entrara en mi corazón de una manera especial, y lo hizo. Ahora comienzo cada día leyendo la Biblia y orando. Mi oración es siempre que Dios me ayude a ser la persona que Él desea que sea. Gracias, Billy Graham, y a todo su equipo por todo.

—*John*

Fe como la de un niño

Siempre he asistido a la iglesia. Probablemente asistía a la iglesia antes incluso de nacer. Mi madre se aseguró de eso. De algún modo se las arregló para llevarnos a mis hermanos y a mí (cuatro en total) a la iglesia cada domingo por la mañana y cada miércoles por la noche. Las semanas de avivamiento no eran ninguna excepción. Todos íbamos a menos que estuviéramos enfermos. A mí no me importaba, sin embargo, y la iglesia era como estar en casa.

Cuando tenía unos doce años, nuestra pequeña iglesia en Mississippi decidió reunir a un grupo e ir a ver al hermano Billy Graham en Jackson. Yo estaba en la lista para ir. (¡Como si tuviera elección!) No lo temía, pero tampoco estaba dando saltos de alegría por ir. Había visto en una ocasión al hermano Graham en uno de los tres canales que recibíamos en el televisor que teníamos. (Cuánto han cambiado las cosas.) Le admiraba, y decidí que aquella quizá no sería una mala experiencia.

Por alguna razón me sorprendió el número de personas que asistieron a esa cruzada. Esta pequeña chica rural no estaba acostumbrada a eso, pero lo que más golpeó mi corazón fue oír los antiguos himnos populares cantados por un grupo de gente tan numeroso. Me desbordó la emoción. Entonces el hermano Graham habló. Nunca olvidaré la sencillez de su mensaje; nunca había sentido al Espíritu moverse de manera tan fuerte. Cuando el coro cantó "Sublime Gracia", sollocé. Lo había escuchado cientos de veces, pero nunca como aquella.

Ahora tengo cuarenta y dos años, no tengo aún el cabello canoso como una abuelita, pero ciertamente tampoco soy una gallinita recién nacida. Nunca olvidaré el sonido de "Sublime Gracia", la sencillez del mensaje y el mover del Espíritu esa noche. Siempre admiraré a Billy Graham y su vida de integridad. No me cabe la menor dudad de que un día él oirá estas palabras de Alguien a quien conoce bien: "Bien hecho, buen siervo y fiel, ¡bien hecho!".

UNA SENCILLA VERDAD

Cuando tenía diecisiete años, un grupo de amigos cristianos me invitaron a una cruzada de Billy Graham que se realizaba en el Pepsi Arena en Albany, Nueva York, el 12 de julio de 1990. Yo siempre había creído en Dios, pero no tenía una relación personal con Él. Creía que era un Creador distante y que no estaba interesado en mi vida cotidiana. Creía que Dios era para los domingos, y ya está. Entonces oí a Billy Graham predicar la sencilla verdad del increíble amor de Dios, y que Él habría muerto sólo por mí porque me amaba mucho. También le oí hablar de estar a siete centímetros del cielo, tener a Dios en su cabeza y en su corazón, y pensé: *¡Ese soy yo!* Así que bajé hasta el terreno del estadio (desde la grada más alta), me encontré con una consejera llamada Heather, y oré para aceptar a Jesús como mi Señor y Salvador. En junio de 2005, yo fui un consejero de oración en la cruzada de Billy Graham en Queens, y tuve el privilegio de llevar a otros al Salvador del que me había enamorado. También he escogido hacer eso con mi vida. Gracias, Billy, por su fidelidad y coherencia en su caminar. Eso se necesita desesperadamente hoy en el mundo. Gracias por compartir la sencilla verdad del gran amor de Dios. Pero por encima de todo, gracias por presentarme al amor de mi vida: mi Señor y Salvador Jesucristo.

ME ACUERDO

Me acuerdo de cuando era una niña y nos sentábamos alrededor de la radio y escuchábamos predicar a Billy Graham. Cuando compramos nuestro primer televisor, veíamos siempre que retransmitían una cruzada de Billy Graham. Finalmente pude asistir a mi primera cruzada, en Charlotte. No me acuerdo de la fecha. Los miembros de nuestro coro ayudaron con el coro. Deseaba poder cantar tan bien como para hacer eso. Cuando mi esposo salió del trabajo nos fuimos juntos, con los jóvenes, para la noche de la juventud. Había estado lloviendo mucho ese día. Todos teníamos bolsas de plástico junto a nuestros chubasqueros. Estaba muy emocionada de que mis hijos pudieran ver y oír a Billy Graham. Johnny Cash también estaba allí esa noche. Recuerdo a Billy Graham diciendo que no iba a llover durante un rato, ¡y no lo hizo! El cielo estaba muy nuboso y parecía que iba a llover a cántaros en cualquier momento, pero no lo hizo. Yo trabajaba como consejera esa noche. Me acuerdo de todas las personas que bajaban al terreno de juego. ¡Era asombroso! Nunca olvidaré el mensaje tan sencillo que él dio acerca del amor de Dios y de cómo nos amó Jesús y murió por nosotros. Me sorprende cómo se puede dar un mensaje tan sencillo pero con un amor y una humildad tan grandes que miles de personas sean salvas. Espero que volvamos a ver a alguien como él de nuevo. *Oro* para que veamos de nuevo a alguien como él, porque necesitamos desesperadamente a otro Billy Graham ahora.

GRACIAS, HERMANO GRAHAM

Nunca llegué a verle en persona. Solía verle en televisión cuando era niña, y luego siendo adulta. Si salía él, yo le veía. Hermano Graham, usted me ha ayudado muchas veces con la Palabra de Dios. Cuando usted hablaba, hasta un niño lo podía entender. Gracias por todas las veces que estuvo lejos de su familia. Dios le ha bendecido a usted y a su familia.

—*Pauline*

INTEGRIDAD

Al haber crecido en los turbulentos años sesenta, vi de primera mano muchos, muchos jóvenes que rechazaban a Dios y destruían sus vidas. También vi, desgraciadamente, a muchos ministerios caer y ser una vergüenza. En medio de todo eso, siempre veía a Billy Graham cada vez que podía. Su sencillo mensaje del evangelio y su humildad verdaderamente me hablaban. Su mensaje era siempre sencillo: "Jesús salva", pero a la vez profundo. Al ver sus llamados invitando a la gente, muchas veces me hacía llorar ver cómo cientos de personas pasaban al frente para recibir a Cristo como su Salvador. Estaba claro que el precioso Espíritu Santo estaba obrando de una manera poderosa a través de Billy Graham y de todo su dedicado equipo. Personalmente le doy gracias a Dios por enviar a este mundo a Billy Graham. Gracias, Billy Graham.

EL HAMBRE AÚN ARDE EN MI CORAZÓN

En diciembre de 1968, mientras veía al Dr. Graham en televisión, el sencillo mensaje del evangelio ardía en mi corazón. Me arrodillé en nuestro salón recreativo y recité la oración del pecador. La presencia de Dios inundó la habitación, y por primera vez en mi vida sentí el perdón de Dios. Hasta hoy, el hambre por conocerle a Él en mayor medida sigue ardiendo en mi corazón. Los años han sido emocionantes, ver y experimentar la Palabra de Vida, ser bautizado en el Espíritu Santo e interceder por los que Dios me muestra en sueños y visiones. Hasta este día, sigo repartiendo el librito de Billy Graham *Pasos para tener paz con Dios,* compartiendo así el evangelio dondequiera que soy enviado. Le debo al Dr. Graham un millón de gracias por presentarme a un Dios tan increíble a través de Cristo Jesús. Alabo a Dios por el esfuerzo evangelístico que ha hecho su organización en todo el mundo. Que las bendiciones más ricas de Dios continúen fluyendo sobre la familia Graham mientras le siguen a Él como el Dr. Graham ha hecho durante todos estos años.

El evangelio claro y sencillo

De pequeña, escuchaba todas las cruzadas, y después de cada mensaje le pedía a Jesús que me salvara. Iba a la iglesia cada domingo, pero nunca oía el evangelio claro como usted lo predicaba. Le rogaba a Dios "conocerle". A los trece años, finalmente acepté a Jesús como mi Salvador públicamente; sin embargo, ya le había aceptado personalmente en una cruzada de Billy Graham.

De niña, intentaba predicar el mensaje como usted lo hacía, y después de unos cuantos años me di cuenta de que el evangelio claro y sencillo es el mejor mensaje que declarar. Gracias por seguir siendo tan claro durante todos estos años. Siempre digo que cuando llegue al cielo, quiero mirar atrás a todos los hijos espirituales y nietos que pude conducir al Señor. Pero Dr. Graham, será mérito suyo, porque usted se preocupó lo suficiente como para predicar el evangelio sencillo a una niña hambrienta del Señor. Gracias… a mi papá espiritual.

Gracias, Billy Graham...
por plantar semillas de fe

BILLY PLANTÓ UNA SEMILLA

Un día, mientras pintaba el porche de mi casa, llegó un hombre mayor en su automóvil. (Yo vivo a un kilómetro y medio de la autopista.) Dijo que no estaba seguro de por qué estaba allí. Yo le contesté: "Quizá Dios le trajo aquí". Tras su respuesta, le pregunté si podía ir a agarrar mi Biblia para compartir algunas cosas con él. Él me invitó a sentarme en su vehículo. Mientras le compartía el evangelio, comenzó a llorar. Verá, su esposa había fallecido un tiempo atrás, y ella siempre había querido que él fuera a la iglesia. La noche anterior, mientras él recorría los canales de televisión, se encontró con su programa y quedó plantada la semilla para llevarle a mi casa. Invitó a Cristo ese día, y eso fue hace muchos años. Gracias, Billy.

RECUERDOS

Mi mamá falleció la semana pasada. Tuvimos un servicio en su memoria ayer. Llevaba enferma bastante tiempo, pero siempre era optimista y se preocupaba por el futuro de sus hijos, sus nietos y bisnietos. Su vida fue difícil en su niñez, y su primer matrimonio con mi padre fue difícil, ya que tanto su padre como su madre tenían problemas con la bebida. Sin embargo, ella nunca habló mal de otros y siempre concedió a los demás el beneficio de la duda.

Ella siempre tuvo una fe sencilla en Dios y sus planes para nuestras vidas. Nunca se perdía una cruzada de Billy Graham cuando yo era niño. Yo siempre me sentía atraído a verlas, y con el tiempo las semillas que se plantaron en esos días echaron raíces, y le entregué mi vida a Cristo. Si no hubiera sido por las cruzadas en televisión, nunca habría podido decir adiós a mi mamá, que ha sido mi roca durante tantos años. Ella me dio esperanza cuando había mucho dolor en mi vida.

Debido a la fe de ella en Dios, y las semillas que el Sr. Graham sigue plantando en nuestras vidas, he aprendido que Dios está ahí para todas las personas, independientemente de cuál sea su condición en la vida. Le doy gracias por la oportunidad de compartir en este tiempo de tristeza y gozo. Y mis mejores deseos para la familia Graham ahora que su padre quizá pronto sea llamado a casa.

FINALMENTE ABRÍ LA PUERTA DE MI CORAZÓN

Probablemente tenía unos diez años cuando asistí a una campaña de avivamiento al aire libre donde hablaba Billy Graham. Lo recuerdo como si fuera ayer. Quería pasar al frente al final y aceptar a Cristo, pero el grupo de la iglesia con el que iba quería irse para librarse de los atascos de tráfico. Muchos años de dolor después, finalmente abrí la puerta de mi corazón a Jesús de nuevo. Creo que el Señor siempre ha estado cuidándome y esperando mi regreso. Creo que el Señor usará el dolor de mi pasado para ayudar a otros. Creo que Billy Graham plantó una semilla en mi vida que nunca se perderá. Gracias por darse para atraer a otros cerca de nuestro Señor, Billy.

El largo viaje de regreso

Yo me crié en la iglesia metodista desde que era un preescolar, pero realmente nunca tuve ni idea de lo que realmente significaba darle mi vida a Cristo. Cuando tenía doce años, mi madre me llevó a una cruzada de Billy Graham. Fue la primera vez que sentí el toque de Dios en mi corazón.

A partir de ese momento, fue como si mi familia y yo estuviéramos bajo un ataque espiritual severo del "adversario de nuestra alma". Cuando cumplí trece, papá se mostró distante y rechazó todos mis afectos. Mamá también se enfermó tanto que le afectó a su personalidad. Constantemente perdía los nervios, gritándonos y dándonos voces a papá y a mí. Le tiraba a papá los platos o sencillamente los tiraba de los armarios al suelo y los hacía añicos. A mí me golpeaba y azotaba con lo que tuviera a la mano. La condición de mamá fue diagnosticada incorrectamente como enfermedad mental. Eso afectó negativamente a nuestra familia.

Un mes después de mi catorce cumpleaños, mi papá murió de un ataque de asma. Un año después, mi mamá tuvo una histerectomía, donde encontraron la verdadera causa de su enfermedad: endometriosis (un gran quiste muy infectado pegado a su útero.) Tardó dos años recuperar su salud, y su recuperación emocional nunca fue completa. El daño que causó la enfermedad y los tratamientos de electroshock que le dieron basados en el diagnóstico erróneo le pasaron factura.

A los dieciséis, ya no pude soportar la situación en casa. Me sentí traicionado y abandonado por el Dios con el que había crecido. Desde los trece, mi mamá me había dicho que yo le hacía decir palabrotas hasta a un predicador, y que estaba destinado a una vida entre rejas. Tenía callos en la parte posterior de mis piernas y posaderas de todos los azotes que me daba con cinturones, perchas y varas. Nada de lo que yo hacía era suficientemente bueno. Estaba bajo un abuso físico y emocional constante.

Al no sentirme querido y amado, intenté suicidarme. Como eso falló, me fui de casa y comencé a buscar el "amor libre" que había visto en la televisión y oído a los artistas cantar en la música del momento. Pero en lugar de "paz y amor", descubrí "sexo, drogas y rock and roll". Al cumplir los dieciocho, ya estaba muy metido en el alcoholismo, el consumo de drogas y adicción a las relaciones. El 30 de junio de 1971, a la joven e inmadura edad de dieciocho años, me casé. Fue el año que debía haberme graduado de secundaria. En cambio, estaba trabajando en una gasolinera en las montañas Rocosas.

En el primer año de mi matrimonio, tuve mi único hijo "legítimo". Pero el matrimonio se rompió poco después del nacimiento de mi hijo, debido a mi infidelidad, alcoholismo y consumo de drogas. Terminé viviendo en las calles (la notoria avenida East Colfax de Denver) durante unos años. Jugaba con los trabajos y las mujeres, pero la bebida y las drogas eran mi verdadero amor. De vez en cuando, estaba sobrio durante un mes o dos porque alguna chica "cristiana" que ansiaba tener estaba intentando convertirme, pero después de un breve descanso siempre regresaba a mis antiguas amigas: "Bud Weiser" y "Mary Jane" (bebida y marihuana.)

Cuando agoté todos los medios conocidos de ayuda, entré en un programa de dos semanas de "conciencia del alcohol". Quedaba poco para que terminase el programa cuando conocí a mi actual esposa, Susan, en un club nocturno. Esa fue la única vez que estuve sobrio y ella ebria. Durante los siguientes veinte años, ella fue "una buena codependiente" y toleró mi estilo de vida de alcoholismo. Si tiene alguna pregunta sobre qué es el infierno, pregúntele a ella. El Señor sabe por todo lo que le hice pasar. Pero luego ella se quedaba, así que, a su manera, ella estaba tan enferma como yo.

El 10 de julio de 1999 comencé mi viaje por el camino hacia la recuperación. Llamé a un hombre que había conocido en una reunión de Alcohólicos Anónimos y le pregunté si estaba dispuesto a ser mi "patrocinador". Cuando le pregunté cuál era el siguiente paso, me dijo: "Noventa reuniones en noventa días y comenzar a ir a la iglesia".

El 12 de agosto de ese mismo año, dejé de fumar cigarrillos. El 29 de diciembre, dejé de fumar marihuana también. Así que por todo lo acontecido, cada primer día del año celebro estar limpio y sobrio, empezando desde el 1 de enero del año 2000. Desde ese momento, mi esposa y yo hemos estado siguiendo de manera activa un mayor entendimiento de la gracia de Dios y su plan de salvación a través de Jesucristo. He recorrido un largo camino, pero aún me queda mucho por recorrer. Se dice que "Dios obra de maneras misteriosas". Yo digo que es sólo un misterio ¡si no se conoce a Dios! Porque, sin Dios, uno nunca puede conocer la verdadera paz y el verdadero gozo. Por lo tanto, le recomiendo enfáticamente dejar a un lado cualquier prejuicio que pudiera tener acerca de Dios y dedicar un tiempo a leer la Palabra de Dios, comenzando con el Evangelio de Juan en el Nuevo Testamento. Pídale en oración que le abra los ojos de su corazón a su amor y bondad. Lo único que lamentará es haber esperando tanto. Gracias, Billy, por plantar una semilla en el corazón de un niño.

—*Karl*

UNA SEMILLA DE FE

Cuando tenía ocho años, el pastor Graham plantó la primera semilla verdadera de fe en mí. Acepté a Cristo por una cruzada en televisión en la década de 1960. Recuerdo bien ese día, porque mi madre y mi padre tuvieron una disputa verbal acerca del deseo de mi padre de cambiar de canal en la televisión. Sin embargo, mi madre veía que yo estaba completamente pegada a la televisión. Sé que ese fue el día en que Jesús entró en mi corazón. Sin iglesia. Nunca fui a la iglesia. Fue doce años después, tras muchas malas decisiones, cuando me di cuenta de que Dios estaba involucrado en todo lo que yo estaba haciendo.

Durante todos estos años, nunca he olvidado la fidelidad del hermano Billy Graham. Le amo profundamente, y sé que Dios le está permitiendo estar el tiempo suficiente para ver un milagro especial, uno que cambiará los eventos del mundo. Aunque es sólo un hombre, el hermano Graham es un amigo de Dios. Gracias, mi querido hermano, por su fidelidad y su firme compasión. Gracias por sus años de oraciones y compromiso con el cuerpo de Cristo. Lloraré y le extrañaré cuando deje esta tierra. Pero recordaré todas sus palabras de la fidelidad de Dios para su cuerpo y esperaré el regreso de nuestro Señor.

Tan sólo una hermana en Cristo que verdaderamente está agradecida por su fidelidad.

Jesús es la única respuesta

Recibí la salvación siendo una joven adolescente. Me había criado en un hogar donde abusaban de mi mamá, y a veces también de nosotros los niños. (Mi papá es hoy una persona muy cambiada.) Fui a una cruzada cuando tenía trece o catorce años que fue increíble. Estuve del lado de la vida durante un tiempo, pero después me vi envuelta en las drogas, etc. Bueno, ninguna semilla que se planta se puede quedar muerta. Finalmente, cuando tenía veintitantos años, la semilla brotó. Ahora tengo cuarenta y nueve, y llevo casada con mi verdadero amor, un hombre cristiano maravilloso, veintinueve años. Estoy muy agradecida con Jesús por permitir que nacieran hombres maravillosos como Billy Graham. Él es único en su especie; no hay nadie como él. Y una cosa más que debo mencionar: mi esposo y yo tenemos cinco hijos, y todos siguen a Jesús. Así que esa semilla plantada creció y produjo doce semillas más que a su vez están plantando más semillas (incluyendo nuestros nietos.) Gracias, Billy, por ser un siervo tan maravilloso.

SEMILLAS PLANTADAS

Yo era un niño de catorce años o así cuando la cruzada de Billy Graham llegó a Columbus, Ohio. Fui con el grupo de jóvenes de la iglesia local porque iba a haber chicas allí. Oí las palabras del Rev. Graham y sentí el toque en mi corazón. Pasé al frente, pero debo admitir que fue porque todas las personas del grupo ya habían pasado al frente.

Ocho años después, y muchos kilómetros a cuestas, tras mudarme a California en la década de 1960 y servir en el ejército durante la era de Vietnam, hice una conexión entre el corazón y la mente para entregarme a Cristo porque Él era quien la Biblia decía que era.

Como pastor ahora durante ya más de treinta y tres años, trazo mi fruto espiritual hasta las semillas plantadas por Billy Graham. Quizá han tardado bastante en crecer, pero fueron plantadas sencillamente por este gran siervo.

—Doug

MI ERRANTE ESTILO DE VIDA

Yo era una adolescente de dieciséis años, embarazada y que consumía drogas, cuando entré en la carpa de Billy Graham en la playa de Southern California. Escuché a Billy Graham y oí algo que estaba muy lejos de lo que había aprendido en mi educación luterana y en un hogar de abuso y negligencia infantil. Pasé al frente en el llamado al altar y le entregué mi vida a Cristo. Una antigua prostituta con el rímel cayéndole por sus mejillas llenas de lágrimas me aconsejó en ese momento. Me fui de allí preguntándome qué era lo que me había ocurrido.

En dos semanas, sin ningún seguimiento, calladamente apagué esa nueva y vibrante parte de mí. Pero había una nueva determinación en mí de "lograrlo". Las semillas de la cruzada de Billy Graham habían quedado plantadas muy dentro de mí. Decidí tener a mi bebé, darle en adopción, y comencé a vivir y trabajar por mi cuenta, terminando la secundaria por la noche mientras vivía en un apartamento diminuto lleno de cucarachas.

Enseguida mi errante estilo de vida me llevó a una comuna en el valle Shenandoah de Virginia. De nuevo, Dios tocó mi corazón cuando me aburrí de vivir con personas que sólo querían consumir LSD y caminar por la montaña proclamando que eran Dios. Dios me bendijo con un trabajo y un nuevo lugar para vivir, pero el diablo tenía sus planes también. La humedad de Virginia me hizo enfermar de gravedad, así que de nuevo me dirigí a California. Esta vez, me llevé a Dios conmigo. Encontré una iglesia similar y comencé a asistir. El pastor era un hombre antipático, gritón y juzgón, áspero con su esposa y sus hijos en público, y que menospreciaba a los hippies que yo convencía para que asistieran a la iglesia conmigo. De nuevo huí a otro lugar.

Los años siguientes fueron de mucho tumulto, por decirlo suavemente. Muchas universidades, pandillas de moteros, relaciones. Siempre tenía esa voz dulce y suave en lo más hondo de mí, pero intentaba enterrarla en mi rebelde vida. Tuve éxito casi hasta el borde de mi muerte; una profunda desesperación y sufrimiento me llevaron al borde del suicidio. ¿Iba a vencer Satanás?

Una vez más, mi compasivo Padre celestial orquestó una situación en la que se abrió una habitación en una casa de mujeres cristianas cuando yo necesitaba mudarme de mi lugar anterior. Oí de esta habitación de una compañera de trabajo en el programa de trabajo/estudio de la universidad local donde de nuevo estaba estudiando. Me trasladé, y el callo de mi corazón se hizo más fuerte cuando el amor de estas nuevas amigas intentó penetrar. Me aislé, e intenté ser rebelde. Creo que Dios estaba diciendo: "Tu boca dice que no, pero tu corazón dice sí-sí". Y era verdad, porque el siempre presente e inagotable amor de Dios finalmente me atrapó, de una vez por todas, y me arrastró arrancándome de la mano de Satanás hacia la Luz de Jesús.

No han sido treinta años fáciles, especialmente los cinco o diez primeros años, pero con sanidad y misericordia y paciencia, como sólo Dios puede hacerlo, mi vida es asombrosa. Tengo tres nietos estupendos, más el hijo adoptado de mis años de adolescente, con quien me reuní por decisión suya cuando él tenía veintidós. Soy misionera en Ruanda y pronto en Tailandia.

Así que... todo es bueno como sólo Dios sabe hacerlo, porque Él es siempre bueno. Sus planes y propósitos son seguros. Él nunca desperdicia una herida. Su amor nunca se acaba, y sus misericordias nunca fallan. Su paciencia y fidelidad son mi red de seguridad. Y todo comenzó en una carpa en una playa hace cuarenta años cuando escuché a un hombre llamado Billy Graham.

Primeras semillas

En 1960 asistí a una cruzada con otros tres amigos del instituto. En el llamado al altar, realmente quería pasar al frente,
pero me dio mucha vergüenza. Sentí que mis amigos no me
esperarían, y estábamos a setenta kilómetros de casa esa noche.
De regreso en el automóvil, mi acompañante se giró a mí y
dijo: "¿Querías pasar al frente?".

"Sí", respondí.

"Yo también", dijo él.

Pero no lo hicimos.

Mi vida fue tormentosa hasta 1992, cuando acepté a Jesús
en mi corazón. Qué vida tan distinta podría haber tenido si hubiera respondido al llamado cuando tenía dieciséis. Intenté vivir
al estilo del mundo, después a mi manera, y finalmente … a la
manera de Él. Nunca miraré atrás. La paz que tengo ahora es
algo increíble. Me sigo acordando del impulso que sentí entonces, y me hubiera gustado haber tenido más valor. Dios me ha
enviado a Chad, África, tres veces, y quizá vuelva a ir en un equipo médico. ¿Quién sabe lo que Dios tenga preparado para mí?

Salvada en Suecia

Intente regresar a sus años de preadolescencia. Ahora véase
como una preadolescente estadounidense viviendo con su familia en la hermosa ciudad de Estocolmo, Suecia. Está intentando aprender el idioma y ajustarse a estar lejos de casa. Y de
vez en cuando experimenta un pedacito de la vieja América.
Me encontré con dos destacados Billy mientras estuve en Estocolmo: mi primer concierto (con Billy Joel) y mi primera
cruzada (con Billy Graham). Ambas fueron gozosas ocasiones
típicas americanas. Pero sólo una de ellas cambió mi vida… la
cruzada del Rev. Graham.

La oportunidad de adorar en inglés fue bienvenida. De repente, me encontraba en un lugar lleno de amor, escuchando al Rev. Graham describir la simplicidad de dar un paso al frente para comenzar su viaje personal con Dios. Recuerdo un estadio lleno de gente, la música y luego el llamado. Estábamos sentados bastante lejos, y nunca había visto nada semejante. Pero el impulso del Espíritu en mi corazón era algo que no podía ignorar. Hasta este día, puedo verme saliendo de esas sillas, caminando hacia el frente… y estar rodeada por un círculo de oración y amor.

Mi viaje cristiano tomó muchos virajes y curvas durante mis primeros años de vida adulta, pero fue la relación personal con Dios, un fundamento establecido ese día en un estadio de Estocolmo, lo que plantó una experiencia crítica en mi corazón. Irónicamente, fue una semilla que después floreció en el jardín trasero de la casa de Billy Graham, en el estado de Carolina del Sur. Décadas después, y a kilómetros de distancia de la casa de Billy Graham en las montañas de Carolina del Norte, la niña que había pasado al frente en Estocolmo estaba formando un hogar como presentadora del noticiero local en Spartanburg. Mediante un estudio bíblico para nuevas mamás, pude reconectar con ese deseo de corazón de tener una relación personal con Dios.

Todos sabemos que el mundo es muy pequeño, y esto lo hace incluso más pequeño: terminé haciendo crecer esa semilla que el Rev. Graham ayudó a plantar al otro lado del océano, en First Baptist Church, la iglesia donde el Rev. Graham mismo regresó en los últimos años de su vida, los dos compartiendo el mismo pastor y un Dios amoroso.

USTED FUE QUIEN PLANTÓ LA
SEMILLA EN MI CORAZÓN

Ni tan siquiera era cristiano, pero de vez en cuando veía sus cruzadas en televisión. No crecí en un hogar cristiano. Íbamos a la iglesia, pero nunca pensaba mucho en Dios. Durante toda la escuela y a mitad de mi servicio militar, mi vida fue bien. Después, mi mundo se rompió en mil pedazos. Sentía que no le importaba a nadie. Me dije que si a Dios no le importaba, tampoco yo debía preocuparme de mí. Hice cosas que nunca imaginé que haría, comí como un cerdo para cubrir la culpa, y tuve un colapso nervioso. Aun así, nunca busqué ayuda.

Un tiempo después, me asignaron a otra base. Dios me puso muy cerca de dos chicas cristianas de mi edad. Llevaba allí tres o cuatro meses cuando acepté a Jesús como mi Salvador. Mirando atrás con el paso de los años (treinta y cinco para ser exactos), sé que usted fue quien plantó la semilla en mi corazón para que un día echara raíces y creciera hasta convertirse en un "árbol" para lo que Dios había planeado para mí. Durante todo este tiempo que he caminado con Él, he tenido altibajos, pero Él nunca me ha dejado ni me ha abandonado. Él siempre cumple sus promesas. Sr. Graham, he visto sus cruzadas siempre que he tenido la oportunidad de hacerlo. Dios le ha usado para tocar mi vida de muchas formas; no podría contarle todas ellas. La Biblia dice que uno planta y otro riega, pero Dios da el crecimiento. El Señor puso un llamado en su vida y usted fue obediente. Gracias por estar ahí para plantar la semilla. Dios le bendiga.

EL MURO EN MI CORAZÓN

Oí a Billy Graham predicar en Berlín, en 1990. Un año después de la caída del muro de Berlín, sus palabras acerca de la gracia cambiaron mi vida. El muro de mi corazón cayó, y conocí a Jesús por primera vez. En esos días, yo era un hombre muy joven con muchas cargas, al haber crecido en Alemania del Este sin un padre. Hoy, soy un padre feliz, esposo, escritor de películas y televisión, director, predicador y consultor para gente joven. La gloria es para Dios. Gracias, Billy Graham, por sembrar la primera semilla en mi corazón, y gracias a todos aquellos que han apoyado este ministerio durante los años.

Un día que cambió mi vida... ¡Gracias a Dios!

Soy una mamá de cincuenta y cinco años con seis hijos. Le doy gracias a Dios por Billy Graham y por lo que hizo su ministerio en mi vida. Tuve muchas dificultades en mi vida cuando era niña. Hablaba mucho con Dios acerca de las cosas que estaba viviendo, y asistía regularmente a la iglesia. A los doce años, había intentado cometer suicidio, pero Dios no me dejó morir. Un día, estaba viendo la televisión y el programa en el que salía Billy Graham. Comencé a verlo, escuchando el mensaje atentamente. Entendí lo que él estaba diciendo; fue muy real para mí ese día. Al final, cuando pidió a las personas que pasaran al frente si querían recibir a Cristo en sus vidas, comencé a llorar. Lloré mucho y Dios ministró a mi joven corazón. Oré e invité a Cristo en mi vida.

Comencé a servir a Dios en la iglesia, cantando en el coro, enseñando en la escuela dominical, etc. Pero después, al cumplir dieciocho, dejé de ir a la iglesia y me dediqué a vivir mi vida. Pasé por momentos muy difíciles, un brutal primer matrimonio, un segundo difícil, niños enfermos y yo misma enferma la mayor parte del tiempo, otro intento de suicidio. Mi esposo y yo pasamos por algunas dificultades económicas y ninguno de los dos íbamos a la iglesia. Dios nos estaba llamando y nosotros le ignoramos, así que Él aumentó la presión. Finalmente tuvimos suficiente, y un día esa semana alguien puso un folleto en nuestra verja acerca del cielo y el infierno. Llamamos al número del folleto y un pastor vino a visitarnos, nos habló de Jesús y nos invitó a su iglesia. Fuimos como familia, y mi esposo y yo volvimos a dedicar nuestras vidas al Señor. Después entramos en el ministerio, y mi esposo se convirtió en un ministro.

Como podrá ver, una semilla se plantó en mi vida durante todos esos años mediante el ministerio de Billy Graham. ¿Fue la gran cruzada, la gran predicación, el canto? Fue el poder de Dios y la unción de un humilde hombre de Dios muy obediente. Quiero dar las gracias a su esposa y sus hijos por compartirle con el mundo. Necesitábamos el mensaje que él nació para predicar.

Había una vez un hombre llamado Billy Graham
Predicó acerca de Dios por toda la tierra
Y ahora que es mayor y canoso
Las semillas que plantó nunca se perderán
Siguen brotando por toda la tierra
Muchas vidas experimentaron el nuevo nacimiento
El objetivo que ve es que vayan al cielo
No al lugar debajo de la tierra
El ministerio de Billy Graham hizo esto conmigo
Ahora mi espíritu finalmente es libre
Toda la gloria para Dios nuestro Padre por usar a un siervo humilde, Billy Graham.

USTED PLANTÓ LAS SEMILLAS

Querido hermano Graham: saludos en el nombre de nuestro Señor y Salvador Jesucristo. Me presentaron por primera vez su ministerio hace muchos años cuando era un niño. Mi papá siempre me invitaba a ver sus cruzadas con él en televisión.

Siempre me impresionaban los poderosos milagros que el Señor hacía a través de usted. Papá no iba mucho a la iglesia en esos días, pero tenía una clase asombrosa de fe. Verá, papá fumaba mucho y no conseguía encontrar una iglesia que le permitiera fumar en el banco.

Nunca olvidaré ese día cuando un vecino se detuvo y comenzó a burlarse de usted, diciéndole a papá: "Usted realmente no se cree toda esa jeringonza, ¿verdad?". Papá respondió: "Pues sí. Creo que Jesús tiene apóstoles hoy, como tenía cuando caminaba en la tierra, ¡y Billy Graham es uno!".

Esos mensajes plantaron una semilla de fe, la cual dio mucho fruto años después. Verá, en 1980 me diagnosticaron esclerosis múltiple (EM). Pero en 1984 le entregué mi corazón al Señor y fui totalmente sanado por las oraciones de un ministerio local. Ese mover del Señor hizo que papá y otros miembros de la familia también entregaran su corazón al Señor. Papá partió con el Señor el 11 de julio de 2007. Hoy, tanto mi esposa Patti como yo, somos diáconos en nuestra iglesia local. De nuevo, ¡gracias!

ARRIBA DE LAS ESCALERAS

Cuando era adolescente, alrededor del año 1971, mis padres estaban viendo una cruzada de Billy Graham en la televisión. Mientras yo caminaba por la sala para subir las escaleras hacia mi cuarto, mi padre dijo: "Patti, deberías ver esto". Mi madre se metió en la conversación: "Sí, Patti, baja aquí y ve esto". Éramos una familia católica. A mi padre le encantaba ver a Billy Graham. Mi madre realmente no estaba muy interesada, pero lo veía porque mi papá lo veía.

Yo dije: "No, me voy a la cama". Nunca antes le había oído predicar, y no le quería ver sólo porque mis padres me dijeran que "debía" verlo. Al llegar arriba de las escaleras, me detuve cuando oí al hermano Graham decir algo como esto (no es una cita textual): "Si Jesucristo no es su principal pensamiento durante el día, entonces no es su Dios". Me impactó mucho. Sabía que yo no pensaba en Jesucristo todos los días, pero pensaba que creía lo suficiente.

No sé si mis padres recordaron algo de lo que dijo Billy Graham, pero yo me he acordado de esas palabras durante toda mi vida. Me hice cristiana nacida de nuevo hace unos años, cuando tenía veinte, a través de unos amigos que habían sido salvos. Pero sé que la primera semilla plantada en mí la plantó el hermano Billy Graham esa noche cuando apenas escuché desde arriba de las escaleras. ¡Muchas gracias por su ministerio!

BILLY PLANTÓ LA SEMILLA

Siendo un estudiante de Ugandan University en Londres en 1984, tuve la fortuna de oír a Billy Graham predicar el evangelio una noche en una pequeña capilla en Victoria, a la vuelta de la esquina del palacio de Buckingham.

Billy Graham habló en voz baja ese día, porque acababa de sufrir una intervención quirúrgica o no se encontraba bien. Cuando me levanté para responder al llamado al altar al final del mensaje, de algún modo alguien con quien había ido me persuadió para no hacerlo, y me volví a sentar. Sin embargo, la semilla había sido plantada en mí.

Serían otros catorce años de vaivenes en mi vida hasta que finalmente respondí al llamado, de regreso en Uganda en 1998. El día que finalmente respondí al llamado, me acordé de la noche que había oído el evangelio en boca de Billy Graham. Él había plantado la semilla y otra persona la había regado. ¡Gloria a Dios!

No demasiado sucio para ser limpiado

Crecí en la iglesia. Mi madre era una mujer de mucha oración, y fue una poderosa influencia y testimonio en las vidas de sus cinco hijos, los cuales son ahora todos ellos ministros y pastores del evangelio. Aunque yo crecí en la iglesia, de algún modo nunca me sentí aceptada, ni tampoco parecía que podía seguir siempre todas las reglas y normativas que me harían ser una "santa" según la enseñanza de mi iglesia. Así que, después de dar a luz a un niño a los dieciséis años, y después casarme con el padre, tuve tres hijos más en ese abusivo matrimonio. Después comencé a consumir drogas, y a beber, y a vender mi cuerpo para sostener a mis hijos mientras intentaba ir a la universidad después de mi divorcio.

Fue durante aquel tiempo cuando algunas mujeres de la iglesia de mi madre vinieron a darme testimonio para que le entregase mi vida al Señor, pero sencillamente les dije que no estaba preparada. La enseñanza en ese tiempo era que uno "se prepara", deja de pecar, y entonces acude al Señor. No tenía poder para limpiarme a mí misma. Pocos días después, estaba sentada delante del televisor y estaba predicando Billy Graham en una de sus cruzadas. Estaba diciendo que uno puede "acudir" al Señor, y que ser pecador nos da la oportunidad de ser perdonado, si nos arrepentimos y le pedimos a Jesús que nos salve. Yo escuchaba y a la vez dudaba de que fuera así de sencillo. Oré, y sentí correr las lágrimas por mi rostro mientras el Señor me abrazaba con su amor. Aún recuerdo la calidez que vino a mi corazón. Pero no me atrevía a decirles a otros, que me habían dicho que estaba "demasiado sucia para ser limpiada", que Jesús me había perdonado y aceptado. Al escuchar las enseñanzas de mi infancia, comienzo a dudar de que hubiera sido salva, y comencé a regresar a los caminos del mundo, pero una semilla había sido plantada, y un año después le entregué mi vida totalmente al Señor y le permití limpiar mi vida de la bebida y la vida que estaba viviendo.

Unos cinco años después, acepté un llamado al ministerio, y cofundé una iglesia en Hawai. Y como Billy Graham fue uno de mis mentores en el ministerio, pensé que haría mi llamado al altar como él lo hacía. Comencé a leer un libro titulado *The Effective Invitation*, y vi cómo las personas acudían al altar para salvación y oración. Desde entonces, he pasado por muchas dificultades, y ahora me he mudado a Arkansas. Mi esposo y yo pastoreamos aquí una iglesia, y siempre abro el servicio con una lectura del devocional *Esperanza para cada día: Palabras de sabiduría y fe* del Dr. Billy Graham. Sigo considerando a Billy Graham mi mentor. Él y Ruth tendrán, sin lugar a dudas, una corona de ganadores de almas que valdrá su peso en gloria.

EL LLAMADO AL EVANGELISMO

Querido Billy, gracias en primer lugar por ser fiel al llamado de Dios en su vida. Cuando usted predicaba a las multitudes en una cruzada, yo también encontré la salvación en mi salón delante de mi televisor. No recuerdo la edad que tenía, pero era una niña muy joven. La convincente palabra de Dios que usted habló a mi vida plantó la semilla de una nueva vida. No me di cuenta en ese entonces del rumbo que tomaría mi vida. Lo único que supe es que recibí un hambre de Dios. Mi espíritu anhela cumplir mi destino en Dios. Confío y sé que Dios no ha terminado conmigo aún. Cuando usted compartía a Jesús, creo que plantaba palabras que Dios había ordenado para mí. Oro para poder ser tan fiel como usted lo ha sido hasta que Jesús regrese.

PRECIOSAS SEMILLAS DE BENDICIÓN

El Rev. Billy Graham ha sido famoso en mi casa desde que yo recuerdo. Crecí en una granja de Georgia del Sur, y trabajábamos mucho. No importaba lo que estuviéramos haciendo, si el Rev. Graham iba a estar en la televisión, mi familia estaba en la sala viendo el antiguo televisor en blanco y negro. Sólo teníamos tres canales, ¡pero gracias a Dios que Billy Graham estaba en uno de ellos! Nadie hablaba ni se movía durante el mensaje.

Mi padre era un hombre de disciplina estricto, un veterano de la Segunda Guerra Mundial, y ni siquiera era salvo durante parte de los años que veíamos las cruzadas de Billy Graham. Sé que el Rev. Graham plantó y regó muchas semillas espirituales en nuestro hogar, y en mi vida. La salvación de mi padre se produjo cuando tenía unos cuarenta años, y es una de las preciosas semillas de bendición… Yo no fui salvo directamente como resultado de una cruzada en la televisión, pero las semillas definitivamente estaban ahí. Finalmente pude asistir a una cruzada a mitad de 1990, en Atlanta.

EL FRUTO ES OBVIO

De niña, crecí en Arkansas, en una familia de seis hijos, donde mi madre solía ver las cruzadas de Billy Graham. Ella fue la primera en su familia de siete hijos en acudir a Cristo. Me acuerdo de cómo su familia se reía de ella, y mi papá a menudo abusaba de ella. Nunca escuché a mi madre devolver una mala respuesta. Ella nos llevaba fielmente a los seis a la iglesia, y vivía con una fortaleza callada dedicada a Cristo.

Debido a su fidelidad, yo quería aprender la Palabra de Dios por mí misma, e incluso siendo una niña intentaba leer la Biblia. Aunque era muy niña, podía sentir la presencia de Dios cuando veía las cruzadas de Billy Graham. Era obvio que Dios me estaba atrayendo y tenía un gran plan para mi vida.

Le doy gracias a Dios por mi madre, y le doy gracias a Dios porque tuve la experiencia de oír el evangelio a través de Billy Graham cuando era una niña. Serían las semillas que Dios más tarde regaría en mi vida. Incluso ahora, veo las transmisiones en diferido en TBN los sábados por la noche… y la presencia de Dios es tan fuerte ahora como lo era antes. Me da una maravillosa y reconfortante sensación.

Después tuve tres hijos, y el mas pequeño de todos se unió al cuerpo de los Marines. En febrero de 2004 estaba conduciendo el Jeep de mi hijo de regreso de Cherry Point, en Carolina del Norte, hacia Tulsa después de que él se hubiera ido a su primer viaje de destino en Irak. Tras circular por la carretera durante varias horas, necesitaba estirar las piernas y repostar gasolina, así que tomé la primera salida hacia la derecha. Observé que era una pequeña ciudad muy bonita, y cuando salía del automóvil, sentí una presencia.

Tras repostar gasolina, pensé que me detendría en una de las tiendas, y observé que había unos cuantos libros de Billy Graham, y uno de Ruth que había estado buscando. Cuando le comenté al dependiente que estaba muy contenta por haber encontrado ese libro, me dijo: "Bueno, Billy y Ruth vivían un poco más adelante en esta misma calle. Entonces entendí qué era la presencia… se podía sentir literalmente que las presencias allí eran muy fuertes, en Black Mountain, Carolina del Norte.

Me di cuenta también de que la presencia que sentía era el poder de la oración, las muchas oraciones que salieron de esa montaña, hechas no sólo por los Graham, sino también por muchos fieles de Dios. Me doy cuenta de que es probablemente lo más cerca que conseguiré estar de Billy o de la familia Graham, pero qué agradable sorpresa fue ese día. Qué bonita es esa pequeña ciudad envuelta por las montañas. Qué presencia tan dulce de Jesús pude sentir.

Gracias, Billy Graham. El fruto es obvio... ¡tremendamente obvio!

Gracias, Billy Graham...
por ayudarme a encontrar a Jesús

~

ENCERRADO EN MI VESTIDOR

Cuando tenía dos años, mis padres se divorciaron. En esos tiempos (1962), el padre *nunca* recibía la custodia, pero el mío sí la consiguió. Pero como estaba de servicio, no podía cuidar de tres hijos todos ellos menores de cinco años, así que nos puso en un orfanato católico en Texas, cerca de la frontera con México. Seis meses después (tras rogar a las monjas que no nos dieran en adopción), regresó para llevarnos con una *nueva* esposa.

Crecí sabiendo muy poco de Dios. Mis padres me llevaban a la catequesis antes de cumplir los siete años, pero con mi padre de servicio durante veinte años, tener que mudarnos tanto hacía difícil que pudiera hacer amigas.

Cuando cumplí diez años, mi padre se jubiló de la Marina y compró una granja de 240 acres en Wisconsin. Cuando cumplí trece, fui producto de un doble divorcio, donde mi madrastra obtuvo la custodia. Pasé los siguientes años experimentando todo lo que el mundo tenía que ofrecer, usando el alcohol y a los hombres para intentar suplir mis necesidades. Me sentía muy triste y sola, y mi vida no iba a ningún lado, mientras iba a noches de mujeres, bares de striptease, concursos de baile y cualquier cosa que se ofreciera en cualquier bar, para intentar olvidar mi soledad.

Un día, estaba en mi apartamento de una habitación y decidí ordenar mi único vestidor, que era gigante. Saqué todo y lo puse en medio del cuarto, esperando ordenarlo y reubicarlo todo desde allí. En cambio, me encontré encerrada yo misma en el vestidor.

Tenía el televisor en la otra habitación, con el sonido tan alto que podía oírlo desde el vestidor. Entonces, para mi sorpresa, comencé a oír hablar a alguien acerca de Dios y de Jesús, y ni tan siquiera sabía cuál era la diferencia entre Dios y Jesús. Bueno, no quería oír nada de algún "fanático de Jesús", pero estaba encerrada en mi vestidor y no podía salir. No quería complicar más las cosas al intentar salir, así que comencé a arreglar las cosas mucho más rápido para poder ir al televisor lo antes posible para cambiar de canal.

¡Por fin! Hice espacio suficiente para llegar hasta la televisión, pero cuando puse mi mano sobre el pomo para girarlo, *no pude...* Mi mano se detuvo y me quedé ahí de pie escuchando lo que estaba diciendo ese hombre. Estaba en el punto en que uno puede llamar al número que aparece en la pantalla. Me dije: *Llamaré, pero me pondrán a la espera, o estará ocupado, y colgaré.*

Marqué el número, y cuando respondió un hombre comencé a decirle que intentaba ser una buena persona, y que mi madre me había enviado una Biblia, y que la tenía justo al lado de mi cama. (No le dije que nunca había abierto la Biblia.) Él muy amablemente me dijo: "Entonces ¿por qué llamó?". Mi respuesta no pasó por mi mente, sino que salió directamente de mi espíritu. Dije: "Quiero aceptar a Jesucristo como mi Señor y Salvador". Al instante, de la cabeza a los pies, sentí una sensación de cosquilleo. Fui cambiada al instante, ¡y nunca volví a ser la misma! Y hasta este día, veinticuatro años después, sigo viviendo, amando y sirviendo a Dios con todo mi corazón, alma y fuerzas.

—*María*

MI SALVACIÓN

Crecí oyendo y viendo a Billy Graham en televisión. Mi madre era una fiel seguidora del Rev. Graham, pero cuando él salía en la televisión, yo realmente nunca oía el mensaje. Nunca llegó a mi corazón. El Rev. Graham se dirigía a Hartford en mayo de 1985. Mi madre no tenía a nadie que le llevara. Ninguno de mis hermanos quería ir. Mamá me rogaba que le llevara a ver la cruzada. Nunca se me olvida entrar en el Civic Center y ver a toda esa gente. Al haber dejado de ir a la iglesia hacía bastantes años, no pensaba que la gente aún siguiera creyendo en Dios. Encontramos unos asientos y comenzamos a escuchar el programa. Estaba bien, pero no genial para mí. Entonces apareció en la plataforma el Rev. Graham. Su mensaje, aunque no lo recuerdo, me habló en mi interior, algo en lo más hondo. Quería saber más acerca de esta "salvación". ¿Qué era eso de "confiar y obedecer"? Necesitaba a Dios más en mi vida. Y quería a Dios en ese mismo momento y en ese mismo lugar. Cuando la invitación llegó al final del programa, mi madre y yo pasamos al frente. Doy gracias a Dios ahora por el especial vínculo que experimentamos esa noche mi mamá y yo, al ser salvas en el mismo día y lugar. Mamá está ya en el cielo, y sé que algún día estaré allí con ella por oír y entender al Rev. Graham esa tarde. Han pasado veintiséis años desde entonces, y sigo creciendo como cristiana. Llegué a ver al Rev. Graham en Flushing Meadows hace unos años. Doy gracias a Dios por haber podido oírle de nuevo en persona. El Rev. Graham siempre tendrá un lugar especial en mi corazón, por ese vínculo especial que tuve con mi madre. Gracias por extender la Palabra.

Él me apuntó en dirección al Salvador

Durante mi último año en la secundaria, mis dos mejores amigos murieron en distintos accidentes de tráfico con una diferencia de seis meses. Otro amigo cercano había muerto el año anterior. Me sentía miserable, solo y culpable. Pensaba que si hubiera estado a su lado, ahora estarían bien. Tenía sentimientos suicidas y me veía en una espiral descendente. Comencé a beber mucho, a drogarme y a salir con nuevos amigos que realmente no se preocupaban por mí. Mis padres raras veces estaban en casa, debido a las decisiones que estaban tomando. Me sentía totalmente solo.

Mi hermano cristiano, Bill, me habló durante un par de años, pero yo no le escuché. Él llevaba una doble vida, yendo a las mismas fiestas que yo iba, y siempre llevando distintas chicas a su casa. Solía reírme de él por estar borracho y perdido los sábados por la noche y tener una actitud de santurrón los domingos por la mañana.

Una noche, estaba solo en casa y era tarde. Estaba borracho. Encendí el estéreo, y claro que Bill lo había dejado en una emisora cristiana. No tuve fuerza para levantarme y cambiarlo. La voz sureña de la radio era calmada. El hombre parecía ser compasivo e inteligente. Estaba diciendo las mismas cosas que yo había leído en los pequeños tratados que Bill siempre dejaba tirados por casa.

De repente, todo lo que mi hermano me había dicho y que yo había rechazado parecía estar a mi alcance. Ese hombre no sonaba como mi hermano, con doble cara y santurrón. Sonaba como alguien que se preocupaba por *mí*. Me apuntó en dirección al Salvador. Me dijo que tomara una decisión y yo lo hice. Decidí entregarle mi vida a Cristo esa noche. Sólo deseo haber tenido el valor de llamar al número de teléfono y conseguir más información. Tardé varios años en aprender cómo ir a la iglesia. Lo crea o no, no sabía que una persona podía simplemente entrar, sentarse y disfrutar de un sermón. Estoy muy agradecido con Billy Graham. Había querido morirme para estar con mis amigos. Ahora sé que cuando muera, estaré rodeado de amigos y familiares.

NUEVA CRIATURA EN CRISTO

De niña, crecí en un hogar cristiano, pero no tomé la decisión de aceptar a Jesús como mi Salvador personal hasta que tuve veinticuatro. Me casé y vivía en California, donde mi esposo estaba en la fuerza aérea. Me sentía muy mal, con ansiedad y sin saber lo que estaba sucediendo en el mundo y conmigo y mis dos hijos pequeños. Yo culpaba a mi marido por mi poca felicidad. Un día, una señora me preguntó si conocía a Jesús. No pude responderle. Esa noche, en televisión, oí a Billy y su mensaje acerca del Cristo que murió por mí. Atravesó mi corazón. Han pasado ya catorce años. Doy gracias al Señor porque fui gloriosamente salvada y soy una nueva criatura en Cristo.

—*Rachel*

TROFEO DE GRACIA

Dr. Graham, yo tan sólo soy uno de sus miles de "trofeos de gracia". Crecí escuchándole, pero una noche en 1972, en un estupor de borrachera viéndole en televisión, durante su llamado al altar me arrodillé junto a mi sofá y le pedí al Señor que volviera a entrar en mi corazón y en mi vida. Después regresé a la iglesia de mi niñez en Detroit, y le hice una promesa al Señor de que ahora haría cualquier cosa que Él me pidiera en la vida. Unos seis meses después, el Espíritu Santo volvió a encender el "llamado" que tuve de niño para ser evangelista a tiempo completo… y dije "¡sí!" al llamado. Durante los últimos treinta y cinco años ya, he viajado por todo Estados Unidos y Canadá predicando el evangelio de Jesucristo. Simplemente no puedo comenzar a decirle cómo Dios ha obrado en mi vida, mi familia y mi ministerio desde la noche que volví a rendir mi vida a Él después de ver su cruzada y oír a Dios hablarme a través de usted esa noche. Y por todas las vidas que han sido cambiadas mediante mi ministerio durante todos estos años, oro para que Dios le atribuya a usted el mérito que merece.

Dr. Graham, después de viajar durante treinta y cinco años seguidos, tengo una pequeña idea de los tremendos sacrificios que usted y su preciosa esposa y familia hicieron al recibir la voluntad de Dios para su vida, y sólo quería dedicar unos minutos para decirle de corazón "¡muchas gracias!". No sólo a usted, señor, sino también a toda su familia. Siempre he querido conocerle, y me encantaría vivir ya ese momento en el cielo cuando lo haga. Sé que la fila será larga, y tendré que esperar mi turno, pero tendré toda una eternidad con Dios y su pueblo para hacerlo.

¿POR QUÉ MICHAEL W. SMITH?

Soy una mamá de cuarenta y seis años con un hijo de doce años, a quien he criado yo sola. Le llamo mi ángel porque me hice cristiana nacida de nuevo cuando me quedé embarazada de él. Raras veces salía con chicos, a menos que fueran cristianos, e incluso así lo hacía pocas veces y espaciadas. Quería ser la mejor mamá posible criando a mi hijo birracial por mí misma.

He tenido una vida muy, muy difícil. He sufrido violaciones, consumo de drogas y he estado cerca de la muerte varias veces, sólo para aprender después en mi vida que fue Dios quien envió desde lo alto a sus ángeles en cada ocasión para que algún día yo pudiera impactar a otros con la verdad de Jesucristo.

Un día, cuando mi hijo tenía unos diez años, estaba viendo a Billy Graham en televisión y vi por primera vez a Michael W. Smith. Pensé: *¿Por qué Michael W. Smith? ¿Por qué le escogió Billy Graham para tocar entre tantos?* Verá, yo había estado en prisión varias veces anteriormente, y cuando salí, el primer CD que escuché fue de Michael W. Smith, y cambió mi corazón con su música. Seguí escuchándole y comprando más CD.

Dos años después, me casé con un hombre que yo creía que era cristiano. Pero tres meses después de nuestra boda, tuve un horrible accidente de tráfico, y mi nuevo esposo me dejó cuando más le necesitaba. Fue entonces cuando recaí en las drogas, dejando a mi hijo con sus abuelos mientras yo lamentaba mi propia vida, preguntándole a Dios: "¿Por qué?".

Por primera vez en toda mi vida, busqué a Dios con toda mi mente, corazón y alma. Aunque había estado recorriendo el camino equivocado, sabía que estaba entristeciendo al Espíritu Santo. Por la noche, la profundidad de mi depresión me dejaba a solas en mi oscura casa. Sin marido, lesionada gravemente por mi accidente de tráfico, mi hijo lejos de mis brazos, mis problemas de espalda y el dolor eran insoportables. Fue entonces cuando sintonicé una emisora cristiana y oí a Michael W. Smith cantar "Healing Rain". Aunque seguí en pecado, algo mucho más fuerte que la tenaza de Satanás y sus drogas vino sobre mí. Era Dios, respondiendo a todas mis preguntas mediante la música en esa estación de radio que sólo tenía música cristiana. Mientras continuaba en mi pecado, también continuaba orando, clamando y gimiendo con el Espíritu que producía una conexión increíble con Jesucristo. Comencé a recordar todas las cosas por las que había pasado, cada persona a la que había herido, todo lo que últimamente había olvidado acerca de mi vida, lo recordé. En cada instante del recuerdo, oraba por esa persona, y seguía buscando sin cesar en la Biblia, y milagro tras milagro ocurría *cada vez* que oraba. Nunca había tenido un destello del cielo hasta ese tiempo tan trágico. Nadie entenderá nunca los milagros que se produjeron. Pero Dios lo hizo. Gemir en el Espíritu Santo y orar con lágrimas inundando mi habitación desembocó en lo que creo que sólo los ángeles podían ver.

Tras esos momentos, toda esa visión, sueño o como lo quiera llamar, me dejó. Sólo me queda un recuerdo. Pero ese recuerdo ha estado grabado en mi corazón, comenzando con la pregunta en televisión con la cruzada de Billy Graham, y la pregunta de *¿Por qué Michael W. Smith?* Nunca olvidaré esa pregunta que se quedó en mi cabeza, y a la vez Dios me había preparado para un milagro. En mis horas más lúgubres, creo que estaba muriendo y luchando con la muerte al mismo tiempo. Una paz que sobrepasa todo entendimiento apareció en mi vida. Supe que Dios es un Dios de paz, un Dios de consuelo, un Dios de milagros y un Dios de misericordia, y fue todo por mí. Jesús murió por usted y por mí. Él conocía cada cabello de mi cabeza, cada pensamiento, oración, petición deseo, dolor, herida y desesperación. Le doy gracias a Billy Graham y su ministerio. Mi oración es que algún día signifique algo para alguien. Dios conoce mi corazón. Ahora estoy soltera de nuevo (separada de mi esposo, que nunca regresó) buscando a

Dios con todo mi corazón, mente y alma de nuevo, para poder cumplir una bendita existencia y propósito. Gracias por dejarme compartirlo. Oro para que pueda tocar a otros, porque a mí me dieron otros ese regalo.

ERA MUY CRÍTICO

Allá por 1971 estaba en las drogas y era un adolescente muy perdido. El único predicador de quien había oído hablar era Billy Graham. En ese tiempo, no me gustaba lo que promulgaba y era muy crítico, realmente sin una buena razón, ya que nunca le había oído o visto.

Una noche, llegué a casa pronto después de drogarme, y mi corazón estaba buscando la verdad en esta carrera de locos que es el mundo. Encendí la televisión y oí a un hombre hablar palabras de verdad acerca de la condición pecaminosa del hombre, los problemas del mundo, y presentando a Dios como la respuesta. Por primera vez, oí palabras de verdad y el Espíritu Santo comenzó a hablarme. No estoy seguro de cuándo llegué a creer y aceptar en mi corazón a Jesús como mi Salvador exactamente, pero escuchar a Billy Graham esa noche cambió mi vida, y he dado gracias a Billy por su defensa de Cristo y por su ministerio que permitió que Dios hablara en mi oscuridad e hiciera brillar la luz. Gracias, Billy Graham, por su integridad y defensa de Jesús.

SOLA... MUY SOLA

Me senté en mi apartamento, sola… muy sola. Había estado en el ejército durante tres años, con muchos problemas de salud, incluyendo que me habían dicho que debía someterme a una importante cirugía en la espalda. Me senté en mi apartamento, viendo la televisión, y la única persona de la que sentí consuelo era Billy. Me puse de rodillas, y encontré a Jesús. Jesús y yo hemos caminado por muchos caminos juntos desde entonces, y he tenido la bendición de conocer a Billy en persona. (¡Qué bendición fue eso!) Sólo quería decir, desde el fondo del corazón de esta hija de Dios… gracias, Billy, por escuchar el llamado que obviamente Jesús puso en su corazón y en su vida. Que Dios le dé todo el consuelo en su corazón de que sin duda usted ha sido un siervo fiel.

Gracias, Billy Graham...
por llevarme de nuevo a Jesús

NECESITABA REGRESAR A MI FE

Querido Billy, a finales de 1980 estaba viviendo en Jacksonville, Florida, y había desarrollado un problema con la bebida bastante malo. Ver al Rev. Graham una noche en televisión me hizo pensar en el hogar cristiano en el que había crecido y cómo necesitaba regresar a mi fe. Mediante una serie de eventos que sólo se pueden explicar mediante la intervención de Dios, dejé de beber y enderecé mi caminar. Llevo sobrio ya diecisiete años, ¡gloria a Dios! Gracias, Billy. Usted cambió mi vida.

SALVADO DEL INFIERNO EN LA TIERRA

En algún momento cuando tenía unos veinte años, escuché un mensaje de Billy Graham y sentí que acepté a Cristo. Trabajaba con el grupo de jóvenes de mi iglesia y planeaba ir a una escuela misionera. Pero Satanás se metió por medio y le escuché, y comencé a transitar por un camino largo de vida en el infierno durante muchos años.

Se produjeron unos años intermitentes en los que intentaba vivir una vida moral y oraba. Después, desgraciadamente, pasé años cometiendo adulterio, consumiendo drogas y bebiendo, todos los caminos que conducen al infierno. En mi vecindario, había algunas familias cristianas que se compadecían de mi hijo Mark (gloria al Señor por eso). Fue gracias a sus oraciones y su trabajo con mi hijo que él fue a la iglesia y aceptó a Cristo.

Yo seguí en mi camino hacia la autodestrucción hasta que toqué fondo, y estaba de camino a perder a mi esposo, mi hijo y mi casa. Decidí darle a Dios otra oportunidad, o suicidarme. Llamé a mi vecina Kay, que había estado dándome testimonio, y le pedí poder ir a la iglesia con ella. Le conté mi situación, así que ella estaba orando para que no cambiara de idea respecto a ir a la iglesia. Yo no tenía intenciones de hacerlo, ya que tenía que darle a Dios una oportunidad más.

Cuando el pastor terminó su sermón y preguntó quiénes eran los que querían dar su vida a Cristo, supe que tenía que pasar al frente. Estaba llorando tanto que no pude hablarle a mi amiga, así que ella pasó conmigo. Fuimos y hablamos con el pastor, y yo no hacía otra cosa que asentir con la cabeza a todo lo que él decía. También me bauticé ese mismo día. Hasta el día de hoy, recuerdo aún la limpieza que sentí y el peso que me quité de encima cuando salí del agua. Supe entonces que era libre del pasado. Eso fue el 7 de junio de 1981. Verdaderamente creo que, a través de todas las cosas que hice durante mis días de infierno en esta tierra, como yo lo llamo, Dios nunca me dejó. Doy gracias a Billy por ese día hace mucho tiempo cuando compartió su amor por Cristo con todos nosotros en la televisión, y por su dedicación a nuestro Señor.

"LES VERÉ EN EL CIELO"

He sido una seguidora suya de toda la vida. Crecí en un hogar cristiano, pero cuando llegué a la adolescencia me aparté de la iglesia y de la Biblia. Me sumergí totalmente en el mundo. Tras dos hijos y dos matrimonios, no pude seguir ignorando durante más tiempo el vacío en mi corazón. Comencé a asistir a la iglesia y a leer la Biblia, pero me mostraba reticente a entregarme por completo a Cristo. Sentía que debía entregarme a Él públicamente. Le prometí al Señor que si Billy Graham venía de nuevo a la zona donde yo vivía, iría y me entregaría al Señor. Estaba pensando que eso no sucedería, porque usted raras veces aparecía en cruzadas. Me quedé totalmente anonadada al leer en el periódico poco después que usted iba a estar en el Qualcomm Stadium en San Diego. El Señor hizo su parte del trato, y yo cumplí la mía. El Día de la Madre de 2003, mi hijo Gary y yo asistimos a la cruzada de San Diego, y yo pasé al frente por mi Señor, Jesucristo. Un año después, me bauticé. Billy, nunca le olvidaré, ni lo que dijo al bajarse de la plataforma esa noche. Usted dijo: "Les veré en el cielo". Espero ese momento expectante, Sr. Graham. Le amo.

LA INFLUENCIA DEL DR. GRAHAM EN MI VIDA

Acepté a Jesucristo en 1977, en un momento muy bajo de mi vida. Tenía sólo dieciocho o diecinueve años, y vivía con un grupo de gente que conocía de mi vecindario en Huntington Beach, California. Sabía que, a menos que las cosas cambiaran, mi vida no iba a ninguna parte.

Conocí a un hombre que me habló de Jesús, y yo profesé mi fe en Cristo poco después. Sin embargo, durante años viví con un pie en el mundo y otro pie en Jesús, sin querer comprometerme del todo. Empecé a escuchar a Billy Graham en televisión y fui a su cruzada en Anaheim en 1986. Fue entonces cuando comencé a darme cuenta de que mi fe, o la falta de ella, no era suficiente, y me sentía miserable. Comencé a escuchar a Billy Graham siempre que le entrevistaban en televisión, y realmente empecé a admirarle tanto a él como su fe en Jesucristo. Me gustaba el hecho de que nunca decía nada malo de nadie, al margen de quiénes fueran, y que predicaba el evangelio. Supe a través de eso que era amada.

Finalmente comencé a regresar a la iglesia y volví a consagrar mi vida al Señor. Me gustaba el hecho de que el Dr. Graham era amigo del papa Juan Pablo II y creía que él era un hombre de Dios, a diferencia de otros líderes cristianos que son mucho más críticos con cualquiera cuyas creencias sean ligeramente distintas.

Mi fe en Jesucristo ha crecido, y doy gran parte del mérito al Dr. Billy Graham y su capacidad de hablar la verdad al margen del costo. Siempre me ha gustado que el Dr. Graham habla la verdad en amor. Si no hubiera escuchado al Dr. Graham y su predicación de la Biblia, habría estado destinada al infierno durante el resto de mi vida. Amo a nuestro Señor y Salvador Jesucristo, y siempre admiraré a Billy Graham. Me gustaría poder darle un gran abrazo, y espero impaciente verle en el cielo con todos los demás santos.

A mi madre, que es agnóstica y no se lleva muy bien con el cristianismo, incluso le gusta el Dr. Graham, ya que dice que es un buen hombre. Incluso los del mundo reconocen que Billy tiene algo distinto. Billy Graham verdaderamente piensa en los demás antes que en sí mismo y se ha mantenido humilde. Gracias, Billy.

LIBRE

Primero, me gustaría darle las gracias por su amor al Señor Jesús. Por usted, he regresado a casa para siempre. Cuando era más joven, mi abuela y yo veíamos su programa y sacábamos nuestras Biblias. Ella me ayudaba a entender lo que usted predicaba.

Al hacerme mayor y crecer en la escuela, me asocié con malas influencias, sólo para sentirme aceptada en algún lugar de este mundo. Luego, justo después de la graduación, comencé a beber, y fui adicta durante siete años. Vivía para beber. Se apoderó de mi vida. Durante ese tiempo, mi abuela me sentó y me dijo que, a pesar de todo, me seguía amando.

No mucho después de eso, mi abuela se enteró de que tenía cáncer y que necesitaba un tratamiento de inmediato. Yo estaba en mi apartamento una noche, pensando en mi vida, cuando apareció usted. Hablaba de los que se apartan. Dijo que Dios seguía amándome. Así que esa noche, le di a Dios todo mi ser. Cuando se lo dije a mi abuela, se alegró mucho por mí por haber entregado mi vida a Cristo y dejar el alcohol.

El cáncer de mi abuela regresó, y esta vez el doctor nos dijo que no podían hacer nada más. Pero antes de irse con el Señor, pudo verme sobria y viviendo para el Señor. Gracias a su ministerio, he sido libre del alcohol desde hace tres años. Así que solamente quería decirle muchísimas gracias.

SIMPLEMENTE BENDECIDO

Crecí en una iglesia que no enseñaba la Biblia. Yo era ferviente, a menudo asistía a los servicios a diario, incluso siendo una adolescente, pero no conocía a Cristo. Durante mi primer año en la universidad, discutí con un estudiante en el campus acerca de cómo llegar a Dios. Le dije que yo podía acudir a Dios en cualquier momento que yo quisiera. Él me dijo que sólo podemos llegar a Dios a través de Jesucristo y citó Juan 14:6: "Yo soy el camino, y la verdad, y la vida; nadie viene al Padre, sino por mí".

Me aparté de él y me fui. Pero ese versículo no se iba de mi mente. Toda la noche, lo escuché en mi mente. Lo oí por la mañana, y a la hora de comer. Se vino a clase conmigo, y en la cena. Nadie se sentó conmigo en la cena. Tan sólo una voz en mi espíritu, diciendo ese versículo una y otra vez…

Esa noche, a solas, me puse de rodillas y le pedí a Jesús que me perdonara todos mis pecados y que viniera a mi corazón para ser mi Señor y Salvador. Nadie me había enseñado jamás que orase de esa manera; parecía ser una guía en mi espíritu.

Fui salva, pero yo no lo sabía. Sólo sabía que la presencia de Dios parecía estar muy cerca de mí, justo detrás de mí, a mi lado. Me parecía que si me giraba lo suficientemente rápido podría incluso verle. ¡Una vez incluso lo intenté! Pero no sabía cómo crecer. Durante los siguientes años, intenté tomar una Biblia y leerla. Empezaba por Génesis, pero por lo general todos mis esfuerzos morían cerca de Números. O hacía "ruletas de la Biblia", pidiéndole a Dios un versículo y abriendo mi Biblia al azar. ¡Era un bebé!

Me casé, me gradué de la universidad, y me mudé a Nuevo México. Oímos que Billy Graham venía a la ciudad. Aún asistía a una iglesia de la denominación en la que había crecido, pero sentí que debía ir, y fui. Al final, cuando el Rev. Graham hizo la invitación, supe que tenía que ponerme de pie y volver a entregar mi vida a Jesucristo. ¡Aquí es cuando recibí la ayuda! No sólo había consejeros dispuestos a hablar conmigo, sino que también me invitaron a apuntarme para realizar un estudio bíblico.

¡Cómo me gustaban esos estudios bíblicos! Los rellenaba y los enviaba de vuelta. A veces tardaba un poco en enviar el estudio. Ahora era una madre con dos hijos muy ocupada. Pero los consejeros que recibieron mis libritos siempre eran muy pacientes. Me enviaba de vuelta palabras de ánimo y amabilidad. Ahora me doy cuenta de que estaban orando por mí. Realicé los cursos completos, y el último libro incluía un ejemplar de las cuatro leyes espirituales. Pensé: *No puedo conformarme a aprender esto y dejarlo a un lado.*

Esa noche, en una fiesta en mi casa, una de las alumnas de mi esposo preguntó cómo podía ser salva, y yo no sabía qué decirle. Me provocó mucho desasosiego. Tomé el librito y se lo di, pero me sentí muy mal por no haber podido presentarle el evangelio como debía. Decidí entonces que eso no se volvería a repetir. Si alguien quería saber cómo ser salvo, yo sería capaz de poder decírselo. Conseguí otra copia de las cuatro leyes espirituales y la estudié. Y comencé a compartirlo.

Años después, llegó a Alburquerque la campaña "Yo la encontré", de Cruzada Estudiantil para Cristo. Me apunté y Dios me usó para presentar el evangelio a otros. ¡Qué regalo poder llevar a alguien a Cristo! ¡No existe una bendición mayor!

También seguí leyendo mi Biblia. Después pasé a ser maestra de la escuela dominical, y comencé a ayudar a otros a crecer en Cristo. Sigo enseñando hoy día la Palabra de Dios.

Estoy agradecida. Billy Graham y su increíble organización me han bendecido mucho, y solamente quería decirles gracias.

Gracias, Billy Graham...
por cómo tocó a mi familia

~

A PUNTO DE PERDER LA ESPERANZA...
Estaba en Augusta, Georgia, en 1996, con mi hija de tres años, y a punto de perder la esperanza. Llamé al número 800 y pedí aceptar al Señor en mi vida. Desde entonces, Billy Graham ha sido una inspiración para mí. Estaba en Nashville cuando él predicó allí, y de nuevo me llevó a renovar mis votos con mi Salvador. Mi hija de entonces siete años también le entregó su vida a Jesús. Hemos sido bendecidas en todos estos años. Ha sido una lucha, pero mi fe sigue puesta en que Dios tiene cosas buenas preparadas para nosotras. Alabo a Dios por todo lo que Billy Graham y su familia han hecho por todos. Es mi héroe.

LA CONVERSIÓN DE JASON
Llevé a mis tres hijos a una cruzada en Little Rock, Arkansas, cuando mi hijo Jason tenía nueve o diez años. Nunca fue un niño extrovertido, no contaba lo que había en su mente. Cuando se hizo el llamado al altar, me sorprendió mucho que Jason acudiera al frente para ser salvo. Yo lloraba y lloraba de felicidad de que el mensaje de Billy Graham de salvación le hubiera llegado y animado a entregar su vida a Jesús.

MADRE E HIJA NACIERON DE NUEVO
MEDIANTE UNA CRUZADA EN TELEVISIÓN
Quiero que Billy Graham conozca el efecto que tuvo en mi vida y en la de mi familia mediante sus cruzadas en televisión.

Pido disculpas por no escribirle antes y contarle el efecto que tuvo su ministerio en mi vida.

Crecí como luterana y estaba en la escuela dominical a los tres años de edad. Siempre disfrutaba con las historias acerca de Jesús, y creía que murió en la cruz por mí y mi perdón y vida eterna. En séptimo y octavo grado, fui a clases de confirmación y me confirmé en la iglesia luterana. Siempre me había gustado hablar de Jesús. Muchas noches, en mi cuarto, hablaba con Él y lloraba porque mi vida estaba muy llena de pecado. Mis padres iban a la iglesia los domingos por la mañana, pero eso era todo. No se leía la Biblia en casa, no había oración, salvo a la hora de dormir con mis hermanas. Mi familia bebía alcohol e iban a bares y bailes, así que de adolescente bebía los fines de semana con mis amigas e iba a los bailes.

Me casé nada más terminar la secundaria con un granjero luterano. Asistíamos a una gran iglesia luterana. Orar sólo ocurría si había un gran problema o una emergencia en la familia. Sacaba la Biblia para leerla, pero la dejaba si oía que venía mi marido. Me daba vergüenza, pensando que él no me aprobaría. Estuvimos casados cinco años y entonces nació nuestro hijo, y dieciocho meses después una hija.

Siempre me enfurecía cuando Billy Graham estaba en la televisión. Lo ponían en lugar de mis programas favoritos. No recuerdo la fecha exacta, pero un día en 1973 o 1974, encendí la televisión y estaba predicando Billy Graham. En vez en enfurecerme, esa vez decidí escucharle. Nunca había oído lo de aceptar a Jesús en mi corazón y en mi vida para nacer de nuevo. Billy dijo que quizá seamos maestros de escuela dominical o que hayamos ido a la iglesia durante toda la vida, pero ¿alguna vez había tenido una relación personal con Jesús, pidiéndole que entrara en su corazón y en su vida?

Al día siguiente, pensé más en ello y decidí ponerme de rodillas, y dije: "Señor, yo ya creo que moriste por mí, pero no sabía que debía pedirte que entraras en mi corazón y en mi vida. Por favor, entra y te entrego mi vida". No vi luces ni tuve una experiencia sentimental, pero desde ese día noté un cambio en lo que valoraba y cómo veía la vida y mis decisiones. Jesús me estaba cambiando. Leía la Biblia todos los días y recibía literatura de la organización Billy Graham para ayudarme a crecer espiritualmente.

Cuando mi hija tenía quince años, hablé con ella acerca de darle su corazón totalmente a Jesús. Ella dijo: "Yo creo, pero haré eso cuando sea mayor. De lo contrario, quizá ahora me aburra mucho de adolescente". Un par de días después, por la noche, estaba viendo a Billy Graham en televisión y ella estaba en la sala conmigo viéndolo también. Recibí una llamada de teléfono y me fui de la sala de estar. Pasó un tiempo, y cuando regresé a la sala, encontré que mi hija acababa de hacer la oración de cierre con Billy Graham para recibir a Jesús en su corazón y su vida al terminar la reunión de su cruzada.

Como puede ver, el ministerio de Billy Graham nos impactó tanto a mí como a mi hija y llegó también a mi hijo. A los veintiuno, entregó del todo su corazón y su vida a Jesús y ahora es un poderoso hombre de Dios. Mi hijo y mi hija están casados y hoy día siguen siendo seguidores del Señor con sus esposas e hijos. Gracias, Billy Graham, por su obediencia al llamado y por tocarme a mí y a mi familia con la verdad del evangelio. Oro para que pueda leer esta carta personalmente.

—*Betty Jean*

MI ESPOSA, NORMA

Le había estado pidiendo a Dios que me diera una compañera que amara a Dios primero. Cuando conocí a Norma, ella no era cristiana, pero me enamoré de ella, y le pedí a Dios que abriera su corazón, porque ella no me escuchaba. Norma es de México, y en ese entonces hablaba muy poco inglés. Una de las personas que ella conocía era un cristiano que creía en la Biblia, y él le había invitado a una cruzada de Billy Graham en San Antonio. Desgraciadamente, las primeras dos noches Norma tenía que trabajar. Finalmente, la tercera noche, me llamó y me dijo que iba a la cruzada. Yo vivía en Houston en ese tiempo. Lo primero que hice fue ir a casa y arrodillarme ante el Señor. Tras dos horas de oración, Él me dijo que estaba hecho.

Este es el relato de Norma de la cruzada: "Fui a la cruzada, donde había una atmósfera de amor, los cantores cantaban sus canciones y luego ese señor mayor se levantó y comenzó a predicar en inglés, y no entendía ni una palabra de lo que decía. Estaba tan cansada que me quedé dormida. En mitad del mensaje, me desperté, y estaba oyendo claramente lo que decía ese señor mayor, hablándome directamente en español".

Para no hacerlo largo, esa noche el Señor convenció a Norma y aceptó a Cristo como su Salvador. Ese mismo año, nos casamos.

Hoy tenemos tres hijos. Durante años, los doctores me habían dicho que era estéril y que nunca sería padre. Pero, por la gracia de Dios, he sido padre de tres hijos. Hoy día estamos involucrados en el ministerio. Queremos aprovechar esta oportunidad para dar gracias "a ese señor mayor". Hermano Billy, le amamos, y oramos siempre por usted. Gracias por ser un siervo dispuesto. No tiene idea de a cuántas personas ha tocado esa cruzada de San Antonio a través de Norma.

ME DIJO QUE NECESITABA UNA IGLESIA LOCAL

Recuerdo escuchar a Billy Graham cuando era una niña pequeña. Mis padres le veían en la televisión. Crecí en un hogar muy abusivo. Papá era alcohólico. Mi mamá murió cuando yo tenía trece años de un aneurisma cerebral. Me crié bastante sola, con dos hermanos que eran unos meses más jóvenes. Fue difícil. Conocí y me casé con un esposo alcohólico, y tenemos dos hijos. Llevamos casados casi treinta y cuatro años.

Fui salva a los ocho o nueve años de edad. Había ido a la escuela dominical y a la iglesia (aunque me daba miedo el predicador que gritaba.) Aprendí de un maestro de escuela dominical que Jesús me amaba y que cuidaba de mí. Estaba sentada yo sola en un columpio afuera una noche, a las nueve o diez de la noche, escuchando una discusión entre mis padres, y oré a Jesús para que uno de los dos, y no me importaba cuál, fuera a prisión por pelear y hacernos daño a todos. Unos veinte minutos después, llevaron a papá a prisión. (Salió a la mañana siguiente.) Sabía en mi corazón que Jesús me estaba oyendo esa noche, y desde esa noche supe que Él siempre me protegería.

Cuando mi papá era mayor y empeoró su salud, su doctor me preguntó si yo iba a la iglesia. Le dije: "No, pero soy salva". Él me dijo que tenía que asistir a una iglesia local y que llegaría el día en que mi papá moriría por su bebida y que yo necesitaría esa iglesia local. No quería ir a la iglesia. Tenía demasiados problemas con todos los bebedores de la familia, y tenía dos hijos adolescentes y un trabajo, y no pensaba que la iglesia fuera necesaria. Incluso escribí a la Asociación Billy Graham para ver si eso era realmente necesario. Ellos me contestaron por escrito y me dijeron que sí necesitaba ir a una iglesia y pertenecer a una iglesia local.

Cuando murió papá, no estaba en una iglesia, y su cuerpo se donó para la ciencia. No hubo sensación de conclusión en su muerte, y fue muy difícil para mí durante mucho tiempo.

Mi hijo más joven se fue de casa a los dieciocho años, y oré para que regresara sano. Le dije a Dios que haría cualquier cosa que Él me pidiera si me devolvía a mi hijo. Dios me trajo de nuevo a mi hijo a casa, y le pregunté que qué era lo que quería que hiciera. El Espíritu Santo me hizo saber que Dios quería que fuera a la iglesia. Le pregunté: "¿A qué iglesia?". Él me guió a ir a la pequeña iglesia donde mi hijo mayor había sido salvo años antes. Estaba cerca de mi casa, y tenía una vieja amiga que iba allí. Llevo ahora en la iglesia diez años ya, y lo he disfrutado cada minuto. Conocí a un hombre judío en la iglesia una noche y me dijo que a él le llevó al Señor Billy Graham en El Paso, Texas, hacía mucho tiempo. Mi esposo lleva sobrio siete u ocho años ya. Mi hijo menor, que se había metido en las drogas, ingresó en un centro de rehabilitación con una base de fe que no nos cobró nada, y lleva dos años recuperado. Ama tanto al Señor que es líder de jóvenes en su iglesia, y va allí cada vez que se abren las puertas. Sí, Dios es bueno y nos ama a todos. Gracias, Billy, por presentarme al Señor.

Mi papá rompió a llorar

Oré y le pedí al Dios Todopoderoso que le hablara, Billy Graham, mediante su Espíritu en mí esta noche. Soy una mujer de cincuenta y seis años que se crió en una maravillosa familia cristiana luterana, muy cerca de mis abuelos ya que mi padre era su único hijo. Mi abuelo era un empresario destacado en la industria automovilística, pero siempre enseñó en la escuela dominical. Mi padre era un ingeniero de diseño muy educado en la industria automovilística, la principal industria de Michigan, sin embargo siempre liderando algún grupo pequeño de adolescentes y como evangelista. Usted, Sr. Graham, era muy querido y respetado por estos dos hombres, más de lo que podría expresarle.

Recuerdo la emoción en nuestro hogar cuando nos reuníamos para ver la cruzada de Billy Graham, y nos sentábamos con expectación, y a la vez con un profundo respeto por su pasión por Dios y el amado pueblo de Dios. Veía a dos hombres adultos llorar mientras usted pedía a todos los hijos perdidos de Dios que pasaran al frente e hicieran a Jesús el Señor de sus vidas. De niña, veía a mi precioso papá y abuelo atraídos por su llamado, inspirados por su convicción de glorificar a su amado Padre celestial. Veía la humildad de ellos cuando oraban con usted por los que avanzaban por los pasillos, con el sonido de "Tal como soy, sin una súplica, sino la de que la sangre de Dios fuera derramada por mí…". Gracias por inspirar a los dos primeros hombres de mi vida, a quienes amaba más que a cualquier cosa; ahora me doy cuenta de que amaba a Jesús en ellos.

Mi hijo tenía nueve años en 1998, cuando asistí a su cruzada en Tampa. Pasamos al frente, y mi hijo pidió a Jesús que entrara en su joven corazón. Mi hijo ahora tiene una fe firme, rasgos fuertes de liderazgo y no le da miedo ser un seguidor de Cristo; ¡está obedeciendo en esta generación hoy! Dios tiene un verdadero plan para la vida de mi hijo, y su diligente obediencia a Dios comenzó el proceso en 1998. Gracias, Billy.

Gracias, Billy Graham...
por ayudarme a lidiar con la adversidad

～

Un yo totalmente nuevo

Hice muchas cosas cuando era joven de las que no estoy orgullosa. Esas cosas afectaron a lo que fui y lo que sería. Cuando uno no sabe que Dios puede ayudarte en la vida, se toman muchas malas decisiones y se hacen muchas tonterías.

Mis padres me querían a su manera callada. Fui a la iglesia durante mi infancia y adolescencia, pero no entendía que podía tener una relación con Dios. Era una niña callada, pero no me sentía bien conmigo misma. Tenía una autoestima baja por alguna razón. Finalmente, cuando un chico me prestaba algo de atención, pensaba que eso era lo que necesitaba. Cuando tenía citas, ignoraba los consejos de Dios de que esperase al hombre que Dios había planeado para mí. Quería tomar mis propias decisiones. No quería que nadie me controlase.

La mayor parte de mi vida adulta estaba triste por mis problemas matrimoniales, principalmente porque mi esposo me menospreciaba llamándome cosas y después insultándome. Para empeorar aún más las cosas, él pensaba que siempre tenía la razón. Culpé a mi esposo y a Dios de todas mis circunstancias tristes. No era una mala persona, así que ¿por qué recibía tanta maldad? Así que veía todo como un ataque contra mí. Me volví incluso más negativa. Como mi esposo me dijo muchas cosas malas, comencé yo también a decirle cosas malas a él, y mi corazón se endureció tanto como el suyo.

No sabía lo que hacer para arreglar mi matrimonio. Quería dejarlo después de veinticinco años. Había intentado todo lo que sabía para arreglar mis problemas. Pero mi esposo no veía ningún problema; ¡ni siquiera se había percatado de mi infelicidad! Tan sólo era yo la que tenía el problema. Me deprimí mucho. Parece que tuve que pisar fondo primero para que las cosas cambiaran. Todo eso me llevó a una grave depresión que duró los siguientes diez años de mi matrimonio.

En noviembre y diciembre de 2004 comencé a buscar algo más, pero no sabía qué era lo que necesitaba. Intenté con un hipnotizador para que "curase" mis problemas. Eso no funcionó. Pero, afortunadamente, estaba buscando ayuda. Fui a casa y saqué la Biblia de mi infancia. Después, una noche en enero de 2005 mientras mi marido estaba en la otra habitación viendo la televisión, yo encendí el televisor de la cocina, que sólo tenía tres canales. Me detuve en la cruzada de Billy Graham. Sentí curiosidad y lo vi. Clamé pidiendo la ayuda de Dios, porque había intentado arreglar todo lo que estaba mal en mi matrimonio y no podía seguir haciéndolo. Le necesitaba. Y finalmente me rendí.

Dios estaba esperando que yo invocara su nombre. Me esperó hasta que dejé de intentarlo todo, y finalmente me rendí y le pedí su ayuda. Él estaba esperando ayudarme. Sentí que se acercó desde el cielo y me dio su mano y me sacó del hoyo en el que me había metido. Le pedí que perdonara todos mis pecados. Incluso confesé cada pecado que pude recordar desde que era pequeña (tenía ya cincuenta y ocho). Ese día, toda mi vida cambió. Primero de todo, conseguí un atisbo de esperanza. Dios tomó mi corazón endurecido y me dio un nuevo corazón y una nueva actitud, y una paz me inundó. Finalmente supe que Dios realmente me amaba, y lo creí en mi corazón, y tuve el deseo de agradar a Dios. Él me perdonó de tantas cosas esa noche que estaba extremadamente agradecida por lo que había hecho por mí. Ahora despierto cada día y estoy todo el día hablando con Él y enfocada en Él. Él hizo una transformación total de mi vida. Soy un yo totalmente nuevo.

Aún tengo las mismas circunstancias; sin embargo, siento la presencia de Dios ayudándome a lidiar y a responder ahora en una forma agradable a Él. Ha sido una cuesta arriba, y aún no he llegado a la cima, pero intento no dar vueltas alrededor de la misma montaña para aprender a proseguir hacia el objetivo de Dios para mi vida. Dios es un Dios increíble.

Me siento humilde cuando digo que le doy a Dios toda la gloria, y le doy gracias por su fiel siervo, el Rev. Billy Graham. Gracias, Billy, por ser fiel a la dirección de Dios en su vida. Yo fui cambiada para siempre.

—*Dawn*

UN AÑO DE NUEVOS COMIENZOS

En junio de 1972 tenía veintinueve años. Mi vida era un desastre. Había tocado fondo. Una noche, mi esposo y yo habíamos estado bebiendo y nos habíamos peleado. Estábamos en casa de sus padres. Yo di un portazo a medianoche y comencé a caminar. Nadie corrió para hacerme regresar, así que seguí caminando. Recuerdo mirar a las estrellas del cielo, y en mi estado de medio estupor dije: "Dios, ayúdame". Esas dos palabras salvaron mi vida, porque con lo que ocurrió después, nadie hubiera vuelto a escuchar de mí o a verme nunca más.

Tuve la idea de irme a casa, la cual estaba a ciento sesenta kilómetros de distancia. Caminaba por una autopista y tres adolescentes me recogieron. Me llevaron unos seis kilómetros y me bajaron. Entonces se detuvo otro automóvil y un hombre me recogió y me llevó al restaurante George Webb. Así que estoy sentada en este restaurante, diciéndole al camarero que estoy haciendo autostop de regreso a Milwaukee. Mientras estaba compartiendo esto, otro hombre se sentó a mi lado y se disculpó por escuchar. Se ofreció a llevarme a casa. (Creo que era un ángel.) Bueno, a las 4:30 de la madrugada estaba entrando en mi casa.

En ese momento, me sentía realmente mal conmigo misma, y decidí que mi esposo y mis hijos estarían mejor sin mí. Así que decidí dejarles. Le pedí a un amigo que me llevara a la estación de autobuses, y compré un billete a Las Vegas, donde vivía un tío mío. En este momento, nadie salvo Dios sabía dónde estaba yo.

Cuando el autobús se detuvo en la ciudad de Salt Lake para hacer una parada, decidí hacer un poco de turismo. Llegué a la plaza Mormón, y vi a un hippy repartiendo papeles. Pensé que tenía una pinta muy extraña, así que seguí caminando. Tras otra manzana, más o menos, vi a una mujer haciendo lo mismo, pero ella tenía un aspecto más normal. Entonces sentí curiosidad, así que me detuve y le pregunté qué estaba haciendo. Me dijo que representaba a la Asociación Evangelística Billy Graham, y estaba allí simplemente para compartir con la gente acerca de Jesús. No estaban desacreditando a los mormones, sino tan sólo compartiendo acerca del Señor.

Le dije: "Bueno, yo soy católica y sé todo lo que hay que saber acerca de Jesús". (Sí, claro.) Creo que estuvimos ahí durante más de dos horas hablando. Me dio un Nuevo Testamento de Billy Graham y algunos de sus libros. Nunca me presionó. Aún recuerdo su nombre: Nancy. Escribió algo en la portada de la Biblia que me dio.

Regresé a casa y me arreglé con mi familia. (En ese momento, aún no era salva.) Una noche, cuando mi esposo no estaba y los niños estaban acostados, saqué esa Biblia y decidí comenzar por la página uno. En la portada de la Biblia, Billy Graham había insertado: "Cómo ser cristiano". Había escrito las cuatro leyes espirituales, y las leí, y luego llegué a la oración del pecador. La leí y pensé: *¿Qué significa esto?* (Soy corta de entendimiento.) Así que volví a leerla, y de repente se me encendió la luz y dije: "Oh, ¡eso es lo que significa!". Así que volví a leerlo por tercera vez, pero esta vez todo fue diferente, porque lo leí con el corazón y no sólo con mi mente. Jesús estaba esperando una rendición de corazón.

Permítame decirle que cuando hice la oración por tercera vez, mi sala cobró vida con la presencia del Señor. Él era muy real; lo que me estaba sucediendo era muy real. Podía sentir cómo desaparecía la carga del pecado y todo mi ser fue cambiado al instante.

Siempre tendré que agradecer a esa chica tan dulce, Nancy, de la Asociación Evangelística Billy Graham, el que se tomara ese tiempo para hablar conmigo. Mi salvación se selló el 25 de junio de 1972. Esta es la primera vez que escribo mi testimonio, y la primera vez que atribuyo los méritos al ministerio de Billy Graham. Fue a través de su ministerio como oí por primera vez acerca de nacer de nuevo.

Gracias por permitirme compartir mi historia.

—*Sandra*

"NO OLVIDEN IR A LA IGLESIA ESTE DOMINGO"

Una noche de mayo de 1984 me encontraba en una condición mental desesperada. Me fui a mi cuarto angustiada y lloré delante de Dios de rodillas. Había buscado a Dios de muchas formas distintas, y mediante distintas religiones, pero en mi búsqueda por encontrarle, siempre regresaba vacía. Lo único que pude hacer en ese momento era llorar desde lo más profundo de mi corazón y rogar el perdón de todos mis errores. Le dije a Dios que no quería seguir viviendo una vida de pecado y que quería agradarle y ser como Jesús. Había estado deprimida y bajo una pesada opresión mental, ya que sufría de paranoia y trastorno de ansiedad social, y vivía una vida muy angustiada e infeliz cuando apenas tenía veinticuatro años. Como mi vida había sido desastrosa hasta ese momento, acudí desesperada una vez más a buscar a Dios. Mientras invocaba, de repente sentí la presencia de alguien en mi cuarto. Abrí mis ojos para mirar, pero no vi a nadie. En cambio, sentí una paz que me dejó sin palabras, la cual me engulló hasta el punto de que mi ansiedad remitió y pude pensar con claridad y hacer mis cosas. Gloria a Dios.

Un par de días después, en medio de la semana, vi a Billy Graham en televisión y sentí una compasión enorme que procedía de él que me derritió y captó toda mi atención. No recuerdo su mensaje, pero sus palabras me llevaron al punto de comenzar a desear urgentemente lo que él estaba diciendo. Hizo el llamado al altar, y vi cómo la gente acudía corriendo al altar en un gran estadio desde todos los lugares para aceptar lo que él estaba ofreciendo. Comencé a temer, porque yo también quería pasar al frente, pero no podía ya que estaba en mi sala, y mi corazón se hundió dentro de mi pecho por la decepción; pero gracias a Dios porque inmediatamente movió a Billy a decir que si había personas en casa que obviamente no podían pasar al frente, sencillamente podían hacerlo en casa poniendo su mano en el televisor como un punto de contacto. Me sentí muy aliviada cuando lo hice. Él me condujo al Señor en ese momento, y al terminar de ministrar, dijo: "Y no olviden ir a la iglesia este domingo". Esas palabras permanecieron conmigo y busqué a una amiga y vecina que había sido cristiana antes que yo, la cual vivía en el mismo piso, y le pregunté si podía ir a la iglesia con ella ese domingo. Ella felizmente accedió.

Soy salva hace ya veintitrés años, por la gracia y misericordia de Dios, y durante mis momentos más difíciles en mi caminar, cuando no sentía la seguridad de continuar, o cuando me vi tentada a alejarme de Jesús, me cruzaba de nuevo con Billy Graham en la televisión, y Dios me hablaba a través de él con respecto a mi propia situación y me animaba. Gloria a Dios. Quiero a Billy de una forma muy especial, con un amor y gratitud que sólo puedo sentir hacia él, porque fue él a quien Dios usó para que pudiera recibir el perdón de mis pecados y la salvación mediante Jesucristo.

Gracias por su amor por el Señor, su compromiso y dedicación, Billy. Mi vida nunca ha vuelto a ser la misma desde que vi por primera vez la retransmisión en 1984, y usted ha sido una fuente de ánimo para mí muchas veces después de eso. Usted acudió a Cristo desinteresadamente y aceptó su llamado en su vida, para que un día yo pudiera recibir una nueva vida, y no puedo darle las gracias lo suficiente por sacrificarse de esa manera por mí. Es usted muy querido para mí, y anhelo poder encontrarme con usted un día en el cielo.

—*Mayra*

Sigo orando y leyendo las Escrituras

Querido Dr. Graham: Le oí hablar en Detroit, Michigan, cuando era un adolescente. Le entregué mi corazón a Jesús en su cruzada, pero caí por el camino. Creo que ahora estoy en la pista. Intenté suicidarme en 2005 y creo que Dios me dio un milagro, porque mi vida quedó sin efectos residuales. ¡Doy gracias a Dios cada día por ello! Sigo orando y leyendo las Escrituras cada día esperando que sea perdonado, y le pido a Dios que me ayude día a día. Su presencia en mi vida cuando yo un adolescente y en el momento actual (ahora tengo sesenta y uno), es lo que me hace seguir cada día. Le doy muchas gracias por todo lo que me ha dado tanto a mí como a este mundo. Que Dios le bendiga a usted y a su familia.

PUDE SENTIR EL AMOR DE DIOS A
TRAVÉS DEL NACIMIENTO DE MI HIJA

Durante el verano de espíritu libre de 1969, a la joven edad de catorce años y siendo aún virgen, me encontré a mí misma en un almizcleño y oscuro apartamento siendo violentamente violada por un adolescente más mayor. De forma retrospectiva, creo que quizá estuve muy cerca de la muerte mediante esa experiencia, mientras estaba "flotando" sobre mi propio cuerpo inocente, sangriento y derrotado. Recuerdo sentir mucha pena por "ella". Pude ver cada cosa mala que me estaban haciendo. Fue tanto desagradable como horrible, pero sobreviví. Desperté y me encontré cambiada, permanentemente podrida (pensaba yo), y en un camino directo de despreocupada destrucción. Mi idea del amor y el afecto se trastornó drásticamente, y viví el resto de mis años adolescentes en un estado mental postraumático. Me odiaba a mí misma, e incluso odiaba mi propio nombre. Como si incluso no estuviera viva, y ahora incapaz (sin Dios) de tomar buenas decisiones en la vida, repetidamente mutilaba mi propio cuerpo al permitir que casi todo el chico con el que salía abusara de mí sexualmente. Al no tener una relación con Dios, eso no era algo difícil de hacer para una chica, aunque despreciaba cada cosa en cuanto al sexo. Lo despreciaba. Tristemente, debido a esos eventos, mi corazón y mi alma se quedaron vacíos y oscuros, más allá de toda descripción. Llegó una depresión y un conjuro de llantos.

A los diecinueve, y en otra relación de abuso, me quedé embarazada de mi preciosa hija. El día que nació, de algún modo supe que había un Dios que me amaba. El nacimiento de mi hija fue un milagro para mí. ¡Pude sentir el amor de Dios a través de ella! ¡Pude verlo! Tuve un hambre repentina y ansiosa de ser limpiada. Quería que todo en mi vida estuviera bien, pero no sabía cómo hacerlo. No recuerdo los detalles, pero algún maravilloso cristiano me dio el libro de Billy Graham *Paz con Dios*, y lo leí lo más rápido que pude. No pasaron muchos días hasta que entregué mi corazón y mi alma a Jesucristo. Ahora, a los cincuenta y ocho años, puedo decir que el viaje ha sido largo y no siempre fácil, pero fui limpiada y me reconcilié con Aquel que me creó. Alabo su dulce y santo nombre por salvar mi vida y mi alma.

—*Teresa Grace* (Yo misma me puse esta segunda parte de mi nombre)

MUCHAS GRACIAS

Nací de nuevo en 1981. Desde ese tiempo, tuve la fortuna necesaria para conocer a unos jóvenes cristianos que me guiaron en mi viaje. Siempre he visto a Billy Graham en televisión, cuando hacía diferentes cruzadas. Tuve el honor de servir en una de las cruzadas de Franklin Graham en la década de 1990 en un lugar pequeño en las cataratas del Niágara, Ontario.

Fue un tiempo muy difícil en mi vida durante esa cruzada. Era la directora de evangelismo en una iglesia local cuando descubrí que mi esposo (ahora ex) estaba robando dinero de nuestra iglesia y había tomado prestado dinero de algunos amigos muy cercanos de la iglesia diciendo que era para mí. Muchos de los que se llaman cristianos me rechazaron y me dieron la espalda. Fue una pesadilla.

Mi esposo era un jugador muy malo y compulsivo, y había comenzado un grupo de Jugadores Anónimos en nuestra iglesia. Pero no pudo romper el hábito y fue acusado de robo, y estaba esperando una sentencia de prisión. Durante el tiempo de la cruzada, yo estaba devastada y destrozada. Servía como voluntaria en la oficina que estaba haciendo el trabajo de preparación para la cruzada. Serví ahí y solicité la posición de consejera para la cruzada. Nunca había estado más cerca del Señor, y escribí en mi propia solicitud que Dios era mi respiración (porque ciertamente lo es.)

Cuando recibí la respuesta con relación a mi solicitud de consejera, me abrumó que había sido escogida para ser supervisora en la cruzada. Me sentía muy indigna, particularmente por la vergüenza y la humillación que estaba sufriendo por mi marido. Cuando fui a la cruzada, me impactó mucho estar sentada con un grupo de pastores. Las personas que me habían rechazado vieron que yo estaba en ese grupo, y eso me hizo ver lo grande que es el amor de Dios. Me sentí un poco como Cristo, que fue rechazado y golpeado.

Estoy muy agradecida al Señor y al ministerio evangelístico Billy Graham. La experiencia de la cruzada me salvó y me ayudó a sanar mi espíritu partido. Tuve el honor de orar con una joven, compartir los pasos para tener paz con Dios y finalmente compartir el gozo de un nuevo convertido. Dios es muy bueno, y le doy las gracias, Billy, y al resto de su equipo por toda una vida de ministerio y cómo Dios ha bendecido de una forma tan rica a aquellos que le aman.

Un niño buscando al Creador

Dios le bendiga, Billy Graham y familia por ceder su tiempo para el ungido llamado en sus vidas. Viví mi juventud siempre en la carretera, quedándome (viviendo) con mucha gente. Mi madre se tenía que esconder debido a su pasado. Tuve la fortuna de que Dios se acercara a mí como mi protector de cosas que nos perseguían a mi madre y a mí. Dios se me mostró en un sueño cuando era un niño, como un arcoíris gigante con un brillo cegador. Mi madre era agnóstica; por tanto, no íbamos a la iglesia ni tampoco lo veíamos en televisión. Sin embargo, supe que ese arcoíris de mi sueño era mucho más que un sueño, porque al día siguiente (después del sueño), comencé a sentir una presencia mucho más alta que yo mismo. Poco después, mientras veía la televisión, oí a Billy Graham hablando de Dios Padre, y Jesucristo. Pasó el tiempo (no sé bien cuánto) y fui humillado a la cruz y a los brazos de nuestro Señor y Salvador Jesucristo. Gracias, Billy, por entregar el santo evangelio como se debe.

—Chad

La noche que Dios entró en mi corazón

Me llamo Meg. Mi esposo y yo vivimos en Kentucky, donde él trabaja como veterinario equino. Tenemos dos hijos maravillosos, y una vida muy bendecida aquí. El Señor ha sido muy bueno con nosotros durante toda nuestra vida. De niña, crecí en un hogar cristiano y me llevaban a la iglesia todos los domingos y miércoles. Por supuesto, nuestro hogar no era perfecto, pero sabíamos que éramos queridos y que nuestros padres se preocupaban mucho por nosotros.

Yo era la menor de cuatro hijos, y tenía un corazón muy tierno. Veía las cruzadas de Billy Graham en televisión con bastante regularidad con mi madre, siempre que las retransmitían. Una noche en concreto, mientas veíamos cierto sermón, recibí la convicción del Espíritu Santo y comencé a llorar mientras escuchaba el mensaje del Dr. Graham. Estaba predicando acerca de nuestros pecados, y que necesitábamos un Salvador. Supe que, sin Jesús, moriría en mi pecado e iría al infierno para siempre. Sabía que no quería ir allí, así que hice la oración del pecador, y le pedí a Jesús que entrara en mi corazón. Cuando se terminó la retransmisión, hablé con mi madre más en profundidad acerca de la decisión que había tomado, ¡y supe que había nacido de nuevo! Escribí al Dr. Graham, y recibí la literatura que me envió para ayudarme a caminar en Cristo. Por supuesto, nunca me he arrepentido de tomar la decisión de seguir a Cristo.

Dios siempre ha sido más que fiel, y ha estado conmigo en algunos momentos muy difíciles. Me ha bendecido con un esposo cristiano, y nuestros dos hijos han aceptado a Cristo en su corazón. Jesús es absolutamente mi mejor amigo, y el más querido. Nunca me ha dejado, y sé que nunca lo hará. ¡A Dios sea la gloria!

Gracias, Dr. Billy Graham, por ser obediente al llamado de seguir a Cristo y proclamar el mensaje a los que se pierden y mueren. Por su fidelidad, recibí a Jesucristo como mi Señor y Salvador. Le estaré agradecida por siempre.

Gracias, Billy Graham...
por salvar mi vida

SALVADA EN LAS CATARATAS DEL NIÁGARA

En 1960, alguien me entregó un libro con testimonios de algunas de las personas que habían sido salvas en una cruzada de Billy Graham. Estaba sentado en mi automóvil, intentando reunir el valor necesario para saltar en las cataratas del Niágara y acabar con mi vida. Mientras leía los testimonios, pensé que quizá Jesús podía cambiar mi vida, también. Y si no, siempre podría regresar de nuevo la semana siguiente y saltar.

Tenía un tratado en mis manos, e hice la oración que había en el dorso y le pedí a Jesús que perdonara todos mis pecados. Dios cambió mi vida ese día. Durante todos estos años he seguido al Señor, he criado a once niños, he estado en el ministerio a tiempo completo durante muchos años. He visto a miles de personas ser salvas mediante los ministerios SOS Ministries USA, que fundamos mi esposo y yo en 2001. Gracias, Billy Graham, por su fidelidad y por ser instrumental en mi vida. También, mi yerno fue salvo viéndole en televisión. Su familia (cinco hijos) ahora está sirviendo fielmente al Señor.

LIBERADA

Mi hermana de diecisiete años y yo vivíamos en la frontera de San Diego. Estábamos en las drogas, yendo de hombre en hombre, haciendo todo bajo el sol excepto servir a Dios. Nos criamos en la iglesia, pero estábamos todo lo lejos de ella que se puede estar.

Mi hermana estaba saliendo con un tipo que consumía LSD. Enseguida, ella estaba haciendo lo mismo. Yo estaba estrictamente con pastillas: subidones y bajones. Estábamos drogadas de viernes a lunes por la mañana, consiguiendo recomponernos sólo lo suficiente para ir a la escuela y al trabajo.

Una noche, un nervioso Johnny dejó tirada a mi hermana en el piso y se fue a toda prisa en su automóvil Camaro como si le persiguiese el diablo. Resultó que mi hermana tenía una sobredosis. Ella comenzó a gritar a todo pulmón, agarrándose de su cara y sus brazos. "Quítenme las arañas", gritaba. "¡Hay un hombre muerto! ¡Hagan que se vaya! ¡Viene a por mí! ¡Los esqueletos! ¡Los esqueletos están intentando comerme!". Lloraba como un bebé. Estuve con ella toda la noche hasta que comenzó a calmarse. Fue horrible.

Yo no tenía la claridad mental para llevarla al hospital. Oré por primera vez en mucho tiempo. "Señor, por favor ayúdanos". Gracias a Dios que no se murió. Sin embargo, ese fue tan sólo el comienzo. Ella regresó a ese lugar infernal en su mente otras muchas veces después. La mayoría de las veces sin previo aviso. A veces incluso en público. Tuvo que dejar la escuela.

Fue el temor lo que me detuvo en seco esa noche. Su cruzada estaba en la televisión. Mi mamá cantó en el coro en su cruzada en Baton Rouge. Recordaba su literatura cuando llegaba a casa durante mis años de adolescente.

"Es la noche de la juventud", decía el presentador. Usted salió e inmediatamente se quitaron todas las señales de alto. Parecía como si usted supiera todo lo que estábamos haciendo. Al final de su sermón, yo lloraba como una bebé. Hice la oración. Usted dijo que fuéramos a una buena iglesia, así que comencé a indagar. No había ido a la iglesia en once años. Una de nuestras amigas de fiestas nos habló de una iglesia en la que ella había crecido por allí cerca. Fui allí al día siguiente, aunque no era domingo. Cuando entré por la puerta de la iglesia bautista, algunas personas estaban sentadas alrededor de una mesa en una sala de reuniones junto al vestíbulo. Resultó ser la reunión del consejo directivo.

"¿Podemos ayudarle?", preguntó un señor mayor muy amable. "Mi hermana, está en las drogas", dije. "Necesitamos ayuda". Les conté la historia. Ellos oraron y me pidieron que llevase a mi hermana. Fuimos el domingo siguiente. Ese fue el comienzo de mi caminar con el Señor.

Hoy día, estoy arraigada, afirmada y establecida en el Señor. Soy miembro de una iglesia en Houston. Amo al Señor con todo mi corazón, mi alma y mi mente. Él es el centro alrededor del que todo fluye. La vida no ha sido un camino de rosas. El diablo anda suelto. Sin embargo, sé sin lugar a dudas que si usted no hubiera estado ahí esa trascendental noche, ni mi hermana ni yo estaríamos vivas hoy. Su mensaje abrió la puerta a un nuevo mundo, a una nueva vida. Soy una nueva criatura en Cristo.

—*Tish*

Las palabras que salvaron mi vida

Cuando era una niña, me encontraba entre los niños fugitivos/desechados viviendo en una playa de Ft. Lauderdale. O bien me estaba escondiendo, o intentando dormir debajo de algún puente. Iba dando tumbos por los albergues y centros de acogida cristianos para niños fugitivos de entre doce y dieciocho años. Mi madre me odiaba porque me parecía a mi suegra. Me veía sólo como una carga económica. Me desecharon y me privaron de amor.

Estaba pensando en el suicidio un día cuando encontré un libro del pastor Graham. El libro decía que alguien me amaba, ¡y que entregó su vida voluntariamente en la cruz! ¡Dios me amaba! Bueno, esa niña de quince años se arrodilló junto al agua, clamó, oró y le pidió a Dios que fuera su Padre.

Me levanté y vi el cielo, ¡y decidí seguir viviendo! Si no hubiera sido por Jesús y el libro que el Sr. Graham escribió que me dio esperanza, esa niña habría muerto hace mucho tiempo. De parte de mis dos hijos y nieto, quienes no habrían nacido de no ser por sus palabras, decimos: "¡Gracias, Billy Graham!".

LA GRAN INTERRUPCIÓN

Nací en Chicago en 1952 de padres que habían llegado recientemente de Puerto Rico. Mis padres eran personas sencillas y pobres, mi madre iba a la escuela descalza y llegó sólo a segundo grado, y mi padre pudo terminar la secundaria en el ejército, donde sirvió durante la Segunda Guerra Mundial.

Mi padre se hizo alcohólico durante la mayoría de nuestros años de infancia, y como éramos seis niños criándonos sin dirección ni disciplina, todos hacíamos lo que bien nos parecía. A los quince años, me fui de casa, con el permiso de mi madre, para casarme. Ella no pensaba en ello. Me enredé en una relación con un joven que no sabía nada de cuidar de alguien, así que mucho menos de los dos hijos que llegaron después. Me golpeó y me abandonó, teniendo que cuidar de mí misma. Finalmente, yo me fui y regresé a casa.

Tras encontrar empleo, me independicé y viví como mamá soltera. Seis años después, me casé legalmente con otro joven que tampoco sabía nada acerca de ser un esposo, y me dejó por otra mujer. Con el paso del tiempo, mi vida consistía en la vida de fiesta, estar por las nubes, deprimida, y por supuesto el típico estilo de vida pecaminoso. Una noche, tras fumar marihuana, cambié el canal de la televisión y comencé a escuchar al Rev. Billy Graham. Mientras él hablaba, sólo oí palabras que me aseguraban que Dios realmente me estaba hablando directamente a mí. Llamé al número como se indicaba, y le di mi vida a Cristo. Al día siguiente me acordé de lo que había hecho, pero no entendía hasta dónde me llevaría.

Durante ese tiempo, comencé a observar que no estaba pensando lo mismo, y mi hermano contactó conmigo para decirme que en su iglesia estaban orando por mí. Me emocioné, y cuando él vino a visitarme, me plantó en una iglesia a la que él asistía. Yo tenía treinta años. Hoy, tengo cincuenta y cinco y sigo amando y sirviendo al Señor. He servido en la iglesia como directora de la guardería, maestra de escuela dominical, directora del ministerio de mujeres y muchos actos de servicio maravillosos. Mi vida no ha estado exenta de dificultades, pero Dios me ha ayudado y sé cuál es mi propósito en la vida. He compartido el evangelio con muchas personas, y recientemente con una señora en su lecho de muerte. Estoy sinceramente agradecida con el Rev. Billy Graham. Le amo y estimo. Él es mi Moisés. Que el Señor continúe bendiciéndole y guardándole.

—Gloria

BILLY SALVÓ MI VIDA

A mitad de 1975 estaba embarazada de cinco meses, viviendo de nuevo con mi madre, y viendo la manera de comenzar un divorcio. Estaba en una relación muy difícil, y hastiada de que me golpeasen cada día. Aún tenía moratones por todo mi cuerpo de la última paliza mientras me sentaba en la sala de mi mamá y veía a Billy Graham en televisión. *Sí, claro, cómo no*, pensaba, y estaba a punto de apagar cuando Billy Graham pareció mirarme fijamente. Era como si me estuviera hablando directamente a mí cuando hizo esta pregunta: "¿Le ha entregado su corazón al Señor?". Vi la retransmisión completa, y esa noche me senté en mi cama con mi Biblia y oré por primera vez en siete años. Ahora tenía esperanza. Gracias, Billy, ¡por salvar mi vida!

Salvado del umbral

Sr. Graham, doy gracias a Dios porque su cruzada llegara a mi ciudad natal de Niagara Falls, Nueva York. En ese entonces, trabajaba a tiempo parcial, estaba atravesando un divorcio y bebía todos los días. Tenía cuatro hijos y sabía que no les estaba dando un buen ejemplo, pero no podía parar. Mientras esperaba un día al autobús, observé en un lateral un anuncio de una de sus cruzadas en el centro de convenciones. Esa noche, estaba bebiendo de nuevo y decidí caminar por las calles hasta el centro para ver la cruzada. La estaba dirigiendo Leighton Ford.

Recuerdo estar sentada en mi asiento cuando hizo un llamado para que la gente pasara al frente a recibir a Jesús. No recuerdo el trayecto hasta el frente; sólo sé que terminé al frente, llorando de manera incontrolable. Acepté a Jesús esa noche y uno de los obreros habló conmigo durante un rato y me dio algunos panfletos para leer. Caminaba por la lluvia esa noche después de la cruzada y me sentí verdaderamente limpia. Ese fue el comienzo de mi caminar con Jesús.

He aprendido desde entonces que no ocurre todo a la vez; y no cambié de la noche a la mañana, pero sé sin lugar a dudas que Dios está conmigo en mi caminar, y continúo creciendo en mi fe. Le doy gracias por todos los libros que ha escrito y por las cruzadas que ha realizado, porque han sido una gran fuente de inspiración para mí y me han ayudado en mi viaje. Sé que seguirán siéndolo.

Gracias, Billy Graham...
por todo

~~~

MI EXPERIENCIA DE SALVACIÓN

Llevo esperando mucho tiempo el poder escribir para darle las gracias por su fidelidad al Señor. Fui salvo tras escuchar una de sus cruzadas, televisada el 9 de septiembre de 1976. Dios había estado tratando conmigo acerca de mi condición espiritual desde que era un adolescente. Lo que ocurría era que no me sentía lo suficientemente bueno como para ir al cielo. Durante muchos años, pasé por periodos en los que luché con mi pecaminosidad, y según iba creciendo, fue más intenso y más frecuente. Me casé y empecé a visitar juntamente con mi esposa una iglesia que enseñaba la Biblia. Cuando oí el evangelio, supe que contenía la respuesta a lo que yo necesitaba. Después de una semana de avivamiento en esa iglesia, y de escuchar predicar al evangelista y hacer la invitación, supe que tenía que aceptar a Cristo; pero no podía rendirme, tenía muchas preguntas que sentía que tenía que responder. La noches después de que terminara el avivamiento, estaba en casa pensando en lo que había dicho el predicador, y estaba bastante agitado. Fue entonces cuando encendí la televisión para distraerme un poco, para sacar un poco de mi mente todo ese asunto de la salvación. Al encender la televisión, apareció en pantalla Billy Graham predicando el evangelio. Me levanté para cambiar de canal, pero cuando llegué al televisor, no pude hacerlo. Me senté en el piso delante del televisor y escuché predicar a Billy. El Espíritu Santo le hizo decir las cosas que yo necesitaba oír para dejar mi lucha, y cuando hizo la invitación y comenzaron a cantar "Tal como soy", le entregué mi corazón a Cristo allí en mi sala. Estoy muy agradecido por la fidelidad del Rev. Graham y su equipo. Desde entonces, mi esposa y mis tres hijos también han sido salvos. He enseñado en la escuela dominical y he sido diácono en la iglesia y un cristiano que da testimonio. Sentí que era el momento de enviar un agradecimiento personal.

—*Barry*

MAMÁ Y LA BOTELLA

Mi madre, que ya fue a recibir su recompensa en el cielo el año pasado, me acompañó al Carrier Dome en Siracusa en 1989 para ver al Dr. Graham. Mamá había estado luchando con la botella durante más de veinte años en ese momento (desde la pérdida de mi abuelo en 1969), y estaba luchando otra vez tras la pérdida de mi padre, su esposo casi durante cuarenta años, en 1987. Ella sabía que a menos que encontrara una dirección para su vida, finalmente perdería esta batalla. Las palabras del Dr. Graham llegaron a su interior, ¡como nadie antes lo había hecho jamás! Se apropió de ese mensaje, de entregar su vida a Cristo, ¡y la sanidad comenzó ese mismo día! Comenzó a asistir a la iglesia regularmente y a *esperarlo con ganas* por primera vez desde que yo era un niño. Tras varios meses, ¡el cambio en ella fue notable! Su vida *era* de Cristo! Por fin encontró su camino a Dios, y el Dr. Graham fue el letrero indicador. Cambió de forma tan rotunda, que nunca volvió a beber y nunca, jamás, *quiso* volver. Ahora creo, y creeré hasta el día de mi muerte, ¡que el Dr. Graham salvó su alma! Gracias, Billy, ¡desde lo más hondo de mi corazón!

"YO QUIERO"

Salía del trabajo un día y oí en la radio que había una cruzada de Billy Graham. Algo me animó a ir, y pensé que no había manera alguna de poder conseguir las entradas o estacionamiento. Pero pensé que me acercaría a ver. Justo enfrente del estadio había una plaza de estacionamiento esperándome. Así que me estacioné y me dirigí al estadio. Cuando vi la seguridad, pensé: *Esto es el fin.* Sin embargo, me saludaron desde el estadio para que entrase. Pensé: *Bueno, me tocará en el anfiteatro y apenas si podré verlo.* Pues bien, un hombre me hacía indicaciones en el pasillo para llegar a una puerta y bajar unos peldaños hasta un asiento que estaba directamente enfrente de Billy Graham. Estaba perplejo. Le escuché hablar. Llamó a los que quisieran dar su vida a Jesús. Sentí que alguien me levantaba y pasé al frente de la plataforma, y miré a Billy y dije: "Yo quiero". Él salvó mi vida ese día, y nunca olvidaré a Billy Graham.

GRANJERO CRISTIANO

Siendo un pequeñajo de rancho, me encantaba escuchar el programa de radio *La hora de la decisión*, de Billy Graham. Recuerdo sentarme con mis utensilios de la granja en los prados, escuchando con atención y sin querer perderme ni una palabra, y oír todo el programa antes de regresar a la hacienda para cenar.

Cuando me enteré acerca de la cruzada de Melbourne de 1969, rápidamente hice planes para asistir. Viajé los 350 kilómetros con un amigo desde nuestra diminuta iglesia. Cuando Billy extendió la invitación para aceptar a Cristo, yo pasé al frente, junto a muchos otros. No me quedé de pie durante mucho tiempo; enseguida un consejero voluntario se acercó a mí y me guió con la literatura que nos daban para entregar nuestra vida a Cristo. Fue una experiencia inolvidable. El consejero siguió en contacto conmigo después de regresar a la granja, y durante varias semanas me fueron guiando en mi caminar con Cristo.

Hace ahora treinta y ocho años desde que tomé esa decisión; recuerdo esa cruzada como si hubiera sido la semana pasada. Ahora estoy casado y tenemos cuatro hijos adultos. Participo en muchas actividades cristianas, como funciones en nuestra pequeña iglesia, campamentos, seminarios. Debido a nuestro aislamiento geográfico, no podemos asistir a reuniones en la ciudad, pero tenemos la bendición de contar con materiales impresos y del Internet de muchas fuentes, incluyendo la literatura de Billy Graham, la cual nos ayuda en nuestro entendimiento de la Biblia y nuestro crecimiento en Jesús. Siempre estoy agradecido por su singular estilo y compromiso total con Dios.

GRACIAS POR DAR AL SEÑOR

Como la canción "Gracias por dar al Señor", Billy, usted se ha dado al Señor, ha dedicado toda su vida a su obra. Mi vida ha sido cambiada, y sólo quería decirle gracias, Billy. Gracias a Dios por usted y por su ministerio.

—Shirley

GRACIAS POR BENDECIRNOS CON SU MINISTERIO

Desde que tuve edad suficiente para ver la televisión, mi familia y yo corríamos ante el televisor en blanco y negro y veíamos a Billy Graham. Era un tiempo de celebración para nuestra familia. A través del gran caos que había a nuestro alrededor, siempre nos sentíamos bendecidos en el Mississippi rural por poder verle en televisión. Gracias, Billy, por bendecirnos con su ministerio.

DESDE UN MUELLE DE CARGA

Cuando era una mujer joven, de diecinueve o veinte años, trabajaba en la base de la Fuerza Aérea de McClellan, en Sacramento, California, como mecanógrafa, antes de ir a la universidad. Un día, me entregaron una orden diciendo que todo el que quisiera podía irse del trabajo para ir a oír hablar a Billy Graham. (Me encantaría ver que eso sucediera en el gobierno actual.) Ahí estaba de pie en un muelle de carga mientras la gente se reunía. El poder de Dios descendió con las palabras que pronunció Billy Graham ese día. Nunca olvidaré, aunque fue hace casi sesenta años, a ese gran hombre de Dios de pie en un muelle de carga, dando el mismo mensaje que siempre daba: Dios les ama y Él cambiará sus vidas si invitan a Jesús a morar en su corazón. Gracias, Billy, por el fiel servicio a nuestro Maestro, a pesar de las circunstancias.

JESÚS COMO MI SEÑOR

Recibí a Cristo por primera vez cuando tenía quince años, leyendo la Biblia y escuchando programas cristianos en la televisión. Estaba a punto de suicidarme en mi adolescencia, pero acepté a Cristo una noche en 1973, mientras veía una cruzada de Billy Graham. Me arrodillé y le pedí a Jesús que fuera mi Salvador personal y luego escribí a la dirección que daban en la televisión.

Me enviaron el Evangelio de Juan y lo leí. Memoricé las tarjetas que me dieron, también, contesté las preguntas y las envié, y recibí mi certificado de la Asociación. Aún conservo ese certificado hasta la fecha.

Poco después de ser cristiano, estaba emocionado con la idea de ser misionero en África, concretamente en Uganda (donde Idi Amin estaba al mando en ese entonces.) Al comenzar a ir a la iglesia, no recibí la disciplina apropiada y no entendí lo de hacer de Cristo el Señor de mi vida. Mi madre murió cuando yo tenía diecinueve años, y nos mudamos a una nueva ciudad al sur de Illinois, donde no conocía a nadie. Había perdido mucho y me estaba costando adaptarme. Me metí en el mundo empresarial y me convertí en un arduo trabajador (lo cual era mi manera de tratar el dolor que tenía dentro por todas las pérdidas.)

A los veintiún años, salí de una relación de dos años con una alcohólica (con quien casi me caso), y pensé de nuevo que se había acabado todo para mí, aunque nunca me olvidé de Jesús y de lo que Él hizo por mí. Seguí recordando eso.

En julio de 1987, Billy Graham hizo una cruzada en Denver, y fui con mi hermana pequeña desde Big Sisters de Colorado, y ambos, con lágrimas en los ojos, pasamos al frente. Esta vez, el Señor me hizo ver claramente que Él era algo más que mi Salvador, que también era mi Señor, y que quería ser todo para mí en mi vida. Después, a los treinta y dos, dejé mi trabajo (donde tenía un buen sueldo) y me fui a estudiar a la universidad cristiana de Colorado. Comencé a prepararme para las misiones. Ahora soy misionero en Uganda, trabajando con huérfanos y pacientes de SIDA. Gracias por compartir, Billy Graham, y amar lo suficiente a la gente como para hacerlo. Que el Señor le bendiga ahora y en el cielo (y sé que Él lo hará.)

RECUERDOS FELICES

Mi padre, mi amigo y yo nos preparamos algo de comer y nos dirigimos a Flushing Meadows para oír a Billy Graham.

No teníamos ni idea de lo que nos depararía el día, pero sabíamos que era algo que a mi padre, Harry, que tenía noventa y cinco años en ese entonces, le encantaría vivir. Había sido cristiano la mayor parte de su vida y había ayudado a muchas personas durante su viaje. Él oía hablar a Billy Graham siempre que podía.

Cuando entramos en el estacionamiento, estaba repleto y hacía mucho calor. Teníamos miedo de que papá sufriera una insolación, pero Dios nos guió a una de las zonas sombreadas del estacionamiento. Debido a la edad de papá, los guardas nos dejaron quedarnos allí y escuchar a los oradores. Fue un día asombroso, y aunque papá estaba perdiendo su visión, pudo oír todo lo que se dijo. Estaba muy feliz de estar ahí y experimentar todo el amor que allí había. Nos dio las gracias muchas veces por llevarle allí a escuchar a Billy hablar.

Mi padre se fue con el Señor este año, pero estoy muy contento de que tuviéramos esa oportunidad. Tan sólo queríamos dejarle saber que uno de los mejores días de su vida fue el que pasó con usted. Gracias por hacer la voluntad de Dios y extender el mensaje; el cielo sabe cuánto lo necesitamos.

HABLABA COMO ALGUIEN CON AUTORIDAD

A lo largo de mi vida, ha sido la voz que me ha llegado. No importa dónde me encontrase, si esa voz estaba en la televisión o en la radio, me sentía atraído a detenerme y escuchar. El mensaje es tan sencillo y claro que me lleva a enfocarme en todo lo que importa: mi relación con Cristo y dónde pasaré la eternidad. Me siento atraído a escuchar, porque así como el Salvador al que me dirige, Billy Graham habla "como alguien con autoridad".

He trabajado en el campo de la protección infantil durante toda mi vida adulta. He visto y servido a niños que han sido golpeados, quemados, atados, apaleados, violados y asesinados. Este trabajo, combinado con la tristeza ordinaria que todos tenemos, en muchas ocasiones me ha dejado con un hueco en mi corazón y un dolor insoportable en mi alma.

Y sin embargo, en mis momentos de más oscuridad, como si Dios lo hubiera planeado, he encontrado de forma misteriosa esa voz mientras estaba sentado en la habitación de mi hotel cambiando de canal o de emisora de radio. Cada vez que oía la voz, sentía una presencia mayor.

He visto a Billy Graham sólo una vez, en una cruzada en Sioux Falls. Comenzó su sermón diciendo que tenía buenas noticias y malas noticias. Las buenas noticias eran que había hablado con el servicio meteorológico y las nubes tormentosas que había detrás de él estaban al menos a una hora de distancia. Las malas noticias, dijo, eran que había llamado al servicio meteorológico hacía una hora.

Habló sólo durante unos minutos ese día, ya que la tormenta descargó sobre nosotros. No recuerdo cómo se quedaron tantas personas bajo la lluvia. Sólo recuerdo que yo lo hice. Tenía que hacerlo. La voz me obligaba.

—*Victor*

BIEN HECHO, MI BUEN SIERVO Y FIEL

Jesús vino a la tierra para hacer que la vida eterna estuviera disponible para todos nosotros. Sacrificó su vida en la cruz, enseñándonos acerca del amor de Dios. Billy Graham ha pasado toda su vida repitiendo esta misma historia al mundo, para que todo el que oiga y crea sea salvo mediante Jesucristo nuestro Señor. Gracias, Billy Graham, y a la familia Graham y el equipo evangelístico, por sus vidas de servicio a Dios. Todos debemos esforzarnos por ser siervos buenos y fieles. Que la historia se siga contando, y que la gloria sea para Dios.

ASÍ COMO ÉRAMOS

Mi esposo y mi hijo asistieron a una de las cruzadas del Dr. Billy Graham en un estadio de una universidad en Houston. No recuerdo el año ni el lugar exactos, pero nunca olvidaré la experiencia. Nuestros corazones se sintieron muy tocados y pasamos al frente. Habíamos sido creyentes desde la niñez, pero el mensaje del Dr. Graham nos empujó a pasar y volver a dedicar nuestras vidas esa noche. Estoy muy agradecida por su dedicación a nuestro Señor. Él es una inspiración, y se lo ha transmitido a su hijo. Gracias, Billy Graham.

BONITA HISTORIA

Me gustaría poder escribir lo que siento en mi corazón acerca de cómo me ha ayudado a aferrarme a mi fe en Dios nuestro Señor Jesucristo. Sé que si pudiera, sería una de las historias más bonitas del mundo. Mediante sus cruzadas por televisión, he aprendido, he sentido vergüenza, he suplicado perdón, me he acercado más a Dios, y fui consciente de lo que es realmente importante: mi vida con Dios. Espero que cuando estemos en el cielo pueda decírselo: "Gracias, Billy Graham".

—*Christine*

MI DÍA DE SALVACIÓN

Hermano Billy, tan sólo una corta nota para darle las gracias por la única vez (creo) que usted vino a la Universidad de Florida para una cruzada de un día. Aunque había crecido en la iglesia metodista, era la primera vez que me sentía desafiado por el Espíritu Santo a recibir a Jesús como mi Salvador. Dios le bendiga, y gracias desde el fondo de mi corazón.

—*Steve*

LA BONDAD DE NUESTRO DIOS

Querido Dr. Billy Graham, sólo quería decirle gracias. Gracias por permitir que Dios le use a través de las ondas durante tantos años. Recuerdo, siendo aún una niña, a mi abuela escuchándole en la radio. Qué bendición. Después, hace algunos años, tuve el privilegio de verle en el Nassau Coliseum en Uniondale, Nueva York. Nunca olvidaré esa noche. Un día, cuando todos estemos en el otro lado, nos sentaremos y meditaremos en la bondad de nuestro Dios.

—*Carol*

A TRAVÉS DE SUS OBREROS

Durante su cruzada en Houston (¿1963?), después del mensaje, mi hermana gemela Barbara y yo simultáneamente nos levantamos de nuestros asientos para responder a su llamado a todos los que deseáramos pasar al frente para "ser salvos". Cuando llegamos al suelo del estadio, nos recibió uno de sus obreros (equipo de oración). Miró sólo a mi hermana, y le preguntó: "¿Cómo sabe que es salva?". Ella respondió: "Porque Dios me lo ha dicho". Recuerdo mirarle, atónita, y pensar: *Yo no oí nada.* Recuerdo que tenía el deseo, pero por alguna razón no lo interioricé. Siempre había creído que ciertamente había gente en su ministerio que le servía y que realmente estaban en sintonía con Dios.

Afortunadamente, diez años después, viendo un programa en TBN en nuestro apartamento una tarde, me di cuenta de que nunca había orado para recibir a Jesús como mi Señor y

Salvador. Ese día, me arrodillé y le pedí que entrara en mi vida, recordando las palabras que había dicho mi hermana. En mi corazón, ¡oí sus palabras también!

Cuando mi esposo llegó a casa esa noche, le conté mi experiencia, y pensó que me había vuelto loca. No me escuchó en absoluto, incluso cuando le enseñé los versículos. Me dijo: "Esa es una Biblia bautista, para empezar" (lo cual me dolió mucho, ya que quería que él recibiera la seguridad y el gozo que yo estaba experimentando.)

Tras varios intentos, me di cuenta de que yo no podía salvarle. Dios me mostró que era Él quien le salvaría; lo único que tuve que hacer fue orar y confiar en Él. Pude entregar a mi esposo al Señor, y exactamente dos días después, oró pidiéndole a Dios que entrara en su corazón, después de ver el cambio en mi vida. Ese domingo, Dios nos bendijo y los dos nos bautizamos el mismo día.

Debido a la sensibilidad de los obreros de su cruzada al Espíritu de Dios diez años atrás, al saber qué preguntar o decir, y a quién, fui preparada después (y también mi esposo) para recibirle personalmente. Otros diez u once años después, nuestro hijo también le recibió. Gracias, Billy.

CAMINAR POR EL PASILLO

Mi familia toca música góspel. Mis hermanas compusieron una canción titulada "El camino al Calvario", como resultado de las muchas veces que nuestro papá se sentaba y veía sus cruzadas. Ahora él está ciego, pero recuerda las veces cuando podía ver y observaba cómo miles de personas pasaban al frente para aceptar a Cristo mientras el coro cantaba "Tal como soy".

Sentado en su mecedora una noche, él estaba viendo su cruzada, y como muchas otras veces antes, el coro comenzó a cantar y papá dijo que, en su mente, veía cómo la gente se levantaba de sus asientos para pasar al frente y hacer una valiente declaración de su necesidad de Cristo. Decía que, aunque estaba sentado en su silla en casa, en su corazón y en su espíritu él se levantaba y se dirigía a ese altar a la antigua. Ahora sus hijos hacen lo mismo frecuentemente.

Hemos servido al Señor durante muchos años, y aún hacemos el recorrido con otros, caminando por el pasillo. Jesús camina por los pasillos de nuestro corazón, y cuando nos llama con un gesto para que pasemos a recibir su gracia y misericordia, simplemente no podemos negarnos. Su ministerio es precioso, como lo es el Cristo a quien usted sirve. Un día, miraremos hacia su maravilloso rostro y Él dirá: "Bien hecho, buen siervo y fiel".

¡CON UNA VEZ FUE SUFICIENTE!

Soy una mujer afroamericana que creció en una pequeña ciudad de Mississippi. Veía al Dr. Graham en nuestro televisor en blanco y negro. Era difícil crecer en el sur durante la década de 1960, pero cuando veía al Dr. Graham en la televisión, sabía en mi corazón que *hay* un Dios y que las cosas podían mejorar mucho, si confiaba en Él.

Al final de cada sermón, el Dr. Graham daba una invitación para aceptar a Cristo. Al margen de cuántas veces le viera en televisión, aceptaba a Cristo una y otra vez, cada vez que él hacía la invitación. Hasta que un día, oyéndole predicar, me di cuenta de que cuando acepté lo que mi Señor y Salvador había hecho por mí en la cruz, y le pedí perdón y creí en mi corazón que Él es el Hijo de Dios, fui salva. *¡Con una vez fue suficiente!*

SAQUÉ DE UN SUSTO AL INFIERNO DE MÍ

Había ido a la iglesia toda mi vida. Me gusta decir que nací en una "manta bautista". Más que eso, había amado a Jesús desde que tenía uso de razón. Incluso fui bautizada a la edad de cinco años. Me enojó tanto que Pedro negara a Jesús, que quise bautizarme.

Después, en diciembre de 1969, estaba escuchando al Sr. Graham en la televisión. Estaba predicando acerca del infierno. El Espíritu Santo había estado tratando conmigo durante seis meses el que no era verdaderamente cristiana, que mi creencia y seguridad estaban en esas aguas bautismales. Y entonces, eso es exactamente lo que dijo Billy Graham, que nuestra fe y seguridad tenían que estar en la persona de Jesucristo. Después habló de lo espantoso que será el infierno, de que estarán todos solos en tinieblas, separados para siempre del Dios que nos ama. Bueno, ¡eso sacó de un susto al infierno de mí! Cuando el Sr. Graham hizo la invitación, me arrodillé junto a mi televisión y recibí a Jesucristo como mi Salvador. Fui bautizada por segunda vez, esta vez por el motivo correcto, como una muestra de lo que Cristo ha hecho por mí. ¡Gracias, Billy Graham! Soy una vida que fue cambiada. Le veré en el cielo.

¡GRACIAS, BILLY!

Querido Billy, he leído sus columnas en nuestro periódico todos los días durante los últimos veinte años. Sus columnas han sido clave para desarrollar mi relación con Jesucristo. Gracias por todo lo que ha hecho durante los años, por mí y por incontables millones alrededor del mundo, señalándonos al Señor Jesucristo y su verdad. Dios le bendiga a usted y a su familia. ¡Siga adelante!

DIOS ES AMOR

Me crié como creyente en Dios y en Jesús, así que tenía las bases. Pero no nos animaban a leer la Biblia. Dios era siempre alguien a quien temía. Aprendí acerca de Jesús, pero no le veía como mi Hermano, o cómo la oración puede cambiar vidas, hasta la primera vez hace muchos años cuando sintonicé a Billy Graham en la televisión. Mediante su predicación, Billy Graham me abrió la puerta para tener una relación personal con Jesús. Comencé a ver que no tenía que *ganarme* la salvación, ya que era un regalo. Todas las buenas obras eran cosas buenas que hacer, pero no era la manera para mí de llegar al cielo. Billy Graham abrió mis ojos y mi corazón a la verdad de que Dios me ama y que la salvación es un regalo para el que lo pide. Veo a Billy Graham como mi primer paso en mi caminar con el Señor. Comencé a leer la Biblia, a orar realmente y a pasar tiempo con el Señor cada día. Fui a una cruzada que hizo en Filadelfia hace algún tiempo, y recuerdo mirar a los miles de personas que estaban escuchando a Billy Graham ese día, y sentir la fuerte presencia del Señor ahí también. Billy Graham ha sido una fuerte influencia en mi vida, y las palabras no podrán expresar nunca lo mucho que me ha ayudado y ha abierto mis ojos al amor de mi Salvador Jesús.

UN TIEMPO DE BENDICIÓN PARA RECORDAR

Nuestro grupo de jóvenes Metodistas Unidos en una pequeña ciudad de Iowa (población de 400) recaudó dinero durante toda la primavera para poder alquilar un autobús con un grupo de Ames para ir a la cruzada Explo '72 en Dallas, Texas. Hicimos muchas cosas, incluyendo una cena de espagueti, y también vendimos nuestros brazos fuertes (trabajando para la gente) para recaudar dinero. Sería la primera vez que estaría tan lejos de casa sin mis padres. Pasamos un buen tiempo durante los días que estuvimos allí. Acepté a Jesús como mi Señor y Salvador durante esa cruzada. El estadio estaba tan lleno la noche que acepté a Jesús que no pasamos al frente como normalmente hacía la gente. En su lugar, nos levantamos de donde estábamos en el terreno de juego e hicimos la oración como usted nos guió. Tenía diecisiete años.

Hoy, tengo cincuenta y tres años y aún recuerdo ese tiempo con gran amor y agradecimiento. Nuestro grupo regresó a Iowa con el fuego del Espíritu Santo en nuestro interior, y hablamos en muchas iglesias acerca de nuestro tiempo en la cruzada. Llevamos otro grupo al año siguiente a St. Paul, Minnesota, a Key '73. Nuestra iglesia fue bendecida con esas cruzadas. Mientras estábamos en la cruzada de St. Paul, me ofrecí voluntario para cantar en el coro. Lo disfruté mucho. Cuando oigo las canciones típicas de las cruzadas, incluso hoy, mi corazón se enternece y canto con ellos.

Mi vida me ha deparado muchas pruebas y dificultades, pero mi fe me ha llevado a través de todas ellas. Estoy muy agradecido por las cruzadas de Billy Graham, por ayudarme a edificar una relación fuerte con mi Señor Jesús. Verdaderamente puedo decir que he sentido el amor y la guía de Dios durante toda mi vida desde entonces. ¡Gloria al Señor!

CRUZADA JUVENIL EN TELEVISIÓN, ALREDEDOR DE 1962

Mi hermano menor y mi hermana estaban dormidos, y mi madre había salido esa noche. Yo tenía quince años y estaba sentada en el sofá viendo la televisión. Mis padres se habían divorciado. No me iba bien en la escuela, y me gustaba andar por ahí con otros adolescentes que bebían y fumaban. Estaba todo el tiempo deprimida, y un exnovio de mi madre había abusado de mí. Fui a la iglesia católica cuando era más joven, pero había dejado de ir. Hablaba con Dios muy de vez en cuando, pero no sabía si Él en verdad me oía o no.

Mientras cambiaba los canales, me encontré con algo que parecía interesante. En la pantalla había un hombre en un estadio en algún lugar, hablando a jóvenes. Dijo cosas que realmente tocaron mi corazón. Lo recuerdo porque comencé a llorar. Captó mi interés, y cuando terminó de hablar, dijo: "Si estás viendo esto por televisión, avanza y arrodíllate ante el televisor y entrega tu vida a Jesús". Yo me arrodillé delante del televisor y oré con Billy Graham, y ahora sé que Jesús entró en mi corazón y en mi vida.

No llamé ni escribí después a Billy. Sin saber muy bien lo que había hecho, seguí viviendo como solía. Muchos años después obtuve al fin el entendimiento que necesitaba, y he estado sirviendo al Señor desde entonces. Mi madre solía decirme que debía tener a los mejores ángeles cuidando de mí, porque estaba viva a pesar de mi conducta.

Ahora, cuarenta y cinco años después, sigo viva y sirviendo al Señor. Gracias, Billy Graham, por su amor, fidelidad y obediencia a Dios. Usted me apuntó en la dirección correcta y Jesús entró en mi corazón en el momento más difícil de mi vida. Aunque no cambié al instante, Dios estaba conmigo, y no hubiera sido capaz de conseguirlo sin Él. Le he hablado a mucha gente de usted a través de los años y les he dicho lo mucho que le amo y le respeto. Dios le bendiga siempre.

—*Lynn*

NACER DE NUEVO

Quiero compartir mi historia de cómo Dios usó la fiel predicación de Billy Graham para presentarme una relación con Jesucristo. Nací en Uniontown, Pennsylvania, el 10 de abril de 1940, siendo el más joven de cinco hijos. Había una diferencia de diez años entre mi hermano más cercano y yo. Mi madre siempre decía que yo fui un error. Mi padre era alcohólico, pero yo le consideraba un buen hombre. Me enseñó a cocinar, me ayudaba con mis tareas y siempre estuvo a mi lado en la vida. No era un hombre violento, tan solo siguió fiel a sí mismo hasta que murió. Él y mamá nunca se llevaron bien.

Cuando tenía cuatro años, nos mudamos a Washington DC, donde asistí a una iglesia católica. Mi papá era católico y mi mamá protestante. Vivíamos muy cerca del complejo de entretenimiento DC Armory, que tenía muchas atracciones distintas. Iban tantas personas a esos espectáculos que estacionaban sus automóviles en nuestra calle y caminaban hasta allí. Un día en concreto, le pregunté a mi madre: "¿A quién van a ver todas estas personas?". Ella me respondió: "A un predicador llamado Billy Graham". ¡Nunca olvidé ese nombre!

Después de graduarme de secundaria, trabajé en la universidad católica como secretaria. Cuando tenía veintisiete años, conocí al que sería mi esposo. Era músico. Nos casamos, ambos con veintiún años, y viajamos un poco. Cuando me quedé embarazada, nos asentamos en Nueva Jersey durante unos tres años. Durante ese tiempo, estaba viendo la televisión una noche cuando oí a un caballero presentar a un hombre llamado Billy Graham. Finalmente pude ver a esa persona por la que siempre me había preguntado. Yo no sabía que tenía que "nacer de nuevo" para entrar en el cielo. Cuando terminé de escucharle hablar, lloré y le entregué mi corazón al Señor. Mi esposo

estaba trabajando en ese momento. Le conté después mi experiencia, pero no pareció inmutarle. Sin embargo, años después,
antes de morir, también le entregó su corazón al Señor.

Gracias, Sr. Graham, por nunca perder la esperanza con el
mundo. Sus enseñanzas han cambiado mi vida para siempre, y
la de muchos millones. Dios le bendiga a usted y a su familia.

—*Judy*

THE COVE

El ministerio The Cove me cubrió durante cinco años. Pude
verlo como un hogar, y era el lugar donde podía caminar por
el bosque y simplemente hablar con Dios. Las habitaciones
y seminarios llenos del Espíritu, las chimeneas y el chocolate caliente, todas las buenas conversaciones con personas que
piensan igual, todo eso me bendijo inmensamente. The Cove
era parte de la visión de Billy Graham, y a través de ello me
acerqué más a Dios. Gracias, Billy y Ruth Graham, por todo
lo que me han dado. Su ministerio y su disposición a seguir
la guía del Señor me cambió de maneras que nunca se podrán
imaginar hasta que no estén en la eternidad.

UNA VIDA QUE MERECE LA PENA SALVAR

Me presentaron por primera vez al Rev. Billy Graham a los diecisiete años de edad, mientras cambiaba de canal una noche.
En ese momento de mi vida estaba muy deprimida y pensaba
en suicidarme. Vi al Rev. Graham y escuché su servicio, y comencé a llorar profundamente. Había ido a la iglesia durante
toda mi vida, pero no le había entregado mi vida a Dios hasta
esa noche. Llamé, alguien oró por mí, y rendí mi vida a Dios.

Después recibí materiales de lectura y una lección para mejorar mi compromiso, que me gustaron mucho. Ese día, avancé

mi vida un paso más y me uní a una iglesia, y en esa iglesia mi amor y cercanía con el Señor crecieron. Ver el servicio del Rev. Graham esa noche fue el fundamento que necesitaba para arraigarme en el Señor. A pesar de las pruebas y tribulaciones que vendrían a mi encuentro, ahora sé que el Señor está conmigo, y me ama, y me he apoyado en Él desde entonces. Todo comenzó con esa noche al ver ese gran servicio del Rev. Graham. Gracias, Rev. Graham, por salvar mi vida.

—Theresa

UNO DE ENTRE LOS MILLONES

Querido Billy: me atrevo a llamarle por su primer nombre, no por falta de mi más profundo respeto y gratitud, sino porque usted es, para mí, un amigo. Soy un hermano que está contando con caminar y hablar con usted algún día. Su vida ha bendecido y modelado la mía desde que era un niño y crecía en la Oklahoma rural. Soy una de las millones de vidas que usted tocó que probablemente nunca podrá decirle en esta tierra: *¡gracias!* Mis ojos se llenan de lágrimas, y anhelo el que usted sepa lo profundamente agradecido que estoy por su valiente amor de Jesús.

—John

ME UNÍ A MI AMIGA

Billy había hablado y después hizo un llamado al altar, y mi amiga sintió que debía pasar al frente. Así que para no separarnos entre la multitud, las demás fuimos con ella. Cuando llegamos abajo, yo me puse a llorar. Vino una ayudante, y terminé volviendo a dedicar mi vida a Cristo, y nunca he vuelto atrás. Mi marido y yo fuimos a una escuela bíblica y continuamos siguiendo a Cristo hasta este día. Gracias a Dios que mi amiga (a quien ahora he perdido la pista) sintió pasar al altar de Cristo, porque mi vida cambió por completo y sirvo a Cristo hasta el día de hoy. Gracias, Billy Graham, y a su familia, por dar sus vidas para que otros sean salvos.

UN AGRADECIMIENTO CON MUCHO RETRASO

Muchas veces durante los años, el Señor puso en mi corazón escribir a Billy Graham para agradecerle por la experiencia que cambió mi vida. Finalmente, le respondí al Señor: "¿Cómo lo hago?". No esperaba que la respuesta llegara al encender la televisión.

Pocos días después, me sorprendió escuchar acerca de la página web de agradecimiento a Billy Graham que permitía que la gente no sólo enviara su gratitud, sino también que compartiera sus historias. No podía ser una coincidencia.

La experiencia que cambió mi vida comenzó cuando era adolescente. Aunque era cristiano, aún no había experimentado el poder del Espíritu Santo. Me invitaron a asistir a una cruzada de Billy Graham con un amigo. No tenía ni idea de lo que era eso, pero pensé que parecía una buena excusa para salir de casa. Nos subimos al autobús de la iglesia que nos llevaría a la cruzada, un viaje que fue muy tranquilo. Al final del servicio, acudí al llamado al altar. Fui ungido con una experiencia gloriosa, pero no estaba seguro de lo que estaba ocurriendo. Regresamos en el autobús a casa, cantando y alabando al Señor, una experiencia muy distinta al viaje de ida a la cruzada. Esa fue la noche que cambió mi vida para siempre.

En los siguientes treinta años, mi vida siguió con un matrimonio, hijos, un negocio autónomo, universidad y otros eventos. Durante los años, mi familia y yo pasamos por muchos de los retos de la vida. Sin importar lo difícil que pareciera la situación, siempre vencimos por el poder del Espíritu Santo a través de Jesucristo.

Gracias, Billy Graham, por ser parte de mi experiencia sobrenatural con el Espíritu Santo. No puedo expresar lo suficiente cómo esa experiencia cambió mi vida. Diariamente, intento servir y amar al Señor. Cada día, sigo buscando al Espíritu Santo con un amor que sigue creciendo más y más cada día. Qué increíble es el Dios al que servimos. Lo más importante es que el poder de Dios puso en mi corazón enviar este agradecimiento. ¡Gracias, Billy Graham! Seguiré orando por usted y su ministerio.

MI POESÍA PARA USTED

He escuchado sus cruzadas durante años a través de la televisión. Escribo poesías espirituales e historias de niños. Hace varios años, escribí una poesía titulada "Tal como soy", que se lo dediqué a usted. Nunca se lo envié porque nunca supe cuál era su dirección correcta, y aún sigo sin saberlo. Confío en que finalmente tendrá la oportunidad de leerlo aquí y recibir ánimo. Gracias de nuevo por su maravilloso compromiso para servir al Señor todos estos años. Dios le bendiga.

—*Eva*

Esta es la poesía:

"Tal como soy"
Tal como soy, Tal como soy
Es la canción que dulcemente el coro canta
Ven a Jesús, Ven a Jesús
Traiga todas sus cargas.
Me levanté de mi asiento
Caminé por el pasillo

Y llegué al altar.
Repita estas palabras conmigo
Dijo el predicador al hablar.
Creo que Jesús es el hijo de Dios
Que murió en la cruz por mi maldad.
Si confieso con mi boca
Y creo en mi corazón
Él me perdonará y me dará libertad.
Los placeres mundanos que antes anhelaba
Ya no los quiero
Desde que le di mi corazón a Jesucristo
Ahora sé que soy del cielo
Si usted también se arrepiente de sus pecados
Y le pide a Jesús que entre en su corazón, siendo sincero
Él le perdonará todos sus pecados
Y será como si su vida comenzase de nuevo
Después cada día deberá comenzar
Leyendo la Palabra de Dios, la Biblia
Y ante todo debe dedicar tiempo a orar
Busque una iglesia donde pueda adorar
Luego debe asistir de manera fiel
Asegúrese de compartir su nuevo nacimiento
Con otros, quizá con ella, quizá con él
Después pídales que hagan la oración de fe
Sólo piense que cuando ellos oren con usted
Estará cumpliendo la gran comisión
Como el Señor Jesús nos ordenó hacer
Y habrá salvado por gracia a otro pecador
Y luego un día Jesús le dirá bien hecho
Buen siervo y fiel
Cuando veamos cara a cara al Salvador.

COMPARTO UN CUMPLEAÑOS CON BILLY GRAHAM

Mis padres y yo nacimos el mismo día, el 7 de noviembre. De hecho, mi papá nació en 1918, así que siempre mencionaba el hecho de que había nacido el mismo día que Billy Graham. Incluso se lo decía a los vendedores telefónicos en sus últimos años. Esta pequeña conexión hace que el hermano Billy sea incluso más especial para mí. Su predicación me cautivó cuando le vi en televisión en mis años de adolescente, y el 24 de junio de 1965 tuve otro "cumpleaños" y "me aseguré" de mi relación con Cristo mientras estaba sentado frente al televisor. Aunque crecí asistiendo a la iglesia, había algo en la forma en que Billy Graham presentaba el evangelio que captó mi atención y me hizo examinar mi vida y mi relación con Dios con más detenimiento. Siempre estaré agradecido por su maravillosa influencia sobre mi vida. Y sí, como es un siervo tan fiel y estimado del Señor, me siento muy privilegiado de poder decir que cumplo años el mismo día que Billy Graham.

GRACIAS, SEÑOR JESÚS

En la primavera de 1957 yo era un desertor de la escuela confundido, autodestructivo, con un severo problema de tartamudeo (y un problema de pecado mucho más grave) cuando el Dr. Billy Graham y su equipo llegaron a la ciudad de Nueva York, mi ciudad natal. Un consejero de la Asociación Evangelística Billy Graham llegó a mí con la Palabra de Dios justo a tiempo; mi vida fue salvada y mi alma volvió a nacer al instante cuando Mateo 7:7: "Pedid, y se os dará", me golpeó entre ceja y ceja y yo respondí: "Señor Jesús, por favor, entra en mi corazón". (¡Él lo hizo!)

Los mensajes del Dr. Graham en el Madison Square Garden me hicieron pasar al frente y rendirme totalmente al señorío de Jesús. Su predicación sobre "habitar en Cristo, la vid" (de Juan 15) culminó con una llenura del Espíritu Santo transformadora. Durante la cruzada, experimenté incontables bendiciones y di mis primeros pasos en el servicio y el testimonio cristianos.

Posteriormente, y de manera muy sorprendente, Cristo me llamó a predicar el evangelio, y desde entonces me ha entrenado y usado en el ministerio evangelístico, sanando misericordiosamente mi impedimento en el habla en el proceso. Muchas personas especiales (particularmente mi esposa y mis padres) han ayudado a moldear mi vida… algunos de maneras profundas. Pero nadie ha tenido un efecto tan profundo, tan revolucionario, en estos pasados cincuenta años como el Dr. Graham, desde mi segundo nacimiento hasta el día de hoy.

Los Clásicos de Billy Graham que actualmente retransmite TBN siguen la obra de discipulado que comenzó hace cinco décadas. El nuevo nacimiento es un don milagroso, indescriptible. Por tal misericordia y gracia, y por cada uno a quien Dios usa como un conducto de su asombroso favor, nunca podré agradecerle al Señor lo suficiente, ni en esta vida ni en la venidera. Verdaderamente, la salvación "de parte de Jehová es esto, y es cosa maravillosa a nuestros ojos [nacidos de nuevo]" (Salmos 118:23.) Gracias, Dr. Graham, por cumplir el llamado de Dios tan fielmente.

VIDA ETERNA Y MÁS

Durante mi segundo año de universidad, comencé a querer saber lo que realmente significaba ser cristiano. Mis padres siempre me habían dicho que éramos cristianos, pero nunca asistíamos a la iglesia. Aunque yo estaba yendo a la iglesia, mis abuelos me animaban a ir a la cruzada de Billy Graham. Fue la primera vez en mi vida que oí el concepto de que Jesús había muerto por *mí*. Cuando Billy hizo el llamado, no podía creer la cantidad de gente que se levantó. Pensé: *Ahora lo creo, pero se lo diré a alguien de la iglesia.* Misericordiosamente, el Espíritu Santo me hizo levantarme y pasar al frente. De lo que no creo que se den cuenta la mayoría de las personas que fueron salvas en la cruzada es lo mucho que la cruzada trabaja con las iglesias locales. En las siguiente semana, estaba yendo a una iglesia nueva y ahora era miembro de los Navegantes. Le doy gracias a Billy no sólo por mostrarme lo que significa la vida eterna, sino también por darme las herramientas para vivir como un cristiano nacido de nuevo a partir de ese día.

GRACIAS POR SU FIDELIDAD

Querido Billy, tenía dieciocho años la noche en que mi tía y mi tío me llevaron a verle en el Madison Square Garden. Les estaba haciendo una visita en Kings Park en Long Island. Ahora estoy en Florida. Estábamos tan arriba en el estadio que no podía ver bien si era usted hasta que comenzó a hablar. Siempre me encantó su acento. Nadie sabía en ese tiempo lo que Dios iba a hacer en su vida, y en todos los millones de vidas que tocaría.

No fui salvo hasta 1969. A menudo le escuchaba en la radio y veía sus cruzadas en televisión. Su mensaje de salvación siempre tocó mi corazón. Incluso antes de ser salvo. Nunca tuve que preocuparme porque usted trajera alguna falsa doctrina, quisiera montar un espectáculo o que me dirigiera por un mal camino, porque usted levantaba a Jesús y nunca se desviaba.

Su fidelidad a su propio equipo significaba mucho también. Todos sus cantantes invitados eran buenos, pero nadie se comparaba a George Beverly Shea cuando cantaba "Cuán grande es Él". Cliff Barrows era como una roca, tan fuerte, y su presencia era una mezcla de mansedumbre y amor.

Nadie oirá o cantará jamás "Tal como soy" sin pensar en usted y alabando a Dios por tomarnos tal como somos. Gracias por obedecer a Dios. Le amo y le respeto más de lo que se puede expresar con palabras. Todos sus hijos son también una bendición.

INSPIRACIÓN

Gracias por ser siempre una inspiración de lo que significa vivir una vida para el Señor. Siempre me inspira ver su fotografía colgando en los vestíbulos de Northwestern College, y siempre he apreciado el ministerio que tiene. Oro para que mis hijos un día crezcan y sirvan a Dios como usted lo ha hecho.

CUERDAS EN EL CORAZÓN

En 1972 fui de Idaho a Dallas para la Explo '72, y Billy habló allí. Pidió voluntarios de la universidad entre los estudiantes para unirse a él en Cleveland en julio. Cada vez que decía la palabra *Cleveland*, sentía como si mi corazón fuera un arpa y los dedos de Dios estuvieran tocando las cuerdas. Era un cristiano recién convertido y finalmente decidí que Dios me estaba llamando a ir a Cleveland. Fui y serví de muchas formas y terminé quedándome en Ohio dos años más. Mientras estuve allí, conocí a algunos estudiantes de un pequeño instituto bíblico en Indiana. De nuevo, sentí la guía de Dios, esta vez para ir a Indiana. Fui allí a la escuela y conocí a mi esposa de Minnesota, donde vivo ahora. Dios usó a Billy para darle dirección a mi vida, y nunca olvidaré las aventuras que experimenté por el llamado a ir a Cleveland en 1972.

MARINERO EBRIO CAMBIADO

En 1954 subí a bordo de mi barco y me volví loco, bebiendo, persiguiendo a las mujeres y todas las demás cosas que haría un joven marinero que navega lejos de casa por primera vez. Un compañero de la tripulación me llevó a una reunión de Juventud para Cristo donde proyectaron una película de Billy Graham. Acepté a Cristo como mi Salvador el 5 de diciembre de 1955. Me encantaría poder decir que todos mis problemas se acabaron, pero cuando se terminó la luna de miel me di cuenta de que estaba en una zona de guerra. Algunas personas de la iglesia me habían herido y regresé al mundo. Debo decir que Dios es fiel a sus hijos, e incluso cuando yo estaba en el mundo Él me estaba galanteando otra vez para que volviera a Él. Leí casi todos los libros de Billy Graham y ellos me ayudaron a regresar a Cristo. Gracias, Billy, por compartir su amor por Cristo; eso cambió mi vida.

UN CONSEJERO ROMPE A LLORAR

Soy seguidor de Billy Graham desde hace más de treinta años, y tuve la oportunidad de servir en una de las cruzadas en St. Paul, Minnesota. Recuerdo esa noche, siendo un joven cristiano yo mismo, cuando serví como consejero por primera vez. Cuando Billy hizo el llamado al altar, rompí a llorar cuando yo mismo pasé al frente para recibir a otras personas que estaban pasando al frente. Otra pareja de consejeros me vieron pasar al frente con las lágrimas corriendo por mis mejillas y dijeron: "¿Podemos orar para que recibas a Jesucristo?". Yo dije: "Ya le he recibido, y también soy consejero, pero el Espíritu de Dios me ha tocado aquí y no puedo dejar de llorar". Finalmente, pude recomponerme y ayudar a otros que venían al frente.

En 1981 conseguí un trabajo en la Asociación Evangelística Billy Graham, en la parte informática del ministerio. Este fue un gran honor para mí, y pude ver al Sr. Graham un par de veces. Incluso tengo una foto de él conmigo y mis cinco hijos alrededor de él. Gracias, Billy, por su servicio a Dios y al mundo en que vivimos.

LLEGADA A CASA

Al criarme en una familia de las Fuerzas Aéreas de E.U., siempre me estaba mudando y por tanto no tenía una iglesia permanente. La base aérea tenía una reunión los domingos, pero de ninguna denominación. Yo siempre tenía hambre de Dios, pero no entendía nada de Él. Mi madre me contaba historias acerca de cómo ella permaneció en Alemania mientras estaba embarazada de mí, y la increíble soledad que sintió. Encendió la radio y oyó la voz de Billy Graham. Fue un momento emotivo para ella al sentarse en un país extraño esperando el regreso de mi padre del vuelo. Le consoló de tal forma que nunca lo olvidó. Eso fue en 1956.

Me adelanto ahora hasta 1967. Estábamos viviendo en Goldsboro, Carolina del Norte, y como mi padre era piloto de combate, estaba fuera del país. Cuando mi madre y mis hermanos estaban una noche fuera de casa, encendí la televisión y observé que estaba Billy Graham... así que escuché. Me fascinó que pudiera hablar a mi corazón. Nunca había sentido la presencia de Dios de una manera tan fuerte, y me sorprendió poder tener esa paz tan grande en mi corazón. Quería más, y cuando Billy oró al final de la retransmisión, oré con él. Le pedí a Jesús que perdonara mis pecados y que entrara en mi corazón.

A partir de ese día, mi vida cambió, y nunca ha sido la misma. Aunque procedía de una familia que estaba continuamente en movimiento y que nunca podía llamar a ningún lugar mi hogar, Billy Graham me dio unas raíces. Y siempre puedo pensar en el pasado en un momento en el tiempo, un lugar, cuando era adolescente y me sentí en casa.

Para una familia que servía en su país, y por las muchas veces en que mi padre estaba lejos en alguna misión, Billy Graham llenó una necesidad en mi vida. Él también estaba lejos de su familia. Su misión era de otro tipo, una misión eterna que cambió mi destino. Ahora tengo cincuenta años y mis cuatro hijos y mi esposo conocen al Señor. Quién sabe hasta dónde llegarán nuestras vidas, pero sé que será grande. Quiero darle las gracias a Billy Graham y a su familia por su fidelidad. Estoy muy agradecida, y las palabras no pueden expresar lo que hay en mi corazón. Gracias por ayudarme a llegar a casa.

—*Melinda*

¡Dios le ama!

Durante más de cincuenta años he oído a este hombre de Dios predicar la Palabra; ese poder detrás de las palabras: "Dios le ama, y puede cambiar su vida". Puedo oír esas palabras en mi mente una y otra vez, tal y como él las decía.

Qué consuelo me dan.

Mi vida cambió de sentido

El viernes 9 de noviembre de 2007, la ABC en su programa *¿Podemos ayudarle?* respondió a la pregunta de un telespectador acerca del récord de audiencia en el Melbourne Cricket Ground. Tras mostrar varias escenas de partidos de fútbol, partidos de cricket y los Juegos Olímpicos, dieron el récord absoluto de audiencia de 140.000 personas (más de lo que nos habían dicho anteriormente) en la cruzada de Billy Graham de marzo de 1959. Ese número nunca se volverá a alcanzar, porque en esa ocasión se permitió a la gente sentarse en el césped sagrado.

Con veinticinco años, yo estaba en esa congregación, y como resultado mi vida cambió de sentido. En ese entonces era cristiana, pero estaba intentando vivir en dos mundos. No pasé al frente en esa reunión de domingo por la tarde. Sin embargo, después de oír el sermón de Billy Graham repetido en la radio, me di cuenta de que necesitaba rendir mis ambiciones de ser actriz, e incluso cualquier deseo de casarme, y volví a dedicar mi vida a Dios. En menos de un mes, iba yo en un tren hacia Alice Springs para trabajar en un albergue infantil. Dos semanas después, comencé un noviazgo con un inglés que conocí en Ghan [ferrocarril] de camino. Cinco meses después, nos casamos en la iglesia John Flynn en Alice Springs.

Cuando los padres de mi esposo emigraron a Australia, nos asentamos en Adelaida y después dimos la bienvenida a dos hijos en la familia. Siempre estaré agradecida por la fidelidad de Dios, y Billy Graham como su mensajero, por enderezarme en ese tiempo en particular. Adoramos a un gran Dios.

Un siervo devoto

Billy Graham ha sido una inspiración para mí durante toda mi vida cristiana, más de cincuenta y cinco años. Siempre que había una cruzada en cualquier lugar cerca de nosotros en Texas, íbamos allí. Cuando fui lo suficientemente mayor para cantar en el coro, lo hice tres veces, una en Lubbock y dos en Houston. El mensaje de Billy Graham era muy sencillo y fácil de entender para cualquiera, y uno sabía que él era un verdadero siervo de Dios. No hacía nada para llevarse él la gloria, sino que se reunía con todos como un humilde representante o embajador de nuestro Señor y Salvador Jesucristo. Gracias,

Billy Graham, por lo que dijo, por cómo lo dijo y por cómo lo vivió. Usted y su ministerio cambiaron mi vida.

EL FRUTO DE LA FIDELIDAD

Recibí a Jesús en mi corazón mientras veía a Billy con mamá. Bueno, la verdad es que realmente yo no quería ver a Billy Graham; quería ver *Green Acres*. Así que hice como si no escuchara, pero el Espíritu Santo habló a mi corazón, mi mamá respondió mis preguntas y esa noche me arrodillé junto a mi cama e hice una sencilla oración de salvación. Tenía nueve años.

Muchos años después, cuando estaba en secundaria, nuestro grupo de jóvenes fue al State Fair de Minnesota, donde Billy estaba llevando a cabo una cruzada en el Grandstand. ¡Me emocionaba ver a Billy en persona!

Avanzo ahora hasta la década de los noventa, cuando él vino al Metrodome en Minneapolis. Estaba casada y con tres hijos. Los tres tenían una relación personal con Jesús, pero no habían visto una cruzada de Billy Graham. Mi hermana dirigía dcTalk (ellos eran parte de la música de la cruzada), así que mi familia tenía un puesto que divisaba todo el estadio. Quería que mis hijos tuvieran una imagen visual de la gente pasando al frente a recibir a Jesús. ¡Y qué imagen vieron! ¡El mar de personas que llegaban en masa al piso inferior sigue grabado en mi mente! Billy Graham había sido usado por Dios para alcanzar a generaciones de personas. Había sido fiel al obedecer a Dios. Gracias por su fidelidad, Billy. Su obediencia cambió mi vida.

UN REGALO GRATUITO E INESPERADO

Cuando estaba en un momento muy malo de mi vida, entré en una iglesia a la que no había ido antes. En el estante de un banco, junto al himnario, había una tarjetita que ofrecía un curso de estudio bíblico por correspondencia. Tomé la tarjeta, la envié por correo a la dirección que aparecía, y recibí de vuelta por correo un librito. Contenía el Evangelio de Juan, con varias preguntas al final del libro. Leí el libro, respondí las preguntas y lo volví a enviar. Pocos días después, en el correo, llegó otro librito que contenía otro libro de la Biblia y más preguntas. Este proceso siguió así hasta que terminé todo el curso.

Al final del proceso, recibí mis notas del curso y una concordancia bíblica como un regalo gratuito e inesperado. Nunca me pidieron dinero, ni tan siquiera para cubrir los costos de los materiales. Todos estos materiales, y la persona que los leía y corregía mis respuestas, los proporcionaba la Asociación Evangelística Billy Graham.

Ese fue un punto de inflexión en mi vida. Dios había estado observándome y atrayéndome, pero Él usó a Billy Graham y su ministerio para enseñarme lo mucho que me amaba. Deseo darle las gracias al Dr. Graham personalmente por su dedicación, perseverancia, y lo más especial, por su devoto caminar. Estaré agradecida por siempre con Dios por concederme el privilegio de vivir durante los años de vida de uno de los siervos de Dios más fieles. Oro para que Dios le bendiga con paz y gozo indescriptibles. ¡A Dios sea la gloria!

UN TRIBUTO

Tengo muchos recuerdos de mi infancia de sentarme frente al televisor y escuchar muchas de sus cruzadas. Como era muy joven (siete u ocho años), a veces me resultaba difícil estar atento, pero recuerdo acurrucarme en los brazos de mi madre y ver su rostro mientras ella le escuchaba a usted.

Había una gran sonrisa y una calma en el rostro de mi madre mientras usted hablaba.

Tenía once años cuando supe que quería entregarle mi vida a Cristo. Mi madre me habló acerca del compromiso que era dar verdaderamente mi vida a Jesús, y que para ayudarme a entender esa decisión, ella quería conseguir el librito que usted había publicado acerca de lo que significa ser cristiano.

Recuerdo sentarme en la mesa de nuestra cocina y finalmente terminarlo y hablar con ella al respecto. Estaba muy emocionado. Sabía que había algo diferente en mí. Mi historia no es una experiencia de llegar a la cima como muchos tienen, pero fui salvo por su compromiso de difundir la palabra de Jesucristo.

Cuando tenía catorce, perdí a mi madre a causa del cáncer. Ella sufría terriblemente, pero nunca culpó a Dios. Más bien, cuando podía, iba a la iglesia y le alababa. Me dijeron que la última palabra que dijo fue "Dios", y creo que estaba verdaderamente en su presencia. Así que, gracias, Billy, por ayudarme a recibir a Jesucristo para que un día pueda ver de nuevo la maravillosa sonrisa de mi madre y pasar la eternidad con Dios.

Esos fueron verdaderamente unos días buenos
¡Gracias, Billy! Recuerdo cuando era niño ir a su cruzada aquí en Melbourne, Australia, con mis padres. Nosotros también solíamos escuchar sus retransmisiones en la radio. Fuimos muy bendecidos. Mi madre tenía su foto en un marco en nuestra repisa de la chimenea. Se podía sentir la presencia de Dios por la radio mientras usted predicaba. ¡Esos fueron verdaderamente unos días buenos! Su ministerio cambió mi vida. Gracias, Billy.

UNA CARTA ABIERTA DE AGRADECIMIENTO

Querido Dr. Graham, mi destino espiritual se puso en marcha cuando mis padres cristianos me llevaron de vacaciones a su cruzada en 1957 en la ciudad de Nueva York en el Madison Square Garden, cuando yo tenía once años.

No recuerdo lo que dijo en su sermón esa noche; sin embargo, el Espíritu Santo tomó sus palabras y con ellas envolvió mi alma con la fortaleza de la eternidad. No pude resistir la atracción de la invitación de "Tal como soy", y corrí como loca para unirme a los que sintieron la misma atracción del Espíritu Santo, una enorme multitud de gente (la cual me impactó no sólo en número, sino también en altura.) Cuando llegué a la sala de la decisión, una señora muy amable me guió al Señor.

Poco después de eso, usted organizó una cruzada en Louisville. Mis padres y mis abuelos dieron una fiesta de bienvenida para usted y su equipo. Me acuerdo de conocerle. Recuerdo mirar hacia arriba para ver a ese hombre alto y elegante con ojos increíbles. Ahí parada, sin palabras, pensé que acababa de conocer y dar la mano a Jesús.

Sólo años después entregué mi vida por completo al Señor. A través de muchas pruebas, dificultades y problemas de salud, he aprendido a depender totalmente de Él para todo. Al hacerlo, Él me ha mostrado que cada barrera del Jordán se convierte en una puerta abierta, cada pozo ofrece pepitas de oro y cada montaña de dificultades se transforma en un monte de liberación. El Señor me ha demostrado una y otra vez esta promesa, la cual se ha convertido en mi versículo favorito: "¿No te dije que si crees, verás la gloria de Dios?" (Juan 11:40, NTV).

Celebré mi cumpleaños espiritual este verano; cumplí cincuenta años. Por eso esta carta es tan especial para mí. No me puedo imaginar mi vida sin el Señor. Me estremezco al pensar lo que habría sido de mí si no hubiera estado en Nueva York hace cincuenta años para responder a su invitación de aceptar al Señor. Doy gracias por esa señora tan especial, quien quiera que fuese, por guiarme en oración a recibir a Jesús como mi Salvador. Sin embargo, verdaderamente quiero darle las gracias, Billy, desde lo más hondo de mi vida, por su obediencia a seguir al Señor en el llamado y propósito para su vida. Estoy eternamente agradecida. ¡Le veré al otro lado!

—*Lynn*

NACÍ DE NUEVO... GRACIAS

En la Explo '72 en Dallas, recuerdo a Billy Graham y Bill Bright compartiendo el evangelio con las personas allí reunidas. Lo que más recuerdo es afirmar mi posición y confirmar mi fe. Era una persona religiosa y había asistido a la iglesia toda mi vida, pero después de la reunión y la oración supe sin lugar a dudas que Jesucristo había entrado en mi corazón para ser mi Señor y Salvador. Alabo a Dios por Billy Graham, por las almas que ha ganado para Cristo, y porque ha cruzado barreras denominacionales, ha defendido aquello en lo que ha creído, para dar unidad al cuerpo de Cristo y ha definido lo que significa la palabra *evangélico*. Creo que Billy es un modelo para todo ministro que comparte el evangelio, porque él no sólo ha vivido lo que predicaba, sino que también ha conducido su ministerio con integridad y pureza de corazón. Dios le bendiga, Billy Graham.

HOMBRES QUE DIOS HA USADO EN MI VIDA

Gracias, Billy, por su fidelidad a Dios y su Palabra. Estoy caminando con Dios por cómo usted hizo su parte en su plan para alcanzarme. Cuando tenía doce años, Billy me señaló hacia

Cristo, y a los veinticuatro, unos hombres de los Navegantes me ayudaron a aprender a caminar con Cristo. Quería que usted supiera que los hombres de Dios viven en los corazones de aquellos a quienes han inspirado.

UN HERMANO ANCIANO...

He visto a Billy en televisión desde que acudí a Jesús en 1975 a la edad de diez años. He asistido a algunas de sus cruzadas en el área metropolitana de Nueva York. Siempre he disfrutado oyéndole predicar. Aún más, he admirado verle envejecer con la gracia de Dios. Ha pasado por muchas cosas a medida que ha ido envejeciendo, pero sigue conservando su jovial amor y humildad por el Señor. Eso es algo que quiero emular en mi propia vida mientras continúo siguiendo a Jesús.

—*Kyle*

NUEVA FE EN CRISTO

Mi esposa y yo estamos agradecidos por el ministerio de Billy Graham, porque ambos recibimos a Cristo como nuestro Salvador en nuestro último año en la secundaria. Puse mi fe en Cristo en la cruzada de Billy Graham de 1969 en el Anaheim Stadium. Un amigo me invitó a ir y cantar en el coro de la cruzada. El último día de la cruzada, finalmente me doblegué y pasé al frente. Esa fue una experiencia increíble para mí. Nunca me había sentido más feliz en toda mi vida. Invité a mi esposa a asistir a la cruzada también. (Claro está, aún no era mi mujer.) Dijo que no, pero hablamos largo y tendido acerca de cosas espirituales en una cita en abril de 1970. Pude compartir mi viaje de fe con ella, y se interesó mucho. Le invité a nuestra reunión del grupo de jóvenes. Esa noche vino, vimos la película de Billy Graham *His Land*. Recibió a Cristo poco después de la película. Nos casamos unos años después, y llevamos casados casi treinta y cinco años. Hemos estado muy involucrados en el ministerio en varias iglesias y hemos guiado viajes cortos de misiones a Rusia. Así pues, esta es otra manera en la que Dios ha usado el ministerio de Billy Graham. Muchas gracias por ser obediente al llamado de Dios.

DEVOCIONALES DEL EQUIPO

Mi respeto hacia Billy Graham siempre ha sido muy grande, pero ese respeto creció tremendamente después de mi interacción con el equipo de la Asociación Evangelística Billy Graham. Mi única experiencia con Billy Graham fue a través de libros y la cruzada ocasional en televisión, hasta que me mudé a Charlotte, Carolina del Norte, para plantar una iglesia. Varios miembros del equipo de la AEBG asistieron a nuestra pequeña congregación, y me invitaron a hablar a todo el equipo de AEBF en sus devocionales de la mañana. Como se puede imaginar, estaba abrumado, honrado e intimidado a la vez. ¿Qué podía decir a un equipo que estaba sirviendo al Señor con Billy Graham? Me recibieron con afecto y me trataron como si fuera su familia cuando llegué a las oficinas de la AEBG. Tras dirigirme con algunos nervios al equipo y dar un breve devocional sobre el amor de Dios, me animaron y me dieron las gracias con sinceridad muchos del equipo de la AEBG. Me obsequiaron un libro de Billy Graham de edición limitada y me hicieron sentir como si fuera parte de ellos. Nunca olvidaré la aceptación que me dieron y el amor que sentí ese día de parte del equipo de la AEBG, fue como si me lo hubiera hecho Jesús mismo. No he conocido al Dr. Grahan personalmente, pero creo que la medida de un hombre se puede encontrar en los que le rodean. Las personas de la AEBG son verdaderamente los hombros sobre los que se apoya Billy Graham, y mi razón de respetarle incluso más que nunca.

—*Derek*

MILAGRO

Dr. Billy Graham, gracias por venir a Pittsburgh en 1968. Mi hijo mayor, que entonces tenía diez años, recibió a Jesucristo como su Salvador personal. Tenía una discapacidad de lectura severa, diagnosticado entonces como dislexia. Nos dijo el neurólogo que no había nada que se pudiera hacer por él. Al año siguiente, durante la estación cuaresmal, la Iglesia Episcopal en Monroeville tuvo una serie de lecciones titulada La Presencia de Dios en la vida diaria. Mi esposo y yo asistimos. La primera noche fue sobre la salvación, y supe que fui salva. La segunda noche fue sobre el bautismo del Espíritu Santo. Hice esta oración: "Si esto es real, permíteme conocerlo". Una voz delicada me dijo: *Di gracias*. Calmadamente dije: "Gracias por su regalo de amor". La tercera noche, el tema era la sanidad. Nos dijeron que si queríamos ver una demostración de sanidad de Dios, fuéramos a la iglesia bautista en Oakmount el sábado por la tarde. Toda la familia fuimos, y el Rev. Chuck Trombley contó la sanidad de su hijo de un daño cerebral por un accidente de motocicleta. Mi hijo preguntó si podía dejar que el Rev. Trombley orase por él. De manera un tanto escéptica, accedimos. Nuestro hijo fue totalmente sanado en un periodo de tres años. Lo primero que observé fue que tenía una profunda percepción. Después sus calificaciones subieron de C y D a B y C. Siguió mejorando, y en noveno grado le aceptaron en la National Honor Society. Hoy, está graduado de la universidad Grove City College como ingeniero químico y enseña matemáticas avanzadas en una escuela cristiana en

California. Respondió al llamado de Dios a dejar la ingeniería y enseñar a las ovejas de Dios. Actualmente tiene cuarenta y nueve años, sin ningún síntoma de discapacidad. Gracias, Billy Graham, por realizar el trabajo preliminar para la renovación carismática en Pittsburgh.

DESDE AQUEL ENTONCES CUANDO...

Durante la década de 1970, pilas de la revista *Decisión* se amontonaban en la pequeña farmacia de nuestra casa en Indonesia. Los amigos que podían leer en inglés se llevaban uno o dos ejemplares. Como adolescente, yo las leía vorazmente. Resulta que el inglés era mi asignatura favorita en la escuela.

Fue el hermano mayor de mi madre quien lo empezó todo. Asistía al seminario bautista de nuestra ciudad natal. Y vivía para usted y su ministerio. Imagino que su entusiasmo se nos pegó a nosotros. De sus contactos en América llegaban copias extra de materiales para la escuela dominical. A juzgar por los paquetes de *Decisión*, debió de haber estado en contacto con la AEBG. (Un ejemplar recuerdo que tenía un "Mundo encendido" de un rojo muy vivo en el artículo principal de la portada.) Después alguien le pidió que ayudara a traducir estos materiales al lenguaje bahasa de Indonesia. ¡Se enganchó con eso! Durante décadas, tradujo tratados y artículos de revistas cristianas del holandés y el inglés. Tenía los tratados impresos, y los distribuía a varias esquinas de nuestro país natal.

Las traducciones de los artículos se solían grapar en las revistas de la iglesia, pero en algún momento en la década de los ochenta, mi tío se metió en problemas. El representante de la AEBG en Bandung le mandó una nota con respecto a la violación del copyright. (Era demasiado tarde para hacer algo por solucionar el problema.) En cualquier caso, Dr. Graham, espero que encuentre divertido enterarse de este incidente. Mi tío partió a casa con el Señor en 2003, a los ochenta años.

SALVACIÓN

He visto a Billy Graham en televisión durante casi toda mi vida. Pensé que había sido salva cuando tenía cinco años, pero de adulta me di cuenta de que nunca le había cedido el control de mi vida a Dios. Tenía un matrimonio infeliz, con un bebé de tres meses, y sufría la depresión posparto. El único alivio que tenía venía al leer los Salmos. Un día, comencé a leer un antiguo libro de Billy Graham que era de mi mamá. En medio de la lectura, el Espíritu Santo tocó mi corazón. Dios me mostró una lucha que había entre Él y mi voluntad. Me habló y me dijo: "¿No crees que lo que tengo para ti es mucho mejor que cualquier cosa que puedas tener por ti misma?". ¡En ese mismo instante nací de nuevo! ¡Sólo Dios sabe el número de personas atraídas hacia Él por el ministerio de Billy Graham!

AHORA SOY PREDICADOR

Algunos de mis primeros recuerdos al crecer en la iglesia eran las veces en que me subía a escondidas al santuario cuando nadie me veía y acercaba la silla del pastor al púlpito para poder estar de pie y fingir que era el Rev. Billy Graham. Ahora soy predicador y no necesito esa silla para estar detrás del púlpito.

RESTAURADO AL FIN

Yo era el líder de una pandilla a los diecinueve años. Quería encontrar a Dios desesperadamente, pero no sabía cómo hacerlo adecuadamente. Engañé a la chica que me invitó a la cruzada de Billy y fui con la intención de interrumpir la reunión. Sin embargo, me senté y escuché el mensaje, y cuando llegó el tiempo de pasar al frente en el llamado al altar, vi que yo mismo me levantaba de mi asiento e iba hacia delante bajo alguna fuerza extraña que no era yo. Recibí a Cristo en mi vida esa noche y sentí su abrumador amor derramándose sobre mí. Lo llamé el primer amor de Dios. Lo único que quería era hacer el bien a todos, e incluso después de salir del parque fui al centro de la ciudad y comencé a orar por aquellos que sentía que estaban perdidos como yo lo estaba. Su amor me hizo libre de ver las faltas de los demás. Fue una ocasión tremenda para mí. Ahora tengo sesenta y ocho años y aún sigo enamorado de Él, más que nunca. "Si el Hijo os libertare, seréis verdaderamente libres". Doy gracias al Dr. Billy Graham por su tiempo y esfuerzo para prepararse para ir a Nueva Zelanda, y por el mensaje que habló esa noche. Algunos años después, me hicieron encargado en un trabajo haciendo refrigeradores y neveras, y tenía que ir a la ciudad a buscar algunas piezas. Fue allí donde volví a encontrar a mi consejero que oró por mí e impuso sus manos para que recibiera al Espíritu Santo. Estaba muy emocionado de que se acordara de mi nombre. Gloria a Dios por personas como usted, Billy. Que sea usted ricamente bendecido en todo lo que haga. Sé que Dios ha preparado una mansión para usted, y cuando llegue el momento, usted le oirá decir: "Bien hecho, mi siervo fiel". Le bendigo tanto a usted como a todo su equipo, en el nombre de Jesús.

—*Lawry*

UN TESTIMONIO

En mayo de 1959 (el año que Billy Graham llegó a la ciudad), era un jovencito de dieciocho años. En ese entonces, vivía con mi padre en un hogar fracturado por el divorcio. Veía regularmente a una amiga que era cristiana. (Sin embargo, yo no era consciente de ello.) Fui con otro amigo (muy escéptico) a la cruzada de Billy Graham en el Wayville Showgrounds en Adelaida, y Dios comenzó a hablarme esa noche. Después de la reunión, a la salida, compré una Biblia, para disgusto de mi amigo, el cual se burlaba de ello. A pesar de eso, con determinación comencé a leer las Escrituras en casa.

El domingo siguiente (31 de mayo), montaba en mi bicicleta (veinte kilómetros) para ver a mi chica y para cenar con su familia. Me pidió que fuese a la iglesia con ella. Durante el servicio, ella pasó al frente para tomar la Santa Cena (se había perdido el servicio de Santa Cena de la mañana), y mientras yo veía el acto, Dios tocó mi vida con una profunda sensación de tener una necesidad profunda y desesperada. Mi corazón quemaba como si estuviera ardiendo y mi alma estaba tremendamente agitada. Cuando llegamos a casa después del servicio, Bev me llevó a una sala tranquila y encendió la radio, sintonizando la retransmisión de *La hora de la decisión*.

El Espíritu Santo me tocó en ese momento, y cuando Billy hizo la invitación, llamé al consejero de la cruzada al teléfono en Adelaida y le entregué mi vida a Cristo. Bev estaba muy emocionada, y yo estaba totalmente desbordado, sin darme cuenta de lo mucho que cambiaría mi vida después de esa noche. Enseguida me encontré a mí mismo bautizándome, en una iglesia, enseñando en la escuela dominical, y me invitaron a ser miembro de un equipo de misiones en la playa, tocando el acordeón a los adultos en misiones en carpas. Lo mejor de todo es que tocaba canciones del himnario de la cruzada de Billy Graham en esas reuniones.

El siguiente paso fue estar en una universidad bíblica a tiempo completo durante tres años, ¡y qué aventuras tan increíbles había planeado Dios! Matrimonio, misiones, más entrenamiento, más estudios, ministerio pastoral, muchas pruebas, incontables derrotas, victorias, fracasos y errores, incontables milagros, fiel provisión, gracia increíble.

En 1959 leí y memoricé la siguiente cita de uno de los libros de Billy Graham: "Estudia la Biblia, léela y luego vívela; sólo entonces serás capaz de demostrar a un mundo confundido el poder transformador de un Cristo que mora en el creyente". Por la misericordia y la gracia de Dios, lo he hecho. Qué Salvador tan precioso y maravilloso es Jesús.

Gracias, Billy, con todo mi corazón. Cuántas veces he deseado durante estos años poder reunirme con usted y orar juntos.

—*Alan*

SALVADO Y SELLADO EN BUTLER, PENNSYLVANIA

Me crié en el área de Pittsburgh como única hija de dos buenos padres que fueron fieles en la asistencia a la iglesia y el servicio en una denominación principal protestante, pero yo no tenía una relación personal con el Señor Jesucristo. En la escuela dominical, me enseñaron desde pequeña a amar a Dios. A los pocos años me vi rodeada en la escuela por amigas católico romanas, así que mi interés en su fe creció, y comencé a practicar el catolicismo, leyendo mi Biblia y yendo a misa. Mis padres se asustaron; sin embargo, sabiamente se abstuvieron de prohibírmelo. Dios tenía un plan maravilloso por delante.

A los dieciséis años, estaba decidida a convertirme cuando cumpliera los dieciocho y no necesitara el consentimiento parental. En diciembre de 1969 estaba castigada en las vacaciones de Navidad porque había desobedecido seriamente a mis padres. Estaba enfurruñada en mi cuarto una noche unos días después de Navidad y encendí el televisor en blanco y negro a pilas que sólo tenía un canal a través de una antena interior. Estaban retransmitiendo una cruzada de Billy Graham. Normalmente no veía esas "herejías protestantes", pero algo en la voz del Dr. Graham y su ferviente llamado, junto a la simplicidad del mensaje del evangelio me enganchó. Vi toda la cruzada, y al final, sola en mi cuarto, me arrodillé y le entregué mi vida a Cristo, sin reservas, para siempre. Supe que nunca me convertiría al catolicismo. Sabía que había encontrado el Camino, la Verdad y la Vida. Hice un seguimiento con Martha Cumberland, una consejera de la cruzada en Butler, Pennsylvania, que vino a mi hogar y me guió a través del plan de salvación, y luego me discipuló activamente durante dos años. Mis padres llegaron la fe en Cristo poco después de que yo fuera salva.

Ahora resido en Raleigh, Carolina del Norte, y celebraré cuarenta años con Jesús este diciembre. Le hice tanto Señor como Salvador, y no lo lamento. Debido a los que oraron, y a los que criaron y enseñaron a Billy Graham, él pudo llevarme a la presencia del Dios vivo para que yo pudiera tener el encuentro más significativo de mi vida en una fría noche norteña. Estoy segura de que el Señor terminará lo que ha comenzado en mí. Gracias, Dr. Graham, ¡por ser el instrumento de Dios!

—*Susan*

"ES HORA DE IR A CASA"

Lo recuerdo como si fuera ayer. Vivía en St. Paul en 1990 y acababa de enterarme de que mi padre tenía cáncer. Estaba sentada en la mesa de la cocina, pensando en lo que podía hacer. Era la menor de dos hijas, y mi hermana, mamá soltera, tenía un niño pequeño. Yo sabía que ella no podría tomar días libres en el trabajo, ni podría aportar económicamente con todo lo que mi madre necesitaría para cuidar de mi padre y su enfermedad. Sabía que necesitarían mucha ayuda, posiblemente veinticuatro horas al día, y eso iba a ser un sufrimiento de por vida. Al haber sido enfermera de oncología, era difícil, porque quería estar con ellos y hacer lo que hacen las enfermeras.

Mientras estaba sentada en calma, oí que había una cruzada de Billy Graham en televisión. No me di cuenta de que estaba escuchando inconscientemente. (Mi madre había escuchado las cruzadas de Billy Graham cuando yo era pequeña, pero yo nunca había dedicado tiempo a escucharlas.) Mientras se presentaba el tema de la cruzada, miré al televisor, ¡y me quedé perpleja! El tema de la cruzada, y creo que también salió en la pantalla de la televisión, fue "ES HORA DE IR A CASA". En ese mismo momento, tuve paz y supe exactamente lo que tenía que hacer. Dios me dijo que era la hora de ir a casa. Nunca me resultó tan fácil tomar una decisión en toda mi vida, ya que supe que Dios me estaba hablando. Esas pocas palabras cambiaron mi vida.

Llamé a mi madre y a mi padre esa noche y se lo conté, y dos semanas después me mudé a su casa. Dios fue muy bueno conmigo. Incluso tenía un trabajo preparado para mí cuando llegué allí. Debido a esa cruzada de Billy Graham, descubrí lo mucho que necesitaba a Dios. Desde ese día, he entendido que dependo de Dios cada día de mi vida. Me doy cuenta de que no puedo hacer nada en mi vida sin Él. Ahora veo a Billy Graham siempre que puedo. Cuento esta historia a menudo, especialmente si puede ser para alguien que necesite oír acerca de Dios. Quiero darle las gracias sencillamente por estar ahí, ya que sé que no soy la única persona que fue cambiada para siempre mediante su duro trabajo y sus cruzadas.

—*Sandra*

CAMBIADA PARA SIEMPRE

Me crié en un hogar cristiano nominal. Mi madre a menudo veía las cruzadas de Billy Graham en televisión. Una noche, estaba sola en la sala y comencé a cambiar los canales y di con un canal que estaba retransmitiendo una cruzada de Billy Graham. Decidí escuchar. No fue tanto lo que predicó Billy, sino la pasión con la que predicó. Yo luchaba con el agnosticismo, pero esa noche su pasión por el Señor me hizo reconsiderarlo. Pensé para mí: *Este hombre realmente cree en lo está predicando.* Cuando se dio la invitación y el coro comenzó a cantar "Tal como soy", tomé la decisión. Fui a mi cuarto, me arrodillé y oré pidiendo perdón, pidiéndole a Dios que se revelara a mí, e hice un compromiso con Cristo. El Espíritu Santo me habló inmediatamente y me dijo que debía examinar la evidencia. Comencé a leer la Biblia todos los días, y mi fe y mi entendimiento crecieron. El Señor me guió a una iglesia maravillosa con un buen pastor, y he servido al Señor en muchas posiciones a lo largo de mi vida. He enseñado educación cristiana y he sido líder en ese ministerio. He trabajado en un grupo de hogar.

Gracias, Billy Graham, por ser fiel a Dios y por su impacto en mi vida.

INSPIRACIÓN

Los tiempos fueron difíciles en mi infancia. Vivía con temor diariamente. Sabía que había un Dios, y cuando las cosas me iban realmente mal, me escondía y oraba. En la década de 1950 vi a Billy Graham en televisión en casa de un amigo. No me dejaban verlo en mi casa yo solo. Cuando Billy Graham habló, entendí. Fue como si solamente me estuviera hablando a mí. Ha sido una gran inspiración para mí durante toda mi vida, y ahora tengo sesenta y seis. Desde que yo recuerdo, he querido decírselo. Él ayudó a un niño a luchar para sobrevivir y a querer vivir. Cuando sentía que no tenía a nadie, sabía que Dios me amaba y que me protegería. Billy Graham me enseñó eso. Sobreviví. Gracias, Billy Graham.

ESPERANZA PARA EL CORAZÓN ANGUSTIADO

Era una mamá de dieciséis años y locamente enamorada del padre de mi hijo, pero no estábamos casados. Él jugaba en una liga menor de béisbol y viajaba mucho, y yo estaba en casa yendo a la escuela en jornada completa y trabajando por la noche. La vida era muy difícil, y cuando mi novio se mudó a Asheville, nuestra ciudad natal, comenzamos a vivir juntos. Yo había crecido en un hogar donde íbamos a la iglesia, pero no regularmente; no obstante, siempre tuve "convicciones" e incluso jugaba a las iglesias cuando era más pequeña. Así que sabía que no estaba bien vivir juntos fuera del matrimonio, pero le amaba tanto que no podía dejarle ir. Bueno, yo trabajaba en una oficina dental y la empresa no iba muy bien, así que me quedaba tiempo para leer *Esperanza para el corazón angustiado*. Durante ese tiempo, volví a consagrar mi vida a mi Señor y Salvador. Fui a casa y se lo conté a mi novio, y me salí del dormitorio hasta que nos casamos treinta días después. Siempre atribuiré mi amor y dedicación al Todopoderoso por usar a su fiel siervo Billy Graham. Gracias, Billy.

MI HERMANO

Mi hermano Howard fue salvo en una de sus cruzadas en Memphis. Era graduado de Annapolis y después enseñó en la Academia de la Fuerza Aérea. Estaba planeando entrar al ejército. Fue a Vietnam porque no quería que su hijo tuviera que luchar en una guerra. Antes de irse, me dijo que si no regresaba, no me preocupara por él… que él sabía dónde iría. En ese tiempo, no significó mucho para mí, pero después de morir en Vietnam, recordé esas palabras un millón de veces. Desde entonces, yo también he sido salvo, y por su cruzada y el hecho de que mi hermano oyera el evangelio y pasara al frente… gloria a Dios que le veré de nuevo. Las palabras nunca podrán expresar mi gratitud.

ENTRE INCRÉDULOS

Hace muchos años, yo era una mujer joven, divorciada, criando a dos niños pequeños sin ayuda. Vivíamos en el sótano de mis padres en ese entonces. Mis padres eran incrédulos. Teníamos una pequeña televisión en nuestro apartamento. Una noche, con todas las puertas cerradas, sintonicé la cruzada de Billy Graham. Aprendí muchas cosas espirituales esa noche. Tenía mucho miedo de que mis padres bajasen y abrieran la puerta. Nunca lo hicieron. Dos años después, una amiga en el trabajo me pidió que fuera a una iglesia bautista. Yo también tenía que guardar el secreto. Después, una noche, asistí a un partido de softball en la iglesia. Había allí un pastor jubilado muy amable. Se sentó a mi lado en un lateral y me guió al Señor. Compartió el versículo de la Biblia que dice: "Por cuanto todos pecaron, y están destituidos de la gloria de Dios" (Romanos 3:23). Oramos juntos. Pude sentir a los ángeles gozándose esa noche, antes de aprender incluso que la Biblia dice que ellos se gozan siempre que la gente recibe la salvación. Gloria a Dios por Billy Graham, que plantó una semilla en mi corazón y ha cambiado mi vida para siempre.

—*Cindy*

MI ABUELO

Mi abuelo era un gran hombre. Él y mi abuela me dieron el timón con el que dirijo ahora mi vida. Todo lo bueno en mí viene de haber vivido con ellos.

Mi abuelo nació en 1889 en las montañas del norte de Georgia. Dejó una gran familia para educarse en la universidad, y con un nuevo diploma se convirtió en maestro de escuela de una casa escuela de dos habitaciones al sur de Georgia. Era muy partidario de la disciplina, como algunos de sus antiguos estudiantes me habían dicho, pero también estaba considerado como un gran erudito que veía la educación como una manera de conseguir un mejor futuro para sus alumnos. Después se hizo agricultor y político local, y ayudó a establecer el sistema de cuotas de cosecha y otros importantes programas de tierras de cultivo como empleado federal del Departamento de Agricultura. Murió en 1970 cuando yo tenía dieciocho años. Mientras repasaba algunos de sus papeles de empresa, hace unos años, me sorprendió descubrir que tenía más de dos mil dólares en el banco durante la Depresión en la década de 1930.

Algo de lo que más recuerdo de él era su afecto por el Rev. Graham. Tuvo la orgullosa ocasión de participar en una de las cruzadas, o bien en Atlanta o en Washington DC, en la década de 1950 o 1960, y me repetía una y otra vez cómo estuvo de pie escuchando al Rev. Graham hablar, y lo apasionada que era su predicación y su convicción de fe en Jesucristo. Esto afectó profundamente a mi abuelo, y me contó la historia varias veces. No estoy seguro de si se le olvidaba que ya me lo había contado o si quería que el diálogo quedara impreso en mi mente; sea como fuere, dejó una huella en mí.

Yo también tuve la ocasión de participar en una cruzada de Graham en Atlanta durante la década de 1990. Mi bella hija

Sarah, tenía cinco años, y ella y yo pasamos al frente cuando hizo el llamado, y recibí a Jesucristo como mi Salvador personal. Sentí la presencia de mi abuelo y supe lo orgulloso que estaría de mí. Más importante aún, mi joven hija fue testigo en cierta manera de que yo también fui un testimonio de la fe de mi abuelo.

GRACIAS DE CORAZÓN

Dr. Graham, quiero darle gracias de corazón por guiar a tantas personas al Señor. Yo soy una de ellas, aunque no me mantuve en el camino recto durante mucho tiempo. Ahora tengo cincuenta y ocho años y verdaderamente he entregado mi vida a Jesucristo. Él es fiel a sus promesas, las cuales veo en mi vida. Le debo esto en gran medida a usted. Que el Señor le bendiga ricamente.

CRECIENDO EN MI FE EN JESÚS

Querido Billy: Yo ya era creyente y seguidor de Jesucristo cuando usted vino a Toronto en 1995. Me apunté para ser consejero en este evento evangélico. Fui al entrenamiento cada sábado, y fue después de eso cuando decidí levantarme pronto cada mañana antes de ir a trabajar y pasar tiempo con el Señor leyendo su Palabra y orando. Esa práctica ha cambiado mi vida. Es maravilloso comenzar cada día alabando al Señor, dándole gracias al Señor, confesando mis pecados al Señor, y clamando al Señor por las cosas que me preocupan. Voy al trabajo más ligero, sabiendo que echo mis preocupaciones y afanes sobre el Señor Jesús mi gran Sumo Sacerdote, que intercede ante nuestro Padre celestial por mí. Es maravilloso poder orar por mi familia, amigos y otros, por las preocupaciones de mi iglesia, la escuela donde trabajo y las cosas que suceden a mi alrededor. Este viaje cristiano es emocionante, y quiero darle las gracias a Billy por su influencia en mi crecimiento como cristiano. Debido a mi participación en su ministerio, mi relación con Cristo creció tremendamente.

ENCUENTRO EN NIGERIA

Mientras servía como directora nacional del ministerio de mujeres de las Asambleas de Dios desde 1976 hasta 1985, tuve el privilegio de ministrar en varios países en el extranjero, y también en Estados Unidos. En mayo de 1985 viajé por toda Nigeria para varias reuniones de mujeres, con Stella Ezigbo, la líder nacional del ministerio de mujeres. Un día, paramos en casa de Stella. A mediodía, yo estaba sentada en su sala con un hermano nigeriano, y Stella nos trajo dos aguacates para compartir en la comida. En nuestra conversación, supe que este hermano había acudido a Cristo leyendo uno de los libros de Billy Graham. Él señaló a una camioneta que había fuera, bien identificada como vehículo de distribución de literatura cristiana. Compartir el evangelio era ahora su ocupación a tiempo completo, y mostraba mucho entusiasmo por ello. Lamento no acordarme de su nombre, pero Dios lo sabe, y veremos a este hermano nigeriano como otra de las incontables almas influenciadas por Billy Graham, junto a aquellos que llegaron a Cristo a través del testimonio de este hermano. Gracias, Billy, por su fidelidad.

—*Elva*

¡QUÉ BENDICIÓN!

Querido Rev. Graham, usted ha sido un siervo fiel de Jesucristo. Ha dado su vida a Él, pero Él dio su vida por usted.

Crecí viendo sus cruzadas en televisión, y aún las sigo viendo. A Dios sea la gloria. Espero poder tener su fortaleza en mi últimos años. El mundo ha tenido la bendición de contar con usted. Su luz brillará por siempre y siempre.

GRACIAS, BILLY

Pasé al frente en la cruzada de Columbus en 1964 en el Jet Stadium, y mi vida cambió para siempre. Ha sido un largo camino con Jesús desde entonces. Él me ha cuidado, protegido y ayudado durante todo el trayecto. Gracias a Billy y su equipo por permanecer en el camino recto durante todos estos años. Su honestidad e integridad a lo largo de los años han glorificado a nuestro Padre en el cielo.

CÁNCER

Cuando tenía dieciocho años tuve un cáncer melanoma. Me operaron y luego tuve radioterapia y quimioterapia. Había días en que tenía radiación y quimio (me daban la radiación por la mañana y la quimio por la tarde, cinco días a la semana durante seis meses) y tuve una vida horrible a veces, pero nunca perdí mi fe en que Dios me sanaría. Después mis hijos detuvieron el tratamiento, porque sentían que me estaba matando. Todos oramos por esto. Se supone que debía darme quimioterapia seis meses más. Ahora tengo ochenta y ocho años y no tengo cáncer. Sé que Dios me sanó. Él sigue haciendo milagros. He visto todas las cruzadas de Billy Graham que han retransmitido por televisión. Dr. Graham, usted fue de mucho ánimo y bendición cuando estuve enferma. Gracias, Billy.

—*Grace*

Merece la pena

Cuando era un joven de veintidós años casado, fui a la cruzada en el campo de béisbol de Atlanta en noviembre de 1950. Respondí a la invitación de Billy a pasar al frente, y lo hice, aceptando a Cristo como mi Salvador. Mi esposa se había hecho cristiana la primavera anterior. Crecimos en el Señor durante los siguientes años, participando más en la vida de la iglesia. Veinte años después, respondimos al llamado a ser misioneros y terminamos con Wycliffe Bible Translators, primero en México y luego en Perú, durante un total de treinta y cinco años, antes de regresar a Estados Unidos y servir en el centro JAARS durante un par de años ante de jubilarnos. Billy, alabo al Señor por su fidelidad a su llamado a predicar el evangelio. No sé dónde estaría yo en este mundo si no hubiera respondido a esa oportunidad.

—Vernon

La salvación de mi Jim

He sido cristiana desde que tenía siete años. Recibí la salvación en un avivamiento en una iglesia bautista del sur en una diminuta localidad de Oklahoma, donde toda mi familia por ambas partes asistía a esa iglesia bautista. Cristo siempre ha sido un amigo y una bendición para mí. Me mudé con mi familia a la ciudad de Oklahoma en 1949, cuando tenía trece años. Muchos años después, en un reunión de un miércoles, estábamos en nuestra reunión de oración cuando nuestro pastor dijo que tenía un invitado y le había pedido que hablase esa noche. Era Billy Graham. En este tiempo aún no era tan conocido, pero yo sabía quién era y pensé que sabía el camino que seguiría después. Y lo hizo.

Me enamoré cuando tenía dieciséis años de un chico que se había criado en la iglesia católica y educado en sus escuelas. Era un chico maravilloso, cariñoso y comprensivo, que hacía que mi corazón diese vueltas. Nos casamos el 3 de abril de 1956. En 1957 asistimos a una cruzada en el parque de atracciones de la ciudad de Oklahoma en una tarde de domingo tormentosa. Billy subió al púlpito ante una gran ovación, miró al cielo y simplemente dijo: "Si está bien por ti, Dios, mejor que no nos mojemos mucho esta noche". Esta es la verdad: la tormenta rápidamente se desplazó y no cayó la lluvia. Para que la noche fuera incluso más memorable, mi joven esposo Jim fue convertido y bautizado. Mi familia y yo habíamos orado muchas veces para que conociera a Cristo como nosotros lo habíamos hecho. Nuestras oraciones fueron contestadas ese domingo tormentoso. Ahora me dan escalofríos sólo al escribirlo.

Qué soldado de Dios ha sido Billy Graham. Conozco el sentimiento de pérdida que tiene con el fallecimiento de su querida Ruth. Yo perdí a mi Jim hace diecisiete años, pero gracias a un mensaje que dio Billy Graham, sé que le volveré a ver. Que Dios le bendiga a él y a toda su familia.

SIERVO FIEL

Aprecio profundamente todo lo que ha hecho Billy Graham para honrar a nuestro Padre en el cielo. Con su sabiduría, he aprendido a caminar por fe en todos los aspectos de mi vida. Cada historia o extracto que Billy ha escrito me anima a compartir mi historia cuando Dios me muestra cuándo y cómo. He sido salvo por Billy Graham, porque sin su conocimiento, y saltos de fe en nuestro Padre celestial, a mí también me hubiera costado mucho encontrar una profunda conexión con Dios. Con la ayuda de Billy, he conseguido un nuevo crecimiento, y mi salvación es una efusión para los que me rodean. Siempre recordaré a Billy como el que me guió a Dios, y será alguien a quien vea en el cielo.

¡CON GRATITUD Y BENDICIONES!

Querido Dr. Billy Graham, es con mucha gratitud y gozo como mi esposo y yo le bendecimos en la máxima medida. Hemos sido muy ministrados mediante la revista *Decisión* que recibimos mensualmente y por el devocional *Día a día*, escrito personalmente por usted. El Señor ha usado las palabras que ha escrito para hablar con mucha ternura a nuestro corazón, afirmándonos una y otra vez que Jesús está más cerca que nuestro propio aliento y que podemos confiar en Él. Nos encanta su desafío a no tomar como de Dios la palabra de ningún otro, sino buscarle por nosotros mismos para que nosotros también podamos conocerle por el toque suave en las cuerdas de nuestro corazón. Él está ahí, y absolutamente nada puede separarnos de su amor. Al leer su devocional durante los últimos dos años, siento como si usted fuera el "abuelo espiritual" que nunca tuvimos, alguien a quien hemos adoptado y amamos como a nuestra familia, con mucha gratitud.

Bendiciones, "abuelo" Billy. "Hermano, tu amor me [nos] ha alegrado y animado mucho porque has reconfortado el corazón de los santos" (Filemón 1:7, NVI).

—*Judy y Ron (sus nuevos nietos adoptados)*

¡DIOS ES GRANDE!

Entre quinto y sexto grado, hace más de cuarenta y dos años, escuché a Billy Graham en la televisión y me enviaron literatura cristiana, y comencé a leer una Biblia de letra roja. Al hacerlo, me di cuenta de que era pecador y que necesitaba aceptar a Cristo como mi Salvador personal. En quinto grado mentía, peleaba, engañaba y sacaba malas calificaciones en la escuela. Después de aceptar a Cristo como Señor y Salvador, durante el sexto grado no me peleé ni una sola vez; dejé de mentir y engañar, y mejoré mucho mis calificaciones en todas mis clases. Al final del sexto curso recibí un reconocimiento como el estudiante que más mejoró en el año.

Durante mis años en la universidad, asistí a Explo '72 en Dallas, comencé un estudio bíblico, y distribuí Biblias en el campus. Recibí una maestría en trabajo social y me contrató la oficina del estado de Nueva York de retraso mental y discapacidades de desarrollo, para mudar a cientos de personas encerradas en instituciones a casas de cuidado familiar en la comunidad. Como coordinador de cuidado de familias del distrito, pude animar a muchos cristianos a participar en el ministerio de la hospitalidad. Recientemente me jubilé a los cincuenta y cinco años, y comenzamos una escuela en la calle sostenida mediante donaciones este otoño pasado, que se llama Eagle Wings Academy. Nos consideramos misioneros urbanos a tiempo completo, y tenemos ocho miembros en plantilla y doce voluntarios trabajando con veinte niños que quieren, pero no pueden costearse, una educación cristiana. Tengo la esperanza de que los niños tengan una oportunidad similar a la que me dio Billy Graham hace cuarenta y cuatro años.

—David

HOMBRE DE DIOS

Gracias, Billy Graham. Soy un viudo de cincuenta y un años y tengo una gran fe. Soy cristiano católico, y sus palabras y su vida han tenido un gran impacto en mi vida. Durante años,

Dios le dio el maravilloso regalo de poder alcanzar al mundo entero; para mí, el Espíritu Santo mora en todos nosotros, y usted le hizo vivir en muchos de nosotros. Sólo sé que verá el rostro de Dios un día, y oro para que su esposa Ruth esté allí para abrazarle una vez más en el paraíso. Le damos gracias a Dios por enviarnos a un gran hombre para llenarnos hasta arriba con lo único que importa… fe, amor y caridad. Le estimo mucho. Dios le bendiga, y gracias por ser parte de mi vida y cambiarla.

ÉL ESTÁ COMPLACIDO

Dr. Graham, quiero escribirle una nota rápida para decirle gracias. Fui salvo a los diecinueve años en un campamento en Ohio. Poco después, usted vino a hablar en el Cooper Stadium en Columbus y organizó una reunión. Yo me crié en una iglesia que básicamente enseñaba la salvación por obras y no por la preciosa sangre de nuestro Salvador. Quiero decirle gracias por su nula disposición a ceder a las presiones de este mundo para ser menos que lo que Dios quiso que fuera.

Su ministerio e integridad han sido las marcas de su vida. Usted siempre tuvo el regalo dado por Dios para encontrar algo en este ámbito natural con lo que comparar la verdad bíblica y compartirlo de una forma que incluso un niño podía entenderlo. Oro para que tenga todo lo que quiera y no le falte de nada, porque usted, junto con su esposa y sus hijos, han derramado sus vidas para Jesús como una ofrenda, y me atrevo a decir que Él está complacido. Gracias desde el fondo de mi corazón por las innumerables vidas que ha cambiado para la eternidad. No sé si llegaré a darle las gracias en persona. Si el mundo tuviera más padres y abuelos como usted, sería un lugar mucho mejor.

Mi disertación de historia

Durante mi último año en la secundaria, nos dieron una tarea llamada Un estudio de liderazgo poderoso, y yo decidí estudiarle a usted. ¡Fue una gran bendición estudiar a un hombre de Dios para una tarea de la escuela! Pude estudiar su infancia; el equipo que le rodea; las muchas maneras en que se mantuvo firme en grandes momentos de la historia y cambió el mundo; la manera en que ha influenciado el futuro liderazgo de nuestro mundo, y los muchos sacrificios que hizo en su vida personal que han beneficiado al mundo entero.

No puedo dejar de pensar en todos los siglos anteriores y en los hombres y mujeres que los han definido, y eso, en siglos venideros, cuando la gente mire atrás al siglo XX y XXI, verá a Billy y Ruth Graham. Gracias por su vida, su ministerio y su dedicación: hacer la tarea ha cambiado mi vida.

Yo era rebelde

Mi experiencia con Billy tiene que ver con su apertura a abrazar el cambio y el crecimiento dentro de la iglesia y en su propia vida, ¡y admitirlo abiertamente! Yo era rebelde. Cuando regresé al Señor, orando para que Dios me mostrara su verdad, ¡Él lo hizo! Si Billy no hubiera abrazado el cambio, quizá yo no habría sobrevivido al "proceso de cambio". Sé que todos tenemos diferentes estilos de música cristiana abiertamente disponible y la recibimos hoy porque el hermano Billy guió el camino. Él nunca juzgó denominaciones o estilos; él veía el fruto y lo contrastaba con la Palabra ¡y nunca atacaba a la gente públicamente! Eso es un testimonio y ejemplo para el cuerpo de Cristo que yo espero vivir. Oí a Franklin Graham decir en TBN que Billy se sigue cuestionando si le recordaremos o no, ¡y si marcó una diferencia con su vida! Eso tocó mi corazón y tenía que escribirlo. El enemigo (Satanás) aún se siente tan amenazado por Billy, ¡que le está atormentando con mentiras y dudas! A usted le quiere, respeta y aprecia todo el cuerpo de Cristo.

Yo ministro a adultos que son jóvenes en Cristo, y les animo a "permanecer" exhortándoles con la Palabra. A veces les envío canciones, o las letras de las canciones, que quizá no hubiera oído de no ser por el corazón de Billy por la gente. El cuerpo tiene que dejar de golpearse a sí mismo ¡y ayudar a los demás a crecer! Si los ángeles gritan *SANTO* cada vez que Dios se mueve, y lo han hecho desde siempre, entonces qué arrogante e ignorante sería que nosotros creyéramos que sabemos todo lo que hay que saber acerca de Dios y su Palabra. He descubierto que Él es tan increíble y emocionante, y también su Palabra, que cuanto más le conocemos, más le queremos conocer. Y con todo esto, uno se da cuenta de que apenas hemos tocado todo lo que Él es. Si el mundo pudiera ver *ese* conocimiento en nuestros rostros nos rogarían tenerlo. Le aprecio, hermano Billy. Espero verle cuando lleguemos a casa.

RECUERDOS

Siendo una niña, cuando los avivamientos y las cruzadas eran tan grandes en el mundo… vagamente recuerdo a mi familia yendo a la cruzada aquí en Chattanooga y estar sentada en un banco… afortunadamente nací en un hogar cristiano y he seguido el ministerio de Billy Graham durante todos estos años con amor y respeto. Dios verdaderamente nos ha bendecido por conocerle, y ha bendecido a Billy con un ministerio tan grande.

PRIMEROS RECUERDOS

Acepté al Señor a los nueve años, cuando al artista de pinturas con tiza Ding Teuling estaba hablando en Rumney Bible Conference, en Rumney, New Hampshire. Pero uno de mis primeros recuerdos es oír a Ethel Waters cantar "His Eye Is On the Sparrow" en una retransmisión de radio de Billy Graham. Leyendo después su autobiografía, con el mismo título, me di cuenta del gran hombre que es Billy Graham. Su mensaje claro y real es que Dios nos quiere tal como somos. El cambio vendrá después. Gracias a Dios por ese mensaje. La claridad de eso ha sido la diferencia entre personas aceptando a Cristo o esperando hasta más tarde, quizá a una condenación eterna. El Dr. Graham ha marcado una diferencia real en muchas vidas. Dios le bendiga y continúe la obra que comenzó hace tantos años, a través de sus hijos, nietos y aquellos que guió al Señor.

¿DÓNDE ESTARÍA AMÉRICA?

Vivo en Texas y nunca he tenido el privilegio de asistir a una de sus cruzadas, salvo en televisión. Sólo quiero decirle simplemente "gracias" desde el fondo de mi corazón por su servicio a nuestro Señor Jesucristo. ¿Dónde estaría América si no hubiera tenido el fundamento que su ministerio estableció? Estoy orando para que Dios levante a otro "Billy Graham", ¡y muy bien podría haberlo hecho a través de su hijo Franklin! "El Señor te bendiga y te guarde; el Señor te mire con agrado y te extienda su amor; el Señor te muestre su favor y te conceda la paz" (Números 6:24-26, NVI).

GRACIAS

Querido Billy Graham, gracias por todos sus años de evangelización del mundo mediante la televisión. Recuerdo, de mi niñez en Greenville, Illinois, que mi madre y mi padre nos hacían ver a Billy Graham cuando salía en televisión. ¡No teníamos opción! Cuando Billy Graham estaba en la tele, todos nos teníamos que sentar enfrente del televisor y verle predicar el evangelio. Ahora estoy en el ministerio a tiempo completo, así que gracias por todos los años que Dios le ha concedido para predicar el evangelio de Jesucristo. Oro en el nombre de Jesús que le dé muchos años más.

MI PAPÁ OYÓ EL EVANGELIO

Yo crecí en una familia católico romana muy tradicional, donde nos enseñaban acerca de Dios a través de los sacerdotes, pero nunca se hablaba de Jesús fuera de las cuatro paredes de la iglesia. Mi papá ya ha fallecido, y durante un tiempo pesó en mi corazón saber dónde está pasando la eternidad. Entonces recordé las noches en que entraba en la sala, donde estaba sentado papá a solas viendo la televisión, y observaba que papá estaba viendo la cruzada de Billy Graham. No sólo viéndolo, sino bebiéndose cada palabra que decía el Dr. Graham. Como era adolescente en ese entonces, no registré lo que estaba ocurriendo hasta muchos años después. Recuerdo preguntarle a mi papá: "¿Por qué estás viendo eso?". Él respondía: "Billy Graham es un orador muy bueno". El regreso de ese recuerdo a mí me ha asegurado que mi papá oyó el mensaje del evangelio alto y claro, y lo adentró en su corazón. Aunque nunca hablaba de ello… una especie de regla familiar… estoy seguro de que papá está en el cielo hoy por la fidelidad del Dr. Graham en compartir el mensaje del evangelio durante todos esos años. Doy gracias a nuestro Señor por usar al Dr. Graham de esta forma, y gracias a usted, Billy.

ESPERANZA PARA CADA DÍA

Recientemente, una amiga me dio un ejemplar del librito de devocionales diarios *Esperanza para cada día*, el cual publicó usted no hace muchos años. Me ha recordado muchas veces un incidente del pasado, de 1960 para ser exactos.

Usted hizo una cruzada en África y visitó Nigeria. Yo era misionero en Ibadan, Nigeria, en ese entonces. Los misioneros en la estación de Ibadan se reunían semanalmente para tener una reunión de oración. Usted asistió a la reunión en uno de nuestros hogares cuando estuvo allí. Eso se ha quedado en mi memoria desde entonces. Alabo a Dios por todo lo que se ha logrado en el mundo para el Reino de Dios mediante su ministerio, y oro para que la paz y el gozo del Señor estén con usted.

MI HISTORIA DE BILLY GRAHAM

Mientras vivía en South Florida en 1980, mi esposa y yo asistimos a una cruzada de Billy Graham en Fort Lauderdale. Quise aprovechar esta oportunidad para darle las gracias por ser fiel al mandamiento de Dios al compartir invitaciones para aceptar a Jesucristo como nuestro Salvador y Señor. Como dice la Palabra: "La fe es por el oír, y el oír, por la palabra de Dios" (Romanos 10:17). Que usted compartiera y predicara la seguridad de Dios de la salvación mediante Jesucristo fue algo clave para que yo aceptara a Jesucristo como mi Señor y Salvador. "Y este es el testimonio: que Dios nos ha dado vida eterna; y esta vida está en su Hijo. El que tiene al Hijo, tiene la vida; el que no tiene al Hijo de Dios no tiene la vida" (1 Juan 5:11-12).

La preparación juvenil previa a la cruzada en Fort Lauderdale conllevó que llevásemos a nuestro grupo de jóvenes de nuestra iglesia en Plantation a los eventos que habría antes de la cruzada, y luego a la cruzada. Pasé al frente durante su invitación, aceptando a Jesucristo como mi Salvador y Señor. No puedo decir que en ese momento mi vida cambió por completo, pero fue el comienzo de un viaje para acercarme más a Cristo. Además, mi esposa pasó al frente en una invitación en nuestra iglesia, y nuestros hijos aceptaron a Jesús en festivales cristianos.

El impacto de un ofrecimiento en una cruzada de una noche, en lo que a mí respecta, es desconocido; pero Dios lo sabe. Fue un efecto de onda expansiva, mucho mayor que una persona. Como menciona Romanos 10:9: "que si confesares con tu boca que Jesús es el Señor, y creyeres en tu corazón que Dios le levantó de los muertos, serás salvo". Mi seguridad en Cristo está firme por su obediencia al llamado de Dios en su vida. Al haber sido usted la persona que me trajo las promesas de Dios, y que ese fuera el punto de inicio de mi salvación, debo decir: "Gracias, Billy Graham".

MI CRUZADA MÁS MEMORABLE

El poder y la presencia de Dios han fluido a través del Rev. Billy Graham hacia el mundo, pero especialmente hacia mí.

He admirado al Rev. Graham todos los días de mi vida. Mi familia o bien asistía o se ofrecía como voluntaria para todas las cruzadas de Billy Graham en la zona de Nueva York mientras yo era un niño. Yo he sido voluntario y he cantado en el coro de las cruzadas de Billy Graham muchas veces.

Mi recuerdo más memorable fue cuando asistimos a la cruzada de Billy Graham en 1971 en el Shea Stadium. El poder y la presencia de Dios fluyeron a través del Rev. Graham de manera tan fuerte que cuando dio la invitación, todos *corrieron* al altar: jóvenes y mayores, salvos e incrédulos. Nada podía retener el poder atrayente de Dios que fluía a través del hermoso y asombroso siervo de Dios ese día. Mi familia llevó un autobús lleno de gente a la cruzada, y todos ellos o bien dieron sus corazones a Jesús o volvieron a consagrar su vida al Señor.

Más adelante esa misma semana, invitaron a mi familia a cenar con el Rev. Graham y el equipo de la cruzada. Nos sentamos cerca de la cabecera de la mesa en el restaurante. Alzamos la vista cuando él pasó por nuestra mesa, y vi una luz brillante, ¡había un halo de luz rodeando al Rev. Billy Graham! Lloramos al ver esa imagen. Qué bendición ha sido el Rev. Billy Graham para el mundo entero, pero especialmente para mí. Gracias, Billy.

PARA LA FAMILIA GRAHAM

Sr. Graham, le he visto en televisión durante sesenta años, y qué bendición ha sido usted para mí. A mi madre le encantaba verle y ambos sentíamos el amor de Jesús a través de la televisión. Usted predicaba como si nosotros fuéramos los únicos a los que estaba hablando; era maravilloso. Seguiré orando por usted y su familia. Que Dios le bendiga ricamente con su amor y su gracia.

LA CRUZADA DE BOSTON COLLEGE

Hace muchos años, usted predicó en una cruzada en Boston College. En ese entonces, yo era un joven estudiante de seminario. Usted me pagó los estudios para poder asistir a su escuela de evangelismo y me permitió participar en la cruzada cada tarde. Fue una experiencia maravillosa que nunca olvidaré.

Una noche en la cruzada, estaba sentado junto a una familia que visitaba Estados Unidos desde África. Hablamos brevemente mientras esperábamos a que comenzase la cruzada, y descubrí que no eran creyentes. Inmediatamente comencé a orar para que Dios les hablase mediante su poderoso mensaje y pudieran conocer a Cristo como su Salvador. Se puede imaginar mi alegría cuando toda la familia pasó al frente durante la invitación para recibir a Cristo. Después escribieron sus nombres en mi Biblia, lo cual guardo como un tesoro hasta este día.

Sr. Graham, usted ha sido para mí, y para innumerables otros, un gran ejemplo y mentor en la fe. Mis oraciones están con usted y su familia con el regreso a casa de la Sra. Graham. Que la paz de Dios consuele sus corazones durante este tiempo y en los días venideros. Gracias, Sr. Graham, por el tremendo impacto e influencia que ha tenido en mi vida. Y gracias sobre todo por su fidelidad durante todos estos años a Jesús.

PORQUE LO DIJO BILLY GRAHAM

Recuerdo de niño ver a Billy en la televisión y desear que estuviera mi programa favorito y no él. Comencé a oír a Billy, a realmente escucharle, cuando tenía unos doce años. Mi abuela apoyaba el trabajo de Billy, a veces con dinero que podía haber ido a otro lugar.

Valía la pena lo que se le enviaba sólo por el gozo que Billy traía a nuestras vidas, y mucho más. Recuerdo que Billy nos enviaba un libro cada vez que le enviábamos dinero para ayudar la obra de Dios. Yo esperaba con alegría que llegaran esos libros, y los leí todos. Mi abuela no podía hablar de la Biblia ni de Dios sin decir: "Y lo dijo Billy Graham…". Ese era el punto, porque lo dijo Billy Graham.

Ningún otro maestro de la Palabra de Dios me ha tocado tanto como Billy Graham. Dios le dio la voz y las palabras para llegar al fondo del alma, y parecía que uno se iba a estropear si no leía más acerca de Dios y compartía con otros lo que Billy le había dado a conocer acerca del Señor. Era, en un sentido, algo mágico, así como la pura magia de ver el amor de Billy y su esposa por Cristo. Billy y Ruth parecían tener mucha paz, y era ese tipo de paz que uno quiere, así que uno empieza a buscar la Palabra de Dios y a orar por esa paz y amor que se sentía cuando Billy le estaba hablando de Cristo.

EL DÍA QUE LE VIMOS EN EL ROSE BOWL

Gracias por ser una bendición para tantos. Mi familia y yo siempre atesoraremos el día que le vimos en el Rose Bowl de Pasadena, en 2004. Sentimos la presencia de Dios en la gran multitud. Dios esté con usted.

GRACIAS POR SER UN INSTRUMENTO EN LA MANO DE DIOS

Gracias, Dr. Graham, por permitirle a Dios usarle poderosamente durante tantos años y tocar nuestros corazones y nuestras conciencias donde Dios nos habla directamente. Gracias por ser un instrumento en la mano de Dios para cambiar mi vida.

PENSÉ QUE TODOS ASISTÍAN A SUS CRUZADAS

Gracias, Billy y Ruth Graham, por estar tan dedicados al llamado de Dios en su vida que han influenciado a millones para tener una vida maravillosa con Jesús como el centro. Ambos son unos modelos a imitar maravillosos de unos altos valores y moral cristianos. ¡Ojala todos pudiéramos ser unos modelos a imitar tan buenos!

En la década de 1950, cuando era un niño en Louisville, mis padres nos llevaron a sus programas y yo no me daba cuenta en ese momento de lo afortunados que éramos de poder estar allí presentes. Al venir de una fuerte familia cristiana, pensé que todos asistirían. Con el paso de los años (ahora estoy en los sesenta y bendecido con dos hermosos nietos y seis hermosos bisnietos), me doy cuenta de lo mucho que ha significado su ministerio para mí y para muchos millones por toda la tierra. ¡Será un gran honor y placer conocerles en el cielo! ¡Gracias por estar ahí como grandes inspiraciones!

SALVADO EN UNA DE LAS PRIMERAS CRUZADAS

Quiero darle las gracias por el ministerio de ambos, Dr. Graham y Ruth. Mi papá fue salvo a los dieciséis años en una de las primeras cruzadas, en Boston. Si no hubiera sido por la cruzada, mi padre decía que probablemente nunca habría escuchado el evangelio. Fue a la universidad y se involucró en los ministerios de Cruzada Estudiantil para Cristo, y luego por supuesto enseñó a sus hijos a amar al Señor. Mi papá trabajaba en una granja lechera y nos hacía ver las cruzadas en televisión después de terminar las tareas del establo. Mi esposo fue salvo a los seis años, como resultado de ver a Billy Graham en televisión con su mamá. Me ha encantado ver al Dr. Graham a lo largo de los años, y he tenido a muchas de las personas más cercanas a mí salvas como resultado de su ministerio.

¡QUÉ MILAGRO!

Desde 1970 he estado dando gracias a Dios por Billy Graham. Mientras veía una retransmisión en agosto ese año, le oí hacer la pregunta: "Si muriese esta noche, ¿sabe con certeza si iría al cielo?". Siguió diciendo que él tenía la certeza absoluta de que si moría en un accidente aéreo de camino a casa, iría directamente al cielo. ¡Oh, cómo quería yo una "seguridad" de salvación como esa! Así pues, durante los dos meses

siguientes, investigué la Biblia y literatura cristiana y escuchaba la radio cristiana, hasta que una mañana Dios me aclaró
por un predicador en la radio que era un pecador perdido...
no un cristiano como había creído por mi bautismo, confirmación y membresía de la iglesia. Así que en octubre de 1970
me arrodillé en mi sala y con la fe de un niño le confesé a Dios
mis pecados y le pedí a Jesús que entrara en mi vida como Salvador y Señor. ¡Qué milagro! Inmediatamente, experimenté
una paz y un gozo ¡que nunca antes había conocido! Y tuve la
seguridad que Billy había confesado tener. Supe con certeza y
sin lugar a ninguna duda que fui salva ¡y que estaba de camino al cielo! Durante los pasados treinta y seis años, Dios me
ha estado enseñando y estirando. Mi esposo y nuestros cinco
hijos confiaron en Cristo poco después de eso. Y ahora diecinueve de nuestros veintiún nietos también han puesto su fe en
Cristo. Yo he crecido en mi fe mediante los muchos libros de
su ministerio. ¡Gracias, Billy!

La "primera pareja" de América

Billy Graham era mi héroe cuando me hice cristiano y leí una
de sus biografías siendo un joven estudiante universitario extranjero en Nueva Zelanda a mitad de 1970. Ruth era el para-
digma de la mujer virtuosa, la mujer de Proverbios 31, la Ester
del libro de Ester; y para mí, Billy y Ruth siempre serán la Primera pareja de América. Nunca habrá otros Billy y Ruth, pero
Dios tiene más héroes de fe para el evangelio. Dios bendiga a
América una vez más y levante más parejas como Billy y Ruth.

Sanado desde dentro

La última década ha sido de pruebas y de crecimiento para
mí. Sobrevivir al abuso infantil me ha llevado por caminos

que son oscuros y llenos de curvas y baches en el camino. Con la ayuda de Jesús, he caminado con Él y he escuchado su voz mientras me ha ido sanando desde dentro.

Crecí viendo a Billy Graham con mis padres, y juntos hemos obtenido sabiduría mediante los mensajes de Billy. La razón por la que puedo escribir esto hoy es por la asombrosa gracia que encontré del Espíritu Santo obrando a través de Billy. Mis padres han sufrido mucho, sabiendo que su propia hija fue violada siendo muy joven, y me doy cuenta de que ahora estamos caminando juntos por el camino sinuoso.

No tengo amargura, sino agradecimiento por la obra que Dios está haciendo en mi vida. Gracias a la disposición a Billy de compartir el evangelio con valentía y osadía, *sé* dónde iré cuando muera, y no tengo más dudas. Recuerdo pensar en el suicidio y haber planeado poner fin a mi vida, y esa noche, hubo una cruzada de Billy Graham en televisión, y esa noche, le rendí totalmente todo a Dios y me alejé de esos pensamientos para siempre.

Gracias, Billy y Ruth, por su ministerio en todo el mundo. Le doy gracias a Dios por usted mientras escribo esto con lágrimas corriendo por mis mejillas.

AÑOS BENDECIDOS, GOZOSOS Y PLENOS

A mi esposo y a mí nos gustaría darle gracias a Billy Graham por su fidelidad a Dios durante los años. Fue hace casi treinta y dos años cuando escuchamos predicar a Billy Graham en una de sus cruzadas en televisión y creímos en Cristo. Un familiar nuestro nos había hablado durante cuatro años, pero nunca hicimos el compromiso con Cristo hasta esa cruzada en 1975. Hemos estado sirviendo al Señor desde entonces. Han sido años bendecidos, gozosos y plenos sirviendo al que es fiel y digno de nuestras alabanzas y servicio. Estamos eternamente agradecidos a nuestro Señor Jesucristo y a su fiel siervo, Billy Graham.

UNOS SIERVOS FIELES

Tuve el honor de cantar en el coro en una cruzada de Billy Graham hace unos cuarenta y cinco años. Yo era una joven de veinte años en ese tiempo, y la cruzada fue en Filadelfia. Fue uno de los mejores momentos de mi vida cristiana, y algo que siempre recordaré, trabajar entre bambalinas, haciendo lo que podía para la gloria de Dios. Dios fue muy bueno al permitirme ser una pequeña parte de la cruzada en ese tiempo. Y desde entonces, Billy y Ruth Graham han sido unas personas muy especiales en mi vida, una parte de mis oraciones diarias cuando veía a Billy ir por todo el mundo para Cristo. Dios les bendiga, Billy y Ruth, ¡por ser unos siervos tan fieles de nuestro Dios Todopoderoso!

SUBLIME GRACIA

Las cruzadas de Billy fueron una parte del proceso de confirmación para mí como creyente recién convertida nacida de nuevo. Cuando oigo su voz y veo cómo su llamado es tan grande, me recuerda cómo mi corazón se abrió con esa sublime gracia. "Sublime gracia del Señor, que a mí, pecador, salvó. Fui ciego mas hoy miro yo, perdido y Él me amó". Gracias a todos los Graham.

UN VERDADERO APÓSTOL DEL SEÑOR

Billy Graham era la persona que siempre me llamaba la atención mientras cambiaba los canales de la televisión. Tiene el poder de cautivarle, captar su atención y traer el amor y la convicción de Jesucristo mejor que ningún otro hombre. Un verdadero apóstol del Señor. ¡Le aprecio, Billy Graham!

USTED CAMINÓ A MI LADO Y ME ALENTÓ

Tan sólo quiero darle las gracias de todo corazón. Le doy gracias a Dios por su sumisión. Aunque usted no estaba en persona para poder hablar, el Señor le usó para caminar a mi lado y alentarme en mi viaje con Cristo. Verdaderamente apreciaba a su esposa y sus maravillosos caminos. La quería y me encantaba. Agradezco mucho toda su ayuda y su enseñanza. Dios les bendiga a usted y a su familia.

NO SIEMPRE APRECIÉ LO QUE ENSEÑABA

De niña, cuando crecía en una granja en Nebraska, supe de Billy Graham por mi abuelo. La última copia de la revista *Decisión* estaba siempre en la mesa de la salita junto a la Biblia. Tengo que confesar que no siempre aprecié lo que usted enseñaba, pero ahora que soy madre de cinco hijos y abuela de dos, estoy muy agradecida por lo que aprendí de su ministerio. Le doy gracias desde el fondo de mi corazón. Además, estoy continuamente bendecida por las tarjetas de versículos de Ruth Bell Graham que son una parte integral de mi vida de oración diaria. Que Dios le dé paz durante estos días difíciles, sabiendo que se unirá a ella y a nuestro gran Dios Todopoderoso.

"VIEJO FIEL"

Hasta donde yo recuerdo, el Rev. Graham siempre ha estado ahí. Siempre que encendía la televisión, estaba "Viejo fiel" tocando vidas para Cristo.

En la década de 1970 o principios de los ochenta, sufría ataques de pánico y ansiedad y me sentía perdido emocional y espiritualmente. Soy católico y no practicaba mi fe en ese entonces, y cuando mi vida se ponía patas arriba, no sabía qué hacer.

El Rev. Graham estaba en la televisión, y yo hice la oración del pecador y le escribí pidiéndole información acerca de qué hacer ahora que era salvo. Eso abrió la puerta para que el Señor entrara, y hoy mi relación con Jesús es la parte más importante de mi vida. Sin Él, no tendría el regalo de la vida, mi esposa, hijos y sobriedad. La vida es un regalo que Él nos da, y lo que hacemos con ella es nuestro regalo de vuelta para él.

Gloria a Dios por usar a Billy y Ruth para tocar las vidas de tantas personas. (Ahora Franklin está haciendo un trabajo increíble.) Nunca podría pagar al Rev. Graham por servir siempre y llevar el mensaje de Cristo… sin importar la crisis que pueda estar sufriendo. Sé que cuando regrese a casa y esté delante del Señor, Jesús le abrazará y dirá: "Bien hecho, buen siervo y fiel. Entra ahora en el Reino que he preparado para ti desde el comienzo de los tiempos".

Su mensaje siempre fue el mismo

¿Por dónde comienzo? No puedo pensar en otro hombre de Dios en esta tierra por el que tenga más respeto. Me crié en Charlotte, y cuando era joven eso es lo que me acercó a Billy, porque él era un chico de mi ciudad. Fui bendecido incluso siendo niño por oír la Palabra; estaba plantando semillas. Verá, yo venía de una familia alcohólica, y mientras crecía estaba solo. Me gustaba oír a Billy. Él me hizo darme cuenta de que puedo tener una relación privada y cercana con Jesucristo. Según me voy haciendo mayor, leo algunos de los libros de

Ruth. Ella es igual que Billy, un regalo del cielo. Después, en la década de 1980 y noventa, muchos "hombres y mujeres de Dios" cayeron de la gracia, por decirlo así, y los medios de comunicación siempre mostraban el lado "malo", intentando apartar nuestros ojos de Jesús. Había un hombre con el que todos se podían identificar, desde líderes mundiales a personas comunes. Su mensaje siempre fue el mismo: Jesús le ama, y Él tomó su pecado por usted, y murió y resucitó de la muerte por usted. Un día, regresará a por todos nosotros, líderes mundiales y personas comunes igualmente.

Las enseñanzas y palabras del Señor verdaderamente han vivido en Billy. Toda mi vida ha sido bendecida por el Sr. Graham, y él me enseñó a amar a nuestro Señor y que Él me ama a mí.

EL ESTÍMULO DEL ESPÍRITU SANTO

En 1974, durante una de las cruzadas de Billy Graham en televisión, acepté a nuestro Señor Jesucristo como mi Salvador personal. Me convertí en un católico devoto, y luego me desvié; testigo de Jehová, y luego me aparté; estudié un curso en milagros, y luego me aparté. Seguí buscando al Señor, y en 2003, Jesucristo fue misericordioso conmigo y fui salvo para siempre. Atribuyo el que fuera salvo (por fin) a los comienzos del estímulo del Espíritu Santo en mi corazón en 1974. Oro cada día que Billy Graham sea bendecido, y le doy gracias a Dios por él y por su ministerio.

GRACIAS, SIERVO FIEL

Dr. Graham, ¡muchas gracias por ser un siervo fiel de Dios para el mundo! Muchas vidas han sido cambiadas como resultado de su duro trabajo, dedicación y sacrificio. Que Él le bendiga verdaderamente a usted y a su familia con su gracia, salvación y misericordia en este tiempo de necesidad.

NUNCA OLVIDARÉ ESA CRUZADA

Sólo quería darle muchas gracias por venir a Filadelfia en 1992. Tuve el privilegio de ser parte de esa cruzada al ser consejero. Fue mi primera experiencia como creyente de ser testigo de un evento que está bañado en oración. Verdaderamente, nunca olvidaré esa cruzada y el poder de Dios. Muchas gracias por dar su vida al Señor. Él le ha usado para animar a muchos otros, como yo. ¡A Dios sea la gloria! Grandes cosas ha hecho Él: en usted, para usted y a través de usted. Que la paz y el consuelo de Dios sean suyos en este tiempo, y que continúe usted experimentando la fidelidad de Dios.

QUÉ IMPACTO

En 1960 conocí al Dr. Graham en un preencuentro con otros pastores en Jacksonville, Florida. Qué impacto causó en mí y en los demás en las reuniones. Cuarenta y siete años después, con una esposa y dos hijos adultos, le doy gracias a Dios por él y la impresión que dejó en mi vida a través de los años. Estoy seguro de que recibirá muchas recompensas en el cielo, y un día los creyentes nos volveremos a reunir con él en compañía de nuestro Padre.

ADMIRO TODO LO QUE HA HECHO

Rev. Graham, quiero darle las gracias desde el fondo de mi corazón por usar su vida para servir y predicar la Palabra. Admiro todo lo que ha hecho en el transcurso de su vida, y sé que nuestro Dios está muy contento con cómo ha usado el tiempo que Él le ha dado. Siempre he admirado su vida, y también la vida de su preciosa esposa, y de sus hijos. Todos ustedes le han servido bien, y sólo quiero decirle gracias por todo lo que hace, y que Dios siga bendiciéndole y guardándole bajo su cuidado.

ÉL CUIDA DE LAS AVES

Tuve la bendición de ser parte del coro en la cruzada de Billy Graham en Meadowlands en Nueva Jersey en 1988. Fue en verdad una reunión del Espíritu Santo, y sentí al Espíritu moviéndose durante toda la noche. Joni Eareckson Tada estaba allí, y estaba muy desanimada esa noche. Lloraba, y su esposo, Ken, tenía que limpiar sus lágrimas y sonar su nariz. CeCe Winans después cantó "His Eye Is On the Sparrow" (Él cuida de las aves) para Joni (y para todos nosotros), y fue una experiencia inolvidable. Aprendí la gloria de la realidad. No siempre estamos dispuestos y ávidos, pero los ojos de Dios siempre están sobre nosotros.

Después Billy pasó al frente. No se encontraba bien, incluso entonces, y estaba bastante débil, pero trajo la presencia de Dios sobre ese estadio con sus palabras de esperanza y salvación a través de Jesucristo. Creo que entendí por primera vez lo que *realmente* significa ser salvo. Gracias, Billy. Es usted asombroso.

EL MAYOR EVANGELISTA

Realmente no sé cómo expresar las palabras para poder explicar lo mucho que Billy Graham ha cambiado mi vida. Han pasado más de treinta años desde que entregué por primera vez mi vida a Cristo. Billy Graham ha jugado un papel muy importante en mi caminar con el Señor. De nueve niños, yo fui el primero en mi familia en darle mi vida al Señor. Solía quedarme despierto hasta tarde y ver a Billy Graham en televisión. Cuando terminaba de predicar y hacía el llamado al altar, yo lloraba y le pedía a Jesús que entrara en mi vida. Su predicación me conmovía de una forma poderosa que hasta el día de hoy me sigue afectando.

Verdaderamente puedo decir que Billy Graham es el mayor evangelista que ha vivido durante toda mi vida. Desde que era adolescente, siempre quise conocerle. Ahora tengo cuarenta y nueve años. Nunca he estado en una de sus reuniones, pero sólo con oírle predicar era como estar allí en el Espíritu. Doy gracias a Dios por este gran hombre de Dios, y sé que tiene un lugar especial en el Reino del cielo. Me encantaría poder sentarme personalmente con él y decirle lo mucho que ha significado para mí. Quiero que todos sepan que me encanta y que estoy muy agradecido con Dios por él. Siempre ocupará un lugar especial en mi vida. Gracias, Billy Graham, por cambiar mi vida para que pudiera conocer a Jesús como mi Salvador personal.

LE PEDÍ A JESÚS QUE ME PERDONASE

Cuando era adolescente tenía amigos en la escuela, pero seguía sin estar contento conmigo mismo. Cuando se terminaba la escuela cada día, la mayoría de las veces estaba en mi cuarto sin nadie con quien hablar o a quien llamar. De algún modo sabía que había mucha más vida por vivir. Cuando me gradué de la secundaria en 1985, se me ocurrió alistarme en la Marina de Estados Unidos. Cuando me fui, mi mamá y mi padrastro pensaron que era una buena idea que me fuera. Mi caminar cristiano en ese tiempo era muy débil.

Encontré un trabajo como ayudante de maestro de guardería. Aún seguía buscando en mi corazón algo mejor. Me involucré con una familia "cristiana" que conocía de la guardería. La familia resultó estar involucrada en una secta bastante peligrosa, y me quedé incluso más confundido.

Gracias a Dios, mi hermano me salvó de esa mala época de mi vida. Él vino y me sacó de allí y me llevó de nuevo con mi familia en Virginia. Al día siguiente, estaba viendo a Billy Graham en casa. Las palabras que dijo en la televisión realmente tocaron mi corazón. Así que allí mismo, le entregué mi corazón cien por ciento al Señor. Le pedí a Jesús que me perdonase. Volví a comenzar de nuevo. Ahora sé que mi primer amor es Jesucristo, ¡el Rey de reyes! Gracias, Rev. Graham, desde el fondo de mi corazón.

Espero un día poder darle las gracias en persona

Nunca he llegado a conocerle, aunque asistí a una de sus cruzadas hace unos años. No tengo una gran "historia". Sólo le escribo porque quiero darle las gracias. Espero que un día pueda decírselo en persona, cuando ambos hayamos cruzado el umbral. Que Dios siga bendiciéndole.

Preciosos recuerdos con mi madre

Mi madre partió con el Señor hace dos años, el 8 de julio. Le encantaban los Graham. Cada vez que Billy salía en la televisión, nos llamábamos para verle y meditar al término del programa. Billy Graham era, y sigue siendo, el hombre más escuchado que yo sepa. Lo hace muy sencillo, como Jesús querría. Jesús murió por nosotros, dio su sangre por nosotros y quiere que tengamos una vida mejor aquí (y lo más importante), una vida después de la muerte con Él. Hoy sé que mi madre está en el cielo con Ruth, cantando viejos himnos y alabando a nuestro Señor. Dios le bendiga, Billy, y gracias por esos preciosos recuerdos con mi madre.

SE PODÍA SENTIR LA ELECTRICIDAD

Escuché por primera vez a Billy Graham a comienzos de la década de los setenta. Era un cristiano recién convertido y estuve presente en la cruzada de Billy Graham en McCormick Place en Chicago. Fue una experiencia intimidante. Miles de personas fueron vigorizadas por el mensaje que dio Billy Graham. Se podía sentir la electricidad y la presencia de Dios en ese lugar. Nunca se me olvida el sentimiento o la pasión que experimenté ese día hace tanto tiempo. Gracias por el don de compartir el evangelio.

NO PERMITA QUE EL MUNDO LE CAMBIE

Querido Billy Graham, aunque nunca he tenido la oportunidad de asistir a una cruzada de Billy Graham, trabajar con su ministerio o estrechar su mano, he seguido sus retransmisiones y programas, he leído la mayoría de sus libros y he usado sus manuales de entrenamiento desde que era muy joven. Ahora tengo cincuenta y siete años, y debo decir que el mayor impacto sobre mi vida es el hecho de que nunca he oído o he visto que cambiara la tesis general básica de su mensaje: Acepte a Jesucristo y sea salvo.

Como evangelista ordenada, he aprendido que una no debe permitir que el mundo le cambie, sino presentar el evangelio de Jesucristo de una forma clara y concisa para cambiar al mundo. Sé que usted (como todos) tiene sus defectos y dificultades que debe superar, pero en sus mensajes no eran evidentes.

Después comencé a oír y leer acerca de su preciosa esposa Ruth. Como esposa de pastor, pude recibir el entendimiento y la fortaleza de sus palabras y sus libros. Por lo tanto, como cientos de miles de personas a las que usted no conoce y que oran por usted y son bendecidas por lo que Dios le ha escogido para hacer, le digo gracias por no despegarse del evangelio de Jesucristo y por ser tan fuerte en el Señor y en el poder de su fuerza.

SU MENSAJE SINCERO Y BÁSICO

Recuerdo a mi mamá, que era cristiana, e incluso a mi papá, que no lo era, escuchando y viendo los programas de Billy Graham en la televisión a finales de la década de 1970 y en la de 1980, cuando yo era un niño. No me daba cuenta del impacto tan grande que tuvo su ministerio en nuestra familia y en el mundo hasta que yo mismo fui un cristiano nacido de nuevo. Ahora, siendo adulto con niños pequeños, aprecio su mensaje fundamental sincero y básico del evangelio de Jesucristo. El Rev. Graham nunca cambió su mensaje, y por eso, muchas almas encontraron a Cristo. Gracias, Rev. Graham. Sé que un día nos encontraremos en el cielo.

OBSERVABA A MI ABUELA

Estoy muy agradecido por mi abuela y por el ministerio de Billy Graham. De niño, observaba a mi abuela viendo las cruzadas de Billy Graham en televisión. También la veía leer libros escritos por Billy Graham. Sin embargo, lo más importante es el hecho de que mi abuela y los ministerios de Billy Graham me llevaron al Señor.

IMITANDO A BILLY

"Desearía poder ser como Billy Graham, o poder imitarle". Esto es lo que solía decir cuando era más joven. Después me di cuenta de que Billy Graham estaba imitando a Jesucristo. Ahora intento ser como Billy Graham: imitando a Cristo.

No había tiempo de estar nerviosa

Cuando era una niña de una pequeña ciudad rural de Ohio, recuerdo a mis padres siempre viendo al Sr. Billy Graham cuando aparecía en la televisión. Incluso entonces había algo atractivo que yo no entendía. Poco después de mudarnos a Cincinnati para entrar en la universidad, le entregué mi corazón a Jesús en una pequeña iglesia bautista. Un año después, una amiga me preguntó si estaría interesada en trabajar en la cruzada de Billy Graham que vendría a la ciudad. Asistimos a todas las reuniones para trabajar de ujieres, pero en la primera reunión había una enorme multitud de gente, especialmente para una chica rural como yo. No había tiempo para estar nerviosa mientras la gente llegaba, y parecía que las filas nunca se acabarían. Saludábamos, sonreíamos y ayudábamos, y todos eran muy amigables y simpáticos. Ese evento tan memorable dejó una gran impresión en mi vida.

—*Mary*

Nunca me he olvidado del Sr. Graham

Estaba allí en 1957 en el Madison Square Garden, sentado en la izquierda de un banco en el piso principal, con casi nueve años. Mis padres, oficiales del Ejército de Salvación en Nueva Jersey, llevaron una delegación a la cruzada. Nunca había estado entre tanta gente. Cuando cantamos, la música llenó el lugar. No recuerdo el mensaje, pero sí recuerdo la intensidad de Billy Graham al predicar, el toque en mi corazón y mi respuesta al Señor. Nunca me he olvidado del Sr. Graham.

Con el paso de los años, hemos recibido inspiración de la revista *Decisión* y de las retransmisiones por televisión de las cruzadas desde varias ciudades. Hemos orado por el equipo, y nos hemos sentido orgullosos de ver a un ministro del evangelio tan honorable no sólo recibiendo la bienvenida en muchos países, sino también apreciado por todos nuestros presidentes de Estados Unidos. Estábamos emocionados de asistir a la cruzada de Billy Graham en Tokio, en 1994, cuando nos destinaron allí con el Ejército de Salvación. Qué impacto tan grande ha tenido este hombre en mi vida.

HE SIDO BENDECIDO

Sólo quería decirle gracias al Sr. Graham por su firme dedicación a la predicación de la Palabra de Dios y por ser una luz para el mundo para nuestro Salvador Jesucristo. He sido bendecido al poder ver al Sr. Graham dos veces en mi vida, una de niño y la otra de adulto de treinta años. Ambas veces fueron impactantes e inspiradoras. Sr. Graham, definitivamente usted es un vaso en manos del Señor. Él le ha usado para tocar y cambiar las vidas de muchos, ¡debido a su diligencia al hablar la Palabra de Dios a un mundo con una desesperada necesidad! Gracias, Billy.

TRANSFORMACIÓN

De niña, solía ver a Billy Graham con mi abuela. No siempre estaba segura de qué era lo que ella encontraba tan entretenido, pero según fui creciendo en mi caminar con el Señor, entendí la importancia del evangelismo. Mientras vivía en Jacksonville, Florida, tuve la oportunidad de asistir a una de las cruzadas de Billy Graham. Había invitado a un no creyente a ir conmigo, y fui testigo presencial de la transformación de una vida para Jesús. Qué bendición. También leí uno de los libros de Ruth Bell y me encantó cada página. Les bendigo a los dos por las muchas, muchas vidas que han tocado durante los años (incluyendo la mía).

UN HOMBRE ENVIADO POR DIOS

Asistí a una reunión de avivamiento donde predicó Billy Graham en Baton Rouge en la década de 1950, y ayudó a iniciar mi crecimiento espiritual. Cuando perdí a mi padre pocos años después, el Dr. Graham se convirtió en mi padre espiritual dándome guía para la voluntad de Dios. El Dr. Graham dio guía bíblica a América, llamándonos al amor y perdón de Dios. No seríamos la nación que somos hoy si Dios no hubiera enviado a Billy a predicar su Palabra. Sólo un hombre enviado por Dios podría haber dicho y hecho lo que él hizo. América depende de hombres como el Dr. Graham. Gracias, Billy.

MI ABUELA SE PEGABA AL TELEVISOR

Yo era tan sólo una niña cuando el Rev. Billy Graham comenzó a retransmitir sus cruzadas por televisión. Mi abuela me crió a mí y a otros cuatro nietos. Cuando Billy Graham salía en la televisión, era lo primero que teníamos que ver, y nada más. Él estaba en la televisión durante tres noches, y eso era lo que veíamos. Mi abuela se pegaba al televisor, y nosotros también, cuando éramos niños. De adulta, llegué a apreciar los avivamientos en carpas, porque no hay muchos ahora. Parecía que los avivamientos en carpas eran más personales para las almas perdidas que el Internet, por decirlo así. Gracias, Rev. Billy Graham y a su esposa Ruth, por sus contribuciones a las muchas almas que se salvaron con el amor de Jesucristo. Sean abundantemente bendecidos, y gracias de nuevo. Que sus hijos también sepan que les damos las gracias por compartir a sus padres con el mundo. Todo para que nosotros pudiéramos saber cómo poner nuestro corazón en orden con el Señor Jesucristo.

VEO A BILLY CADA VEZ QUE SALE

Recuerdo que, cuando era una niña, mi papá y yo veíamos a Billy predicar en la televisión. Papá no iba a la iglesia, pero siempre veíamos a Billy. Ahora, yo veo a Billy cada vez que sale. Me pongo en el lugar de la gente que pasa al frente al final. Billy ha tenido una tremenda influencia en mi vida, y amo a Dios y amo la Biblia. Actualmente estoy tomando clases para ser pastora y difundir la Palabra de Dios. Gracias, Billy, y que Dios le bendiga.

TODO ME QUEDÓ CLARO

Crecí como "una buena niña católica" en una comunidad católica, hice todo lo que se supone que debía hacer, pero nunca me encontraba satisfecha. En algún momento entre 1971 y 1975 asistí a una cruzada de Billy Graham en Baton Rouge, principalmente porque le había oído en televisión y algo de lo que estaba diciendo me tocó. No tenía ni idea de lo que era un cristiano nacido de nuevo. Escuché atentamente y fui tocada por lo que él predicó. No pasé al frente en el llamado al altar, porque aún no entendía lo que estaba ocurriendo. Y poco después, mi vida regresó a la normalidad (dirigiéndome en una dirección muy equivocada.)

En 1976 fui salva por el mensaje de unos antiguos cuñados. Sabía que yo era diferente, pero aún no entendía el regalo de la salvación. Unas tres semanas después de ser salva, estaba leyendo uno de los libros de Billy Graham (no recuerdo cuál).

En algún momento del libro, él describía el gran precio que Jesús pagó por nosotros. De repente, todo me quedó claro. Estaba a los pies de la cruz y finalmente lo entendí.

Mi vida nunca ha vuelto a ser la misma. Ahora sé que Billy Graham plantó una semilla en esa cruzada. Después su libro cobró vida con revelación en mi corazón. Probablemente nunca le conoceré personalmente en esta tierra, pero espero conocerle en el cielo algún día y darle las gracias personalmente por mí y por todos los perdidos que llevó al Reino.

USTED VIVIÓ LO QUE PREDICÓ

Querido Rev. Graham, no tengo mucho que decir, pero quería que supiera esto: cuando estoy confundido por algo acerca del mundo o de mi familia, sé que si escucho una de sus cruzadas o entrevistas, encontraré las respuestas a mis preguntas. Confío en sus creencias, y confío en Dios. Usted vivió lo que predicó y fue coherente. Usted es uno de los ángeles especiales de Dios, y me fío de sus pensamientos. Gracias por su confianza en Dios y su creencia en la Palabra.

YO ERA MUY TÍMIDA

Querida familia Graham, crecí en Liberty County, Texas, como la mayor de cuatro hijos. Era muy tímida, pero acepté al Señor Jesucristo como mi Salvador personal a los siete años. Serví a Dios fielmente y solíamos escucharle en nuestra radio a pilas en el campo, ¡ya que no teníamos electricidad!

Crecí, me mudé a Houston, encontré un trabajo, me casé y tuve hijos. Sin embargo, seguía siendo tímida. A finales de 1960 o principios de 1970, usted vino a Houston y realizó una cruzada en el Rice University Stadium. Yo había aprendido lenguaje de signos y era intérprete en mi iglesia. Su equipo hizo un llamado para voluntarios que vinieran a interpretar los servicios. Yo me ofrecí voluntaria y fue una bendición y un privilegio compartir el evangelio con los sordos a través del lenguaje de signos mientras usted predicaba. Mi timidez desapareció y la unción de Dios estaba sobre ambos, ¡y los sordos aceptaron a Jesús como su Salvador personal! Gracias por su vida consagrada y su predicación del evangelio.

MI EXPERIENCIA CON UNA CRUZADA
DE BILLY GRAHAM

Forth Worth, Texas, albergó su primera cruzada de Billy Graham en 1951 en el Will Rogers Coliseum. Fue durante mi segundo año de maestra de escuela. Les dije a mis alumnos que mi esposo y yo les recogeríamos, les llevaríamos a la cruzada y les llevaríamos de regreso a sus casas si sus padres les daban permiso para asistir. Llenamos un automóvil durante los cuatro viernes. Dios obró a través de esos servicios y la iglesia bautista local. Al final de la cruzada, todos los alumnos de mi clase eran cristianos. La mayoría de los nuevos cristianos se habían integrado en la iglesia bautista local y habían sido bautizados. Atesoro esta experiencia y estuve agradecida por la influencia tan positiva que produjo en mi clase.

Nos mudamos de Ft. Worth y algunos años después regresamos de visita. Yo iba a recoger a mi cuñada, Nita, a la compañía de seguros donde trabajaba. Nita le dijo a una de sus compañeras de trabajo que su cuñada Selma iba a ir a recogerla. Esa compañera le preguntó si Selma había enseñado alguna vez en la escuela Bludworth. Al recibir una respuesta afirmativa, comenzó a compartir que Selma fue su maestra durante dos años. También le dijo que Selma y su esposo habían llenado su automóvil las cuatro noches de la cruzada de Billy Graham. Le explicó que ella era una de las estudiantes que había sido salva durante esa cruzada. Fue una sorpresa ver a Marcella cuando llegué, y ponerme al día de las experiencias de su vida. Ahora estaba casada y su esposo era un estudiante en el seminario teológico bautista Southwestern en Ft. Worth. Me animó saber que nuestros esfuerzos siguieron dando fruto. Jesús realmente marcó la diferencia en sus vidas durante la cruzada de Billy Graham en Forth Worth.

—Selma

Esto es parte del fruto de mi vida

Gracias por ser un siervo de Dios. La buena obra de Dios en mí se hizo evidente cuando canté mi primer solo en la iglesia para Él a los seis años, y luego tomé la decisión de entregar mi vida a Jesús en una cruzada local de Billy Graham a los doce años. Desde que esas primeras semillas se plantaron, esto es parte del fruto de mi vida: una niña de granja crece y se convierte en enfermera, tiene la bendición de ver a su futuro marido entregarle su vida al Señor (nuestro veinticinco aniversario es el próximo año), es bendecida con tres hijos (dos de los cuales tienen necesidades especiales) ¡y saber que los tres hijos conocen y aman al Señor! ¡Entremezclada con todo esto está mi alabanza y adoración a Él! ¡Él es fiel! ¡Gracias, Billy!

Se lo entregué todo a Él

Billy Graham, sí el nombre ciertamente tiene un tono de *fortaleza, coraje, honor* y *humildad*. Para ser honesta, no recuerdo cuándo oí por primera vez a Billy Graham predicar un sermón. Es como si siempre hubiera sido parte de nuestra vida, algo así como un tío al que sólo vemos una o dos veces al año, pero siempre nos alegra oír sus historias. Para mí, en lo personal, esos mensajes fuertes y fervientes siempre llegaban a mi corazón. Recuerdo que mi esposo y yo nos sentábamos o nos quedábamos de pie en la sala haciendo la oración de arrepentimiento con Billy Graham, y era un alivio saber que habíamos hecho esa oración. Si moríamos esa noche, ¡iríamos al cielo! Ambos le habíamos pedido a Jesús que entrara en nuestro corazón cuando éramos jóvenes, yo de doce años y mi esposo de trece o catorce, y habíamos vuelto a consagrar nuestra vida después de casarnos.

Siempre me impresionaban las multitudes que llenaban estadios para oír a Billy Graham. Nunca supe cómo era eso hasta que él vino al estadio de Texas hace unos años. Por primera vez en nuestra vida, ¡experimentamos una cruzada de Billy Graham en vivo! Lo increíble fue que nuestro hijo estaba con nosotros. Tenía quince años. Aunque dos años atrás había invitado a Jesús a entrar en su corazón, fue increíble estar haciendo la oración de arrepentimiento con nuestro hijo y la gigantesca multitud ese día.

En 1997, por primera vez en mi vida, después de una visitación del Señor se lo entregué todo a Él. Tengo hambre y sed de justicia. En vez de intentar no pecar, tengo un gran deseo de vivir para mi Señor, y eso sólo puede ser gracias a su Espíritu Santo.

Decir que Billy Graham ha sido una influencia en nuestras vidas ¡sería un SÍ! Gracias, Billy y Ruth Graham y familia, y por supuesto al equipo Billy Graham, ¡y sus familias también! Y gracias por la oportunidad de compartir lo que hay en mi corazón. Les amamos y apreciamos a todos, ¡y su dedicación a nuestro Señor!

MIS RECUERDOS FAVORITOS

He recibido la influencia de Billy Graham desde que tengo uso de razón. (Ahora tengo cincuenta y siete años.) Siempre he sentido una profunda admiración por él como un hombre de Dios: un hombre humilde y amante de Dios que nunca tuvo miedo de decir la verdad clara y rotundamente, pero siempre en amor. ¡Caramba! Pero también he sentido una afinidad con Billy Graham, como si él fuera parte de mi familia y pudiera sentarme y charlar con él y fuera fantástico y confortable. (Un día en el cielo, ¡pienso hacer eso!)

A mis padres siempre les encantó Billy Graham, y fuimos todas las noches a la cruzada en Atlanta cuando yo era una niña. Llegábamos allí pronto porque mi madre cantaba en el coro. Recuerdo que fue un tiempo increíble y emocionante. Creo que mis mejores recuerdos de Billy Graham son sus mensajes después del 11 de septiembre, diciendo toda la verdad pero con ternura y amor, y cuando le preguntaron qué haría si uno de sus hijos llegara a casa y le dijera que era homosexual. La respuesta de Billy: "Le amaría incluso más". Me encantó; muy parecido a Jesús.

Gracias, Billy Graham; usted se ha humillado ante su Dios, ha buscado la justicia y ha amado la misericordia. Ha hecho su mejor esfuerzo por amar al Señor su Dios con todo su corazón, alma, mente y fuerza, y ha amado a su prójimo como a sí mismo. Gracias por ser el hombre de Dios en este tiempo y lugar. Que Dios le bendiga.

NO ME GUSTABA BILLY GRAHAM

Cuando era joven y necio, no me gustaba Billy Graham. Incluso me burlaba de él y de su predicación con mis amigos. Cuando fui creciendo, me encontré a mí mismo escuchándole cada vez que había una cruzada en televisión. No pasó mucho tiempo hasta que Dios comenzó a tocar mi corazón y me hice cristiano. Ahora hace más de treinta años que soy pastor, por la gracia de Dios y la fiel predicación del Dr. Graham. Que Dios le bendiga, Billy.

Un ministerio de total fiabilidad

Encontré a Billy Graham por primera vez cuando vivía en una casa pública en las condiciones más pésimas. Teníamos una habitación donada donde las personas ponían lo que llamaban basura para que otras personas lo tomaran si querían. Uno de esos artículos basura era el libro de Billy Graham *The Jesus Generation* de la década de 1970. Era mucho antes de que yo naciera, pero me interesó leerlo porque, en ese tiempo, tenía dificultades y muchos amigos eran ateos, así que quería leer acerca de un tiempo en que los jóvenes estaban orgullosos de su amor por el Señor.

Cuando comencé a leer por primera vez *The Jesus Generation* me esperaba una lectura fácil, historias de la Biblia y viajes de fe y devoción. Lo que encontré fue un libro académico, intelectual, acerca de Dios. Este fue un concepto nuevo para mí. Siempre pensé que ese tipo de libros sólo se leían en los seminarios. Creo que Billy Graham debió de haber entendido lo que entendió mi antiguo predicador bautista, y es que la juventud se ve atraída al intelecto. Quieren ver cómo la Biblia y Jesús no sólo pueden estimular sus vidas, sino también sus mentes.

Después, seguí leyendo libros como *La jornada* y *Ángeles*. También comencé a sintonizar las antiguas cruzadas de Billy Graham en Daystar y TBN. Creo que el eslogan más potente y atrayente de todos es uno que leí mientras veía estas cruzadas. Fue cuando se terminó el programa y pusieron un anuncio para hacer donativos. Simplemente decía: "Un ministerio de total fiabilidad", y creo que por eso yo veía y leía los libros y los programas de Billy Graham en televisión. Es porque uno se podía fiar de su fe y obediencia a Dios, así como de su enseñanza del Buen Libro. Nunca sentí que Billy Graham podría apartarme del camino, como algunos de los inquietantes sentimientos que tengo cuando veo algunos tele evangelistas o escucho a algunos predicadores en la radio.

También he respetado cómo Billy Graham sacó la política de su ministerio. Oraba y guiaba tanto a un demócrata como a un republicano. Jimmy Carter respeta a Billy Graham tanto como George H. W. Bush. No conozco a ningún otro predicador que pueda decir eso. Él ministró a todos, sin importar el color, la religión, la afiliación política, etc., tal y como Jesús hizo. Billy Graham es un hombre íntegro, recto, que ha ministrado probablemente a más personas que el apóstol Pablo mismo. Sé que toda la gloria que le doy a Billy Graham a él realmente no le afecta, porque él le entrega toda esa gloria a su Salvador y nuestro también, Jesucristo, y eso es lo que le hace ser tan especial.

LA HISTORIA DE MI MAMÁ

Esta historia es realmente la historia de mi mamá. Mi mamá a menudo sintonizaba las cruzadas de Billy en televisión, y el Espíritu Santo comenzó a trabajar en ella durante esos tiempos. Él aró el terreno fértil de su corazón, así que en 1978, tanto ella como yo estábamos listos para oír de la preciosa salvación de Dios cuando una compañera de trabajo compartió con mi mamá. Gracias, Billy y Ruth, por ser fieles siervos del Señor, de modo que mi mamá estuviera lista para oír en persona de su regalo gratuito para todos.

EL DÍA DE LA MADRE DE 1976

Billy Graham estaba predicando en el nuevo Kingdome en Seattle. Habíamos sobrevivido a los salvajes años sesenta y setenta. Mi querida amiga había aceptado a Jesús y seguía fastidiándome con que fuera a esta cruzada en la que Billy iba a predicar en el Kingdome. Bueno, ¡yo no quería ir! Pero Johnny Cash iba a estar ahí, podía ver el nuevo Kingdome, podía quitarme de encima a mi amiga Kathy, la nueva "Jesus Freak", y como era el Día de la Madre, tenía una buena coartada para que mi esposo me llevara.

Mi vida nunca ha sido la misma desde ese día… ¡gloria a Dios!

Dios es muy fiel y tierno, pero creo que también tiene mucho sentido del humor con algunos de nosotros que sufrimos del pecado de orgullo. Siempre fui muy fiel a Jesús de niña y de adolescente. Mi familia quería que yo fuera monja, pero de algún modo cada vez me fui alejando más de mi fe. Ah, aún creía en Jesús, especialmente en emergencias y en Navidad, y a veces en Semana Santa.

Así que ahí estaba yo en la cruzada de Billy, el Kingdome tenía tres mil personas más de las que podía albergar, así que no hubo llamado al altar esa noche. Estaba tan abarrotado que, después del sermón lleno del Espíritu de Billy, nos pidió que nos pusiéramos de pie en nuestros asientos si queríamos recibir a Jesús en nuestra vida. Bueno, supe que realmente quería a Jesús de nuevo en mi vida. Quería su paz, amor y el perdón de mis pecados que sólo podía venir de Él. Pero tenía un problema. Verá, soy una católica devota, y mi entendimiento de un llamado al altar es cuando obedecemos a Cristo y pasamos a tomar la Santa Cena para recibirle: Cuerpo, Sangre, Alma y Divinidad en la Eucaristía. Así llevamos a Jesús y su evangelio en nuestro ser, en todo lo que decimos y hacemos y pensamos, al mundo. Así que no tenía ni idea de lo que era este tipo de llamado al altar, o qué me ocurriría si me levantaba y reconocía que realmente quería a Cristo en mi vida.

Bueno, Billy seguía preguntando, y yo seguí sentada allí negociando con Dios que "ese no era mi estilo", toda esa emoción y predicación: "No puedo hacerlo. Dios, prometo comenzar a ir de nuevo a la iglesia, leer las Escrituras más a menudo, cualquier cosa menos este acto súper simplista de levantarme para ti". Ahora estaba hablando muy de prisa con Dios, pero Él me seguía diciendo: "Levántate, rinde tu orgullo y todo lo que crees que sabes de mí. Levántate y vive para mí".

Puedo decir sinceramente que sentía dos cargas muy pesadas sobre mis hombros, que me hacían quedarme en la silla. Esta lucha misteriosa y cósmica entre el bien y el mal estaba activa. Conseguí juntar toda la fuerza que tenía y me puse de pie. Dejé que Dios volviera a entrar (por supuesto que Él nunca me había dejado.) Él está siempre llamándome a una unión más profunda con Él. Sencillamente, yo tenía demasiado orgullo y conocimiento mental acerca de Dios para permitir que mi corazón se abriera para que Él entrara realmente.

Desde ese momento difícil, lleno de gracia, en una cruzada protestante a la que fui por todas las razones incorrectas, mi vida cambió, gracia sobre gracia, misericordia sobre misericordia, para siempre, eternamente. Gracias, Billy, por llamar a una joven católica muy terca de nuevo a la plenitud de la Fe.

EL ESPÍRITU DESPERTÓ EN ÉL

Allá en 1991 o 1992 su ministerio llegó a Portland, Oregón. Mi suegra había estado orando durante mucho tiempo por mi suegro. El Espíritu despertó en él y le preguntó a ella si le gustaría ir a la reunión de Billy Graham. Ella dijo que sí a toda prisa. Tras la invitación, mi suegro dijo "sí" a nuestro Salvador, Jesucristo. Él murió repentinamente en enero de 1993, y estamos seguros de que está viviendo en su hogar celestial. Aprecio mucho todo lo que ha hecho a lo largo de los años, y lo mucho que también ha tocado mi corazón y mi espíritu. Como usted ha dicho una y otra vez, debemos *renacer* para poder entrar en el Reino de Dios. Gran parte de mi entendimiento de la Biblia se ha producido debido a su ministerio. Toda la gloria sea para Dios por su guía durante sus años de ministerio.

SEPTIEMBRE 11

Gracias por pastorear a una nación herida después del 11/9. Fue el mejor sermón que he oído predicarse, y tocó mi alma.

"AQUEL QUE COMENZÓ LA BUENA OBRA..."

No recuerdo un día en mi vida con más claridad que cuando era una adolescente y oí predicar al Rev. Billy Graham en el Houston Astrodome a mitad de la década de 1960. Aunque había aceptado al Señor a una corta edad y me había bautizado en la iglesia, fue ese día cuando supe lo que verdaderamente significaba aceptar a Dios como mi Señor y Salvador. Verdaderamente sentí la presencia del Espíritu Santo. Ese día me ha dado ánimo y fortaleza durante toda mi vida. Verdaderamente creo que "Aquel que comenzó la buena obra en ti será fiel en completarla hasta el día de Jesucristo". Dios en mi vida es de lo que trata la vida. Estoy agradecida por el día en que el Rev. Graham me ayudó a entender eso. Gracias, Rev. Graham, por ser una parte tan importante del plan de Dios para mi vida.

—*Donna*

LE PEDÍ A DIOS QUE ME MOSTRARA UNA RAZÓN

Era una mujer de veinticuatro años y vivía en Lake Tahoe, California. Trabajaba con varias personas, pero los más destacados eran dos hombres que hablaban de la Biblia. Fue a través de esos dos hombres como aprendí acerca de un Dios personal, un Jesús personal y de qué se trataba realmente la Biblia. Mientras escuchaba, luchaba con lo que creía y con entregarle mi corazón al Señor. Le pedí a Dios que me mostrara una razón y entonces me comprometería. Fui a Reno para ver a Billy Graham. *¡Tremendo!* Habló con elocuencia, con mucha pasión, con mucho compromiso. Pero tras oír hablar a Billy, supe en ese mismo momento que aceptar a Jesús era la mejor decisión que jamás podría tomar. Sabía que caminar con el Señor era mucho más de lo que yo creía que era, era más de lo que sabía, y sería un viaje para toda la vida. ¡Fue magnífico! Siempre tendré su imagen, Billy, caminando por la plataforma, moviéndose sin esfuerzo con esa gran Biblia abierta en la palma de su mano de un lado a otro. Gracias, Billy, por fortalecer mi amor por el Señor en mi corazón.

SU AVIVAMIENTO EN CINCINNATI

Queridísimo Billy, quiero que sepa cuánto tocó mi vida y las vidas de mis hijos su aparición en el estadio. Sólo soy salva hace cinco años, y justo después de encontrar mi iglesia base, pude asistir a su avivamiento en el Coliseum de Cincinnati. Nunca olvidaré el mensaje y todas las almas perdidas que pasaron al frente al final. Sonó "Tal como soy", y las lágrimas inundaron mi alma, ya que esa fue la canción que sonó cuando le entregué mi vida al Señor. Su pasión por el Señor es tan obvia, y ha sido bendecido con una larga vida y muchas almas perdidas que se han salvado gracias al llamado que hay en su corazón.

Sra. Albright

En 1960 estaba viviendo en Lexington, Kentucky, donde estaba destinado mi papá en el almacén militar. Yo asistía a la escuela del ejército Brian Station School y mi maestra de sexto grado era la Sra. Albright. Parecía que su edad era de jubilada, pero llamó nuestra atención y se ganó nuestro respeto a medida que avanzaba el año. Una de las expresiones que oíamos frecuentemente, cuando golpeaba la palma de una mano con su regla, era: "Esto era suficiente para Billy Graham cuando se sentaba en mi clase, y seguro que es bueno para enseñarles a ustedes también". No tenía ni idea en ese entonces de quién era Billy Graham, pero supe que debió de llegar a ser un gran hombre, porque la Sra. Albright así lo pensaba.

Me hice cristiano cuando tenía cuarenta años. Desde entonces, cuando miro atrás a los eventos que me guiaron al Señor, sé que la Sra. Albright es una de esas personas usadas por Dios para ayudarme a encontrar a Jesús. Finalmente supe quién es Billy Graham (y en verdad *es* un gran hombre), y me maravillé de que la Sra. Albright nos hubiera enseñado a los dos. Me gustó saber que ambos fuimos bendecidos por una mujer que amaba enseñar algo más que tan sólo lectura, escritura y aritmética.

Un gesto profético

En junio de 1972 cuando mi esposo, Clay, era un pastor joven, condujimos un RV lleno de niños desde San Bernardino, California, a un evento en Dallas. Acabábamos de tener nuestro primer hijo, Billy, hacía seis semanas. Fue un gran paso de fe llevar a nuestro bebé con un grupo de adolescentes hasta Texas, pero estoy muy contenta de haberlo hecho. Lo más destacado fue cuando Billy Graham predicó una noche. ¡Fue una noche asombrosa! El momento más memorable para nosotros, sin embargo, fue cuando Clay sostuvo a nuestro bebé en alto en las gradas en un gesto profético y le dijo: "Billy Ford, conoce a Billy Graham. Él es un gran hombre de Dios. Que tú también sirvas a Dios fielmente un día". En la actualidad, Billy Ford es un fiel pastor cristiano. Gracias, Billy Graham.

LAS ONDAS EXPANSIVAS SIGUEN Y SIGUEN

Es difícil de creer el impacto que la familia Billy Graham ha tenido en nuestras vidas a lo largo de los años. Además de las innumerables retransmisiones por televisión y libros que hemos disfrutado, y de los que nos hemos beneficiado, mi esposo y yo tuvimos el privilegio de tener contacto de primera mano con dos cruzadas. En Birmingham, Alabama, en 1973, mientras mi marido asistía al Southeastern Bible College, cantamos en el coro y servimos como consejeros. Unos años después, cantar con el coro, aconsejar y trabajar con tareas de seguimiento en la cruzada de Norfolk, Virginia, fue una bendición. En julio de 2007, el Festival Franklin Graham en Norfolk puso "la guinda en el pastel".

Las ondas expansivas del ministerio de los Graham siguen y siguen. Ya he perdido la cuenta del número de personas que he conocido que, hace años, fueron llevadas a nuestro precioso Salvador y Señor a través de la AEBG. Los libros de Ruth, su ejemplo y ánimo durante los años serán cosas que extrañaremos mucho.

Tener un ministerio en el que podamos confiar que está económicamente por encima de todo reproche es una bendición inestimable. Mis oraciones diarias están con usted para que continúe "caminando digno de la vocación a la que ha sido llamado".

Sólo el cielo revelará lo que su fiel servicio al Señor ha logrado. Y qué gozo tan indescriptible darse cuenta de que tenemos una eternidad juntos para alabarle a Él por su fidelidad en la familia Graham y a través de ella.

Alimento espiritual

Recuerdo ver sus cruzadas en televisión cuando era niño en la década de los sesenta. Siempre oíamos a nuestra madre decir cuánto le apreciaba y admiraba. Ahora que soy padre, "instruyendo a mis hijos en sus caminos", yo también veo sus programas y he leído muchos de sus libros. En mi caminar cristiano, esos libros me han dado alimento espiritual cuando el camino ha sido estrecho. He anotado a mis dos hijos en "Atrévete a ser un Daniel". Sólo puedo esperar y orar para que mis hijos vivan para servir al Señor al igual que los suyos lo hacen. En esta generación mala y perversa, necesitamos ángeles como usted que nos mantengan cerca de la verdad y conociendo su Palabra todopoderosa. Gracias por su inspiración y ministerio a un mundo herido.

Quedé atónito

En el verano de 1957, cuando era un adolescente criándome en Staten Island, tuve el privilegio, junto a algunos de mis amigos, de cantar en el coro de la cruzada de Billy Graham en el Madison Square Garden. En ese tiempo, no sabía si mi padre y mi madre tenían una relación con el Señor. Oraba por ellos constantemente. Un par de años después, mi papá falleció.

No fue hasta varios años después, mientras servía como misionero en Francia, que escribí a mi madre para preguntarle si conocía al Señor. Me quedé atónito con su respuesta.

Sin que yo lo supiera, mi madre había asistido a la cruzada ese verano y había pasado al frente en una reunión, y había aceptado al Señor.

No se imagina la emoción que sentí al enterarme de la noticia. Mi madre vivió hasta los ochenta y cuatro años y partió con el Señor en 1983.

Gracias, Billy, por proclamar el mensaje de salvación de forma tan sencilla y directa. Desearíamos que el Señor pudiera darle otra vida entera para proclamar el mensaje, pero sabemos que Él tiene sus propios planes para su vida.

UNA CONFERENCIA EN THE COVE

En junio de 2002 asistí a una conferencia de profecía en The Cove en Asheville, Carolina del Norte. Subí la montaña como creyente, pero bajé la montaña como creyente con una pasión renovada para dejar el asiento de espectador y entrar en el terreno de juego para nuestro Señor. Si usted no hubiera sido obediente con la visión de The Cove, quizá mi vida consistiría tan sólo en estar sentado en las gradas, estando cómodo y complacido, esperando que termine mi tiempo en esta tierra. Pero Dios usó ese seminario para hablarme y mostrarme que podía tener una parte en el plan de su Reino en esta tierra. ¿Cómo puedo decir gracias por los días tan transformadores que pasé en The Cove? Oro pidiendo las continuas bendiciones de Dios sobre cada miembro de la familia de Ruth y Billy Graham. Creo que nuestro tiempo en esta tierra es corto, y hay aún una multitud de gente esperando oír la sencilla verdad del evangelio. Gracias por esta oportunidad de compartir cómo Dios me ha bendecido a través de su obediencia.

ME PREGUNTABA POR QUÉ MI
MAMÁ ME LLEVÓ CON ELLA

Recuerdo cuando Billy Graham llegó a Memphis para una cruzada. Probablemente estaba yo aún en la escuela o comenzando la secundaria. Recuerdo estar sentado en el Coliseum escuchando las canciones del coro, porque mi mamá estaba en él. Si no me sentaba en el coro, estaba en algún lugar cerca. Escuché los testimonios y la predicación del evangelio. Billy Graham tocó muchos corazones cuando predicó. Fui salvo a los seis años. Me preguntaba por qué mi mamá me llevó con ella. A veces pensaba que estaba impidiendo que otra persona oyera la Palabra por estar allí. Así que me senté allí, escuché y oré por cualquiera que pudiera no ser salvo esa noche. Dios le bendiga, Billy Graham, por el ministerio que tan fielmente hizo por Dios. Sé que tendrá una corona que será muy especial en el cielo por su dedicación y su fidelidad. Gracias por dejar que Dios le dirija y guíe durante todos estos años.

VI QUE ME ENCONTRABA LEJOS DE DIOS

En 1968 me alisté en la Armada de E.U. No pasó mucho tiempo, quizá un año y medio, hasta que me di cuenta de que me encontraba lejos de Dios. Estuve alejado hasta la primavera de 1997, cuando encontré mi camino de vuelta hasta un altar de oración, pidiéndole a Dios que por favor me perdonase y me permitiera regresar a su precioso cuidado. La respuesta llegó al instante, y he estado sirviéndole desde entonces. Durante mi tiempo lejos de Dios, cada vez que veía a Billy en la *TV Guide*, tenía que ver el servicio de la cruzada. En 1999 tuve la oportunidad de servir como consejero en una cruzada de Billy Graham. Trabajar en esa cruzada, y ser voluntario, afianzó mi compromiso con Cristo. Aún veo todas las películas de Billy Graham y servicios de cruzadas, tanto los Clásicos como los nuevos. Gracias, Billy. Su ministerio fue muy determinante en mi vida.

MI PROPIO APOLOS PERSONAL

He sido cristiano desde hace más de veinte años. Aunque el mensaje del evangelio no me llegó a través del Sr. Graham, su presentación simple del mismo ha tenido un impacto en mi vida. El Rev. Graham llegó a mi vida cuando los evangelistas de la televisión estaban ganando audiencia a mitad de la década de 1980. Tristemente, muchos pastores después cayeron ante las tentaciones más comunes de la vida, haciendo que sus seguidores desmayaran o buscaran una alternativa mejor. Doy gracias a Dios por su gracia para ayudarme a buscar la segunda. El Señor usó a Billy Graham como mi propio Apolos personal. Mientras yo observaba desde mi sala, ¡él me enseñaba que el amor de Dios era el mensaje! El uso excesivo en otros ministerios de temas de prosperidad, y el acoso para tener dones espirituales llamativos, nubló mi camino. ¡Regresar al amor de Dios era la respuesta! Finalmente, a pesar del rechazo, el desempleo o la muerte de un ser querido, el decidido anuncio del amor a través de los siglos aún permanece eternamente para dar esperanza al hombre. Gracias, Dr. Graham.

DIOS ME ESTABA ACERCANDO

Quiero dar las gracias a Billy Graham por obedecer el modo en que Dios planeó usarle para impactar y tocar mi vida junto a otros millones de personas. Yo no era salva y mi matrimonio iba mal. No sabía en ese momento que Dios me estaba acercando mediante Billy Graham. Me senté en mi sofá y le escuché muchos días y noches, con lágrimas y dolor en mi corazón, cuando él ministraba la Palabra de Dios. Hoy, soy salva y amo al Señor por la forma en que Dios usó a Billy para tocar mi vida. Que las bendiciones del buen Señor sigan estando en su vida. Gracias, Billy.

INSPIRADA Y REAFIRMADA

Desde que era una niña, recuerdo ver las cruzadas de Billy Graham en televisión. Acepté a Jesucristo como mi Salvador personal el 25 de junio de 1995. Doy gracias a Dios por ungirle, porque mi decisión se debió a uno de sus increíbles sermones. A los diecisiete, acepté el llamado al ministerio a tiempo completo en consejería cristiana. Ver las cruzadas de Billy Graham y leer sus libros me inspiró y reafirmó que, como cristiana, si tan sólo lo creía, Dios podía usarme para hacer grandes cosas para su Reino. Quiero darle las gracias de todo corazón por vivir una vida tan dedicada al Señor. Gracias también por ser un alentador y una inspiración para mí en mi caminar con el Señor. Que el Señor siga bendiciéndole.

TRANQUILO, HUMILDE Y SIMPLEMENTE MARAVILLOSO

Me crié escuchando al Sr. Graham en televisión. De niña, me pegaba al televisor cada vez que él salía. Al crecer en la iglesia y en un hogar cristiano, realmente quería agradar a Dios, y mi relación con Dios mejoraba mucho cada vez que veía una de sus cruzadas. Le considero mi abuelo espiritual. Él siempre tenía una palabra de ánimo, y a mí me caían lágrimas por las mejillas, cada vez, pidiéndole a Dios que me transformase en la persona que Él quería que fuese. Creo que esa era la razón por la que yo no encajaba con mis amigas cuando era niña. Prefería ver a Billy Graham en la televisión antes que ir al cine. Él siempre presentaba a Jesús como la persona más importante de su vida, y yo realmente quería a Jesús. El Sr. Billy es la persona más humilde que conozco, y verle es como ver a Jesús cuando estaba aquí: tranquilo, humilde y simplemente *maravilloso.* Billy tiene una personalidad majestuosa que brilla todo el tiempo. Le admiro mucho, y también a la difunta Sra. Ruth Graham. Eran una pareja perfecta en el Señor. Mis modelos a imitar. Gracias, Billy.

ALGO EN SUS PALABRAS CONQUISTÓ MI CORAZÓN

Querido Billy Graham, tengo un profundo amor por usted mediante nuestro Señor Jesucristo. En 1972, estando recién casada, estaba viendo una de las cruzadas televisadas. No recuerdo en qué estado se estaba realizando. Había algo en sus palabras que conquistó mi corazón, y cuando usted hizo el llamado y sonó la canción "Tal como soy", acepté entre lágrimas a Jesucristo en mi vida.

Había estado yendo a la iglesia con mi esposo, y entendía intelectualmente lo que se decía, pero no afectó a mi corazón hasta esa maravillosa noche. Dios es muy misericordioso y compasivo. Mi vida ha sido cambiada para siempre, y el Señor le usó a usted para hacerlo. Las obras que nuestro Señor ha hecho a través de usted y de su familia son muchas y grandes. Alabo a Dios por su diligente servicio a Él. Algún día nos veremos en el cielo. Hasta ese día, que Dios siga bendiciéndole ricamente.

USTED ES COMO MI ABUELO PREDICADOR

Gracias por sus mensajes espiritualmente edificantes, y el recordatorio de que Dios siempre está listo para que le recibamos en nuestro corazón. Crecí viendo sus retransmisiones desde todo el mundo. Mi madre disfrutaba sus mensajes siempre.

Le daban fuerzas y consuelo en su batalla con una enfermedad para toda la vida. Sé que a veces se desanimaba, pero siempre estaba renovada en su fe para vencer. Siempre sentí un gran respeto y admiración por su verdad honesta y firme. Usted es como mi abuelo predicador, ya que ambos tienen la paz de Dios en su vida, y eso hace que todos los que les rodean se sientan cómodos escuchando sus mensajes transformadores. Gracias por los dones que Dios les ha dado a usted y a su esposa para marcar una diferencia en tantas vidas.

¡VOY DE CAMINO!

Criado en hogares cristianos, mis padres apoyaron su ministerio. Fueron muchas veces a The Cove, y aun así, crecí sin someter nunca del todo mi vida a Cristo. Mi juventud fue bastante difícil, y mi vida de joven adulto no tenía valor aparte de mi dolor y mis errores. Un día, estaba escuchando la radio y descubrí que estaba su ministerio. No puedo decir ahora qué fue exactamente lo que me hizo escuchar, pero de eso hace seis años y no he cambiado la emisora de radio desde entonces. Mi vida ha cambiado por su ministerio. Su emisora parece ser todo lo que necesito, exactamente en el momento oportuno en mi automóvil o en mi casa. He aprendido mucho y he profundizado mucho en mi fe. ¡Muchas gracias por su ministerio! Cuando llegue usted al cielo, por favor dígales hola a mis abuelos por mí. Sin las oraciones de ellos y su ministerio, no sería capaz de unirme a todos ustedes en el futuro. Salúdense y dense unas palmaditas en la espalda, ¡dígales que voy de camino!

LLAMADO AL MINISTERIO

Crecí viendo videos de sus cruzadas, y fue entonces cuando supe que fui llamado a estar en el ministerio. He leído muchos de sus libros. He aprendido mucho tan sólo viendo su obediencia al Señor. Muchas gracias por escuchar a Dios y hacer lo que Él tenía para usted. Su obediencia tocó a millones y enseñó a personas como yo a seguir primero el plan del Señor. Gracias por ser el hombre de Dios que es.

BILLY ME LLEGA DESDE 1958

Tuve una experiencia increíble la noche del 5 de marzo de 2008. Estaba solo en casa, cambiando de canales, y encontré una retransmisión de Billy Graham, originalmente del Día de los Caídos de 1958 en San Francisco. Billy estaba predicando acerca de Dios cuando salvó a Noé, Job y Daniel.

En un momento mientras Billy estaba predicando, miró de frente a la cámara; quiero decir, fijamente, y juro que me estaba mirando a mí, ¡fue algo muy personal! Aunque ya le había dado mi vida a Jesucristo, oré junto a Billy esa noche, pidiendo perdón y volviendo a consagrar mi vida a Jesús.

Billy no tenía forma de saber en 1958, que cincuenta años después entraría en mi sala y me haría orar con él. ¿Cree que Dios sigue obrando mediante Billy Graham? ¡Yo *sé* que sí!

En 2004 llegué a ver y oír a Billy en el Rose Bowl, y atesoro la experiencia. Tengo un gran libro de fotos de Billy en mi estantería, con la portada hacia fuera para poder ver el rostro de Billy y acordarme de un hombre de Dios dedicado. Billy, muchas gracias.

AGRADECIDO CON "PAPÁ BILL"
Y LA FAMILIA GRAHAM

Tuve la bendición de crecer en un hogar cristiano, y desde muy pronto aprendí lo que significa caminar con el Señor. Cuando era una niña, fui con mis padres a un avivamiento de Billy Graham en la ciudad de Nueva York. Nunca olvidaré esa experiencia; es como si hubiera ocurrido ayer. Me ayudó a entender lo importante que es siempre estar cerca de Jesús. Dejó una huella para toda la vida en mí.

Tras graduarme de la universidad y casarme, mi esposo y yo nos mudamos a Florida. Fui aún más bendecida al encontrarme y hacerme amiga de Gigi Graham y su familia. Hasta este día, seguimos siendo amigas. Poco me imaginaba cuando era niña y estaba en el avivamiento de Billy Graham, ¡que un día mi camino se cruzaría con el de una las hijas de "papá Bill"! Cuando pienso en esto, como creyentes todos somos una sola familia. Algún día esta familia se unirá con nuestro Padre celestial... ¡amén!

MI TESTIMONIO

Estaba en mi último año de secundaria en 1970. Era uno de los pocos chicos de cabello largo en mi escuela. Con el divorcio de mis padres, la guerra de Vietnam, las drogas, etc., estaba buscando respuestas a la vida. Conocí a un compañero de clase un día. Era el primer día de una de mis clases, y ese tipo estaba sentado frente a mí con una Biblia en la mesa delante de él. Mi primer pensamiento fue: *¡Oh, no!*

Hablamos un poco, y le dije que si la religión era algo bueno para él yo no tenía problemas con eso. A lo largo del semestre nos fuimos conociendo más, y me invitó a la iglesia muchas veces. Finalmente, él ganó y fui a la iglesia con él unas cuantas veces. Me dio una pequeña Biblia de los Gedeones, y me la llevé a casa. Finalmente comencé a leer el Evangelio de Juan. Leía un poquito de esa Biblia casi todas las noches. Cuanto más la leía, ¡más pensaba que este Jesús tenía razón! Aún no había tomado la decisión de creer en Cristo.

Un día, mi amigo y algunos de los chicos de la iglesia me invitaron a una cruzada de Billy Graham en Oakland. Era ya 1971. Fuimos al Oakland Coliseum y estaba repleto. Billy Graham predicó ese día sobre cómo el hijo del rey David, Absalón, se enredó con su cabello largo. Después entró en el mensaje del evangelio. Al final del sermón, miles pasaron al frente a recibir a Cristo. Yo me quedé pasmado. No bajé con los demás, pero tomé la decisión en ese asiento del estadio de aceptar a Cristo y seguirle.

Después de la cruzada, comencé a asistir a la iglesia regularmente con mi amigo de la escuela. No pasó mucho tiempo hasta que ambos nos graduamos de secundaria, y por ese entonces nos habíamos hecho muy amigos. Él decidió ir al San Jose Bible College ese año, y yo le seguí. No estaba listo para la universidad, pero aprendí mucho de todas las actividades, ministerio en la calle y compañerismo de SJBC. Ese lugar tenía como la mitad de jóvenes del movimiento "Jesus People" y la otra mitad de chicos comunes de las iglesias que querían ser pastores. Yo sólo asistí un año y después me mudé a una casa "Jesus House". Ahí aprendí más acerca de la Palabra y mucho más acerca del ministerio de alcance. Teníamos reuniones de alcance en la casa, asistía a todas las reuniones de la iglesia y algunos ministrábamos en la prisión de menores local. Fue allí en la Jesus House donde me involucré más en la música.

Finalmente me di cuenta de que necesitaba aprender algún oficio, y me alisté en la Fuerza Aérea de E.U. La guerra de Vietnam aún estaba activa, pero me enviaron a la base de la Armada americana en Fort Campbell, Kentucky. Seguí asistiendo a la iglesia y participando en misiones. Incluso pasé un año o así como consejero residente en un hogar para niños cristianos. Después de cuatro años, salí de la Fuerza Aérea, regresé a casa, y finalmente me casé. Mi esposa no estaba sola, sino que tenía tres hijos. Entonces decidí regresar a la Fuerza Aérea para proveer para mi nueva familia. Viajamos de base en base e incluso hicimos un tour de trabajo en Italia. Todos esos años me involucré más en equipos de adoración y en bandas cristianas para evangelizar.

Finalmente, dejé el ejército y terminé mi carrera militar en la Guardia Nacional y en la Reserva. Entonces nos mudamos a nuestra actual localidad en Humboldt County, California. Sigo involucrado en la iglesia y participando en equipos de alabanza. A lo largo de estos últimos años he sido ministro en la prisión local, miembro de la Asociación de Motociclistas Cristianos y capellán en los moteros United Bikers of Northern California (un grupo secular). También estoy involucrado en ministerios de hombres, y soy miembro del campamento local de los Gedeones. A lo largo de mi vida he estado comprometido con hablar a otros de Jesús. He tenido muchas oportunidades de extender el evangelio y verlo como un resultado directo de Billy Graham y su ministerio.

MI PRIMERA CRUZADA DE BILLY GRAHAM

Cuando el Texas Stadium abrió en Irving, Texas, el primer evento fue una cruzada de Billy Graham. Tuve la suerte de ser criado en un gran entorno cristiano con mis padres y mis abuelos. Acepté a Cristo como mi Salvador y Señor el 18 de septiembre de 1968. Para no extenderme mucho, pensaba que sabía qué era eso de la salvación, al haberme criado en la iglesia y todo eso, pero cuando tuve la oportunidad de ir con mi familia a la cruzada, parecía como si Billy estuviera hablándome directamente. Muchas cosas se arreglaron en mi joven mente, y respondí al llamado al altar y volví a consagrar mi vida a Cristo.

Aún me siento bendecido hasta este día. Sigo aprendiendo y creciendo en la Palabra y he aprendido de muchos grandes maestros durante los años. Pero Billy Graham es el que sobresale por encima del resto. Él realmente fue quien me situó en el camino recto, y estoy verdaderamente agradecido por eso. Que Dios le bendiga y le guarde a él y a toda su familia.

EL PREDICADOR Y CANTANTE FAVORITO DE MI PADRE
Provengo de una pequeña comunidad de First Nation Cree en el norte de Saskatchewan. Mis padres eran tramperos y pescadores, y criaron a una familia de trece hijos. Fue un duro trabajo, pero mis recuerdos de niño de la vida en el campo son buenos.

De niño, me despertaba los domingos por la mañana escuchando las poderosas canciones de George Beverly Shea en la radio y la poderosa predicación de Billy Graham. No importaba si estábamos viviendo en la línea de trampas en nuestra cabaña de madera en el invierno, o en nuestro campamento de pesca de verano en una tienda, mi padre siempre escuchaba el programa de radio semanal. Su canción favorita (y la mía) era "Cuán grande es Él".

Mi padre, que falleció hace dos años, fue uno de los primeros cristianos en la comunidad, y no fue un camino fácil. Pero hoy somos bendecidos por su fidelidad a Dios y por el ministerio de Billy Graham. Mediante el ministerio de Billy, toda la comunidad fue tocada. Fue mediante programas como *La hora de la decisión* como mi propia fe despertó y el mensaje del evangelio fue hecho sencillo y fácil de entender. Dios bendiga al Sr. Graham y su familia.

UN FIEL SEGUIDOR SUYO

Sr. Graham, usted es verdaderamente un apóstol de nuestro Señor Jesucristo. Creí en Dios antes de conocerle, cuando era un niño, pero desde el momento que le vi en televisión, no dejé de ver un programa suyo. Cuando usted estaba en la televisión, sencillamente tenía que estar ahí, ¡ahí estaba mi héroe!

Mi fe se fortaleció al verle y escucharle, al leer sus libros y la Biblia, y al ir a la iglesia cada domingo, como usted decía. En un momento de mi vida, no estaba seguro de si era salvo. *Si muriese, ¿viviría con Jesús, iría al cielo?* Por lo tanto, le escribí y usted me envió un paquetito (que aún conservo). Después de leerlo y de seguir todo lo que me dijo que hiciera, entonces, y sólo entonces, sentí que era salvo.

Soy un fiel seguidor suyo, y un discípulo de nuestro Señor Jesucristo en gran parte gracias a usted, Sr. Graham. Por eso quiero darle las gracias por todo el maravilloso trabajo que hizo por Jesús, y por todas las almas que ayudó a salvar en todo el mundo. Sé que tendrá un lugar especial en el cielo.

DE LA MANTA A LAS BENDICIONES

Cuando tenía dos años, mi madre y mi padre me llevaron a una cruzada de Billy Graham en Augusta, Georgia. No recuerdo mucho, pues dormía en una manta en el piso delante de la primera fila, pero quizá lo que compartió el Dr. Graham plantó una semilla que brotó cuando tenía nueve años. Fue entonces cuando recibí a Cristo como mi Salvador. Durante mi infancia, escuchábamos religiosamente al Dr. Graham en la radio. Las semillas fueron plantadas, regadas, y estaban creciendo. Después de llamarme a mi ministerio vocacional, el Señor me concedió el privilegio de trabajar en comités para traer a Billy Graham a Tallahassee. Dios usó tanto al padre como al hijo para llevar a Cristo a cientos de personas. A Dios sea la gloria.

UNO DE LOS DÍAS MÁS FELICES DE MI VIDA

En 1963, cuando tenía diez años, asistí a una cruzada de Billy Graham en nuestro instituto local en Lancaster, Carolina del Sur. Acepté al Señor esa noche, pero como era una niña muy tímida, no pasé al frente durante la invitación. Mi corazón latía tan rápido que pensé que iba a morir, pero sabía que era el Señor que me hablaba.

Fui a casa y se lo conté a mis padres, y a la noche siguiente llamaron a nuestro pastor para que viniera a casa y hablara y orase conmigo. El siguiente domingo por la mañana, me puse delante de la iglesia junto a una de mis amigas que también fue salva en la cruzada. Ambas fuimos bautizadas esa noche. Eso fue el 10 de abril de 1963.

Aún recuerdo ese día como uno de los días más felices de mi vida; y aunque he tenido muchos altibajos en mi vida espiritual, he vuelto siempre al camino correcto e intento vivir cada día para el Señor lo mejor que puedo. Gracias, Rev. Graham, en nombre de todos aquellos que hemos sido guiados al Señor mediante uno de sus sermones.

UN GRAN EXPERIENCIA DE VIDA

Tuve el placer de ver a Billy Graham dos veces cuando estaba en la zona de Dallas. La última vez fue en el Texas Stadium, y recuerdo que el tráfico iba muy lento y yo estaba muy emocionado por ver al Rev. Graham en persona de nuevo. Le había visto en televisión, pero ver a la gente responder y bajar en la invitación en persona fue una gran experiencia de vida. Hubo un mover poderoso del Espíritu esa noche. Durante la época en que otros evangelistas estaban bajo sospecha, el Rev. Graham brilló resplandeciente, sin culpa o preguntas acerca de su integridad. Gracias por alcanzar a tantos con el mensaje de Dios y por ser la inspiración que siempre ha sido.

BILLY GRAHAM, EL ESPÍRITU SANTO Y YO

Mis padres comenzaron a llevarme a la iglesia cada domingo desde que tenía unos seis años. Cuando tenía nueve, una maestra de la escuela dominical bien intencionada me presionó para aceptar a Cristo. Yo dije que le acepté para que me dejara tranquilo. En mi joven mente, tenía miedo a decírselo a mis padres, porque sabía que no era verdad; sin embargo, me vi atrapado en una situación con mi maestra de escuela dominical. Así que viví una mentira cuando estaba con ella, esperando que mamá y papá no lo descubrieran y me confrontaran. Lo cierto es que creía que Jesús existía, creía que murió por nuestros pecados y creía que Él resucitó de la muerte. Creía todo lo que me habían enseñado de la Biblia. Sin embargo, no creía *en* Él, no me entregaba a Él, ni le confesaba como mi Salvador ni creía en Él con todo mi corazón.

Una noche, en una reunión de avivamiento en la iglesia, recibí convicción; tenía unos trece años. Comencé a llorar, y mi papá me llevó fuera para ver qué me sucedía. Le dije que tenía miedo de que si moría pudiera ir al infierno. Él me leyó algunos pasajes de la Biblia, y me preguntó si lo entendía. Me dijo que me llevaría a hablar con un ministro que era un buen amigo de nuestra familia. Pasó más de una semana hasta que nos reunimos con el ministro.

Fuimos a casa del ministro, la cual estaba llena de adultos y niños. Cuando él me habló y compartió algunos versículos conmigo, seguía sin entender todo acerca de la verdadera salvación, pero tenía miedo a preguntar delante de los demás adultos que había en la sala, que estaban todos mirándome fijamente. Pensé que ellos pensarían que era estúpido. Así que dije que lo entendía y que creía lo que él dijo, pero en ese momento quería irme de esa sala y estar lejos de los ojos de los adultos.

Durante los años siguientes huí del Señor, estando bajo convicción al menos otras tres veces. Mientras estaba en la universidad, dejé la iglesia y vivía como quería, sin pensar en las consecuencias. Después de la universidad, me casé con una mujer que era cristiana, y comencé a ir a la iglesia de vez en cuando con ella. Podía actuar como un cristiano, y podía hablar como un cristiano, pero verdaderamente no estaba caminando como un cristiano, ni quería realmente. Además, veía lo que consideraba que eran muchos hipócritas en la iglesia, y caí en la trampa de Satanás del orgullo egoísta.

Una noche, en casa, cansado y a solas después de trabajar todo el día techando una casa, encendí la televisión. Cuando se iluminó la pantalla, Billy Graham estaba comenzando a hablar. Comencé a cambiar de canal, pero siempre había respetado al Dr. Graham, así que me tumbé en el piso y escuché. Aunque estaba hablando en la televisión a miles de personas, era como si hubiera entrado en mi sala y estuviera hablando solamente conmigo. En ese momento, estábamos Billy, el Espíritu Santo y yo, juntos en la sala. Cada palabra del evangelio en el libro de Romanos que decía Billy me cortaba como un cuchillo, y esa noche, a los veinticinco años, confesé al Señor Jesús como mi Salvador.

Jesús ha caminado conmigo, y me levantó a pesar de las muchas veces que yo le he fallado. Me ha llevado a sitios por los que me daba miedo pasar. Me ha librado una y otra vez cuando yo no quería ir, cuando quería dejarlo todo.

Cuando tenía sesenta años, el Señor me llamó a ser un ministro. Tenía mucho miedo cuando Él comenzó a llamarme a esta iglesia, pero recordé algo que oí decir una vez a Billy, que se encuentra en Filipenses 4:13: "Todo lo puedo en Cristo que me fortalece". En uno de mis recientes sermones, usé una historia que encontré acerca de Billy Graham. Aparentemente, para su primer sermón él preparó cuatro sermones y los predicó los cuatro en diez minutos. Ciertamente me puedo identificar con eso. Estoy muy agradecido de que él no decidiera abandonar después de ese primer sermón. ¿Dónde estaría yo si Billy y el Espíritu Santo no hubieran estado en esa sala conmigo aquella noche? ¿Dónde estarían los cientos de miles de otras personas si el Señor no hubiera puesto a Billy y al Espíritu Santo en las salas de sus casas?

Alabo a Dios por Billy Graham y su maravillosa familia, que han permitido que el Señor les use como poderosos vasos para Él. Cuando todos lleguemos al cielo, espero ver y dar gracias al hermano Billy por permitir que su Padre celestial le usara para alcanzar a tantas almas perdidas, y por la noche que estuvo en mi sala.

MI SUEÑO SE HIZO REALIDAD

Cuando crecía en Dakota del Norte a comienzos de la década de 1950, recuerdo escuchar a Billy Graham en la radio, y después verle en la televisión. Nunca olvidaré lo grandes que eran sus cruzadas y cómo deseaba poder asistir a alguna. Mi sueño se hizo realidad en 1987, cuando él estuvo en Denver. Pasé al frente para volver a consagrar mi vida a Jesús, y me sentí muy honrado de haber estado en el mismo estadio con Billy Graham. En su vida, ha marcado una gran diferencia en la gente que necesitaba oír la Palabra de Dios de un hombre que verdaderamente ama a Dios y a su Hijo. Billy siempre se rige por la Biblia, y enseñó la verdad que esta revela. Doy gracias a Dios por poner al Sr. Graham en nuestras vidas, y oro para que continúe estando con nosotros hasta que Cristo regrese para llevar a casa a todos sus seguidores. Gracias, Billy Graham, por sus muchos años de evangelismo en el mundo.

LA EMOTIVA VOZ DE DIOS

Me criaron en la iglesia católica, y me preguntaba si había algo más respecto a conocer a Dios de lo que yo sabía como adolescente. Veía las cruzadas de Billy Graham en la televisión en la década de 1970. En ese tiempo, mi papá cuestionaba mucho que viera esas cosas, pero yo decía: "Si somos de la misma fe, ¿por qué preocuparse?". Lo veía porque podía sentir la emotiva voz de Dios a través de los versículos cuando Billy hablaba. Y siempre quería más de eso. En octubre de 1974, nací de nuevo. Gracias, Billy Graham, por plantar las semillas de fe en mi vida.

SENTÍ UNA SENSACIÓN DE PERTENENCIA

Muchas gracias por su fidelidad y obediencia a Dios. Le he visto predicar en la televisión y he leído libros que usted ha escrito, pero lo que siempre recordaré es cuando le vi predicar en persona. Tenía nueve años. Mi padre estaba destinado con el ejército de E.U. en Japón, y mi madre y yo fuimos en un autobús a Tokio para asistir a una cruzada. ¡Nunca había visto tantas personas en un sólo lugar! Había muchos más japoneses que americanos, pero sentí una sensación de pertenencia. No recuerdo todo el sermón, pero aún de niño sentí un pacífico espíritu de unidad. Me tocó el número de personas que respondieron al llamado al altar. Estoy muy agradecido de que mi madre me llevara con ella. Gracias, Billy.

UNA DOBLE BENDICIÓN

Fui consejera de niños en la cruzada de Billy Graham en San Antonio. Una de mis amigas íntimas, que no era creyente, decidió que quería asistir a la cruzada conmigo una noche. Decidí sentarme en las gradas con ella, en vez de bajar a ayudar después de la cruzada. Cuando mi amiga vio el mar de gente en ese lugar, dijo: "Lisa, creo que te necesitan, pero me gustaría ir contigo". Tuve la bendición de guiar a toda una familia a Cristo, y mi amiga me dijo después: "Cuando oraste con la familia, yo también oré y le pedí a Cristo que entrara en mi vida". ¡Recibí una doble bendición esa noche en la cruzada! Gracias, Billy.

GRACIAS POR SU MINISTERIO AL MUNDO

En la cruzada de Calgary, a principios de la década de 1980, yo fui miembro del coro. Recuerdo lo mucho que disfruté del coro y del liderazgo de Cliff Barrows en el coro. También recuerdo las noticias que recibió el Sr. Graham durante esa cruzada. La Sra. Graham fue hospitalizada por una fractura de cadera, si mi memoria me funciona correctamente. Él podía haber decidido que otro miembro del equipo siguiera con la cruzada mientras él regresaba a Charlotte, para estar con ella. Sin embargo, se quedó y terminó la cruzada. Recuerdo lo impactado que estaba yo por la dedicación de este hombre de Dios. He crecido con el equipo Graham, *La hora de la decisión*, y George Beverly Shea, y he disfrutado las películas que ha hecho World Wide Pictures. Doy gracias a Dios por este gigante espiritual. Su mensaje ha sido coherente, y hasta donde yo sé nunca se ha desviado del evangelio. Recordemos la contribución de este hombre a la causa de Cristo. Él cree que Dios le está manteniendo aquí con una razón. Creo que es cierto, y confío en que su legado

espiritual continúe hasta que el Señor regrese a buscar a su novia, la iglesia. Gracias, Billy Graham, por todo lo que ha hecho
para ayudar a muchos de nosotros a crecer en nuestra fe, y por
su ejemplo. Doy gracias a Dios por las coronas que recibirá de
Aquel a quien ha servido tan fielmente.

USTED SIEMPRE HA SIDO UNA INSPIRACIÓN PARA MÍ

Acepté a Cristo en mi corazón a la joven edad de diez años.
Aún recuerdo y siento la emoción del momento. Durante los
años, he visto y oído sus sermones, he visto a multitudes responder a las invitaciones, y he conocido la emoción que todos
ellos sienten en ese momento. Muchas gracias por todo lo que
nos ha dado durante los años, por ser un siervo de Dios tan fiel.
Que Él le bendiga junto a toda su familia.

MI VIAJE DE FE

El Sr. Graham ha sido uno de los mayores instrumentos en mi
viaje de fe. Recuerdo oír a Billy Graham en televisión cuando era
joven, y realmente tocó las cuerdas de mi corazón. Sus palabras
me hicieron querer seguir a Jesús como el Señor de mi vida. Sé
que si no le hubiera oído y creído, quizá habría tomado un rumbo muy diferente. Gracias, Sr. Graham, por su fe y por el valor
de hablar públicamente de nuestro Salvador para que las personas pudieran llegar a creer. Como se dice, la fe viene por el oír.

UN HOMBRE CONFORME AL CORAZÓN DE DIOS

Querido Rev. Billy Graham, sólo quiero darle gracias por su
ministerio. Cuando estaba en la secundaria a comienzos de la
década de 1980, mi amor del instituto y yo fuimos a una cruzada que usted estaba realizando en Fort Lauderdale. Durante
esa cruzada, ambos pasamos al frente y recibimos a Jesús como

nuestro Salvador. Hoy, llevo felizmente casada veintisiete años con ese hombre. Nos va bien y seguimos agradecidos por usted. Gracias por permitir que Jesús le use para ayudar a las ovejas perdidas de este mundo. Su ministerio cambió mi vida. Que Dios siga bendiciéndole y guardándole con buena salud. Usted es un hombre conforme al corazón de Dios, ¡y eso hace que mi corazón salte de gozo!

"NO SE OLVIDE DE IR A LA IGLESIA"

Tras la muerte de mi madre, dejé de ir a la iglesia durante diez años. Durante esos años, siempre veía sus retransmisiones cuando las ponían, y al final usted siempre decía que no nos olvidásemos de ir la iglesia el domingo. Esas sencillas palabras fueron usadas por el Espíritu Santo para convencerme, y Él actuó en mi vida y me convertí en una creyente nacida de nuevo, junto a mi esposo y dos hijas. Gracias por esas palabras al final: *"No se olvide de ir a la iglesia este domingo".* Gracias a que las escuché, cambiaron mi vida.

LEGADO

Siempre me ha encantado escucharle predicar desde que era pequeño. Gracias por su fidelidad a Dios. Es claramente evidente en su familia, de quien he sido doblemente bendecido al leer y aprender de sus maravillosos hijos. Gracias, Dr. Graham, simplemente por amar a Jesús y nunca tener miedo a decírselo al mundo. Espero con entusiasmo encontrarme con usted algún día.

EL MEJOR REGALO DE NAVIDAD

Doy gracias a Dios cada día por alguien como Billy Graham que defiende la verdad, y también por su familia. Admiro la manera en que Billy Graham ha conducido su vida al predicar el evangelio. Mi hijo mayor tenía sólo dieciséis años cuando fuimos toda la familia a una cruzada en Atlanta. Al final del sermón, cuando el Sr. Graham hizo un llamado al altar, mi hijo menor me dio un codazo y me preguntó qué le pasaba a su hermano. Me di la vuelta e inmediatamente supe que el Espíritu Santo estaba hablando a mi hijo mayor. Él estaba llorando, y mi esposo y yo hablamos con él acerca de dar su vida a Jesús y seguirle. El domingo siguiente era Navidad, y se bautizó en nuestra iglesia. Fue el mejor regalo de Navidad que cualquier madre pudiera pedir. Mis otros dos hijos siguieron el ejemplo de su hermano mayor y ellos también, en los meses siguientes, entregaron sus vidas a Jesús. Estoy muy agradecida por ese día de diciembre en el que la cruzada de Billy Graham llegó a Atlanta. Muchas gracias, Sr. Graham, y a todas las personas que trabajaron con usted. Su vida y las vidas de sus familiares han sido una verdadera bendición.

BILLY GRAHAM DETUVO EL CAOS

Desde que era una niña pequeña, mi padre tuvo un temperamento iracundo. Abusaba de mi madre físicamente y mentalmente. Mis dos hermanas y yo nos despertábamos al escucharle insultar a mi madre, la iglesia, el país y todo en lo que uno pueda pensar. Cuando tenía ocho o nueve años, recuerdo que el único momento en que mi papá dejaba de hacerlo era cuando escuchaba las muchas cruzadas de Billy Graham en la televisión. Nadie podía hablar cuando él estaba escuchando el mensaje de la cruzada. Creo que a mi padre le gustaba la sinceridad, honestidad y la forma tan sencilla de Billy Graham de hablar de Dios. Decía: "Me gusta ese hombre".

Mi padre parecía derretirse y ablandarse cuando Billy hablaba, especialmente de Jesús. Ningún hombre era mejor que otro a ojos de Dios, estaba de acuerdo mi padre. Gracias, Billy, por traer la paz y quietud a nuestro pequeño hogar y hablarle a mi papá del amor de Dios. Mamá nos llevaba a la iglesia todos los domingos, pero mi papá nunca cruzaba las puertas. Ella oraba y oraba para que el corazón de mi papá cambiara, y se aferraba a las promesas de Dios. Ella decía que Dios amaba a mi papá, pero que no le gustaban las cosas que decía y hacía. Ella no nos dejaba que odiáramos a nuestro padre. Aunque ella absorbía la violencia de nuestro hogar, él nunca nos tocó.

Mi papá fue salvo cuando tenía ochenta años, debido a las semillas que usted plantó. Por su obediencia, un día volveré a ver a mi papá.

—*Carolyn*

UNA NOCHE, NO PODÍA DORMIR

Entre los millones que han acudido al Señor como resultado de una cruzada de Billy Graham, yo soy sólo una, pero el impacto que el Rev. Graham ha tenido sobre mi vida es inmensurable. Yo era lo que llamaría una creyente casual: crecí en una escuela parroquial y participé de todas las costumbres normales de la denominación en los tiempos señalados, pero no significaba mucho para mí. Mirando atrás, lo hacía porque todos los hacían para poder convertirme en un miembro de iglesia "oficial".

Honestamente no recuerdo realmente ser tocada por el mensaje del evangelio hasta que tenía veintidós años. Estaba recién casada y acababa de tener un aborto. Mi padre, un exalcohólico que desarrolló cáncer de pulmón en fase 4 a los cuarenta y seis años, había muerto unos diez meses atrás. Yo estaba enferma, y tenía miedo.

Una noche, alrededor de las 3 de la mañana, no podía dormir, así que comencé a cambiar los canales de la televisión. Cuando llegué a una retransmisión en diferido de una cruzada de Billy Graham, quise cambiar de canal, pero no pude. Siempre había creído en Dios y le amaba, pero realmente nunca había conocido la salvación a través del sacrificio de sangre de Jesucristo... no hasta que lo oí del Rev. Graham. Estaba impresionada... había oído las historias de Jesús en la iglesia, pero realmente no me había "calado" hasta esa noche. Era una pecadora... Dios odia el pecado... Dios me ama mucho. Él permitió que su único Hijo fuera torturado por mi pecado, por mí, para ser el sacrificio perfecto. El arrepentimiento y la salvación de una eternidad en el infierno están disponibles para todos aquellos que creen y reciben. Esas fueron las verdades que aprendí aquella noche, y me he aferrado a ellas durante los últimos cinco años. Nunca he mirado atrás con lamento por tomar mi decisión por Cristo.

¿Otras formas en las que Billy Graham ha impactado mi vida? La abuela de mi esposo era de la cienciología cristiana hasta que fue a una cruzada cuando era una joven esposa y madre. Por las pocas horas que pasó oyendo a Billy Graham, y como resultado de la gracia de Dios al escuchar sus oraciones justas, su esposo, sus hijos, sus esposas y sus hijos, todos han pedido a Jesús que entre en su corazón. Sé que el testimonio de la abuela a mi suegra le inspiró a orar por mí antes de que naciera, y que esas oraciones me han guardado sana y salva en algunas situaciones increíblemente inseguras.

Gracias, Rev. Graham, por su obediencia al llamado de Dios. Gracias por su valentía. Gracias por su presentación bíblica honesta de las Buenas Nuevas. ¡Le amamos!

Oración respondida

Versión de Bonnie de la historia: Encontré la salvación el 20 de abril de 1962, pero en 1968 andaba por mi propio camino. Cuando vi por primera vez a mi futuro esposo, el Señor me dijo: "Ese es el hombre con el que te vas a casar". Finalmente nos casamos, y al año de nuestro matrimonio di a luz a nuestra primera hija. Ella tenía un problema de corazón, y los doctores le dijeron a mi esposo que se preparase para lo peor. Oramos toda la noche y le dije a Dios que volvería a la iglesia. A la mañana siguiente, llegué al hospital y una enfermera estaba cantando y dijo: "Su bebé ya está bien del todo. Algo funcionó anoche, y podrán llevársela a casa en un par de días". Sabía que Dios había respondido a mis oraciones, pero aun así no regresé a la iglesia.

En 1970 estaba viendo la televisión, y había una cruzada de Billy Graham. Mientras la veía, Billy dijo: "Regresa a Jesús", y entonces me miró directamente a mí y dijo: "Vaya a la iglesia este domingo".

Mientras me preparaba para irme a la cama, oré para que Mike se quedara en casa en vez de ir a jugar al baloncesto con sus amigos. Cuando regresó a casa cojeando, debido a un esguince de tobillo, le di gracias a Dios nuevamente por responder a mi oración. Entonces comencé a orar para que Mike viera a Billy Graham la noche siguiente. Le encanta cambiar de canales, y cada vez que llegaba a Billy Graham, yo oraba: "Déjalo ahí, escucha", y así lo hizo. Se acercó a mí después, y dijo: "Mañana vamos a la iglesia". De nuevo, le di gracias a Dios por una oración contestada.

Fuimos a la iglesia donde nos casamos, y ese día Dios habló a Mike, y el pastor le veía luchar en su asiento. Después, el pastor preguntó si regresaría por la tarde. Accedimos a visitarles y de nuevo comencé a orar por la salvación de Mike. Esa tarde, él oró con el pastor y encontró la salvación. Gracias, Dios, por Billy Graham, por salvar a mi esposo y por la oración respondida. Dios le ha usado, Billy Graham, con su mensaje sencillo y sus ojos penetrantes, (yo sentí que Dios me miraba a mí directamente, y volví a consagrarle mi vida.) Gracias por su servicio a nuestro Señor, y gracias a su familia por compartirle con todos nosotros.

Versión de Mike de la historia: He estado familiarizado con Billy Graham desde que tenía once años. Recuerdo la cruzada en Los Ángeles Coliseum de 1959. Yo quería que mis padres me llevaran desesperadamente. Pero éramos pobres y no teníamos automóvil propio. Regresé a casa de Vietnam, donde había trabajado como Marine de E.U., y había sido herido tres veces en batalla.

Cuando fui a Vietnam, llevé conmigo algo de literatura de Billy Graham. Lo leía constantemente. Le pedí a Jesús que me salvara en Vietnam, pero no sé si lo hizo. Mi lenguaje era el típico de un Marine estadounidense. Asistía de vez en cuando a las reuniones, pero no sacaba nada de ellas. Recuerdo escribir en mi diario que salí de los servicios de Navidad en 1967 sintiéndome vacío. El evangelio no lo predicaba el capellán, y el servicio se trataba más de cómo Dios estaba con nosotros matando a los impíos comunistas que acerca de Jesucristo.

Tenía un amigo que era cristiano, y me hablaba de Jesús, y después pedí a Jesús que entrara en mi corazón y me salvara. Pero como mi trabajo me requería matar a muchos seres humanos, tanto enemigos como no combatientes, sentía que Dios nunca podría salvar a alguien como yo.

Regresé a casa en febrero de 1968 y me casé con mi novia, Bonnie. Hemos cumplido cuarenta años de casados este pasado septiembre.

Un día de agosto de 1969, me había vestido para irme a jugar al baloncesto con mis amigos. Sin embargo, observé que iba a estar la cruzada de Billy Graham, y mi esposa me rogó que me quedara en casa a verlo. Mi esposa había sido salva cuando tenía doce años. Sea como fuere, para no hacer larga la historia, no fui al partido y escuché con atención la Palabra de Dios predicada por Billy Graham. Después, durante la invitación, le entregué mi corazón a Jesucristo como mi Señor y Salvador. Al día siguiente, 17 de agosto de 1969, fui a la iglesia con mi esposa. Cuando el predicador hizo la invitación, yo luchaba con el diablo por si salía al frente o no. Quería ser salvo, pero tenía miedo de toda la gente que me estaría mirando.

Cuando nos íbamos de la iglesia, el pastor debió de haber visto la lucha que había en mi corazón. Al irme de la iglesia, él preguntó si podían venir él y su esposa a nuestra casa y hablar con nosotros. Yo dije: "Me encantaría, pastor. Él dijo que estaría ahí a la 1:00 de la tarde, y fue puntual. Hablamos un rato no muy largo, y luego me predicó acerca de Jesucristo. Después, me preguntó si me gustaría invitar a Jesús a entrar en mi corazón y ser mi Señor y Salvador. Yo dije: "Sí, pastor, claro". Nos arrodillamos junto a nuestra mesa del té y recibí a Jesús como mi Señor y Salvador. Todo por el evangelio que había oído predicar a Billy Graham, el príncipe de los predicadores.

Seguí sirviendo activamente en nuestra iglesia en California durante veintiún años antes de entregar nuestra iglesia a un ministerio hispano. Mi esposa y yo fuimos entonces a una iglesia en Long Beach. Durante los treinta y siete años que he sido salvo, serví en muchas posiciones en la iglesia. Fui asistente laico del pastor, diácono, conductor de autobús de la escuela dominical y maestro de la escuela dominical, enseñando desde primer grado hasta jóvenes adultos, y también a hombres adultos. ¿Quién hubiera pensado que el mensaje de un hombre podría traer tal justicia de la injusticia?

Esa noche de agosto, el Dr. Graham predicó de Juan 3:16. Cuando terminó de predicar e invitó a los que querían recibir a Jesucristo como su Señor y Salvador, yo estaba de rodillas en la misma mesa de té, llorando y pidiendo a Jesús que me salvara. Fui bautizado el 24 de agosto de 1969. Las palabras no pueden explicar lo que el Dr. Graham ha supuesto para mí. Como Cristiano en *El progreso del peregrino*, yo sentí la carga del pecado y la culpa caerse de mí, y fui hecho "un hombre nuevo por la gracia de mi Señor Jesucristo". Billy, que Dios le bendiga, gracias por estar ahí. Aunque no estaba personalmente en la cruzada esa noche de agosto, sentí al Espíritu Santo llamándome a la salvación y respondí. Usted siempre tendrá un lugar muy especial en mi corazón y en mi vida.

LLAMADA DE SALVACIÓN

En 1993, cuando el Sr. Graham vino a Pittsburgh, decidí ser voluntaria y realizar el curso de entrenamiento para ayudar a los que habían dedicado sus vidas a Jesús. Cuando regresé a mi asiento ese día, observé que mi hija de doce años había bajado y aceptado a Jesús como su Salvador. Fue el momento más gratificante de mi vida, porque había hablado con ella de la importancia de tener a Dios en su vida, pero no me di cuenta de que en verdad estaba escuchando. Gracias, Sr. Graham, porque el Señor le situó ahí para que se produjera esta salvación. Que nuestro Padre celestial le bendiga abundantemente.

—*Mabel*

JACKSON, MISSISSIPPI 1952

En Jackson, Mississippi, en 1952, cuando tenía doce años, vi a mi padre unirse a otros y a Billy para retirar las cuerdas que separaban a blancos y negros. Después, en el 2000, en Ámsterdam, mientras trabajaba como azafata para los diez mil evangelistas itinerantes, vi cómo el poder de Dios usó a Billy para influenciar a los siervos de Dios. Gracias, Billy Graham, por defender lo que Dios quería que usted tomara.

UNA DEMOSTRACIÓN DE LA GRACIA Y EL PODER DE DIOS

En 1954, un domingo de Pascua en Winston-Salem, mi papá aceptó a Jesús en su corazón mientras escuchaba a Billy en la radio en *La hora de la decisión.* Tras su conversión, quería que sus tres hijos conocieran al Señor, y poco después todos aceptamos a Cristo. Es una demostración de la gracia y el poder de Dios ver cómo Dios ha obrado en toda nuestra familia al completo a través de los años. El Señor le usó a usted para cambiar el curso de toda nuestra vida. Gracias, Billy, por su fidelidad en su predicación del evangelio por todo el mundo. El mensaje es el mismo, y nuestra oración es que la Asociación siga predicando el mismo evangelio cuando Jesús regrese de nuevo.

LA SORPRENDENTE TRANSFORMACIÓN DEL TÍO HERB

En 1965, la noche de un domingo de un frío invierno, mi tío Herb estaba viendo una de sus cruzadas en televisión. Su esposa se había ido a la iglesia y él estaba solo en casa. Aunque Herb no quería saber nada de las cosas de Dios, mientras escuchaba su mensaje el Espíritu de Dios le dio convicción de sus pecados. Cuando su esposa regresó a casa de la iglesia, pudo ver que algo le incomodaba. Le preguntó qué era lo que le pasaba, y él le habló de su mensaje y cómo Dios había tratado con él. Ella le preguntó si quería entregar su corazón al Señor, y él dijo que sí con impaciencia. A partir de ese momento, la vida de Herb cambió. Todo el que le conocía se sorprendió del cambio. Sólo con mirarle, uno sabía que algo le había sucedido. A todos los sitios donde iba, hablaba a la gente de Jesús. Unos dieciocho meses después, Herb, su esposa y un niño adoptado murieron en un accidente de tráfico. Su vida y su muerte cambiaron las vidas de muchas personas. Billy, gracias por su fidelidad al predicar la sencilla pero poderosa Palabra de Dios. Herb y muchos otros están el en cielo hoy por usted y por su maravilloso mensaje.

—Ron

PODRÍA ESCRIBIR VOLÚMENES ACERCA DE CÓMO EL SEÑOR HA OBRADO EN MI VIDA

Querido Billy Graham, nací en 1946, pero mi vida realmente no comenzó hasta la primavera de 1971 en Pittsburgh. En ese tiempo, yo era una joven mamá de dos hijos, muy infeliz, y sintiéndome como si la vida no tuviera sentido alguno. No podía entender por qué teníamos que morir. Tenía miedo a muchas cosas, pero mi mayor miedo era a morir. En ese tiempo, creía que cuando morimos se acaba todo, que no hay vida eterna. Ni siquiera había oído acerca de ello. Es decir, hasta que oí el mensaje de Billy Graham en mi televisión. Estaba enferma esa tarde, demasiado enferma con fiebre como para levantarme y apagar la televisión. (En esos días no había controles remotos.) Así que me vi obligada a escuchar su mensaje. Algo ocurrió dentro de mí cuando él habló de la vida eterna y de Jesús. Había oído antes de Jesús, pero nunca había oído que se podía tener una relación personal con Él o con Dios. Salté de la silla, corrí a la cocina para buscar algún papel, e inmediatamente escribí a Billy Graham diciéndole que había aceptado a Jesús en mi corazón. Al día siguiente le envié la carta.

Podría escribir volúmenes acerca de cómo el Señor ha obrado en mi vida y en las vidas de otros gracias a ese evento. Hoy, soy abuela de seis nietos, de los cuales cuatro están asistiendo a escuelas cristianas, y todos aman a Jesús. Mi hija ha guiado a muchos a Cristo. Yo he estado involucrada en la obra ministerial durante años, mentoreando a otros, dirigiendo un estudio bíblico, diseñando pulseras evangelísticas que hablan del amor de Dios, ayudando con los niños menos afortunados, todo en el nombre de Jesús. Vivo mi vida para Él.

La vida no ha sido perfecta, pero Jesús marca la diferencia en cada tormenta de la vida en la que nos pone. Estoy muy agradecida de que Jesús marque la diferencia en mi vida. Él ha sanado mi cuerpo varias veces, ha sanado el pie torcido de mi hijo cuando tenía ocho años. (Ahora tiene treinta y siete.) He visto la mano de Dios obrando durante estos treinta y seis años. Estoy muy agradecida de que Billy Graham hiciera el sacrificio en su vida personal para que otros pudieran tener una vida mejor en Cristo.

CUANDO ÉRAMOS PEQUEÑOS

Cuando éramos pequeños, mi mamá solía hacer que mi hermana y yo nos diéramos un baño los sábados por la noche para estar limpias y arregladas para la iglesia a la mañana siguiente. Recuerdo que si el Sr. Graham estaba en la televisión (esto era en 1970 y era una televisión *enorme*), mi mamá nos envolvía en toallas y nos ponía delante del televisor. Quizá no tuviéramos más de cuatro y seis años. Aún recuerdo ver al Sr. Graham en la televisión y pensar qué persona tan maravillosa debía de ser. No hubo ni una sola vez en nuestra infancia que si el Sr. Graham estaba en televisión, no lo sintonizásemos.

INSTRUIDO DE NIÑO

Mi abuela me crió, y para ser honesto, no era la mejor de las situaciones. Yo no tenía la típica abuela en la cocina horneando tartas. Era una persona con la que resultaba difícil convivir. Pero cuando Billy Graham hablaba a una audiencia que me impresionaba de pequeño, y mientras le veía en la televisión en blanco y negro hacer lo que ahora se llama un llamado al altar, y toda la gente bajaba desde todas las gradas del estadio de fútbol con lágrimas en sus ojos y sus manos elevadas al cielo para aceptar a Jesús como el Señor de sus vidas, supe que tenía que haber algo en ese Jesús que hacía que tanta gente quisiera tener una relación con Él. Me aferré a esos recuerdos durante mi abusiva infancia, y a los trece años acepté a Jesús como el Señor de mi vida. No lo he lamentado desde entonces. Gracias a Dios por levantar a Billy Graham para un tiempo como este. Aún tiene un lugar muy tierno en mi corazón hasta la fecha, cuando veo sus programas en TBN. Gracias.

LE VEÍA EN LA TELEVISIÓN CUANDO ERA UNA NIÑA

Solía sentarme con mis padres mientras ellos le veían en televisión cuando yo era una niña. Cuando crecí, fui por mi propio camino. Poco a poco, los giros de la vida cada vez fueron más difíciles. Entonces, una noche en mi sala retransmitieron su programa en televisión. Fue como si usted me estuviera hablando a mí personalmente. Me animó a aceptar al Señor como mi Salvador, y así lo hice. Han pasado más de treinta años. Gracias, Billy, por su fidelidad al llamado de Dios.

Ahora puedo llamar al cielo mi hogar y orar por mi familia como usted oró por mí.

¡Sin duda que los niños son listos!

Mi padre, madre, hermano y yo estábamos viendo la cruzada de Billy Graham de 1982 en la televisión. Al final del programa, una madre y su hija joven estaban pasando al frente. Le pregunté a mi madre qué estaba haciendo la niña. Ella me dijo que la niña iba a pedirle a Jesús que entrase en su corazón y que iba a comenzar a vivir para Él. Pensé por un momento, y le dije a mi madre: "Yo no tengo a Jesús en mi corazón, ¿verdad?". Ella me dijo que no, y me preguntó si quería tenerlo. Le dije que sí, y oramos juntas. Yo tenía sólo tres años. Estoy muy agradecida de que Dios me haya dado una madre tan buena y amorosa. Ella siempre ha estado a mi lado. Recientemente he llegado a entender la importancia de la presencia de Dios en mi vida, y sé que no hubiera sido capaz de superar estos tiempos difíciles sin Él. ¡Gracias, Billy!

Billy Graham salvó mi vida... bueno, Jesús lo hizo, pero a través de Billy Graham

Cuando tenía trece años, fui a una cruzada de Billy Graham y acepté a Cristo. Ahora tengo veinticinco y me doy cuenta de que aceptar a Cristo fue la decisión más importante y la única eterna que tomaré jamás. Estoy muy agradecido por Billy Graham y su predicación de la verdad a tantas personas, ¡Amo a Jesús! Bendiciones.

Esa noche, lo entendí

Era mayo de 1980, en Indianápolis. Recuerdo la expectación, esperando asistir a mi primera cruzada de Billy Graham.

Mamá siempre le había visto en televisión cuando yo era pequeño, y también yo había aprendido a hacer lo mismo. Era la primera noche de la cruzada, y a duras penas podía esperar a que usted hiciera la invitación. No creo que realmente entendiera el concepto de pasar al frente, pero sé que en cuanto usted hizo la invitación, comencé a avanzar hacia el frente. Mientras lo hacía, recuerdo pensar que era como si estuviera caminando hacia el cielo. Todo cambió esa noche. Había crecido siendo luterano, sabía que Jesús murió en la cruz por mis pecados, y sabía que esa era la forma de llegar al cielo. Pero esa noche, entendí que Dios quería de mí algo más que un servicio de labios para afuera. Él quería mi corazón, y lo consiguió. Le amo. Su Espíritu me llena, y no soy capaz de imaginarme qué vida llevaría sin Él. Gracias, Billy, por su obediencia al llamado.

EL CORTACÉSPED GIGANTE

Una de las historias de mi infancia es acerca del cortacésped gigante. Teníamos un cortacésped gigante y un terreno pequeño. Los vecinos no lo entendían. La razón era que, cuando llegaron los avivamientos en carpas a la ciudad, a mi papá le encantaba tomar su podadora gigante e ir a ayudar a segar los campos y prepararlos para montar las carpas y las sillas. Tenemos una foto muy querida, que mi hermano tomó con su pequeña cámara Brownie, de un joven Billy Graham de pie cerca de nuestra iglesia. Recuerdo asistir a una reunión de oración de dos semanas en una casita de campo cuando era un niño. Recuerdo a los adultos de rodillas en el salón orando para que las almas vinieran a la carpa y aceptaran a Jesús. No recuerdo utilizar un nombre algo más formal para referirnos a Billy, porque siempre le llamábamos Billy en nuestra casa. Su mensaje sencillo cambió nuestras vidas. Le vi en una cruzada en Chicago en la década de 1960. Sanó mi corazón de muchas formas. Gracias, Billy.

EL PRIMER PREDICADOR VERDADERO
QUE CONOCÍ JAMÁS

Querido Billy Graham, usted fue el primer predicador verdadero que jamás vi en la televisión. Digo esto porque yo le escuchaba y veía en la televisión cuando era una niña. Usted era real en todos los sentidos. Estaba impaciente por verle en la televisión. Sus sermones eran reales, y hablaba de un Dios real al que llegué a conocer mientras veía sus retransmisiones. Usted tocó mi vida, y llegué a conocer quién es realmente Dios mediante su ministerio. Debía de tener al menos siete años, pero de no haber sido por el Espíritu de Dios hablándome a través de usted hace muuuuucho tiempo, nunca hubiera tenido el fundamento que usted asentó en mi corazón. Ahora tengo cincuenta y cuatro años y sigo siendo salva. No puede decirle gracias lo suficiente. Le amo. Usted es muy real.

¡GRACIAS, BILLY!

Asistí a sus cruzadas en 1989 en el antiguo estadio Wembley en Londres, y un poco antes de eso, la transmisión simultánea en mi ciudad natal.

Su predicación llevó a un pequeño asustado de once años a Cristo, y por eso le estaré siempre agradecido. Veinte años después, siento mucho cariño por usted, y estoy muy agradecido de que mi papá me llevara a oírle predicar. Sólo siento que, cuando tenga hijos, no podré llevarles a oírle también.

MI CARTA A BILLY GRAHAM

Mi mamá me contó esta historia un día. Cuando yo era una niña, lo suficientemente grande como para escribir, hice algo poco común, al menos a ojos de mi mamá. Era casi la época de Navidad. Todos los demás niños del condado estaban escribiéndole cartas a Santa Claus, dándole su lista de peticiones. Pero yo no. Escribí una carta a Billy Graham. No recuerdo escribir esa carta, pero recuerdo anhelar conocer a Dios desde una edad muy temprana. Gracias, Billy Graham, por ser un representante de Jesús. De algún modo, de niña, entendí lo que usted defendía. Entendí que podía llevarme a tener una relación con Dios. Gracias por una vida bien vivida. Estoy segura de que ha puesto muchas sonrisas en el rostro de su Padre celestial.

NUNCA DEMASIADO JOVEN...

En 1986 o 1987 la cruzada de Billy Graham llegó a Denver. Mi esposo y nuestro hijo de tres años, Jon, vinieron conmigo a la cruzada. Disfrutamos y apreciamos mucho la música, los testimonios y el mensaje que se dieron ese día. Al fina del día, el Rev. Graham dio la oportunidad de aceptar a Jesús como Salvador en nuestros corazones. Mi esposo y yo ya éramos creyentes, así que nos preparamos para irnos. De repente, Jon dijo que él quería pasar al frente. Dijo que él también quería recibir a Jesús. Así que mi esposo le llevó al frente, y Jon recibió a Jesús ese día, a los tres años. El Señor ha hecho milagros en su vida que le han mantenido en el camino recto. Gracias, Rev. Graham por venir a Denver ese día.

YO ERA AMIGO DEL ENEMIGO

Yo era un joven enojado, adorador de Satanás, e intentando reunir demonios; cualquier cosa que me produjera satisfacción o me hiciera feliz. A la edad de catorce años, decidí ver a Billy Graham. Oí de Jesús, y Dios instantáneamente tocó mi corazón, e hice la oración de salvación ¡y fui salvo! Ahora soy salvo por la sangre de Jesús y soy cristiano. Gracias, Rev. Billy Graham, por ser obediente al llamado que Dios tenía sobre su vida. Dios le ha usado para extender el evangelio entre cientos de millones por todo el mundo. Así que de nuevo, gracias.

—Mateo

UNA GRAN INSPIRACIÓN

En Nigeria, en 1984, cuando tenía doce años oí acerca de nacer de nuevo. Entonces recibí varios libros de Billy Graham, y después de leerlos, decidí dar mi vida a Cristo. Billy y Ruth Bell Graham son una gran inspiración para mí, y siempre estaré agradecido por esos libros que tuve el privilegio de leer en mi infancia. Dios bendiga a ambos. Sus coronas les esperan en el cielo.

UN VESTIDO BLANCO DE TERCIOPELO
CON UN LAZO DE SATÍN ROJO

Soy una de siete hijos. Nos criamos católicos, pero mi madre nos llevó a todos al estadio local de Arlington, Texas, en la década de 1960 para oír al Dr. Graham. Recuerdo con todo detalle llevar un vestido de terciopelo blanco con un lazo de satín rojo al estadio y pasar al frente con mi madre, hermanos y hermanas para aceptar a Cristo en nuestra vida.

El Dr. Graham fue fundamental en ese entonces y lo sigue siendo hoy. Mi esposo y yo seguimos las enseñanzas de sus hijos, y nuestra fe se ha visto fortalecida por el fundamento puesto hace casi cincuenta años por mi madre, que ahora es una joven de setenta y seis años. Que Dios bendiga a Billy Graham, su familia y el ministerio. Yo no sería la cristiana que soy hoy de no haber sido por el fundamento que recibí siendo una niña, el cual ayudó a impulsarme hacia mi destino, siendo temerosa de Dios, y una mujer que ama y promueve el amor del Padre en todo lo que digo y hago, incluso cuando no lo hago como debiera. Gracias por la oportunidad de compartir. Ser un cristiano tan fuerte ha impactado a muchas otras vidas.

PAPÁ ME DIJO QUE ME SENTARA Y VIERA A BILLY GRAHAM

Recuerdo a mi papá, un ateo alcohólico, diciéndome que me sentara y viera a Billy Graham en la televisión una noche. Me dijo que yo necesitaba hacer algunos cambios. Le di mi corazón al Señor esa tarde sentado en mi salón. Aunque mi padre nunca creyó, gracias, Papá; pero sobre todo, gracias, Billy Graham.

HOY NO ESTARÍA AQUÍ

Hay mucho que podría decir acerca del reverendo Billy Graham. Crecí viendo las cruzadas de televisión de Billy Graham, usando la primera Biblia que mis padres me compraron para la Semana Santa de 1965. Solía escribir cada versículo y cada palabra que decía el reverendo Graham que me inspiraba cuando era niña. Aún tengo esa Biblia, y a menudo la ojeo por delante y por detrás buscando los versículos y las palabras que escribí en ella. reverendo Billy, quiero darle muchas gracias por todos los años de ministerio y servicio a nuestro Señor y Salvador Jesucristo. Si no hubiera sido por su dedicación a nuestro Señor, no sería la mujer de Dios que soy hoy. Me crié en un hogar muy estricto, y mi madre me hacía ir a la iglesia todo el tiempo. Disfrutaba al ir a la iglesia hasta que mi mamá partió con el Señor en 1978. Fue entonces cuando le di la espalda a Dios enojada por haberme quitado a mi mejor amiga: mi mamá. Pero sucedió de nuevo que el Señor, la Biblia que mis padres me compraron con todos los versículos y las palabras de inspiración del reverendo Billy, y muchas otras palabras de oración de familiares y amigos, finalmente me llevaron de nuevo hacia Dios. Me arrepentí y volví a consagrar mi vida al Señor, y comencé mi camino hacia el servicio del Señor. Si no hubiera sido porque las cruzadas de Billy Graham me pusieron en el camino recto, en verdad creo que no estaría aquí hoy, sirviendo al Señor Jesús con todo mi ser. Dios le bendiga, reverendo Billy.

DARLE TODO A ÉL

Era el verano de 1963. Yo tenía trece años y estaba solo en casa una noche. Encendí la televisión, y había una cruzada en vivo. Sólo teníamos un canal en San Angelo entonces, así que me puse a ver la cruzada. Cuando Billy Graham preguntó si quería rendir mi vida a Cristo, lo hice. Entregué todo lo que conocía de mí a Dios. Acepté a Jesús como mi Salvador. Solicité una revista *Decisión*, pero no la leí mucho. Recuerdo leer un artículo acerca de la Biblia, y de que o bien era toda verdad o no podíamos confiar en nada de lo que decía. Eso tenía sentido para mí.

En ese entonces, en mi iglesia no oía nada acerca de ser salvo, así que no se lo dije a nadie. A posteriori, creo que estar solo hizo que mi relación con Dios tuviera altibajos durante los siguientes ocho años. Era sincero y recuerdo leer los himnos que cantábamos cada domingo, casi los estudiaba. Obtuve la mayoría de mi doctrina de ellos. Después, describí mi salvación como algo en dos partes. La primera era emocional y la segunda intelectual. Verdaderamente di todo lo que supe dar a los trece años de edad. A los veintiuno, me di cuenta de que aún no se lo había entregado todo a Él. Cuando se lo di todo a Él, se abrió un nuevo mundo. La Biblia cobró vida y poder. Ahora, a los cincuenta y seis, sigo estando agradecido por mi salvación completa, la cual comenzó una noche en 1963 mientras veía a Billy Graham solo en casa.

—*Tommy*

UNA CONEXIÓN ESPIRITUAL ESPECIAL

Tuve la bendición de criarme en un hogar cristiano, como la menor de cinco hijos. Mis hermanos y yo teníamos que asistir a la iglesia cada domingo. Era como saber que teníamos que ir a la escuela los cinco días de la semana. Así que cada domingo tocaba escuela dominical e iglesia.

Hasta donde soy capaz de recordar, crecí viendo al Dr. Graham, con mi mamá y mi papá, hermanas y hermanos. Yo estaba tirada en el piso de nuestra sala, "absorbiendo" cada palabra que el Dr. Graham tenía que decir. Aunque era una niña pequeña, sabía que había algo bueno, especial, grande y poderoso en el Dr. Graham. Él predicaba de una forma tan simplista que incluso una niña pequeña como yo podía entender.

Mi mamá y mi papá siempre veían sus programas; por lo tanto, mi hermana, mis hermanos y yo también. Cuando estaban sus programas, todos nos callábamos y escuchábamos a este gran hombre de Dios y cada palabra que tenía que decir. Doy gracias a Dios por darles a mi mamá y mi papá los tiernos espíritus para escucharle. El Dr. Graham es como mi primer padre espiritual. Hay otros pocos a los que me he acercado después en mi vida, pero él fue el primero. Por lo tanto, siempre habrá una conexión espiritual especial con él. Él tiene un gran impacto positivo espiritual en mi vida.

Doy gracias a Dios por usar al Dr. Billy Graham para venir a mi vida y a mi casa mientras era una niña, para compartir el amor de Jesucristo conmigo y mi familia. También, mis hijos crecieron escuchándole. Hasta este día, siendo adulta, sigo viéndole en televisión y escuchándole cada domingo por la mañana en la radio. Sus mensajes son tan fuertes hoy como lo eran hace años. Siempre que me encuentro en una situación desesperada, pienso en una frase que dijo el Dr. Graham: "Jesús te ama, y ven a Él tal como eres". Les digo a mis seres queridos y a otros lo mismo. Gracias, Dr. Graham, por obedecer la voluntad de Dios para usarle como su vaso dispuesto, y por ser mi padre espiritual para la gloria de Dios.

UN VERDADERO PROFETA DEL SEÑOR

En mi infancia, uno de los recuerdos más queridos que tenía era ver las cruzadas de Billy Graham en televisión con mi familia. A lo largo de toda mi vida, el ministerio de los Graham ha sido una bendición para mí y mi familia. Aún recuerdo ver a Billy Graham en persona en Indianápolis, IN, hace unos 10 años. Aunque físicamente cada vez estaba más débil, su mensaje era tan fuerte como siempre. Ahora cuando miro atrás a sus palabras, o debería decir las palabras de Cristo a través de nosotros, recuerdo el gozo del evangelio al estar en un lugar con un verdadero profeta del Señor.

Incluso años después, aún recuerdo avanzar hacia el llamado al altar cuando volví a entregar mi vida a Cristo, algo que he hecho frecuentemente antes y después de ese día. Honestamente no puedo decir que él me llevó al Señor, el Señor había hecho eso muchos años antes, pero puedo decir que esa experiencia me acercó más a Él para que pudiera confiar en Él cada vez más. Incluso ahora después de haber conseguido un título en Teología, a menudo pienso con cariño en los recuerdos que tengo de mi infancia con Billy Graham como una parte de mi vida. A Dios sea la gloria, y mi gratitud a Billy por aceptar el llamado del Señor.

EL SEÑOR ES FIEL

Durante mi infancia, mis padres siempre sintonizaban a Billy Graham cuando retransmitían sus programas. Yo nací en 1952, y recuerdo sentarme con la familia y ver el ministerio de Graham en televisión cuando era una niña. Cuando Billy Graham fue a Denver, yo estaba entrando en el octavo curso. Fue durante ese verano en Denver cuando pasé al frente y acepté a Jesús como mi Señor y Salvador personal. Fue a través del ministerio de Billy Graham como aprendí sobre la necesidad de ser salva del pecado: mis decisiones personales de separarme de un Dios santo que me amaba. Ahora tengo cincuenta y cinco años y he sido testigo de la muerte de cada persona de mi familia inmediata. He sobrevivido a un cáncer de mama desde mi diagnóstico en 1998. Hace sólo tres días, descubrí que necesitaba hacerme una radiografía ósea, porque parece haber un punto sospechoso en el hueso de mi pierna izquierda. Pero a través de todo ello, he aprendido que el Señor es fiel y que está conmigo. Él no ha prometido que la vida sea fácil, pero sí ha prometido estar conmigo a lo largo de la vida. Él es mi santuario. Donde Él está, estoy segura. Doy gracias a Billy Graham por su ministerio, su dedicación al Señor, su compromiso con la Palabra de Dios, y por la buena manera en que ha vivido su vida. Su vida es un testimonio de la vida abundante que nos prometió nuestro Salvador. Él ha sido un siervo bueno y fiel de Dios, y le doy gracias por permitir que Dios obre tales bendiciones a través de él.

CANTÉ EN LAS CRUZADAS Y FUI SALVA

Mi historia comienza en 1985. Era la más joven del coro de nuestra iglesia (sólo quince años entonces) y completamente emocionada de tener la oportunidad de cantar en una cruzada de Billy Graham en el estadio de béisbol Anaheim Angels. Para ser honesta, creo que estaba más emocionada por estar en el estadio que en la cruzada. Era una gran fan de los Angels, y pensar en estar en su estadio me hacía muy feliz.

Con lo joven que era en el coro de mi iglesia, donde la media de los cantantes era de cincuenta años, las mujeres realmente cuidaban de mí. Pero nadie podía saber por lo que yo estaba pasando la primera noche que estaba cantando con miles de personas en la cruzada de Billy. En ese momento de mi vida había estado en la iglesia durante unos tres años. Pero mirando atrás, nunca había entendido del todo el amor de Dios por mí. Esa noche, ¡lo entendí! La ráfaga de emoción, el sentimiento de la pura seguridad y el amor abrumador habían venido sobre mí. A medida que las palabras de esas canciones hermosas que habíamos estado practicando durante semanas comenzaron a calar en mí, comencé a llorar. Lo que cada palabra estaba haciendo en mi corazón, era como si me hubieran quitado un peso de una tonelada de mi pecho. El alivio y la paz me inundaron mientras Dios tomaba el mando y el Espíritu Santo me limpiaba. Billy Graham fue el catalizador de mi caminar con Cristo. Él abrió mis ojos a la luz cuando ni siquiera podía ver que yo estaba en la oscuridad.

Ahora tengo treinta y seis años, soy esposa y madre, y con el amor de Dios y el apoyo constante estoy aprendiendo a ser la mujer de Proverbios 31. Dentro de mi viaje, mi esposo encontró la salvación; mi hijo (por sí solo) ha pasado por las clases y fue bautizado en agua; y como familia fuimos a África en 2006 en un viaje corto de misiones de dos semanas para ayudar a los huérfanos de SIDA. Estamos creciendo constantemente en el Señor con oración y estudios bíblicos. Pero con cada persona a la que le cuento mi historia, siempre comienza con: "Cuanto tenía quince años, canté en las cruzadas de Billy Graham y fui salva". Muchas gracias, Sr. Graham. ¡Usted me salvó a mí y a mi familia!

—*Donna*

REDEDICADO

Cuando tenía catorce años, fui a una cruzada de Billy Graham para Cristo en el Anaheim Stadium. Ese fue el comienzo de haber nacido de nuevo; me levanté y recorrí el pasillo. Me había quedado atrás a veces, pero eso me inspiró a levantarme y continuar. Me redediqué hace tres años, a los cincuenta años, y ahora estoy feliz de ser un siervo del Señor. Aún estoy aprendiendo, pero mi entendimiento ha mejorado, y he sido muy bendecido en que nuestro Señor me dio el regalo de creer en Jesucristo como mi Salvador. Gracias, Billy.

BILLY GRAHAM VISITÓ MI ISLA

Yo nací en Jamaica, el Caribe. Conocí al Señor de una forma personal en enero de 1964, cuando Billy Graham visitó mi isla. Predicó de forma tan clara que un niño de diez años podía entenderlo. Cuando se hizo el llamado al altar, aún recuerdo caminar yo solo, sin temor y con lágrimas corriendo por mis mejillas. Billy nos dirigió a todos para hacer la oración de arrepentimiento, y ahí mismo le pedí al Señor que fuera mi Salvador y amigo. Nunca pensé en ese momento en perderme entre esa gran multitud; sólo quería darle mi corazón al Señor. Sr. Graham, por su obediencia al visitar mi isla para predicar la Palabra de Dios, sé sin lugar a dudas que Dios es real en mi vida hoy. Que las bendiciones del cielo sean suyas continuamente. Espero encontrarme con usted en las bodas del Cordero.

UN POEMA PARA BILLY GRAHAM

Tenía nueve años cuando mi familia asistió a Explo '72 en Texas. Cuando regresé a casa, escribí un poema para Billy Graham. Aún puedo recitarlo hoy:

Billy Graham un sermón predicó
Y entre los seguidores de Jesús un himno se cantó
No fue nada aburrido escuchar el sermón
Y luego saltamos y gritamos: "¡Gloria al Señor!"

Asistir a la cruzada de Graham afectó mucho mi vida. Le debo mucho de mi caminar a su ministerio. Hasta este día, digo "¡Gloria al Señor!" muchas veces al día. ¡Gracias, Billy!

RECUERDO QUEDAR DESLUMBRADA

Recuerdo cuando era niña ir a ver a Billy Graham con mis dos hermanas mayores y mis padres. Estaba hablando en el Pontiac Silverdome en Pontiac, Michigan, allá por la década de 1970. Yo tenía probablemente nueve o diez años, y me había criado en un hogar cristiano. Había visto al Sr. Graham en la televisión, así que sabía qué esperar cuando llegamos al Silverdome. Sin embargo, recuerdo quedar deslumbrada por lo que ahora sé que es la presencia del Espíritu Santo, cuando miles de almas eran salvadas y la gente caminaba al centro del terreno de juego para pedirle a Jesús que entrara en sus corazones y sus vidas. Mi familia y yo también pasamos al frente mientras dábamos la bienvenida a Jesús en nuestro corazón. Fue una experiencia increíble. Desde entonces, he compartido con mi esposo cristiano ahora lleno del Espíritu que yo estuve allí cuando era una niña. Nunca olvidaré esa experiencia transformadora. Gracias, Jesús, y Sr. y Sra. Graham, por todo el duro trabajo y la dedicación a nuestro Dios y Padre celestial.

GRACIAS POR SU MINISTERIO

Mis padres nos llevaron a mi hermano y a mí a la cruzada de Billy Graham cuando éramos niños. Recuerdo, incluso de niño, cómo el Espíritu del Señor habló a mi corazón a través de este poderoso evangelista. Mi hermano y yo aceptamos a Jesucristo como nuestro Salvador el mismo día. ¡Siempre recordaremos ese gran día! ¡Qué predicador tan maravilloso! Aunque éramos niños, nos atraía lo que decía. Nunca olvidaré cómo exponía el sencillo plan de salvación de tal forma que incluso nosotros lo entendíamos. Y mientras otros muchos miles de personas acudían, mientras se cantaba la canción "Tal como soy", nosotros también recorrimos el pasillo para entregar nuestras vidas al Señor.

Hace ya cincuenta y tres años que fuimos salvos. No siempre ha sido fácil, pero el Señor ha estado ahí durante cada paso del camino. Ambos estamos ahora sirviendo en el ministerio en nuestras respectivas iglesias. Pero siempre estaré agradecido por el maravilloso ministerio evangelístico de este gran hombre de Dios, Billy Graham. Dios le bendiga y le guarde, hasta que oiga al Señor decir (y *sé* que lo oirá): "Bien hecho, siervo".

UN LARGO TRAYECTO HASTA EL FRENTE

Fue, si no recuerdo mal, en 1964, en un lugar llamado Jet Stadium en Columbus, Ohio. Mi mamá, en paz descanse, nos llevó a mis hermanos y a mí al estadio para oír a este hombre, Billy Graham. El lugar estaba repleto, y los asientos del estadio estaban llenos, así que nos sentamos en medio de la multitud en el campo de béisbol. Había música y canciones, y por supuesto la presión de la multitud cuando se alababa y adoraba al Señor. El reverendo Billy subió al estrado y comenzó a hablar, y las palabras que oí siendo un niño de once o doce años fueron como si Él me las estuviera diciendo directamente a mí. La historia de Jesús y de cómo murió por mí para salvar mi vida. Eso fue con las palabras más sencillas, y aunque el Rev. Graham dijo muchas palabras, las que atravesaron mi corazón y quedaron plantadas fueron las de este hombre, el Hijo de Dios, Jesús.

Como niño, temía a mi padre terrenal, ya que muchas veces se emborrachaba y abusaba de nosotros, tanto físicamente como verbalmente. Me confundía la idea de que pudiera haber un Padre celestial que era amante y perdonador y que enviara a su único Hijo para salvarme. Oí estas palabras siendo niño, e intento pensar como un niño cuando escribo… pero ahora como un niño de Dios. Esa noche, bajo las luces, este niño pequeño asustado caminaba aparentemente de manera interminable entre las multitudes cuando el Rev. Graham hizo el llamado al altar. Mamá me tomó de la mano y mis hermanos también pasaron al frente, abriéndose paso entre las multitudes que se reunían en torno a la zona de delante de la plataforma. Billy Graham nos guío a todos en oración, la oración del pecador; y sin saber del todo por qué, lloré sin ninguna vergüenza mientras repetía esas palabras lo mejor que podía.

Salí de allí esa noche sintiendo un alivio enorme dentro de mí. Estaba limpio, aunque sudado del calor del verano… ¡limpio por dentro! Durante los muchos años desde aquella noche, me he desviado en algún momento del camino, pero ni una sola vez el Espíritu de Dios me dejó que me desviara demasiado. Siempre, su Espíritu vino a mí en lo que los cristianos conocemos como esa "voz suave", y siempre me trajo de vuelta al camino recto. Ahora estoy progresando en edad, y a menudo reflexiono en esa noche en el Jet Stadium. Pienso en los tiempos tumultuosos en la vida familiar como niño, y cómo aprendí que un Padre ama verdaderamente a sus hijos, incluso hasta el punto de sacrificar a su propio hijo por otro. Es absolutamente maravilloso caminar en la gracia, y no importa lo que me depare el mundo, a mí o a nosotros, porque somos sus hijos. Yo soy porque Él es.

Gracias, Rev. Billy Graham por su enfoque sencillo del evangelio y la verdad de Jesús como nuestro Salvador y Señor. Es tan fácil, ¡que incluso un niño puede entenderlo! Me encanta el evangelio de Jesucristo. Dios sigue preparando su mansión, Rev. Billy, ¡y un día me gustaría visitarle allí!

UN EJEMPLO BRILLANTE

Billy Graham, usted y su familia son ejemplos brillantes de lo que Jesús es. Usted le da a este país la esperanza de que si damos nuestras vidas a Jesucristo, Él cuidará de las cosas. Bueno, esta es mi historia:

Mi mamá se divorció cuando yo tenía nueve años, y tenía dos hermanas menores. Mamá trabajaba cuando podía, pero no teníamos apoyo económico de papá, y la comida escaseaba un poco, aunque la familia de mamá nos ayudaba siempre que podía. Cada vez que usted estaba en la televisión, domingo para eventos especiales, mi mamá decía: "Vamos todos a la televisión, que está Billy Graham". Nos decía que ella le veía para obtener esperanza en tiempos de oscuridad. Nos decía que oírle hablar le ponía la piel de gallina y le hacía sentir bien por dentro. (Ella no se daba cuenta de que era Jesús; y yo tampoco, hasta que fui mayor.)

Así pues, estaba viendo una noche la televisión, y esa noche en particular oí a Billy decir, como lo había hecho antes: "Venga, entréguele su vida a Jesús, esperaremos". Entonces comenzó la canción "Tal como soy". Yo pensaba en lo mucho que deseaba estar allí para poder bajar esas escaleras. Entonces oí a Billy decir: "Usted que está en casa, puede darle su vida a Jesús ahí mismo en su sala". Yo pensaba: *¿Qué?* Si había dicho eso antes, ciertamente yo no lo había oído. Pero esta vez sí que lo oí, e hice tal y como él dijo: Incliné mi cabeza y le entregué mi vida a Jesús. Creo que tenía diez años.

Después le oí decir: "Si entregó su vida a Jesús hoy, escríbanos para recibir este librito, le ayudará a comenzar". Así que lo hice. Aún recuerdo la dirección; era simplemente: Billy Graham, Minneapolis, MN. (Era tarea de mi hermana acordarse del código postal. Aún no lo recuerdo, pero seguro que ella sí.)

Recuerdo conseguir ese libro, ¡después de revisar el buzón todos los días! Cuando conseguí ese libro, me explicaba que estaba limpia, y que ya no había más pecado en mi vida. Yo no me portaba muy bien con mis hermanas, así que suponía que necesitaba mucho perdón. Fue el mejor tiempo de mi vida. Iba a la iglesia entonces, pero nunca había oído explicarlo como Billy lo había hecho.

Muchas gracias, Billy y familia. Verdaderamente les amamos a todos. Gracias por ser esa luz brillante cuando el mundo puede volverse tan oscuro. Necesitamos mucha oración por nuestro país ahora. Sea bendecido y sepa que verdaderamente es un hombre conforme al corazón de Dios.

—Rhonda

LA ROCA DE NUESTRA VIDA

Al igual que muchas personas, yo crecí con Billy Graham. No recuerdo una vez en la que él no estuviera en la televisión, predicando en esas cruzadas. Recuerdo escuchar algunas de ellas con mi familia, y quedarme impresionado por su total certeza en lo que decía. Él no tenía duda acerca de Jesucristo, y no tenía duda en cuanto a expresar el mensaje del Hijo de Dios al resto de nosotros. Era educado, enérgico y claro en sus sermones. Y yo no tenía duda de que siempre que él predicaba, el Espíritu Santo se movía. Billy siempre me ha parecido tan sólido como una roca. Ah, sé que es humano, y estoy seguro de que ha cometido errores en su vida, pero hasta donde yo sé, no fueron errores públicos. Nunca hizo nada que fuera una vergüenza para su ministerio o el mensaje de Dios. Así como Pedro era la roca de la iglesia primitiva, Billy ha sido la roca de nuestra vida. Estoy seguro de que las vidas que ha tocado, y aquellos que han aceptado y conocido a Dios a través de la predicación de Billy, alcanzan un número impactante.

Cuando tenía unos diez años, y no mucho después de ser salvo, tomé un curso por correspondencia de la Asociación Evangelística Billy Graham. Aún tengo el certificado de haberlo terminado, con la firma de Billy. Es una de mis posesiones más queridas. Ese curso no sólo añadió a mi educación cristiana, sino que el recuerdo del mismo me hizo seguir buscando a Dios toda mi vida. He sido cristiano desde hace cuarenta y seis años, y conozco la influencia que ha tenido Billy en esa decisión.

Billy probablemente ha influenciado este país y nuestro mundo más que cualquier otro ministro actual. ¡Gracias, Billy! Gracias a Dios que respondió a su llamado, tuvo valor y se lanzó en fe, para que muchos pudieran oír la Palabra de Dios.

Estoy seguro de que algún día en el cielo me uniré a una gran fila de personas que estarán esperando para darle un abrazo. Me pondré en la fila y me guardaré un abrazo gigante para usted. ¡Que Dios le bendiga ahora y siempre!

"Charlotte, Billy está en la televisión"

Cuando era una niña muy pequeña, de unos cinco años, mi abuela materna venía y se quedaba con nosotros durante varias semanas seguidas. Durante este periodo en la historia de mi familia, mi padre era un alcohólico practicante. Mi abuela se preocupaba por el resultado de mi vida al vivir en un entorno así. A menudo le oía "susurrar" oraciones por mí cada noche. Ella no oía bien, así que eran susurros para ella, pero lo hacía más alto de lo que ella pensaba. Su otra intervención en mi vida, frecuentemente a lo largo de mi infancia, fue hacer que dejara de hacer todo lo que estuviera haciendo y viera su cruzada. Me gritaba: "¡Charlotte, Billy está en la televisión!". Yo sabía exactamente de qué "Billy" estaba hablando, y que no tenía otra elección sino detenerme y verlo. Numerosas veces oré con usted, no sólo por mi propia salvación, sino también por la de mi familia. Dios fue fiel y nos protegió y libró de esa situación. De verdad creo que esas oraciones por la salvación a una edad tan temprana abrieron la puerta para que la mano de Dios se moviera en mi vida. Gracias por compartir sus cruzadas con los que nunca fuimos a un coliseo, pero sin embargo sentimos al Espíritu de Dios moverse en nuestras propias casas.

Hay una noche que resalta en mi mente

Recuerdo ser un niño y ver las cruzadas en televisión. Siempre asistí a la iglesia, nuestra familia estaba muy activa en la iglesia. Mi abuela también fue una gran influencia para mí en cuanto a hacerme cristiano. Pero hay una noche que resalta en mi mente como la noche que creo que realmente comenzó mi caminar con Cristo. Mientras veía la cruzada y el Rev. Graham hizo la invitación, hizo que sonara muy sencillo y atractivo. Sencillamente no me pude resistir. Me arrodillé, y oré con él, después de caminar hacia el televisor. Fue como estar allí, junto a toda esa gente que pasaba al frente. No mucho después de eso, fui bautizado en un pequeño arroyo y me uní a la iglesia. Han sido necesarios años de crecimiento, y sigo aprendiendo más de mí mismo y de lo pecador que era y soy sin Jesús. Pero soy un cristiano nacido de nuevo educando a cuatro hijos, y estoy muy agradecido por la gracia de Dios que me fue revelada mediante el Rev. Graham, y su deseo de servir a Dios y guiar a otros a Cristo. Gracias, Billy Graham, por toda su dedicación.

TIRÉ UN CONO DE HELADO EN EL VESTIDO DE UNA SEÑORA

Cuando tenía sólo tres años, mi madre y mi padre me llevaron al parque de atracciones local para oír a un predicador que habían visto en nuestra pequeña televisión en blanco y negro, que mi papá acababa de comprar con dinero que había ahorrado y apartado para la familia. Era muy pequeña en ese entonces, y sin embargo me acuerdo de las personas que había por todas partes, que venían de todas direcciones, siguiendo unos a otros dentro de las gradas. ¡Parecían muy felices! Tenían Biblias en sus manos y sonrisas en sus rostros.

Servían conos de helado esa noche, y me emocioné mucho cuando mi mamá me llevó a comprarme uno. Caminábamos de regreso a nuestros lugares cuando, de repente, de manera accidental, ¡tiré mi cono de helado en la espalda del vestido de una señora! Mi madre se enojó conmigo, pero la señora fue muy amable y no dejó de cantar ni un instante "Qué amigo tenemos en Jesús".

Recuerdo esa noche muy bien porque todos estaban muy felices y llenos de amor. Amor que uno normalmente no siente en muchas iglesias hoy día. Era un tipo de amor con mucha paz. Cuando Billy Graham subió para hablar esa noche, lo recuerdo muy bien, su voz estaba llena de amor por nuestro Señor Jesucristo, llena de amor por la gente a la que estaba hablando, y llena de amor por la Palabra de Dios.

¡Él me amaba! ¡Jesús me amaba! Aunque volqué mi cono de helado en la espalda de esa señora, Jesús me seguía amando, porque Billy Graham me lo dijo esa noche. Si, aún recuerdo la primera noche que oí al Rev. Billy Graham. Le doy muchas gracias por decirme esa noche cuánto me ama Jesús. Desde ese entonces, siempre me ha encantado oírle predicar y decirles a todos cuánto les ama Dios, porque siento que alguien, en algún lugar en ese preciso momento, realmente necesita oírlo así como yo lo oí esa primera noche.

"¡YO TAMBIÉN TENGO QUE HACER ESTO!"

Era una calurosa noche de verano en 1956, en el parque de atracciones de la ciudad de Oklahoma. Mi hermana mayor y yo, de visita con nuestros familiares en Oklahoma con nuestra mamá, estábamos sentadas con tías, tíos y primos, esperando oír a este "nuevo predicador" que había llegado a la ciudad. Mi hermana y yo habíamos asistido a la iglesia durante toda nuestra vida, y éramos unas "buenas niñas", pero esa noche, según escuchaba a este fogoso predicador, oí (con los oídos espirituales) algunas cosas que no había entendido antes.

Imagino que entendí por primera vez que estaba separada de Dios. Y entendí por qué Jesús tuvo que morir por mí. Uno de los versículos se quedó pegado en mi mente: "Porque ¿qué aprovechará al hombre si ganare todo el mundo, y perdiere su alma?" (Marcos 8:36). Yo había "ganado el mundo" bastante bien en mis ojos de adolescente, pero lo que Billy compartió tenía mucho sentido en mi mente y mi corazón. No quería perder mi alma... quería a Dios.

El coro comenzó a cantar "Tal como soy", y yo quería pasar al frente. Pero estábamos en lo más alto de las gradas y había una larga fila de familiares y desconocidos entre el pasillo y yo. Me acobardé.

Más adelante en la noche, muy preocupada, me confesé con mi hermana. "Yo tenía muchas ganas de pasar al frente esta noche". Mi hermana, que siempre me había ayudado, me dijo que me llevaría la siguiente noche para que pudiera cumplir mi deseo. Y lo hizo.

A la noche siguiente, escuché con atención, sabiendo exactamente lo que quería y tenía que hacer cuando llegara el momento oportuno. Pero, para sorpresa mía, cuando comenzó "Tal como soy", mi hermana se puso de pie y comenzó a caminar hacia abajo antes que yo. Yo la seguí, no muy segura de su motivación, hasta que llegamos las dos a los pies de la plataforma donde estaba Billy. Mi hermana me miró y me dijo: "¡Yo también tengo que hacer esto!".

Así fue como estas dos hermanas fueron dirigidas hasta la carpa de consejería y hasta el Reino. El consejero nos explicó algunas cosas y nos dio algunas "B-raciones", que eran versículos para memorizar. Billy de hecho entró en la carpa poco después, y todos los que habían recibido a Cristo se acercaron, uno a uno, y estrecharon su mano. Cuando yo le di la mano, recuerdo sus penetrantes ojos azules mirarme mientras me preguntaba: "¿Recibió usted a Cristo como su Salvador esta noche? ¿Quiere vivir para Jesús?". Yo dije que sí, y sabiendo lo que decía.

Ahora llevo diciéndole sí al Señor más de cincuenta años, y Él me ha guiado por valles y cumbres. Le conozco como mi Esposo, mi Amigo, mi Consejero, mi Roca, mi Luz, mi Gozo, el "Yo soy" de mi vida. Por memorizar esos versículos de ese paquete que nos dieron en la cruzada, mi hermana y yo descubrimos el gozo del tiempo a solas, la memorización de versículos, el estudio bíblico y compartir nuestra fe con otros. Aunque las dos nos casamos, seguimos teniendo una estrecha relación y a menudo oramos la una por la otra a larga distancia.

¿Qué habría pasado si yo no hubiera regresado a oír a Billy la segunda vez? No hubiera podido aguantar todos estos años sin Cristo. Doy gracias a Dios por mi recuerdo de usted, Billy. Toda la gloria para Dios por su mensaje de gracia que me hizo llegar mediante su querido y precioso mensajero, Billy Graham. Que su paz, su consuelo y su gozo le desborden mientras espera el día en que usted pondrá muchas, muchas coronas ¡a los pies de nuestro Señor Jesús!

—*Judy*

Recordatorio y bendición de Dios

Yo era voluntario en una cruzada. No recuerdo mi título oficial. Imagino que era un escolta. Tenía una silla de ruedas y ayudaba a personas (unas cuantas) a entrar en el Cox Convention Center. Quería ser de bendición, pero sentía que no estaba haciendo lo suficiente. Me "perdí" en el mensaje, y recuerdo que lo disfruté. (Estaba arriba en la parte más alta.) Mientras adoraba al Señor, Él me recordó que todos mis hijos llegarían un día a conocerle y amarle, una promesa que Él me había dado hacía una década o así. Esta vez, Él añadió que comenzaría con mi hija menor. ¡Qué bendición! Yo quería estar ahí para ser de bendición, ¡pero Dios en su lugar me bendijo a mí!

UNO DE LOS VERDADEROS GENERALES DE DIOS

Conocí por primera vez a este gran hombre de Dios siendo un niño. De nuevo encontré las enseñanzas del Dr. Billy Graham mientras servía como Marine de E.U. en Okinawa a final de la década de 1980. Lo único que ha permanecido igual es su firme amor y compromiso con nuestro Señor y Salvador Jesucristo. Uno de los verdaderos generales de Dios.

CONOCIMOS AL SEÑOR EN 1959

Querido Billy, gracias por venir a Melbourne, Australia, en 1959. Ese fue el comienzo del caminar con el Señor tanto de mi esposo Peter como mío. Ambos teníamos casi treinta años, con dos hijos y una hipoteca. Cuando terminó la cruzada, siete de nuestros familiares inmediatos habían tomado la decisión de seguir a Cristo, y todos han seguido en el camino que comenzó hace unos cincuenta años. Durante estos años, mi esposo y yo hemos servido al Señor en nuestra iglesia, mi esposo como anciano, y ambos en la escuela dominical de jóvenes y adultos. También hemos trabajado con Prison Fellowship durante casi quince años, y diez años con los Gedeones.

Damos gracias a Dios por la oportunidad que tuvimos de pasar al frente para recibir a Cristo. Si usted no hubiera seguido la guía de Dios, Australia sería un lugar más triste. Tanto Peter como yo nos acordamos con mucho detalle de cómo Dios nos habló y nos ha guiado cada día. Gracias a usted de nuevo, nuestras hijas y sus hijos han hecho un compromiso con el Señor.

Cuando Dios me habló a través de usted, supe que "tenía que ir como una niña, y Dios me enseñaría". Una de las reuniones se celebró en el Melbourne Showgrounds, y fue ahí donde Peter aceptó al Señor en su corazón. En esa noche, estaba lloviendo tanto que provocó un retraso en el programa. Se anunció que una carretera estaba bloqueada. Entonces el coro cantó "Habrá lluvias de bendiciones". Cuando terminaron, la lluvia cesó, las nubes se abrieron un poco y la luna brilló sobre usted entre las nubes... Billy.

Esa señal física de la presencia de Dios ablandó el corazón de Peter. Cuando usted dijo sobre la base de la Palabra de Dios que "hay un camino ancho y un camino estrecho, y habrá muchos en el camino ancho y pocos en el camino estrecho", Peter sabía que Dios le estaba hablando a él. Gloria a Dios por los cambios que se produjeron en nuestras vidas, y las vidas de otros que acudieron a nosotros solicitando consejería o ánimo. Con su ayuda, hemos servido fielmente a Dios dentro de nuestra propia familia y con otros que hemos conocido durante nuestro viaje. Ambos tenemos ahora setenta y ocho años y oramos por los que no son salvos en nuestra familia y amigos.

Consideramos un privilegio ayudar en la consejería en sus siguientes cruzadas aquí en Melbourne, y también en la cruzada de su hijo. Gracias, Billy, desde el fondo de nuestro corazón.

—*Marion y Peter*

Nueva vida en Cristo

Siempre he amado al Señor y he ido a la iglesia, y me gustaba cantar las canciones, pero no sabía que necesitaba entregarle mi corazón al Señor hasta que fui a la cruzada de Billy Graham en junio de 1972. Escuché al Sr. Graham y supe en ese momento que necesitaba darle toda mi vida a Él. Mi vida nunca ha sido la misma desde entonces. Ahora no vivo mi vida solo; tengo el Espíritu de Dios conmigo y me ayuda a superar cada día. Tengo una nueva esperanza maravillosa para mi vida, un propósito, y sé dónde iré cuando muera. Gracias, Sr. Graham, por ayudarme a ver lo que necesitaba en mi vida. Estoy agradecido por cómo le ha usado el Señor para abrir mi corazón y mis ojos y salvar mi vida.

Gracias, Billy Graham...
por compartir a Ruth con nosotros

～

Ruth y Ruth

Esta mañana en nuestra reunión de oración en Desiring God, mientras dábamos gracias por la vida de Ruth Graham, me conmoví. Probablemente por la proximidad de su muerte a la de mi padre (6 de marzo). La conexión es esta: cuando yo era joven, había un grupo de evangelistas itinerantes independientes en Greenville, Carolina del Sur. Mi padre, Bill, y su hermano Elmer, estaban en ese grupo. Clif Barrows, el compañero de música de Billy Graham durante décadas, era también parte de la compañía de vez en cuando. Esa era nuestra conexión con Billy y Ruth Graham. Así que en mi mente, mi madre, Ruth, y Ruth Graham estaban en la misma empresa, apoyando a un evangelista itinerante.

Era un llamado duro. En esos días, cuando los aviones a hélices con su única rueda trasera se llevaban a Gran Billy (Graham) y al Pequeño Bill (Piper) a quién sabe dónde en el país, para dos, tres, cuatro, cinco o seis semanas seguidas para predicar el evangelio eterno, Ruth (G) y Ruth (P) se quedaban solas cuidando de la casa, el jardín y canalones oxidados, grifos que goteaban, grama, electrodomésticos, chequeras, lavadoras, la iglesia, el vecindario, tareas de la escuela, disciplina, deportes, juegos, acné juvenil, miedo, y nadie a su lado en la iglesia o en la cama. Era un llamado duro. Así que cuando dimos gracias por Ruth (G), me inundó el agradecimiento por Ruth

(P) y Pequeño Bill (P), y esa inundación aumentó mi agradecimiento por Ruth (G). Sólo cuando los libros se abran en la eternidad conoceremos el fruto al diez mil por ciento de sus vidas, al llevar el peso de enviar a sus hombres a la batalla más grande del mundo.

—*John Piper*

ENCUENTRO CON LA SRA. GRAHAM

Hasta donde puedo recordar, he visto al Dr. y la Sra. Graham como mis héroes. Aunque nunca tuve el privilegio de asistir a una cruzada de Billy Graham (aunque he visto muchas por televisión durante los años), los Graham han tenido un gran impacto en mi vida y la de mi familia. Mi papá creció un poco más adelante de la casa de los Graham en Carolina del Norte, y cuando yo era niño oía innumerables historias de su bondad hacia él durante los años, bondad que continúa hasta este día. Hace muchos años, tuve el honor de conocer a la Sra. Graham en el evento después del funeral de mi abuelo. (Creo que el Dr. Graham estaba enfermo en ese momento.) Y en la funeraria, conocí a George Beverly Shea. Aunque tenía dieciséis años, una edad para que muchos estuvieran apáticos ante cosas así, su sola presencia significó mucho para mí y es algo que creo que nunca olvidaré.

OIGO SU VOZ DICIENDO CADA PALABRA

Mis abuelos, padres y yo nos sentábamos alrededor del televisor viendo las cruzadas de Billy Graham. El impacto que las cruzadas tuvieron en nuestra vida aún resuena en nuestros oídos hoy con la voz patentada del hermano Billy: "Usted puede tener vida eterna hoy mediante la salvación en la cruz". Siempre que leo uno de los libros de Billy Graham, oigo su voz diciendo cada palabra como si estuviera en la misma sala… no sé dónde estaría yo hoy si no fuera por Billy y Ruth Graham. Son de los mejores cristianos que he visto jamás. Uso los libros y revistas de Billy para ayudarme en mi enseñanza en la escuela dominical. Qué impacto ha tenido él sobre mi vida.

ME GUSTA LA FRANQUEZA DE RUTH

Soy un etíope que vive en Estados Unidos. Nunca he estado en ninguna cruzada físicamente, ni he visto a Billy Graham en persona. Pero he oído el testimonio de una persona a la que respeto mucho. Fue salva en Etiopía durante una de las cruzadas que hizo hace mucho tiempo. Estaba desesperado y casi a punto de poner fin a su vida, con años de vida de pecado sin Cristo. Hoy, él es un anciano de la iglesia y adora al Señor con su familia.

Personalmente he estado leyendo acerca de Billy Graham y su familia en revistas, y he visto cruzadas a través de TBN y otros canales de televisión cristianos. En un artículo de la revista *Newsweek*, leí la respuesta de Ruth a la pregunta: "¿Alguna vez ha pensado en divorciarse?". Su respuesta fue directa y dinámica: "Divorcio, no. ¡Pero asesinato, sí!". Esta gran franqueza y humildad anima a los que luchan con el dolor y el estigma del divorcio. Yo no estoy divorciado, pero el mensaje ayuda a animar a otros, no para tomarlo como una excusa, sino para entender la existencia de luchas en todos los matrimonios, incluyendo a grandes personas de Dios. También anima a soportar y mirar a Dios para encontrar soluciones.

QUERIDA FAMILIA GRAHAM

Las palabras no pueden describir el dolor que siento por su pérdida. Mi familia es bautista devota, y personas temerosas de Dios. Aprendí la religión sobre las rodillas de mi abuela, y generalmente escuchándole a usted. Gracias por la devoción de su esposa al Señor; obviamente se le pegó a usted, Sr. Graham. Nuestros pensamientos y oraciones están con usted en este tiempo difícil.

EL ESTÁNDAR QUE LAS ESPOSAS LUCHAN POR TENER

Querido Rev. Graham, en primer lugar le envío mis más sinceras condolencias por la pérdida de su esposa... Qué tributo tan maravilloso para la Sra. Graham, ser el estándar que las esposas en todas partes luchan por tener. Ella verdaderamente era una persona especial, ¿no es así? Crecí viendo las cruzadas de Billy Graham en televisión, y cuando usted hablaba, parecía como si estuviera hablándome directamente a mí. ¡Increíble! Me gustaría darle las gracias personalmente por no decepcionar nunca a sus seguidores. Usted nunca cayó en ningún escándalo ni controversia, como les pasó a otros evangelistas. Usted y la Sra. Graham son únicos en su especie y hay un lugar especial para ambos en el cielo. Tan sólo sepa que hoy cae una lágrima por usted, y que Dios sostenga la mano de la Sra. Graham en su viaje a casa. Dios le bendiga junto a su familia.

LA MÍA ES LA TÍPICA HISTORIA, PERO PROPIA

Mi abuela, que me dio mi primera Biblia, reconoció mi interés en leer la Biblia a temprana edad. De dónde vino, no estoy segura. Fui adoptada a las dos semanas de edad, y mis padres, los únicos que he conocido jamás, no recuerdan de dónde proviene mi interés en la Biblia. Ellos eran los típicos que sólo van a la iglesia en días de fiesta.

La iglesia para mí de niña era un lugar masivo donde la gente iba a oír hablar a alguien desde el frente. Sí, nos sentábamos en la parte de atrás principalmente, o cerca del final. No sé si era porque llegábamos tarde o por tener una vía de escape fácil. En algún momento durante mis primeros años, asistí a la función de la iglesia de Mujeres en espera. Memorizábamos versículos de la Escritura y avanzábamos hacia Mujeres en espera. Lo que estábamos esperando, no lo sé. Pero esos eventos, leer la Biblia y memorizar versículos, me afectaron de una forma de la que yo entonces no era consciente, pero lo descubrí a los doce años de edad.

Mi abuela, que no era creyente, alguien que esperaba, estaba viviendo con nuestra familia después de la muerte de mi abuelo. Su habitación y la mía estaban pegadas. Cuando se ponía a ver la tele después de la cena, decía a gritos: "¡Está Billy Graham!". Yo preguntaba: "¿En qué canal?", porque yo también tenía una televisión en mi cuarto.

¿Le había visto antes? Creo que sí, pero no estoy segura. Cambié de canal, y escuché. Y como muchos otros han hecho antes que yo, puse mis manos en la televisión durante la invitación para recibir a Cristo. De niña, no sabía dónde me llevaría esa decisión; pero sigo en ese maravilloso viaje.

En mis últimos años de adolescente, cuando había probado a todos, incluyendo a Dios, me encontré a mí misma con mucha pena. Por mucho que creía que tenía mi vida controlada, no era así. Después de que mi novio cancelara nuestra boda dos semanas antes del evento, fui violada dos semanas después. Intenté muchas veces suicidarme, pero por alguna razón Dios me salvó físicamente cada vez. Cuando miro atrás, me doy cuenta de que esos momentos fueron milagros. Los adolescentes no están seguros de su mortalidad, así que yo lo había probado.

Después de mi último intento de suicidio, me arrastraron a un retiro de iglesia con el que me había comprometido. Yo era horrible para todos, y todos eran buenos conmigo. Dormí casi todo el retiro, y la noche final volví a reconocer que necesitaba un salvador. Pero todo comenzó con la invitación del Rev. Billy Graham en la televisión hace cuarenta y un años. ¡Esa invitación tiene un recuerdo muy especial en mi corazón! Gracias, Rev. Graham, por seguir la guía de Dios y ser obediente. Gracias por ser pastor de nuestra nación. Gracias por reunirse con mandatarios y compartir el mensaje de Cristo con ellos y con todos nosotros. ¡Gracias!

Hace años ya, compré uno de los libros de la Sra. Graham. Creo que era su primer libro, pero no estoy segura. Fue el mismo mensaje cálido y amoroso que las mujeres del retiro compartieron conmigo. Si pudiera haber hablado con la Sra. Ruth Graham, la habría abrazado y habría llorado. Hubiera llorado por su fidelidad, su compromiso, su dedicación a su Salvador, su esposo y sus hijos. ¡La miraba con admiración como una mujer de Dios! Todavía lo hago. Ella dejó una imagen y un mensaje duraderos, como lo hace el Rev. Graham. Ahora sus hijos, y probablemente sus nietos, están sirviendo al Señor, junto con miles otros, por los mensajes del Rev. Graham. ¡Qué legado!

SOLÍA "SER SALVO" EN CADA UNA

Gracias por las cruzadas por televisión de tiempos pasados. Solía escucharlas y "ser salvo" en cada una. Me encantaban.

Qué ejemplo tan maravilloso han vivido Billy y Ruth para el mundo, y especialmente para el cuerpo de Cristo. Estas cosas nunca las olvidarán todos aquellos cuyas vidas fueron tocadas por esta valiente pareja. En el nombre de Jesús, que toda la familia sea bendecida por el hecho de que Billy y Ruth viven en ellos.

Él remueve mi alma

Cuando oigo los nombres Billy y Ruth Graham, siempre pienso en Jesucristo. Cuando oigo predicar a Billy, siempre me pego a la pantalla de televisión. Él remueve y anima mi alma. Doy gracias a Dios por su ministerio, porque es un icono del evangelismo. Que todos ustedes sean bendecidos sin medida.

Lloré como una niña

¡Me encantan Ruth y Billy Graham! Cuando era una niña, me encantaba ver a Billy Graham en la televisión. Cuando abrieron la nueva biblioteca Billy Graham en Charlotte, realmente quería ir, pero estuve bastante enferma y no pude ir. Las palabras que Billy dijo acerca de Ruth me hicieron llorar como una niña. Quiero que toda la familia Graham sepa que usted está en mis oraciones. ¿Podría por favor orar por mí y por mis hijos? Perdí a mi esposo el pasado julio, en breve hará un año. Mis hijos están constantemente en mis oraciones.

Que Dios le bendiga, Billy, y también a su familia. Gracias, Billy y Ruth.

—*Emily*

Más brillante que cualquier vela

Nuestros pensamientos y oraciones están con el Rev. Graham y toda la familia Graham. Cuando nuestro canal de noticias informó del fallecimiento de la Sra. Graham, mi mente se fue a Proverbios 31:10-31. La Sra. Graham era la madre entre todas las madres. Quizá no haya estado a la vista tanto como su esposo, pero supo y enseñó a otras mujeres a ocupar su papel como cristianas. Ella y el Rev. Graham eran un modelo a imitar fantástico para todo el mundo. Su amor el uno por el otro brilló más que cualquier vela. Era claro en ambos. Ruth vivió su vida estrictamente por la Palabra de Dios. Aunque los corazones estén tristes y partidos, la hermana Ruth está gritando desde las Colinas de Gloria, y está bien en los brazos de Jesús. Que cada uno de ustedes pueda mirar a Jesús para recibir consuelo durante estos días de dolor. Les tendremos a todos en nuestros pensamientos y oraciones.

¡SENCILLAMENTE, GRACIAS!

Querido Rev. Graham, simplemente quiero alabar a Dios, y darle a usted las gracias por permitir que Dios le use de una forma tan tremenda durante los años. Simplemente quiero dar gracias a Dios por su esposa Ruth, y cómo Dios le usó para ser una bendición para nosotros mediante su ministerio. Simplemente quiero darle gracias por ser coherente durante los años. Recientemente vi una de sus Clásicas cruzadas, y fue verdaderamente una bendición y tan poderosa hoy como lo fue entonces. Simplemente quiero decir que le amo y aprecio tanto a usted como a su ministerio, y mis oraciones están con usted y su familia.

Finalmente, simplemente quiero darle gracias por no avergonzarse del evangelio de Jesucristo, y por levantar su nombre en alto por todo el mundo. Que Dios siga bendiciéndole y usándole para su gloria, porque usted ha sido una bendición para muchos, ¡y Dios aún no ha terminado con usted!

MENSAJEROS DE DIOS DE AMÉRICA

Queridos Billy y Ruth Graham, ¡gracias por ser los mensajeros de Dios de América! Gracias por la admirable relación que tienen el uno con el otro en su matrimonio. Qué ejemplo de las palabras *amor* y *pacto*, especialmente en la sociedad de hoy.

Nací en una granja en la Virginia rural en 1965. Era el bebé de la familia, con hermanos mayores ya casados y fuera de casa. Mi madre siempre se aseguró de que yo fuera a la iglesia. Mi padre, que era miembro de la organización masónica local, no iba a la iglesia, pero siempre nos juntábamos como familia para verle en la televisión siempre que había una retransmisión. Mi papá se sentaba y escuchaba mientras George Beverly Shea cantaba y Cliff Barrows daba las instrucciones. Papá comentaba los muchos años que estos dos hombres habían estado en los programas. Yo siempre tenía papel y pluma listos para escribir pidiendo el libro gratuito que ofrecían, ya que mi madre me sugería que copiara la información para ella. Estos recuerdos siempre estarán grabados en mi corazón.

Ahora llevo casada diecisiete años, y durante mucho tiempo, cuando todos nuestros amigos estaban teniendo hijos, nosotros no podíamos. Oré y oré, y el Señor nos bendijo con un niño el 2 de diciembre de 2004. Quería que tuviera un nombre especial, un nombre diferente, y busqué lo que había cerca de mi corazón y lo que encontré fue *Graham*, así que le llamamos Graham Alan. Así explicaría a la gente de dónde saqué el nombre: "Graham, como Billy Graham".

Estoy muy agradecida con usted por estar en nuestra casa cuando yo crecía. Por favor, ore por nosotros ahora que hemos sufrido la pérdida de mi papá y esto ha separado a nuestra familia. También oro por usted y Ruth. Que Dios le bendiga junto a su familia y el ministerio en su continuidad.